修禅寺境内での第一学寮（のだや）の教職員と児童
昭和 19 年 8 月、修善寺にて幼稚舎疎開学園はスタートする。
中央に写る大人 5 人は右からのだや主人夫妻、小池喜代蔵（教員）、渡辺徳三郎（教員）、大島継治（教員）。　（撮影日時不明）

阿部家親子往復葉書

疎開学園が開かれていた間、幼稚舎生阿部愼蔵君（終戦時四年）とその父秀助氏・母才子氏の間に交わされた葉書は総数一五〇通を数える。親子の間の温かい情が文面や描かれた絵からうかがえる。本文一四九ページ以下でその一部を紹介している。

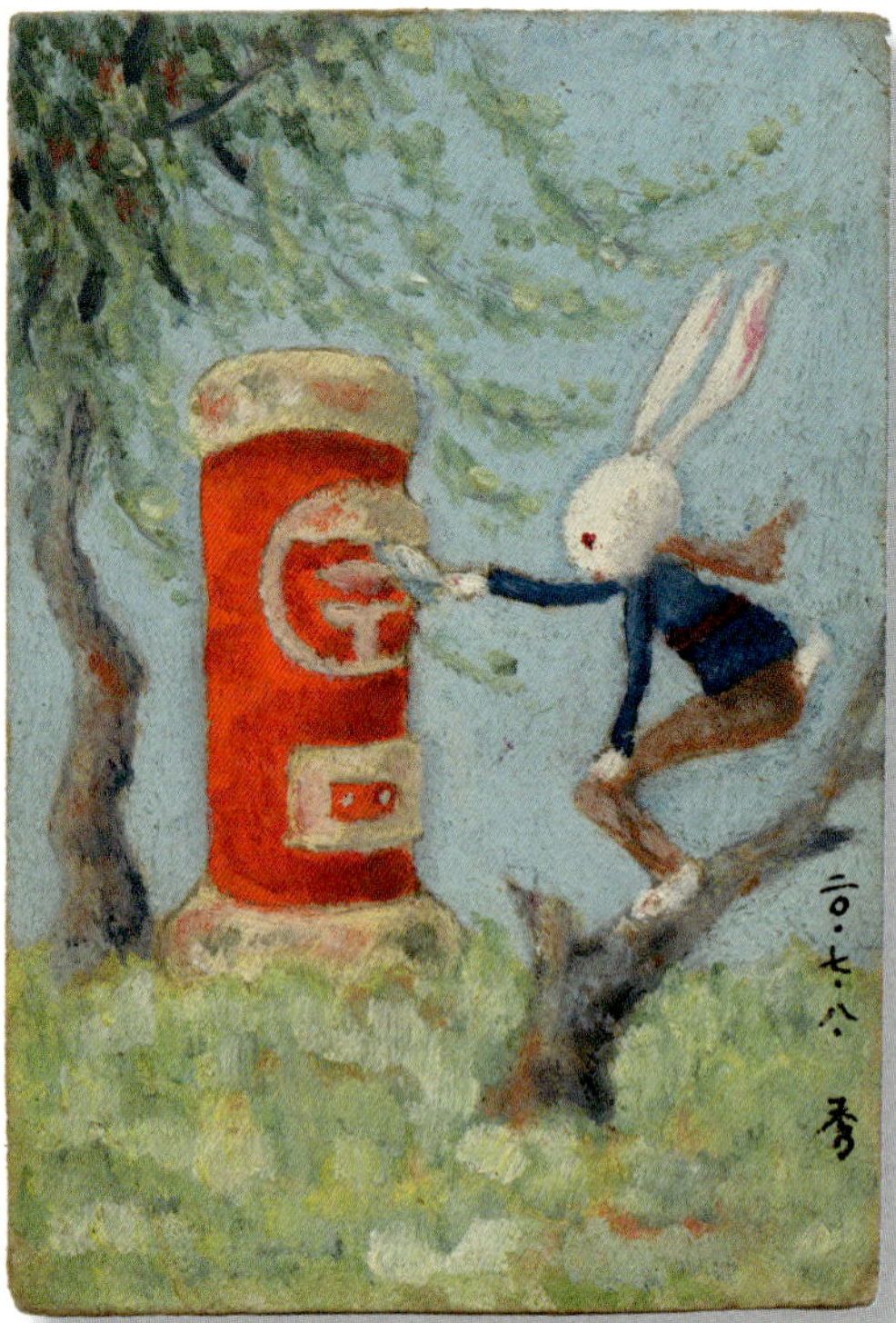
1.

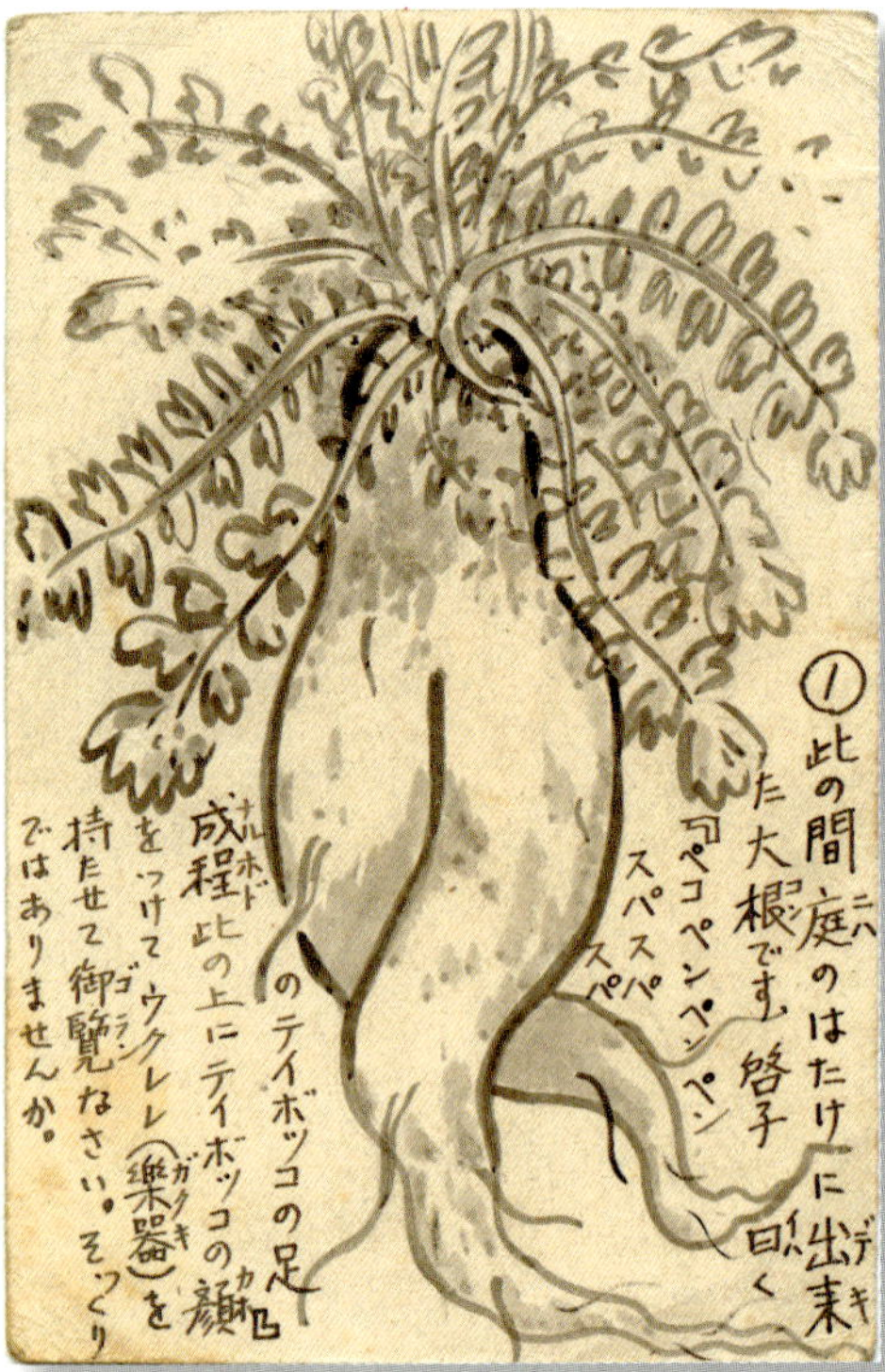

2.

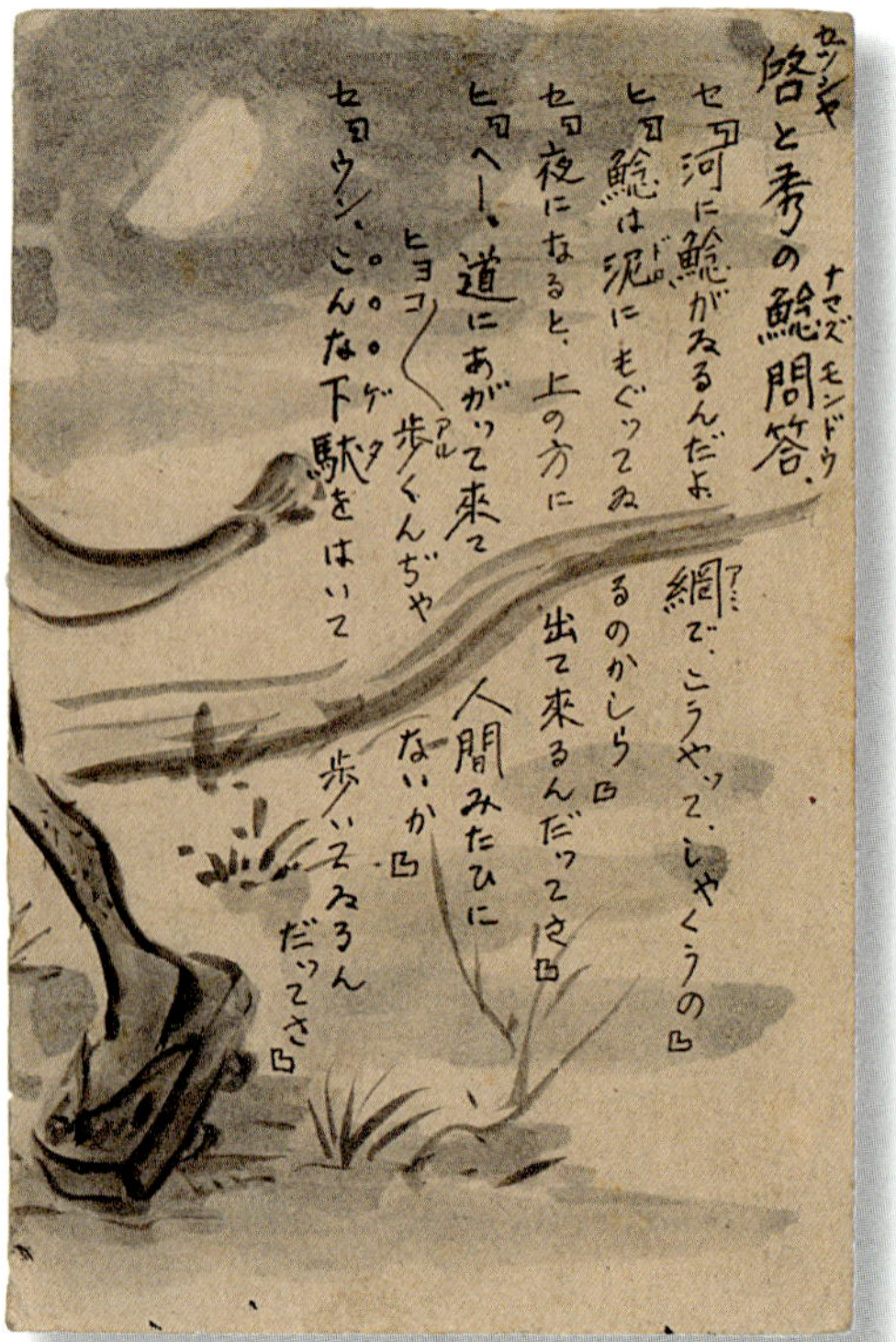

3.

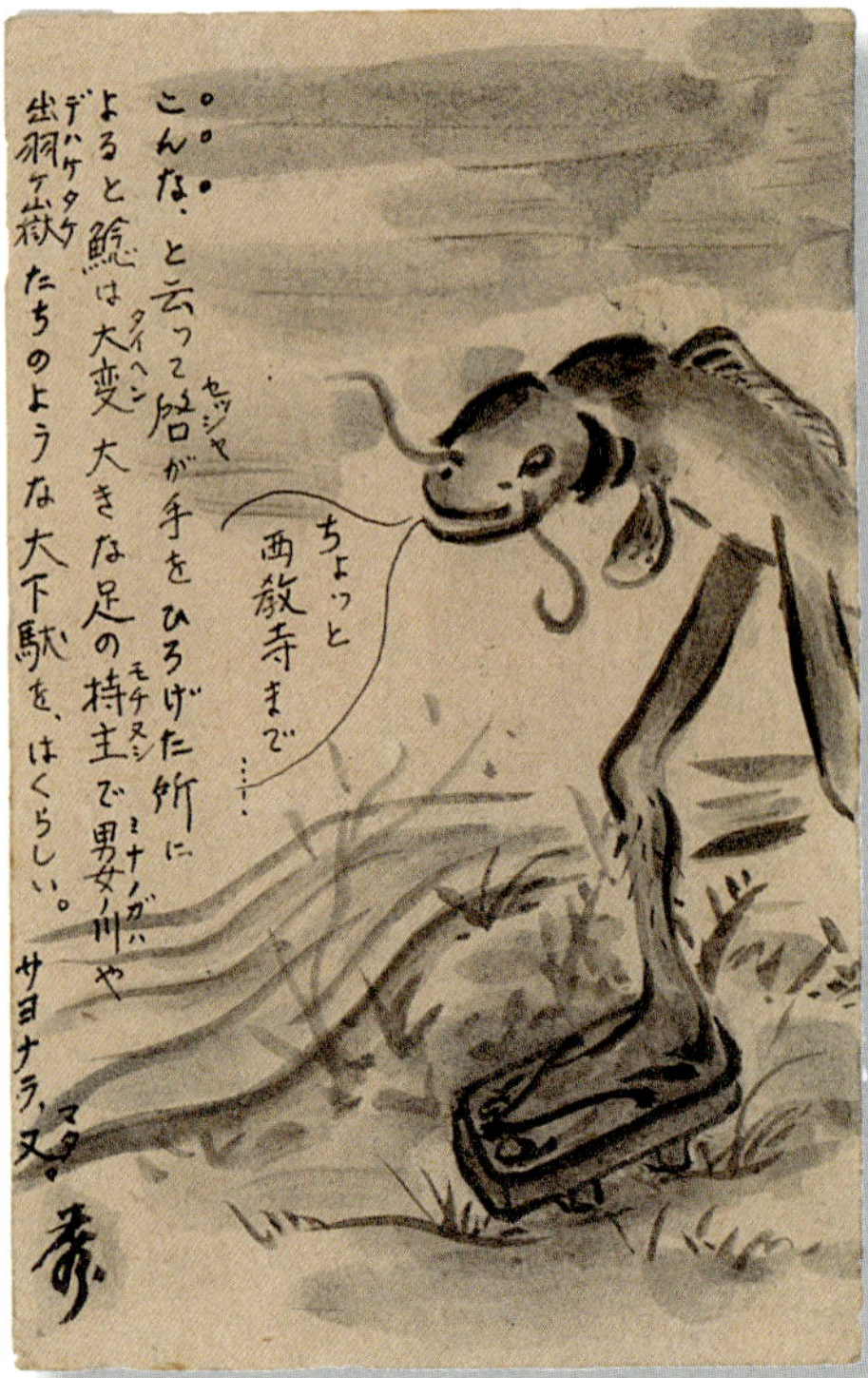

4.

阿部秀助氏から愼蔵君へ　1. 修善寺へ　昭和19年12月16日投函、2. 木造へ　昭和20年7月11日投函、3. 4. 木造へ　昭和20年10月4日投函、2枚綴になっている。

6.

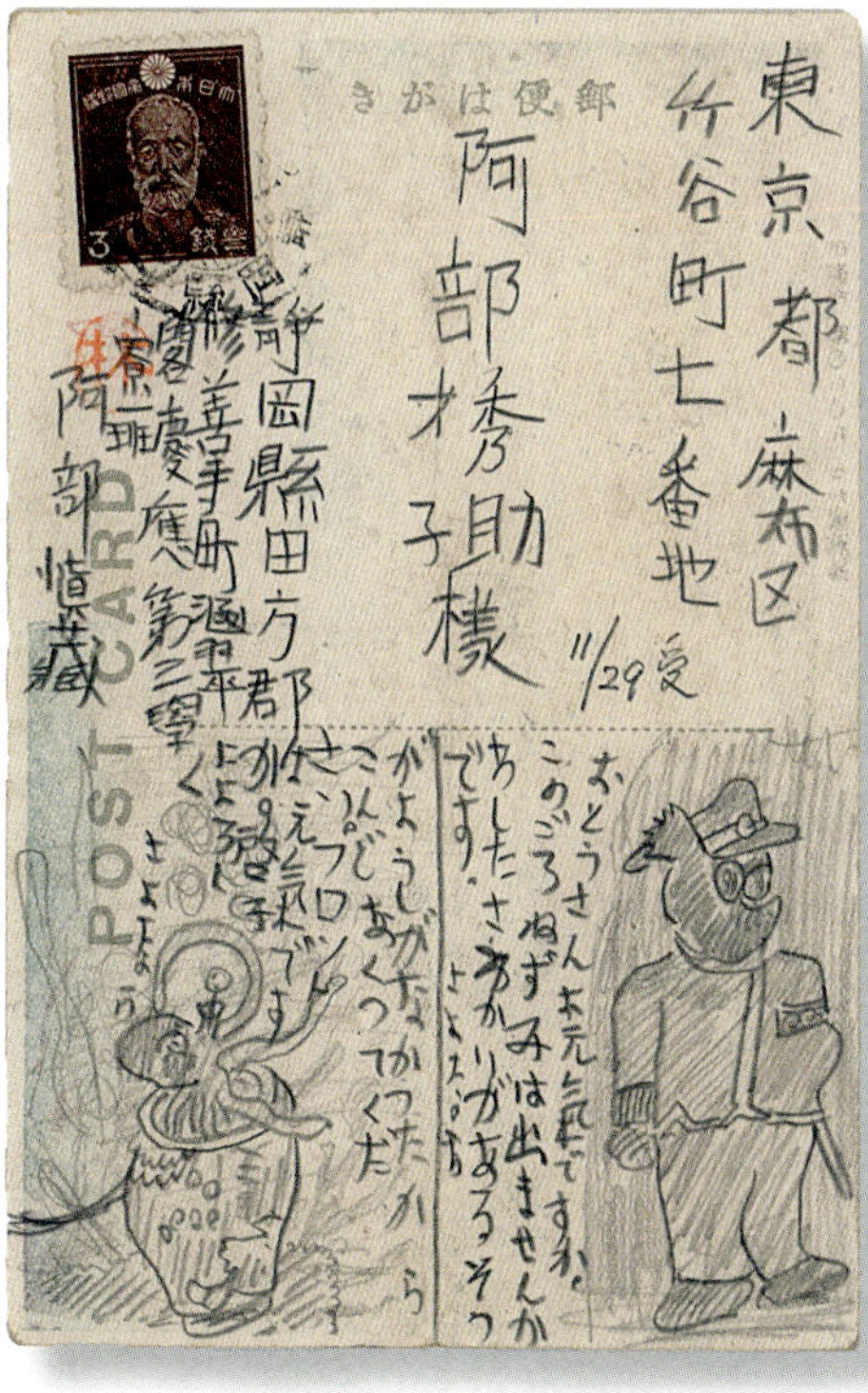

5.

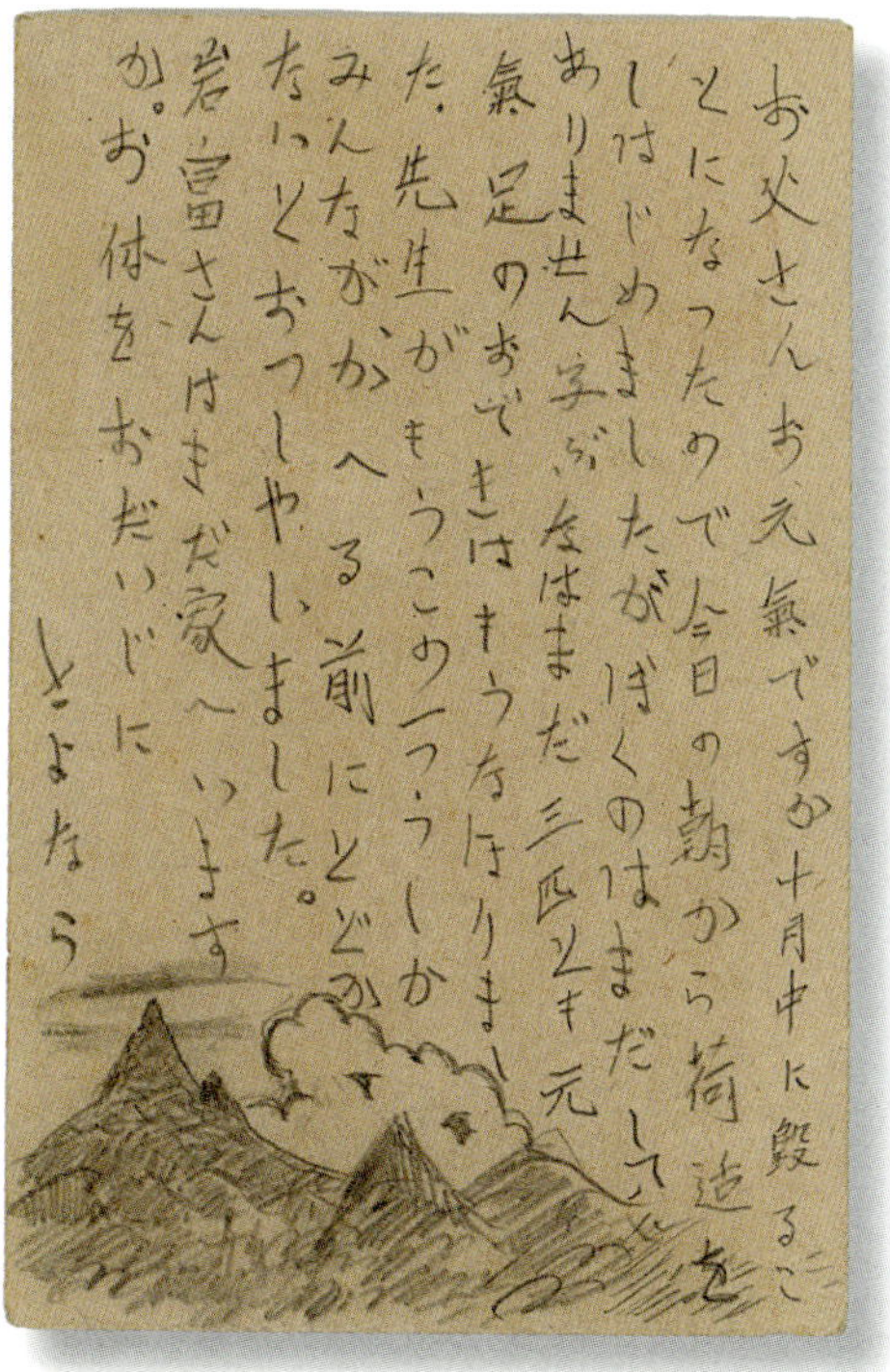

8.

7.

阿部愼蔵君から両親へ　5. 修善寺 昭和 19 年 11 月 26 日投函、6. 7. 修善寺 昭和 19 年 12 月 28 日投函、8. 木造 昭和 20 年 10 月 13 日投函、帰京を告げる。

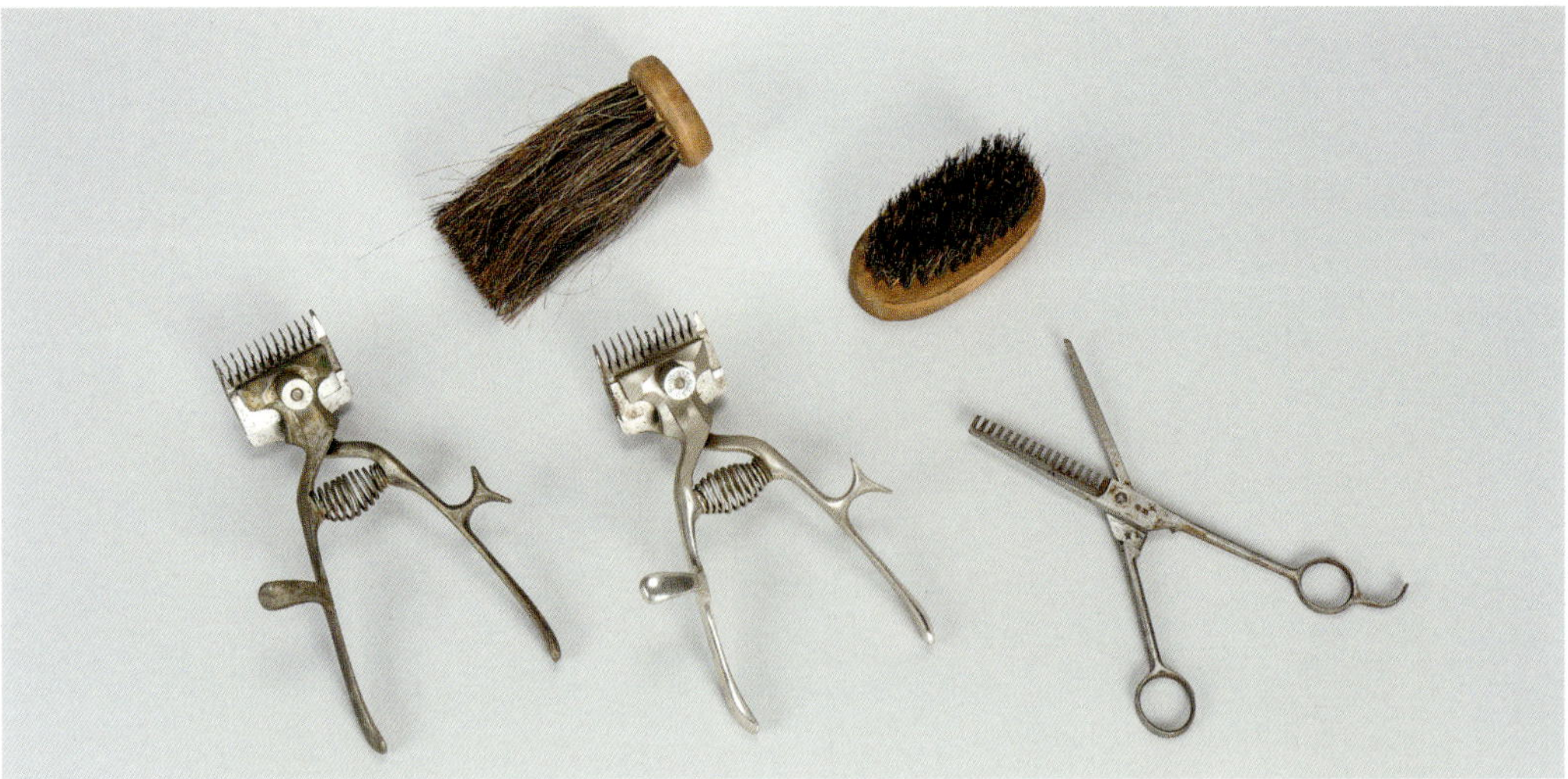

バリカン・鋏・刷毛
疎開中の幼稚舎生の散髪に使用したとみられる理髪用具。
戦後長らく経ってから三田の倉庫で発見された。

疎開学園に持参した本
疎開の際、たくさんの本が持参され、地元の小学生らにも広く貸し出された。見返しには疎開学園の蔵書印が押されている。

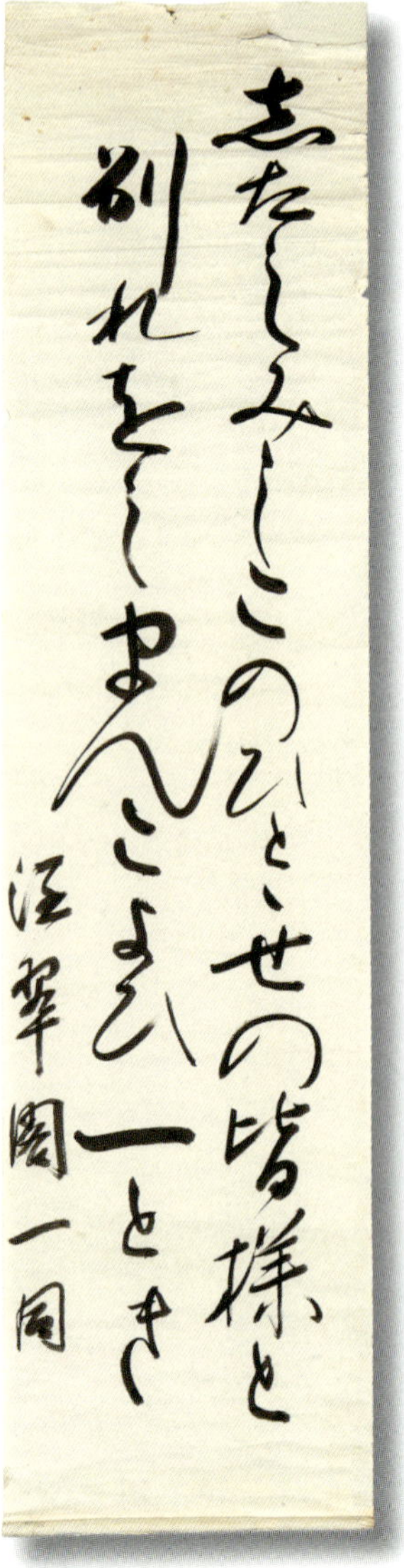

あさば旅館涵翠閣より送別会の際に送られた歌
「志たしみし　このひととせの　皆様と　別れをしまん　こよひ一とき」
当時６年生の林恭弘君が送別会会場に貼られていたものをいただいて、保管していたもの。

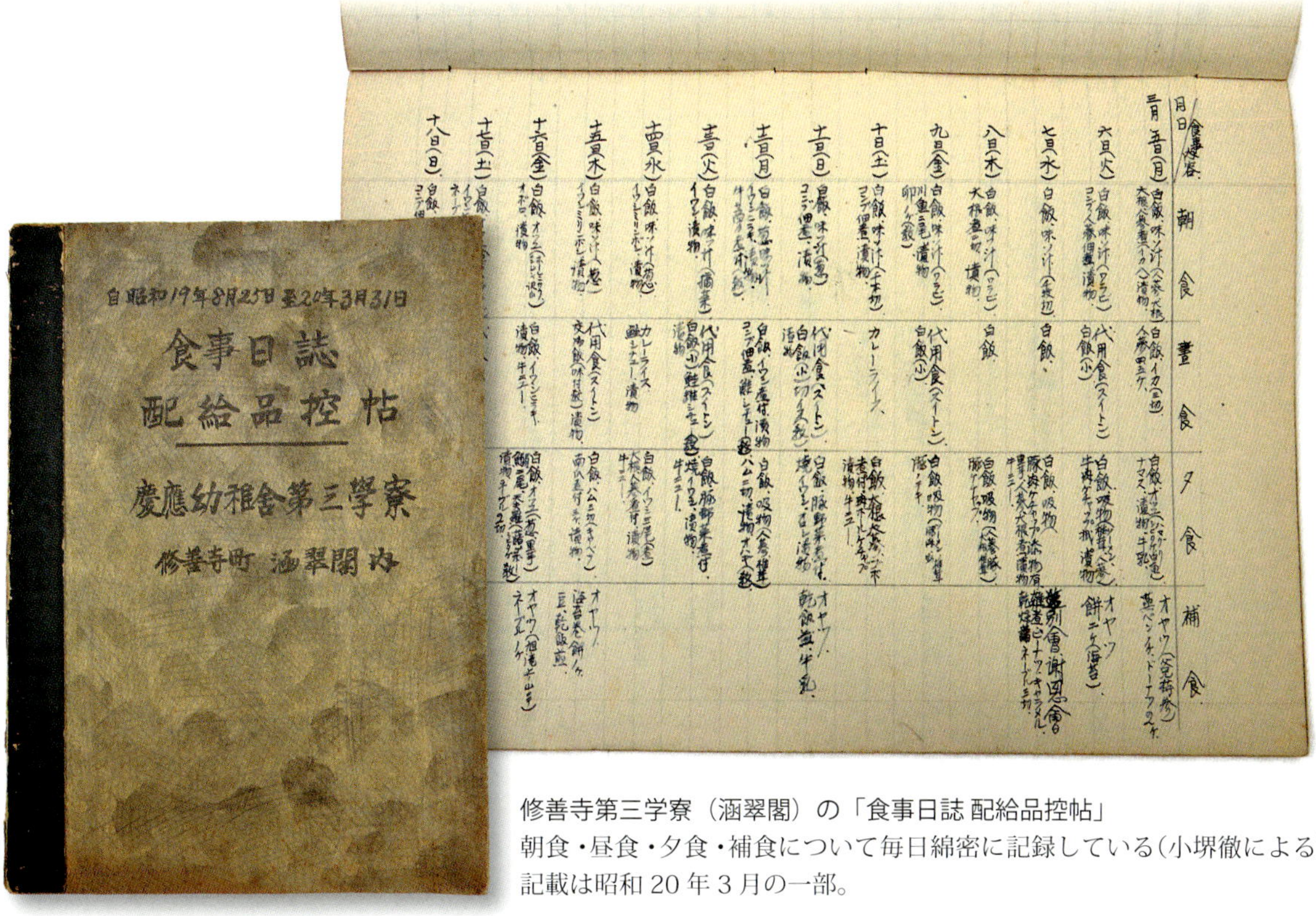

修善寺第三学寮（涵翠閣）の「食事日誌 配給品控帖」
朝食・昼食・夕食・補食について毎日綿密に記録している（小堺徹による）。
記載は昭和 20 年 3 月の一部。

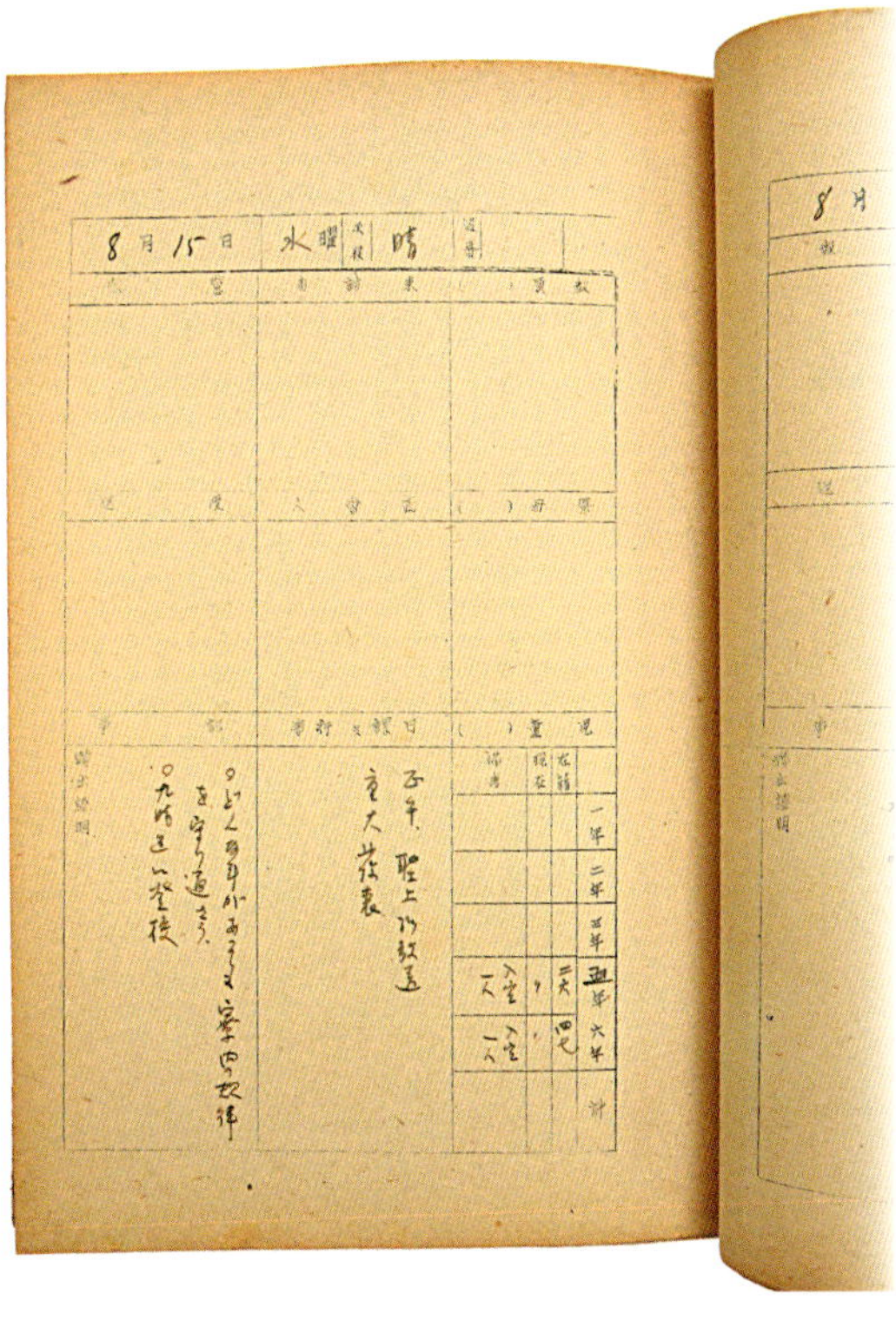

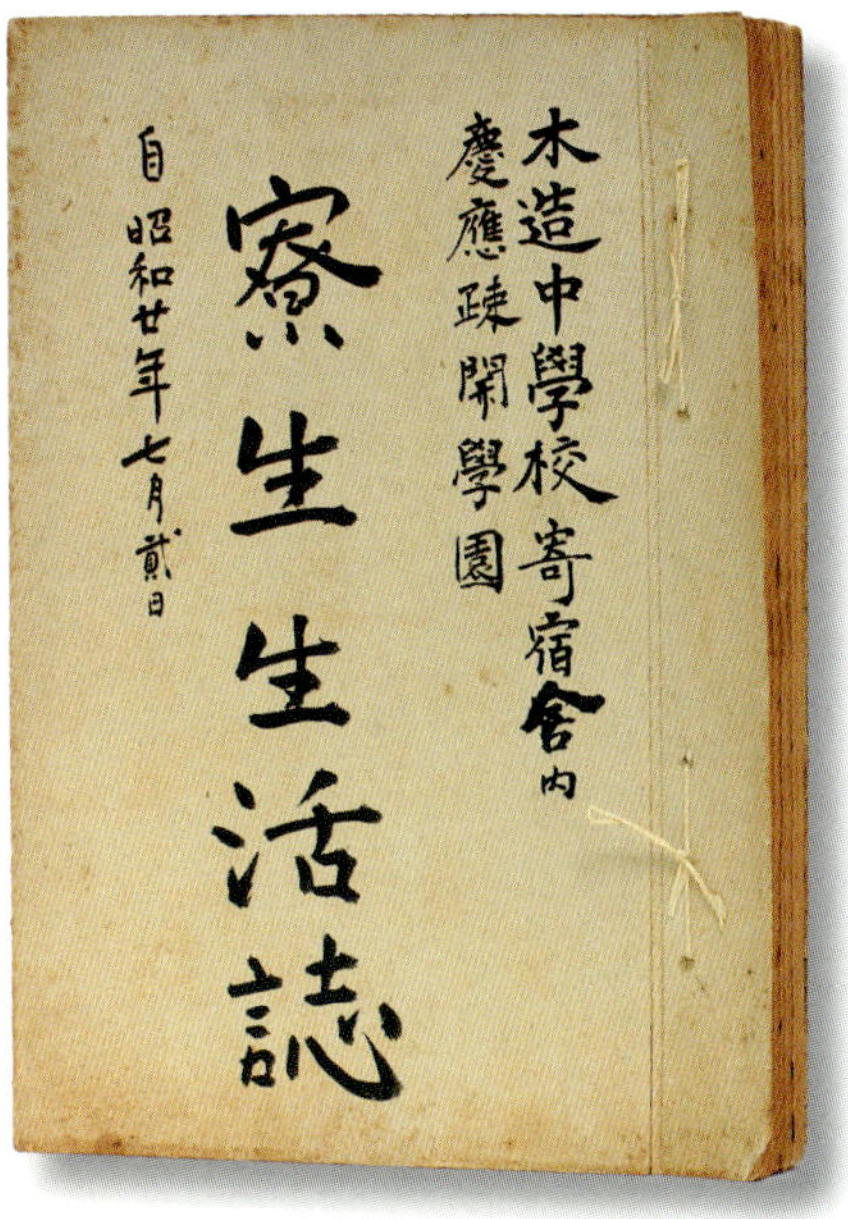

木造での「寮生生活誌」
記録者は不明。昭和 20 年 8 月 15 日の記載には、「正午、聖上御放送　重大発表」とあり、その横には「どんな事があっても寮内の規律を守り通さう」と書かれている。

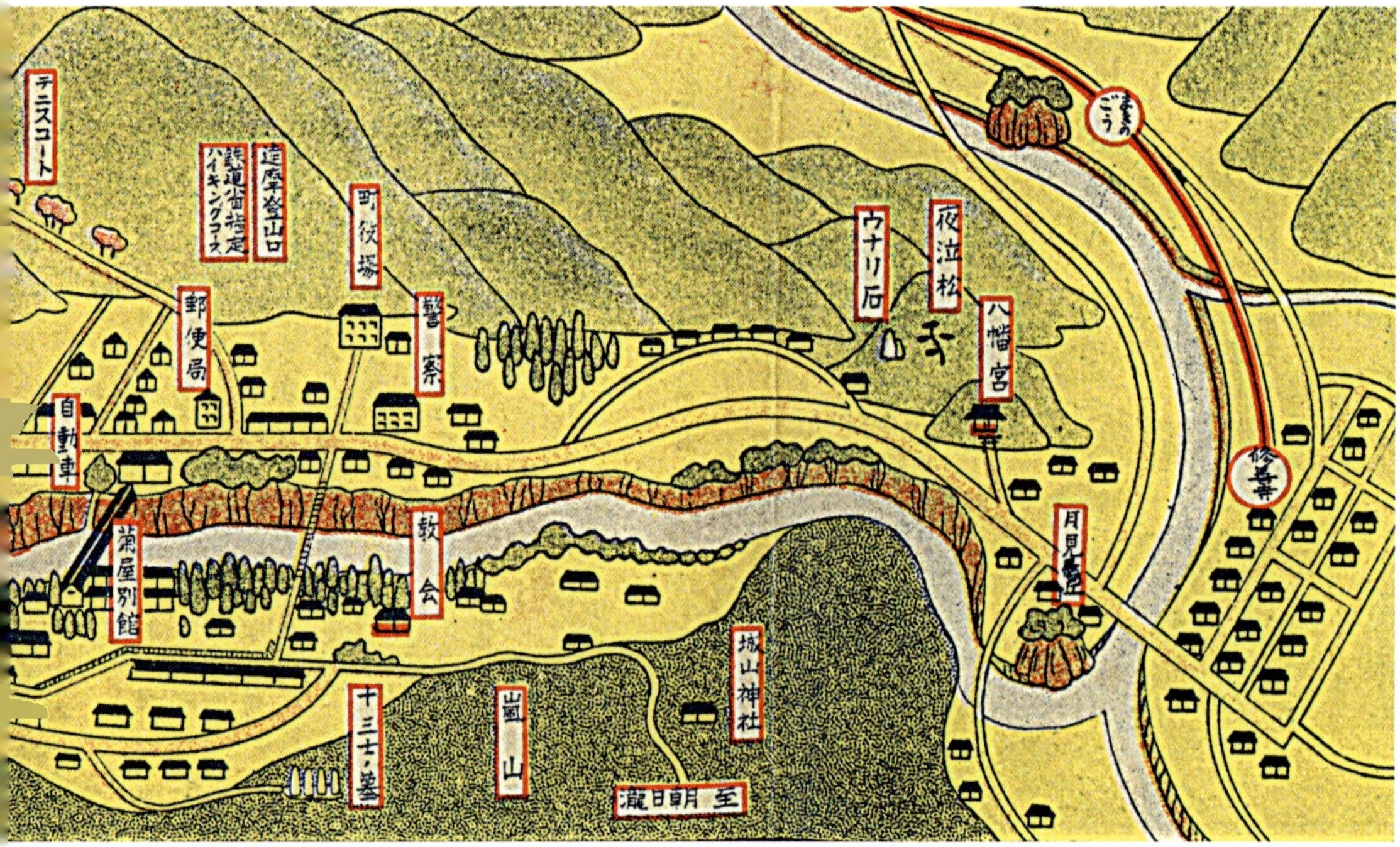

当時発行の修善寺温泉名所図絵に描かれた修善寺の様子

のだや発行の「修善寺だより」
中には宿泊料の記載があり、一泊二食六円～八円となっている。

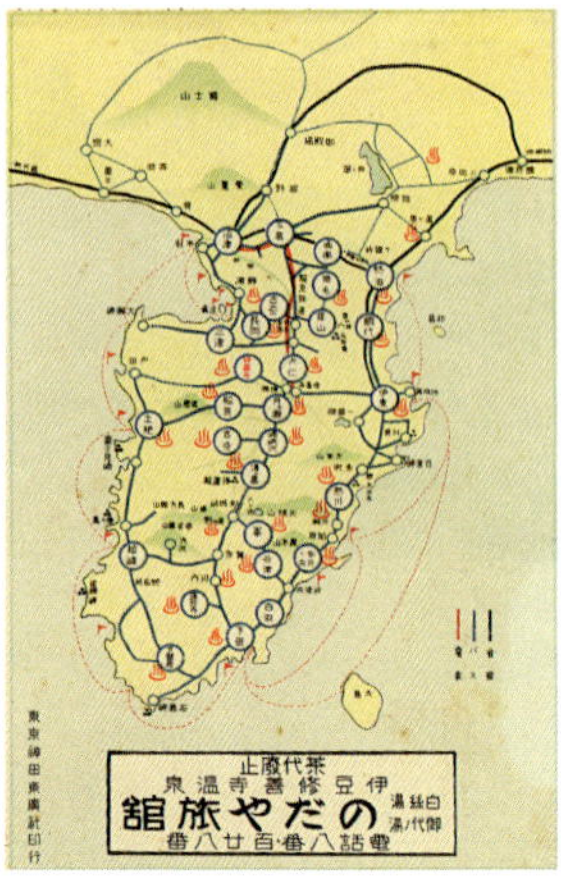

当時の封筒に描かれている「のだや」と伊豆半島の地図

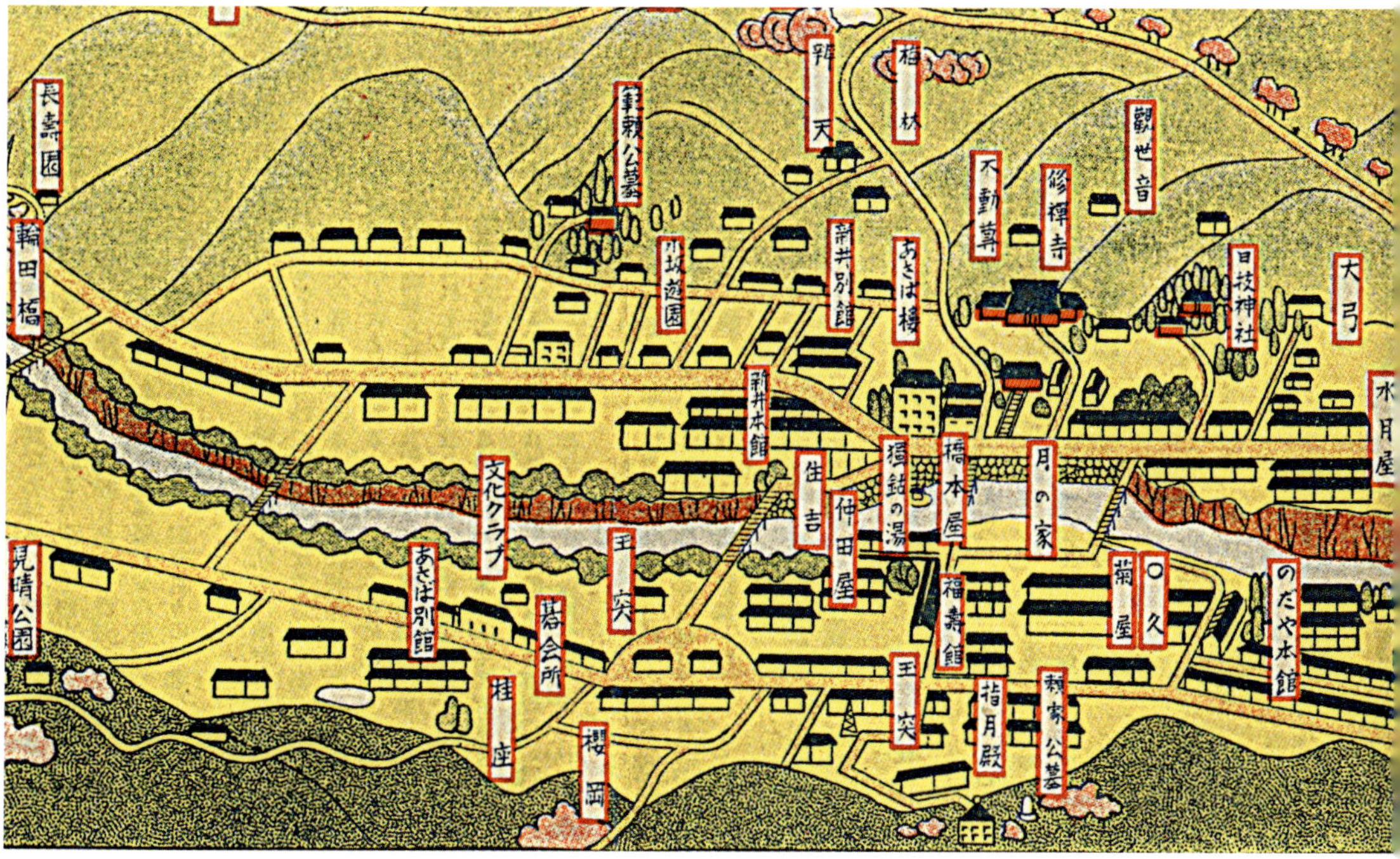

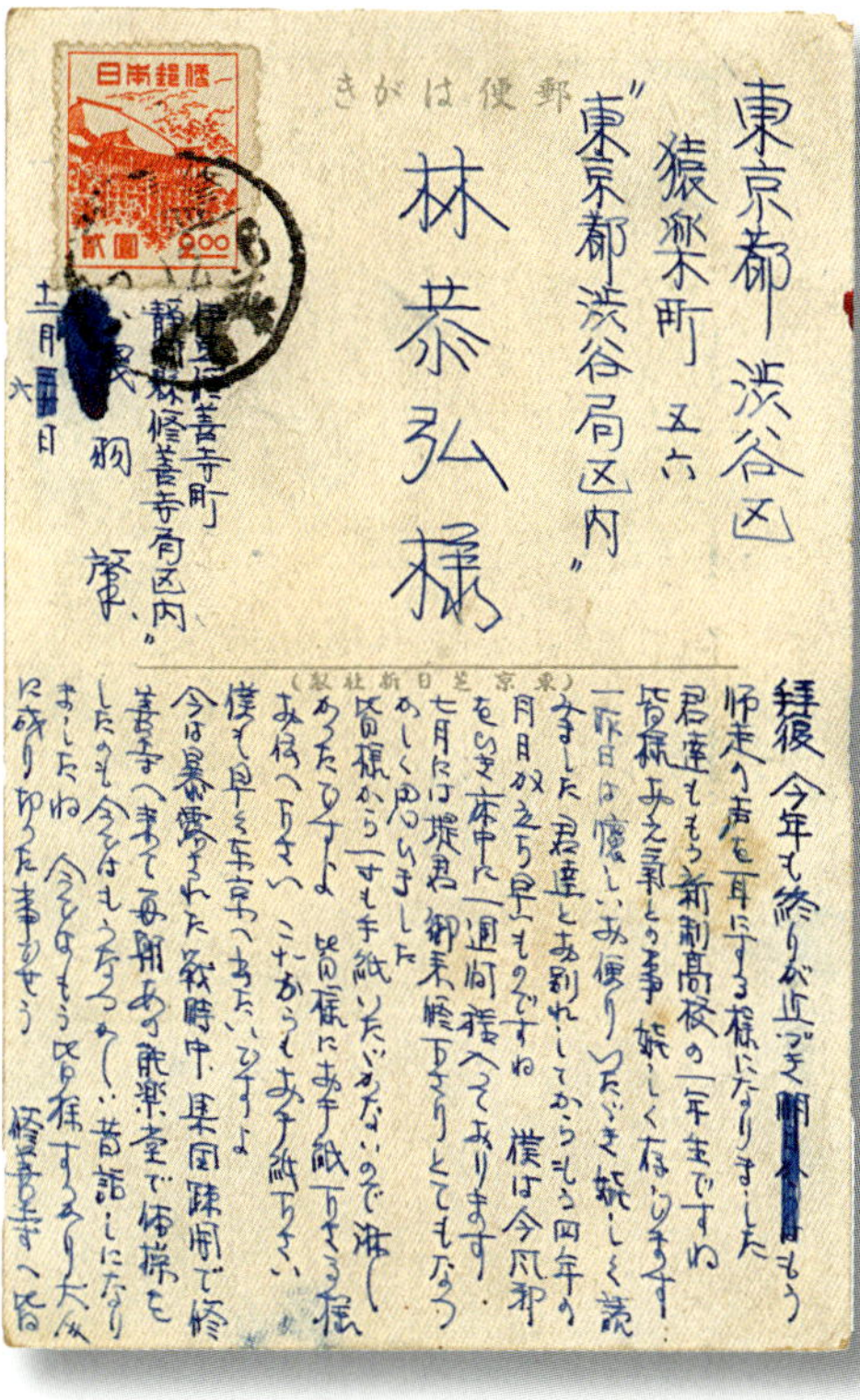

涵翠閣（修善寺）の浅羽肇氏より戦後、疎開学園生徒だった林恭弘君に送られた絵葉書
文面に「君達ももう新制高校の一年生ですね」とある。肇氏はこのとき高校生。後に慶應大学に入学する。

木造で幼稚舎生が描いた「津軽平野」

上　六年慶組 岩井洋君 「毎朝朝礼をしてゐる廣場より北を見たところです。田の近くに小川があり、そこで釣をします」

下　六年慶組 田中稀一郎君 「これは僕達の運動場から見た風景です」

慶應義塾幼稚舎
疎開学園の記録 (上)

慶應義塾幼稚舎

序

幼稚舎は昨年の二〇一四年、創立一四〇周年の佳節を迎えた。九月二十五日には清家篤塾長、長谷山彰常任理事をお迎えして、ささやかながらも厳粛な雰囲気の中、自尊館において記念式典を行った。

幼稚舎一四〇年の歴史に思いを馳せると、太平洋戦争の時代が最も辛く苦しかったのではないかと思われる。とりわけ、幼稚舎一四〇年の歴史のちょうど真ん中に当たる七〇年前の一九四四（昭和十九）年八月二十五日に三四五名の幼稚舎生が伊豆の修善寺に向かった集団疎開は、筆頭に挙げられよう。

修善寺では野田屋、仲田屋、涵翠閣（現あさば旅館）の三つの旅館に分宿して、およそ二キロメートル離れた山向こうの下狩野村国民学校に通ったという。翌一九四五（昭和二十）年三月十日には卒業する六年生が帰京し、四月には仲田屋の借用をやめて野田屋と涵翠閣の二館使用となり、新たに一、二年生十数名が疎開学園に参加した。

五月二十一日、相模湾への米軍上陸の懸念から再疎開の指令が届いた。再疎開のため、六月三十日朝、修善寺から青森県西津軽郡木造町（現つがる市）へ向かった。遥か北の青森の地ということで、縁故疎開に転じた者も多く、木造へ向かった幼稚舎生は一四〇名ほどになったという。二日半後の七月二日午後三時半、木造駅に到着した。一行は、木造中学校寄宿舎、西教寺、慶應寺の三か所に分宿し、向陽国民学校に編入された。

その後、ポツダム宣言の受諾を経て八月十五日の終戦の日を迎えたが、敗戦の混乱のために汽車の手配がつかず、帰京は十月中旬まで叶わなかった。ようやく汽車の手配が整い、十月十八日午後五時二十分、木造駅を出発した。汽車が東京の恵比寿駅に着いたのは、一日半後の十月二十日午前五時だったという。恵比寿駅にはわが子を迎える保護者や幼稚舎教職員が今や遅しと疎開児童の帰京を待っていたことだろう。午前八時、幸いにして空襲の被害を免れた幼稚舎にて疎開学園の解散式を行い、およそ一年二か月に及ぶ辛く苦しかった幼稚舎疎開学園は全ての児童を親元に届けてその使命を果たし、任を終えた。

本書は、幼稚舎疎開学園七〇周年を機に、疎開学園を率いた吉田小五郎元舎長が編まれた『稿本 慶應義塾幼稚舎史』や、同じく吉田先生の書かれた『幼稚舎の歴史』、「疎開特集」を組んだ『仔馬』(第六巻第五号、昭和三十年一月発行)、『幼稚舎新聞』、『慶應義塾幼稚舎同窓会報』などから「疎開学園」や「疎開」に関する文や記録を探し出してまとめたものである。単なる疎開の通史ではなく、実際に疎開を経験した先生方や児童の文や親子の間で交わされた書簡などが収録されており、戦後生まれの私たちには想像もできない辛く苦しい生活を送っていたことが垣間見られる第一級の資料集である。一九四五年の終戦から七十年の節目に当たる二〇一五年の今年、幼稚舎疎開学園関係の資料をまとめた本書が刊行されることはまことに意義深い。編集に携わってくださった加藤三明、藤本秀樹、杉浦重成、神吉創二、清水久嗣、廣瀬真治郎、藤澤武志、萩原隆次郎の八名の先生方のご尽力に感謝申し上げたい。

二〇一五年十月

大島誠一
(幼稚舎長)

目次

第五章　『幼稚舎新聞』『慶應義塾幼稚舎同窓会報』等より

カバー・本文挿画　阿部愼蔵

凡　例

一、原則として、仮名遣い（旧かな、新かな）、漢字用字（旧字、新字）は発表時の原文を尊重し、そのままとした。明らかな誤植、句読点等の脱落、字句統一については、最低限の修正を施した。
一、本書は、複数の筆者による証言という性格もあり、必ずしも一致した事実ではない点もあるが、史料としての価値を尊重し、そのままとしてある。
一、第四章〜第六章の出典は各文末に記した。
一、各文末の＊は編者による執筆者の解説である。前出のものは、注を省略した。
一、文中、今日の人権意識に照らして不適切に思われる箇所があるが、歴史的性格に鑑みてそのままとした。

第一章　『稿本　慶應義塾幼稚舎史』より

――『稿本　慶應義塾幼稚舎史』は、幼稚舎創立九十周年を記念し、吉田小五郎の執筆により、昭和四十年十月十日に発行された。吉田小五郎は、疎開学園の責任者として尽力し、昭和二十三～三十一年幼稚舎長を務めた。

疎開学園

太平洋戦争も年をかさね終局にちかずくにつれて苛烈をくわえ、ほとんど全国土、特に帝都は空襲の脅威にさらされ、学校では安穏に授業を継続することが困難になった。警戒警報空襲警報の発令が頻繁になり、児童は連日いわゆる防空服、防空頭巾、長ズボンに、水筒をさげて通学するようになった。朝警報が発令されると登校は不能となり、それを予想して担任教師は、家庭で学習ができるように、予め学習予定表、もしくは問題集を作成して生徒に与え、一種の通信教育のような授業が行われるようになった。

政府は夙《つと》に、一般疎開のことを考慮し研究していたが、一部に遠慮すべき向きがあって率直にいいだしかねていたようであった。しかるに昭和十九年マリアナにおける日本空軍基地が無力化し、サイパンの失陥が目前に迫った六月の末、政府は「一般疎開の促進を図るほか、国民学校初等科児童の疎開を強度に促進する」ことを閣議決定し、続いて「帝都学童集団疎開実施要領」を発表した。最初東京都だけにかぎられていたが、のち東京都区部、横浜、川崎、横須賀、大阪、神戸、尼崎、名古屋、門司、小倉、戸畑、若松、八幡の十三都市を指定し、疎開受入先として、それ〴〵の隣接近県がえらばれ、疎開児童の見込数約四十万人と推計された。

わが幼稚舎で疎開のことが始めて問題になったのは昭和十九年（一九四四）二月のことで、当時既に個人的に縁故疎開を申出るものがあり、もっぱら復校の場合のことが論議された。さらに三月一日父兄会を開き、縁故疎開者の復校した場合、その処置取扱いについて注意した。縁故疎開の希望者続出のため同年四月からは緊急措置として、突如六学年を除き五学年以下三学級を解体して二学級（六学年だけは慶、應、美の三組）とし、都合幼稚舎は十三学級となった。その後六月、政府の「帝都学童集団疎開実施要領」が発表されて、急に疎開問題が表面化した。政府の方針では、三学年以上の児童を対象として、極力縁故疎開を勧誘し、万止むを得ざるもののみを集団疎開せしむるというにあって、それも一応昭和二十年（一九四五）三月までと期限を切ってあった。幼稚舎でも、その線にそって全校児童に縁故疎開を奨励し、同時に集団疎開の希望者を募ったところ（七月十九日附、渋谷区長礒村英一宛に申込む形式になっていた）、参加希望者は、約半数の三百四五十名にのぼった。

幼稚舎ではその実施方法について連日会議をかさねたが、当局の方針が遅々として進まず、七月も末になり急に疎開地を静岡県田方郡修善寺町と指定してきた。最初同地の菊屋旅館一館ということであったが、同館に学習院がはいることとなり、結局、幼稚舎は野田屋、仲田屋、涵翠閣（あさば旅館）の三館に分宿と決定した。疎開児童は原則的に疎開先地元の国民学校に帰属する立前となり、幼稚舎生は当然、修善寺国民学校生徒となる筈であったが、修善寺には渋谷区のほか大森区、蒲田区の国民学校児童が多数疎開しており、その全部を地元の国民学校に収容することは不可能で、結局幼稚舎は修善寺の北方約二粁の田方郡下狩野国民学校（当時の校長飯島謙吾）の帰属となった。（疎開学園の内規には、下狩野国民学校を分教場としているが、形式的にはこの方がむしろ本体であった。）

渋谷区役所を通じて来る指令が総《すべ》て性急で、いわゆる足許から鳥が飛びたつような有様であったが、よくそれを切りぬけて準備万端をととのえ、真に破天荒ともいうべき集団疎開に出発したのは昭和十九年（一九四四）八月二十五日のことであった。全児童天現寺の幼稚舎に集合して出発式をおこない、恵比寿駅まで徒歩、恵比寿駅を発し正午すぎ修善寺についた。父兄の中には生死のほども期しがたしとして、担任教師に遺書を託したものもあった。次の疎開学園内規は学園の発足前に作成されたもので、多少事実と相違したところもあるが、大綱には変りがない。

戦時疎開学園内規

第一章　総　則

第一条　当校戦時疎開学園は之を静岡県修善寺に置き、慶應学寮及び分教場を設置す。

第二条　慶應学寮は左の三寮に分ち、児童を分宿せしめて戦時生活、並に戦時教育の修練を行ふ。

慶應第一学寮（本部）　修善寺　野田屋

〃　第二学寮　〃　仲田屋旅館

〃　第三学寮　〃　涵翠閣（あさば別館）

第三条　分教場は修善寺国民学校の校舎、校地、及宿舎の一部を当て国民学校としての教育を行ふ。

（註）既述のとほり隣村下狩野国民学校に変更した。

第四条　学園は学校（幼稚舎）と不離一体をなし、特に規定するもの、外は学校に於て行はる、一切の教育形態を確立して国民

毎日朝礼をおこなった修善寺（終戦後の写真）

の基礎的錬成をなすこと勿論なりと雖《いえど》も、臨機時宜を得たる施設をなし、平時殊に都市に於て体得し得ざる心身の錬成をなす。

第五条　学園運営の指導方針として左の諸項に留意す。

一、国民学校教育の本旨に則り、行学一体の修錬形態を確立して国民の基礎的錬成をなす。

二、疎開学園に参加し得たる恩恵に感謝し、戦意昂揚、国防強化、生産増強の道に挺身するの生活修練を目標とし、国難突破に邁進するの意気を養ふ。

三、日常の生活を刷新し、簡素なる集団生活に馴れしめ、規律、礼節を尚《とうと》び、責任感を強むると共に困苦欠乏に耐ゆるの気魄を養ふ。

四、我が国古来の家庭教育の美風と修行奉公の塾教育の長所とを併せたる独自の寮風を樹立すると共に、独立自尊の実践をなすの機会を多からしめ、従長扶幼の渾然《こんぜん》たる生活を形成す。

五、自然に親しみ地方民に和協して、現地に同化し、産業を助力し、公共に対する奉仕をなすことに努むると共に、戦時疎開たるの念を瞬時も忘却せしむることなく、地方児童、並に他校疎開児童の模範たるの行動をなす気概を堅持せしむ。

第六条　宿舎、及給食に関しては東京都、並に現地当局との連絡を緊密にして行ふ、但し食事は旅館の請負とす。

第七条　事務運営に関する協議機関としては派遣教員会を開く、派遣教員会には寮母を出席せしむることを得。

第二章　編　成

第一条　国民学校教育を実践する修練編成と学寮に於ける生活指導を実践する生活編成の組織を以て編成す。

第二条　修練編成は四学年九ヶ学級とし、各学級に担任訓導一名を配す。学級の編成に当りては従前の学級と其の担任訓導との関係を尊重し、担任訓導を欠く学級に対しては新に学級担任を配す。
第三条　生活編成は各学年児童数名を以て一班とし、之に五、六学年各一名の班長副班長を配す。班数個を以て部隊を組織し、部隊毎に訓導一名、寮母一名、又は二名を配す。但し班長、副班長は学習の都合上所属学年の室に起臥する事を得。

第三章　職　傭　員

第一条　学園に左の職傭人を置く。
園　長　一名
副園長　一名
訓　導　一六名
寮　母　一六名
衛生婦　四名
作業員　若干名
嘱託医　数名
第二条　園長は学校長、副園長は教頭とす。訓導は当校訓導中より学校長之を派遣す。寮母、衛生婦、作業員は詮衡の上園長之を採用す。
　嘱託医は現地の医師を嘱託するの外、父兄医師中より随時出張を嘱託す。
第三条　訓導は園長の命を承け、寮部長、及校務部長の指揮に従ひ、各係訓導と密接不離の関係を保ちつゝ、学園児童の生活保持し、且つ其の教育、及教育事務の円滑なる進渉《しんちょく》を掌《つかさど》るものとす。
第四条　寮母は園長の命を承け、部長、及係訓導の指揮に従ひ、学園児童の生活を保護し、且つ其の身辺の世話に当るものとす。衛生婦は寮母の作業を援助すると共に、嘱託医と共に園長の命を承け、部長、及び係訓導の指揮に従ひ、学園児童の養護を掌る。作業員は炊事、其の運搬、雑役等の用務に任ず。
　校務分掌に付ては別表定むる所に依る。

第四章　児　　童

第一条　学園に収容する児童は当校初等科第三学年より第六学年迄の児童中縁故疎開の便なき者の中より保護者の希望に依り、学校之を詮衡して決定す。定員は凡そ三百七十名とす。
第二条　児童は初等科修了、又は疎開の必要を認めざる情勢に至る迄、特に学園生活に不適当と認めらるゝ者の外退園を命ぜらるゝことなし。
第三条　保護者より退園を願出たる時は、詮議の上園長之を承認することあるべし。
第四条　学園に欠員を生じたる時、又は止むを得ざる事情に依り、入園を適当と認めたる時に限り、之を補充して入園を許可することを得。
第五条　児童の罹病、負傷等の急を要する場合の処置は園長の指揮に依る。

第五章　保護者との連絡

第一条　児童より保護者に対する通信は一週間に一回とし、担任訓導之を検閲の上発送せしむ。
第二条　児童の罹病、負傷等に際して、その必要を認めたる時は保護者を招致す。
第三条　保護者の訪園は東京都の方針に従ひ学園に於て統制す。園長の許可せざる訪園は厳に之を謝絶す。
第四条　保護者等より到来する書翰、又は物品にして学園生活に障碍ありと認めたる時は之を児童に手交せず、送還、又は適当に処分す。往復の書翰は総べて葉書を以て為すこと。
第五条　招致したる保護者中必要ある者の外は学寮に宿泊せしめざるものとす。
第六条　保護者は入園中の児童を園外に連行することを得ず。
第七条　保護者にして訪園を許可せられたる者は、特に服装に注意せらるゝと共に地方人を刺激する如き行動をなすことを慎み、日帰りを以て原則とす。
第八条　保護者は特別の事情なき限り、学園地域内に宿泊、又は逗留をなす事なき様自粛すべし。
第九条　保護者中の寮母は成る可く関係班以外の担当をなすものとす。
第十条　保護者との連絡杜絶したる時は本籍地に照合すべし。
第十一条　学校は随時疎開学園参加児童関係の保護者会を開くことあるべし。

校務分掌

園長 清岡暎一
副園長 高橋立身
総務部 部長 吉田小五郎
教務部 部長 松原辰雄
　行事 赤松宇平、奥山貞男
庶務部 部長 吉田小五郎
　文書 吉田小五郎、林佐一
　会計 大島継治、永野房夫
　用度 吉武友樹、小此木丑五郎
　給食 川村博通、小堺徹
　学用品 大島継治
　校具、図書 内田英二
　公簿 渡辺徳三郎
錬成部 部長 赤松宇平
　錬成 赤松宇平、奥山貞男
　作業 永野房夫、奥山貞男
厚生部 部長 小池喜代蔵
　食事 小池喜代蔵、内田英二
　衛生 松原辰雄、小池喜代蔵、渡辺徳三郎
　整備、就寝 松原辰雄、林佐一
傭人部 部長 吉武友樹（寮母、作業員、看護婦等）

次に修善寺の宿舎に於ける児童学級の配置、ならびに教職員、寮母、傭員の帰属は次のとおりであった。

第一学寮　野田屋（本部）
六年　慶組　　五年　慶組　　四年　慶組
教員　吉田小五郎、奥山貞男、小池喜代蔵、永野房夫（後涵翠閣に移る）
寮母　太田ソノ、土田みさを、沖嶺香、西郷雛子、塚本法子、鈴木泰子
看護婦　田坂匡子
第二学寮　仲田屋
六年　應組　　五年　應組　　四年　應組　　三年　應組
教員　松原辰雄、大島継治、渡辺徳三郎、赤松宇平
医師　松原敬介（松原出征後、町田敏蔵これに代る）
寮母　岩瀬君代、内村克子、山上正子、水落ミツイ、原きぬ子、久保田喜久代、赤上滋子、小塚りつ子
看護婦　石川桐、今野香代子
第三学寮　涵翠閣
六年　美組　　三年　慶組
教員　林佐一、内田英二、吉武友樹、小堺徹
寮母　服部寿美、友岡多和、甲斐和子、阿部才子
看護婦　佐伯拡子、山崎タイ

疎開児童人員表（昭和十九年八月～昭和二十年十月）

	一年	二年	三年	四年	五年	六年	計
昭和十九年八月			六〇	八九	九六	一〇〇	三四五
九月			五九	八九	九六	九九	三四三
十月			五九	八九	九五	九七	三四〇
十一月			五七	八六	九五	九七	三三五
十二月			五七	八五	八九	九八	三二九
昭和二十年一月			五七	八五	九五	九五	三三二
二月			五七	八五	九五	九五	三三二
三月			五四	七八	九〇	九五	三一七
四月	一二	六	三三	四〇	五九	六九	二一九
五月	一二	六	三三	三八	五七	六八	二一四
六月	一二	六	三三	三六	五三	六六	二〇六
七月	?	?	?	?	?	?	一四三
八月	?	?	?	?	?	?	一四二
九月	?	?	?	?	?	?	一四〇
十月	八	五	二五	二六	二七	四七	一三八

昭和二十年七月以降九月までの児童総数は判明しているが、各月、各学年の人数が不明。（疎開終了後帳簿の一部が失われたためである）恐らく疎開最後の各学年の人数と大体変りがない。急に人数の減つたのは青森県への再疎開に際し、縁故疎開した者が多かつたためである。

宿舎では室の広狭に応じて、同学年同士、或は上下学年の児童を適当に組合せ、数名から十数名を以て班を編成し、班長、副班長をおいて班内の融和統率をはかると同時に教師との連絡を密にし、また班毎に寮母一名がつき、母親代りとなってよく児童の面倒をみた。現地について一週間目のころ、一時児童の中に郷愁を覚えるものがあったが、間もなくその時期は去り、みな元気になった。

一日の日課表は各寮により又季節によって多少の変化はあったが、大体次のようなものであった。

日課表

六時	起床
六時四十分	点呼
七時	朝食
八時三十分	朝礼（修禅寺境内に三学寮の全児童集合）
九時	整理
十時	坐学
十一時三十分	昼食
十三時	下狩野校へ出張授業
十六時三十分	入浴
十七時三十分	夕食
十八時三十分	自由時間
二十時	点呼就寝

午前坐学とあるのは、各宿舎の広間（食堂、その他）に飯台を据えて授業し、午後は、約二キロの行程を徒歩で行き、下狩野校の教室で授業した。（途中に峠があって雨天の際にはぬかるむため、宿舎での坐学を以てこれに代えた）下狩野校との往復には下駄か藁草履で、軍国歌謡曲や疎開学園の歌をよくうたった。

疎開学園の歌

高　橋　立　身　作詞
江　沢　清　太　郎　作曲

一、戦今や　たけなわにして
　疎開の我等　子供の出征
　堅忍持久は　男のほこり
　互にきたへん　心とからだ
　　頑張れ頑張れ　勝利の日まで
　　貫きとほせや　日本男児

二、桂のながれ　その名も清き
　われらがすまい　慶應学寮
　独立自尊は　わが師のおしへ
　互にむつまん　手に手をとりて
　　頑張れ頑張れ　勝利の日まで
　　貫きとほせや　日本男児

三、山路をふんで　峠を越せば
　なつかしの村の　第二の母校
　文化の興隆　学徒の使命
　互に励まん　狩野の友と
　　頑張れ頑張れ　勝利の日まで
　　貫きとほせや　日本男児

四、われらの父も　われらの兄も
　剣をとりて　いかりて立てり
　米英撃滅　祖国の決意
　必ず倒さん　東亜の敵を
　　頑張れ頑張れ　勝利の日まで
　　貫きとほせや　日本男児

疎開児童に賜りたる
皇后陛下御歌

次の世を背おうべき身ぞ
　たくましく
正しく伸びよ里に移りて

（注）なお当時よく歌われたのは「燃ゆる大空」「僕は空へ君は海へ」「空の神兵」「加藤部隊歌」「月月火水木金金」「あ、虹の血は燃ゆる」「轟沈」「水兵さん」「ラバウル航空隊」「決戦の大空」「若鷲の歌」「大日本青少年団歌」等で教師は、謄写版刷の唄歌集を作って生徒に頒けた。なお式等の場合には疎開児童に賜りたる皇后陛下の御歌をうたった。

下狩野村の稲刈を手伝う幼稚舎生

疎開学園で当事者が最も苦労したのは、児童の管理を別にして、食料と燃料のことであった。戦争の末期にあって食料は極端に逼迫《ひっぱく》し、質と量の低下に児童のうったえる不満の声をきき、日々に痩せ細ってゆく姿を見て暗然たるものがあり、この頃から急に後援会活動の強化を要請した。（後援会については後に記す）受入れ校の下狩野村から定期的に野菜を入れ、乳牛を求めて農家にあづけ児童に僅かながら牛乳を与え、時々東京からトラックにより大量の野菜の補給があった。燃料の不足にもなやまされ、あらゆる策を講じて僅かに薪炭を得たが、その運搬はすべて児童が当った。児童の関心事は常に食料のことに集中し、当時児童の日記は毎日ほとんど食事のことにつきる感があった。

児童の家庭との連絡は一週一回と定められた通信で、検閲の都合でハガキに限られていた。担任教師は児童に寄せられ又児童から発する信書の一々を必ず検閲した。いささかの事が、父兄児童の双方に不安憂慮の種子になるからであった。（例えば児童が何気なく病気と書けば、幾山河をへだてた両親に無益の心配をかける。その場合、教師はそれに短い註を加えて父兄の不安をのぞくことに努めた。又、父兄から空襲で東京の自宅の焼失したことを知らせてくる。担任はその手紙を暫く抱いて、何時児童に知らすべきかに迷い、好機をつかんでいいきかせるといったたぐいであった。）

父兄と児童との面会は最初から予定してあったが、それは学園当局が自由に出来ることではなかった。当時乗車切符の発売には厳しい制限があり、区役所を通じて許可制になっていた。第一回の集団面会がおこなわれたのは九月下旬で、各宿舎とも、四、五日にわたり、班単位で集団的におこなわれた。両親揃っての特例もあったが、多くは母親で、それがモンペ姿で「とっておきの」菓子、果物、その他の御馳走を背負って来園し、しばし親子対面の歓びにひたった。面会について次のような注意が与えられた。（第一学寮の場合、他の寮も大体同じ）

第一回父兄面会規定

一、指定された日時はなるべくお守り下さい。若し指定日に御都合の悪い場合は全部の面会が終って後に新に指定致します。
二、今回は児童一名に対し父兄（或は代理）一名に限ります。
三、父兄の宿泊は一泊限り。
四、弁当一食分と米二合を御持参下さい。
五、面接期間中、毎日の授業、行事等は平常通りに致します。
六、父兄は児童を学寮外に連れ出すことは出来ません。又児童は父兄の宿泊室に行くことは出来ません。
七、寮母、又は旅館に対し心付等のことなきやう願ひます。
八、面接の際、折角落付いてゐる児童に対し心持を乱すことなきやう特に御注意下さい。この面接を愉快な思出に致したいと思ひます。
九、幼稚舎出発は午前七時二十五分、東京駅発は午前八時四十分、学寮には、昼過ぎに到着、帰還は翌日の昼過ぎに願ひます。住宅の近い方も夕方までお残りになることはお断り致します。
一〇、面会日は第一回、九月二十八日、三十日、十月二日、四日、六日、八日（六回）に一巡します。
一一、修善寺駅より学寮まで徒歩で約三十分かゝります。全部お歩きの御用意を願ひます。
（注）当時各学寮の宿舎旅館は疎開児童を収容して外に客室の余裕をもち、ふだん幾らかの泊客をとってゐたが、面会時には父兄の宿舎となった。集団面会も十一月末頃から列車切符入手の困難から不可能となり、個々に切符を求めて面会にくるようになった。

修善寺へ疎開はしたが、そこは空襲とは何の関係もない桃源郷ではあり得なかった。疎開後間もなくほとんど連日、警戒警報、もしくは空襲警報が発令され、児童はその度に防空服に身をかためて近隣の安全地帯（山野）へ待避した。然し帝都を襲うた米機は必ず富士山を目ざして北上し、その都度修善寺の上々空を通るだけで、かつて爆弾の投下はなく、次第になれて、児童は警報の出るたびに裏山や梅林にいき、暢気に喜戯するようになった。児童は常に食料の餓鬼になっていたから、大自然の中に山野を縦横無尽にかけめぐり、およそ口にし得るもの木の実草の根を、野獣のごとく飛びついて食料にかえた。

宿舎が三館にわかれていることは不便であり、また不経済であって、これを一館にまとめたいとの希望は、修善寺に疎開して間もなくおこった問題であった。後援会の一部には修善寺を捨てて、大仁その他に適当な宿舎を求めて引移るを可とする意見もあり、また第二学寮の仲田屋へ児童の全部を収容する具体案もあって、交渉に回をかさねたがついに纏まらず、結局翌昭和二十年三月十日に六年生が国民学校初等科の課程をおえて帰京したのを機会に、四月から仲田屋を廃して野田屋と涵翠閣の二館とすることになった。疎開当初には三年生以上六年生までということであったが、新学期（昭和二十年四月）から、一、二年生が新たに参加を許されることになり、入学して担任教師の顔も知らない一年生の幼い児童が修善寺へやって来た。四月から宿舎は次のようになった。

第一学寮　野田屋
六年　應組　五年　慶、應組　四年　應組
教員　小池喜代蔵、川村博通、大島継治、渡辺徳三郎
寮母　沖嶺香、鈴木泰子、岩瀬君代、山上正子、内山克子
看護婦　田坂匡子、今野香代子
医師　町田敏蔵

第二学寮　涵翠閣（あさば旅館）
六年　慶組　四年　慶組　三年　慶、應組　一、二年生全部
教員　吉田小五郎、吉武友樹、永野房夫、赤松宇平、奥山貞男、林佐一、小堺徹
看護婦　石川桐、佐伯拡子
寮母　西郷雛子、塚本法子、阿部才子、鈴木泰子、小塚りつ子、久保田喜久代、山崎タイ、土田みさを

政府が当初児童疎開の計画を発表した時、大体翌年三月を以って期限としたことは先に記したとおりである。しかるに戦局は、前途暗澹《あんたん》として頼むものなく、関東にあっては相模湾、或は九十九里浜等へ敵前上陸の噂もあって、伊豆半島は孤立の恐れありとされ、昭和二十年五月頃、遂に再疎開の議がおこり、政府の命によってあわただしくも翌六月の末には実施の破目に立ちいたった。（この際縁故疎開を申出る者が多く、学園の児童数は激減した）静岡県に疎開していたものは主として青森県が割りあてられ、幼稚舎は同県西津軽郡木造《きづくり》町と指定された。児童、教員、医師、寮母、看護婦等をはじめ、大荷物を擁して、六月三十日修善寺出発、

七月二日（午後三時半木造到着）、炎暑の中をまる二日かかって大移動を終った。その間、児童に傷ましい東京の焼け跡を見せまいとする親心から、夜の十時すぎ、品川駅に停車僅かに十分間をかぎって父兄との面会が許された。暗夜に提灯をかざし、骨肉相呼び束の間の別れを惜しむ光景は真に疎開悲話の一齣であった。

木造町に移ってからの宿舎は次のとおりであった。

第一寮　木造中学校寄宿舎　　七十三名

第六学年　慶組　應組

第五学年　慶組（修善寺出発に際し小池喜代蔵辞任につき慶、應を合して一組とし、大島継治担任す）

教員　吉田小五郎、大島継治、川村博通、吉武友樹、小堺徹

寮母　土田みさを、山崎タイ、岩瀬君代、沖嶺香、西郷ひな子、山上正子

看護婦　石川桐

第二寮　西教寺　　三十八名

第三学年　應組

第四学年　慶組

教員　永野房夫、奥山貞男、渡辺徳三郎

寮母　甲斐和子、阿部才子、小林?、水落ミツイ

看護婦　今野香代子

第三寮　慶應寺　　三十三名

第三学年　慶組

第一、二学年

教員　赤松宇平、林佐一

医師　町田敏蔵

寮母　飯田ひで、鈴木泰子、鈴木誉子、内村光子

看護婦　佐伯拡子

幼稚舎疎開学園本部となった木造中学校寄宿舎（右側校舎、終戦後写す）

中学校の寄宿舎、西教寺、慶應寺の建物はいずれも古く朽ちはて文字どおりのあばらやで、ここを宿舎として、坐学し、且つ同地の向陽国民学校（校長原子直司）に編入され、同校教室で五、六学年は毎日、四年以下は金曜日をのぞいて毎日午後代り合って登校し授業を続けた。辺り一面荒寥《こうりょう》たる平坦の田であり、何十センチか掘ればすぐ水の涌く低地帯であった。あたかもこの年は七月というのにうすら寒く、いつまでも稲の丈短くて出来秋《できあき》が憂慮された。第二次疎開後食事は一切直営にしたが、野菜の入手に困難し、道端の芹《セリ》やアカザなど凡そ口にし得るものは皆採取して食いつくした。たま〳〵隣村の川除村長（佐々木正三）夫人が先導となり同村を挙げて野菜の供給を受けるようになった。なおかつ来るべき秋冬極寒の候にそなえて燃料の確保に狂奔した。木造でも、着早々空襲警報のサイレンは鳴りわたり、且つ敵艦載機の低空飛行、機銃掃射にあい、日本国中どこへいっても真に天の下には隠れ家もない有様であった。

木造へ移ってから、十日毎に謄写版刷四頁だての「木造通信」を発行して現地の状況を遠く父兄に報告した。たま〳〵吉田小五郎が学園を代表して上京し、八月十五日の午前神田区役所の楼上で父兄会を開き、現地の状況を報告をすることになっていたが、奇しくも同日終戦の玉音放送のある日に当っていた。しかし吉田は予定どおり父兄への報告を終り、時あたかも木造では、全児童第一寮中学校の校庭に集合して終戦の放送をきいた。

幸にして、児童に一人の犠牲者もなく、帰京は年を越すかと思われたが、昭和十九年八月二十五日東京を発った日から、一年二ヶ月ぶりの昭和二十年十月二十日、児童、教員、寮母、その他、久しぶりに荒廃した東京の土をふむことが出来た。「木造通信」終刊号（十月十五日）には次のように記している。

> 疎開学園を閉ずるに際して
>
> 遂に疎開学園を閉ずる日が来ました。もう四、五日の後には、子供達の或るものは一年二ヶ月ぶりに、又或るものは七ヶ月ぶりに夫々親許へ帰って行くのです。それを見送る私どもの心中お察し願ひたいと思ひます。戦争は終

りました。子供達は子供達なり実によく戦ひました。よく忍びよく耐へて来ました。こし方を顧みて、萬感、こもごも胸に迫り、たゞこの小さき者の上に感謝あるのみです。不幸にして戦争は我が方に不利でしたが、子供達がこの学園で養った底力を思ふと気強い気がします。また新しい文化日本の柱石となるのは、実にこの子供達だといふ気がするのです。

私どもの口から申すのはどうかと思ひますが、我々の学園は確かに模範的のものであったと自負して憚りません。それには、塾当局の御理解と御父兄方の御協力、及び地元受入側の御同情が大きな力であったことはいふまでもありません。然し、私達は子供達が実によくやってくれたことを特筆大書したいと思ひます。私ども（教員、医師、寮母、看護婦、作業員等）としては別にとりたてゝ申すほどのこともありませんが、誠心誠意、最善を尽くしたこと、たゞこれだけ申上げれば足りると思ひます。

新しい日本に幸あれ
子供達の上に幸あれ！

幼稚舎疎開学園の成功は真に教職員、寮母、児童が一体となっての和衷協力のたまものであった。

疎開の発足と同時に疎開児童の父兄による、慶應義塾幼稚舎緊急対策後援会（通称後援会）が組織された。その会則は次のとおりであった。

慶應義塾幼稚舎緊急対策後援会々則

第一条　本会は慶應幼稚舎緊急対策後援会と称す。
第二条　本会は幼稚舎の教育活動の完遂を期し、特に目下の非常時対策実施に協力するものとす。
第三条　本会は渋谷区豊沢町六十七番地慶應義塾幼稚舎内に事務所を置く。
第四条　本会は幼稚舎父兄を以て組織す。
第五条　本会には左の役員を置く。
　一、会　長　　一名（秋山孝之輔）
　二、副会長　　一名（菅原　卓）
　三、委　員　　若干名
　役員の任期は一年とし重任を妨げず。

第六条 本会員は左の会費を醵出《きょしゅつ》するものとす。
一口月額金拾円とし、二口以上を妨げず、毎月、或は六ヶ月分一時納入とす。
第七条 会費の使途一切は幼稚舎主任に一任す。

発 起 人（五十音）
秋山孝之輔 石川 允通 入交太三郎 太田 正雄 川澄 公明 北里善次郎 近藤 政章
小高 信 菅原 卓 戸谷富佐雄 広瀬太次郎 平井 秀松 松永 倉吉 松山 竜一
安井治兵衛

会則にあるとおり会員は毎月醵金してその使途は主任に一任することになっていたが、いよ〳〵疎開が実施されて見ると、現地の事情、物資の欠乏は予想以上で、委員を通じて実質的の援助を要請するにいたり、ここに後援会の活動が始まった。委員は最初は主として食料の調達に、ついで宿舎の経営、現地各方面との融和提携等に尽力し、後には平山栄一、久保田耕一の両人を連絡係として委員と学園の連絡を密にした。特に委員の中でも近藤政章、菅原卓、小高信、戸谷富佐雄、安井治兵衛等の犠牲的貢献助力を忘れてはならない。

最後に、一言疎開学園と天現寺の幼稚舎本部との関係を記しておかなければならぬ。昭和十九年八月以降天現寺の校舎の大部分を海軍技術研究所に貸与し、その一部に、翌昭和二十年三月まで、一、二年生が踏みとどまって授業をつづけていた。（昭和十九年九月には、一年生七十七名、二年生七十九名、翌二十年三月には一年生三十二名、二年生四十五名が在籍している。事実は満足に授業した日はいくらもなかったという。）

この天現寺の本部にふみとどまった教職員は左の諸氏であった。
清岡 暎一（最初、東京修善寺間を往復していたが、後病気のため修善寺に逗留）
高橋 立身 江沢清太郎 椿 貞男 宮下 正美 林 功 掛貝 芳男 高橋 勇（昭和二十年二月歿）
星野 静枝 宇都宮文男（応召、戦死） 古川 俊三（事務） 物部 郁子（〃） 小林 久子（〃） 辻本智恵子（〃）

副主任高橋立身をはじめ、天現寺に踏みとどまった人々は、本塾をはじめ、渋谷区役所、後援会、海軍技術研究所、疎開学園間の連絡に忙殺され、又縁故疎開父兄との連絡、疎開地出張教員の家族慰問等々に活躍、これまた疎開学園を成功にみちびく一大要素になったことはいうまでもない。

なお、校舎の大部分は海軍技術研究所に貸与してあったが、その契約書は次のようなものであった。

契　約　書（原文片仮名）

海軍技術研究所会計部長子爵内藤信利（以下甲と称す）は左記建物の賃貸借に関し、慶應義塾々長小泉信三（以下乙と称す）と契約すること左の如し

名称	称呼	借用料	
家屋賃貸借方　壱式（造作、附属設備敷地を含む）		一ヶ月に付 壱、八四〇円	〇〇〇

第一条　本建物の要項左の如し。
一、建物の所在　東京都渋谷区豊沢町六七
二、建物の構造　鉄筋コンクリート造三階建
三、借用面積　二、二〇五平方米
一階　三六七平方米（廊下及テラスを含む）
二階　一、二三八平方米（中廊下の一部及テラスを含む）
三階　六〇〇平方米（階段、及便所を含む）

第二条　甲は本建物を事務所として使用するものとす。

第三条　本賃貸料金は毎月其の翌月に至り、乙の請求書受理の日より十五日以内に海軍技術研究所会計部に於て支払ふものとす。
但し、借用一ヶ月未満の場合は一日に付金六拾壱円参拾参銭也の割合を以て支払ふものとす。

第四条　本契約期間は昭和十九年八月一日より昭和二十年七月三十一日迄とす、但し満期の際甲乙に於て異議なきときは爾後一ヶ年間を一期とし、順次継続するものとす。

第五条　乙は賃貸物に付甲の使用に必要なる修繕を為す義務を負担するものとす、但し甲の責に帰すべき事由に依り、修繕を必要とする場合は此の限りに在らず。

第六条　本契約の条件を変更する必要あるときは、乙は三十日前迄に甲に其の旨申出をなし、両者協議の上協定するものとす。
第七条　乙は甲の承諾を得るに非されば、本契約に因りて生ずる債権を第三者に譲渡することを得ざるものとす。
第八条　甲の故意若くは重大なる過失に因らざる損害に対しては、甲は其の責に任ぜざるものとす。
第九条　前各条に明掲の外は海軍契約規程、並に同施行手続に拠るものとす。

右契約を証する為本書弐通を作成し、各自記名捺印の上、各其の一通を保有するものなり。

昭和十九年八月一日

海軍技術研究所会計部長　子爵　内藤信利　㊞

東京都芝区三田二丁目二番地

慶應義塾々長　小泉信三　㊞

第二章　『幼稚舎の歴史』より

——幼稚舎創立百周年を機に、吉田小五郎が昭和四十九年四月から同五十二年十月まで『幼稚舎新聞』に「幼稚舎の歴史」を連載した。これを幼稚舎創立百十周年の記念品として、一冊にまとめ、昭和五十九年九月二十日に発行したのが『幼稚舎の歴史』である。

疎開学園

一

太平洋戦争も終りに近づき、軍部もお手あげと承知しながら、正直にいいかねて、水際《みずぎわ》作戦の何のかんのと片意地はっているというのが実情でした。日本の前線基地、マリアナ、サイパンがダメになると、いよいよ「こりゃいけない」ということになりました。

疎開―都会の人達を人口の少ない田舎へ避難させること―この問題については政府は既に考えていたのですが、これまで軍部が敵機は一機だって入れないと肩をはっていた手前、そんなことをいいだしかねていました。

ところが、サイパンの基地丸つぶれで、いよいよ昭和十九年六月の末になって、国民学校の初等科児童を疎開させることに決め、初めは、東京だけということでしたが、後、東京、横浜、川崎、横須賀、大阪、尼崎、神戸、名古屋、門司、小倉、戸畑、若松、八幡の十三都市を指定しました。

当時、政府は足もとから鳥がとびたつように命令を出すのですから、之を受けいれる学校は大めいわくです。幼稚舎では清岡先生がご病気なのでもっぱら高橋副主任が、ことにあたりました。幼稚舎で、初めて疎開の話が出たのは昭和十九年（一九四四）二月のことで、その頃既に縁故疎開を申しでるものがありましたが、みな戦争がすんで、もう一度幼稚舎へもどしてもらえるかどうかが心配のようでした。それで三月一日に父兄会をひらいて、戦争がすめば元どおりお引受けするといいましたので、父兄はよろこんで、我れも我れもと縁故疎開をするようになりました。

昭和十九年六月、政府は「帝都学童疎開実施要領」というものを発表して、学校で集団で連れて行くのは三年生以上、成るべく縁故疎開をすすめて、それでもダメなものは学校で連れて行く、とりあえず、昭和二十年の三月までと期限を切ってあったのです。

幼稚舎もその線に沿うて縁故疎開者の希望をつのりますと、約半数の三百四、五十人ありました。

幼稚舎では残る三百六、七十人の子供を一緒に学校で連れて行くとして、連日会議をひらき、その相談先はもっぱら渋谷の区役所です。都では、初め都の支配下にある公立の学校ばかり面倒を見て、私立学校の面倒を見てくれようとしないのです。区役所と交渉して、大森区と蒲田区（この二つの区が合併して大田区となるのです）の疎開先と決まっていた静岡県の修善寺町に割りこませてもらいました。

幼稚舎では早速修善寺に出かけていって修善寺第一の旅館菊屋と決めました。ここなら一つの旅館で三、四百人はらくに収容出来るので、静岡県の県庁とも相談して決めたのです

疎開学園出発の前、小泉塾長を囲んで（昭和19年）

が、それには高橋先生がずいぶん苦労されたと思います。たびたび県庁に行き、菊屋にも行き、私もそれに同行したことがありました。

（昭和五十一年六月二日）

二

幼稚舎の疎開先が決まってから、思いがけなく大敵があらわれました。それは学習院の初等科が我々の入ることになっていた菊屋へ入るというのです。藪《やぶ》から棒とはこのことです。静岡県も静岡県だし菊屋も菊屋です。しかしそんなことを言っていられない時代でした。無理が通って道理が引込む時代でした。

　相手が皇室、学習院ではどうしようもない。ペンは剣より強しといいますが、桜のき章はペンのき章より強い時代です。涙をのんで幼稚舎は、折角決めた菊屋を学習院に譲らなければなりませんでした。そこで又県庁と相談の結果、もう修善寺には一つの旅館で幼稚舎生三百六、七十人、先生や寮母さんを交ぜて約四百人を収容する旅館はない。

　やむを得ず、野田屋、仲田屋、涵翠閣《かんすいかく》の三館に分れて、学園を開くこととし、本部を野田屋としました。野田屋が第一学寮といい、仲田屋を第二学寮、涵翠閣を第三学寮としました。第一学寮には六年慶組、五年慶組、四年慶組が入り、第二学寮には六年應組、五年應組、四年應組、三年應組が入り、第三学寮には六年美組（国民学校になるまでK、O、B組だったのを、その後B組は美組としたのです。）と三年慶組が入りました。

　これは宿舎の問題ですが、東京の学校から疎開した子供は、みな田舎の国民学校に配属されるのです。ところが、大森区、蒲田区の学校の生徒で、修善寺の学校はいっぱいで、幼稚舎は二キロ離れた下狩野の国民学校に決められました。（学習院だけにその規則はない）

　幼稚舎の疎開先、宿舎は決まりましたが、いつ出発の命令が出るのやら全く見当もつかない。命令の出るのを今やおそしと待つばかりです。多分四五日前か一週間ばかり前に、八月二十五日出発と決まりました。ちょうど真夏でしたから、うすい布団《ふとん》を始めとして、おそまつ―今から考えると思えた―の洋服、それも長ズボン、下着、着替えなど身のまわり品をまとめて先ずトラックに積んで先に修善寺の宿へ送っておかなければなりません。当日は学用品、防空頭巾だけをもって出発する。その前日でしたか、小泉塾長も見えて出発式をあげ、記念撮影をしました。当時まだ小泉先生は大火傷《やけど》をなさる前でしたが、やせた大きなお体が、大勢の生徒にかこまれて写っておられる。朝何時頃でしたか、幼稚舎から恵比寿の駅まで歩き、そこで特別仕立ての汽車（特別仕立てなどというとていさいがよいが、ボロ汽車でした。品川の駅で大森蒲田の生徒がのりこんだ。）で、駅を出発しました。

　むろん父兄の方々は恵比寿の駅に大勢見えていましたが、これがこの世の見おさめになるかも知れない。それで受持の先生に遺書をわたしたお方も何人かありました。正午過ぎ修善寺の駅に着きました。修善寺の受入れ側の学校で受入れ式をやる筈《はず》になっていましたが、あいにくの雨で、下級生はバスで、上級生は小一里（約四キロ）の道を雨の中を走りました。

　天現寺では、一、二年生がのこって一応勉強する形をとっていましたが、連日の空襲警報で、実は何にもできずにいたようでした。


（昭和五十一年六月九日）

三

　修善寺は伊豆の山の中の温泉町です。桂川《かつらがわ》というきれいな川の流れがあって、その流れに沿ってボツボツ温泉宿があります。町の中央と思われるところに修禅寺という大きなお寺があり、その近所に日枝神社があります。駅と修善寺の町との間は一里ありますが、その中ほどに八幡神社がありました。

　第一学寮（野田屋）と第二学寮（仲田屋）は修禅寺のすぐ近くですが、第三学寮（涵翠閣）はやや離れていました。

　各学寮とも日本式の旅館で、六畳、八畳、十畳というようなこまごました室《へや》が沢山あり、他に広い食堂があります（実は宴会などする室なんですが）。室の大きさによって五人、六人、七人というふうに室が決まりました。四年生、五年生一緒の班もあり、又六年生だけの班もあります。無論上級生が班長で、それに副班長がつき、班の団結や先生方との連絡が役目です。もう一つ忘れてならないのは、寮母さんといって子供の世話をする婦人がおられました。

　物のない時代で、先ず宿についていきなりがっかりしましたのは、お茶碗にもりっきりの豆の入ったご飯に、おかずといってもポッチリです。驚いたのはご飯の中にヒヂキのような蕗《フキ》のようなものが入っていて、よく見ても分らない。きいて見るとお薯《いも》の蔓《つる》だというのです。これから一年何カ月、先生も生徒も頭をぬけないのは食べもののことです。いずれそのことをゆっくりお話しますが、人間、食べ物が欠乏すると、いやしくなるものです。

先ず一日の日課をお話しましょう。六時起床、起きるとぞうりをつっかけて日枝神社まで駈足です。六時四十分点呼、七時、かなしい朝食です。朝食がすむと天気がよければ、三寮、修禅寺へ集まって朝礼です。朝礼の後はラジオ体操です。その後で室の整理、十時坐学《ざがく》となります。坐学というのは大広間で、食堂の飯台を出して勉強するのです。結局、広い室で二組も三組（一組は運動に出かけることもある）も勉強して、お隣りの先生の声がきこえる。それで間についたてを立てたりしました。坐学がすんで又なさけない昼食。午後二時から、約二キロ離れた下狩野の国民学校へ勉強の道具をもって勉強に出かけます。空いた教室を借りて勉強するのです。下狩野国民学校の校長は飯島謙吾と申されました。

入浴は四時半、夕食は五時半、六時半から自由時間、床につくのは八時です。床につく時、お父様お母様のいらっしゃる東京に向って「おやすみなさい」をします。

夜中になると先生方は懐中電灯をもって各室をめぐります。枕はとんでもない所にある、お友達の胴中《どうなか》に足をのっけているのがある、頭と足とまるっきりさかさになって眠っているのがある、あられもない姿でした。六年生になっても、おねしょをする子もいました。

これから疎開学園について少し詳しく書いて行きます。あとにも先にもメッタにないことですから。

（昭和五十一年六月十六日）

四

戦争中、一時幼稚舎は二カ所にあったことになります。天現寺の本部と、出先の修善寺の疎開学園。天現寺には一、二年生がいるはずでしたが、ほとんど授業はなかったようです。修善寺の方には三年生以上、昭和十九年八月から昭和二十年三月までは三百三、四十人、二十年四月から二百人くらい。終戦近く八月になると百四十人ばかりになってしまいました。それに、天現寺の方はさしおいて、修善寺では先生が十二人、お医者さん一人、看護婦さんが三人、寮母さんが、多少入れかえはありましたが十八人くらい、何しろ大しょたいです。清岡先生は幼稚舎主任で疎開学園長、高橋立身先生は副主任で副園長なのです。本当なら園長が修善寺にいらして陣頭《じんとう》指《し》揮《き》をおとりになる筈でしたが、ご病気で学校へはおでにならない、高橋先生は天現寺の責任者として動けない。

ここで私のことを申すのは、少しいやなのですが、言わない訳にも行きません。私は昭和十九年三月まで一年生を担任していました（その中には近藤晋二先生がいられました）。そ

修善寺　涵翠閣にて

れが、クラスを縮小して十八組から十三組になった時、いきなり五年生を受けもたされました。先にも申したように、修善寺では第一寮（野田屋）第二寮（仲田屋）第三寮（涵翠閣）と分かれていましたが、私は第一寮の寮長で、第一寮が本部となっていました。従って私は、軍隊でいえば実戦部隊長のようなもので、はっきりいって幼稚舎長のような役を引きうけなければならなくなりました。私はそんなことのできるウツワではないのですが、そんなことをいっていられる場合ではありません。五年生の担任をしながら大役を引きうけなければならないハメになりました。幸に、一昨年、定年でおやめになった美術の吉武友樹先生や、体育の赤松宇平先生のような、世なれた、何をするにも頼みがいのあるようなお方がいて下さって、私は助かりました。

学園は第一寮、第二寮、第三寮に分かれていますが、私は多く第一寮の野田屋にいましたから、野田屋を中心にして疎開生活のことを話します。先生方にはそれぞれ事務の分担があるのですが、第一寮が本部なので、話は一先ず全部本部へ来ます。書類はむろんのこと、電話がしきりに来る。特別の事務員がいないのですから、皆私のところへ、言ってくるのです。東京の幼稚舎から、静岡の県庁から、三島の地方事務所から、修善寺町役場から、修善寺の婦人会から、私が坐学で授業をしていると次々に電話がくる。私の寮には六年生の奥山貞男先生と四年生の小池喜代蔵先生がおられましたが、電話がくれば私が立たなければならない。一番気の毒なのは生徒です。その頃の生徒だった人が今の幼稚舎の父兄の中にいる筈です。奥山先生や小池先生にお願いして、席を立ちます。それに、県庁に出て来い、代りではいけないと言うのです。

　警察から呼び出しがあることもあります。行って見れば、夜、窓から明りがもれていけない（当時敵の飛行機に見つけられないために、夜の明りは禁物です、黒幕で窓をさえぎりました）、気をつけなさい。時には生徒が石を投げて店屋《みせや》（土産物屋）のガラスをこわした。小使さんをあやまりにやると、校長でなければいけないという。校長がいませんから、おそまつな校長代理が、菓子箱をもってあやまりに出かけます。

　いきなりですみませんが、向うへいって一週間くらいたってからと思いますが、第三寮の内田英二先生（現在の舎長）がかっけつされて、病気は決して軽くない。修善寺から二キロほど離れた日赤病院のかくり室に入院なさることになりました。四年生の担任だったと思いますが、第一寮におられた理科の永野房夫先生が代りをつとめられました。今、にくらしいほど堂々として、お元気な内田先生が、こうして戦争のすむまで入院生活をつづけられました。

（昭和五十一年六月二十三日）

五

　疎開学園がはじまって一番頭をなやましたのは食事の問題でした。量の不足と質の悪いことです。第三学寮にいられた小堺徹先生が、三度三度ていねいに食事のことを書かれた食事日記というのが残っています（口絵参照）。ところが、豆かすの入ったご飯、お菜《かず》に菜葉《なっぱ》、イモと書かれていても、どんな菜葉で、どれほどの量か、イモが煮てあっても、どれだけの醤油がつかってあるか、書いたものでは分りません。或《あ》る日、第一学寮ではおつゆに、ジャガイモの皮がぷかぷか浮んでいるのです。私はかん〳〵になっておこり、宿の主人夫婦を呼んで、どなりつけました。「お前さんの子供に、イモの皮が食べさせられますか」と。

　それから、出発の時、すでに出来ていた疎開の後援会の方々にお願いし、実際のモノで、食料を修善寺にとどけてもらうようにしました。その第一回が、トラックに野菜を満載して修善寺にとどいた時は、バンザイをさけびました。それから下狩野の学校附近の奥さん方にたのんで、野菜を集めていただきました。後には、牛をたしか二頭か三頭か買い、農家にたのんで飼ってもらい、牛乳を生徒にのませようとしました。ところがその牛乳が、見る見る中にうすくなるのです。農家の人いわく、牛に大根ばかり食わせて、つい牛乳まで水っぽくなりますと。「バカナ」と遂《つい》言いたくなります。

　子供の家から、小包でいろいろお菓子のようなものがとどきます。三日にあけず送って来る家庭もあれば、一月に一度というような家庭もあります。送ってくる食べ物は一切、個人のものとせず、班の共有のものとして分けました。

　それに宿屋は、三軒とも、疎開の生徒の外に、フリーのお客をとります。その方は、ヤミで（特別のお金を出して）色々ご馳走が出るらしいのです。殊に牛肉のすき焼きだと、その匂いがぷんぷんどこの部屋にも匂って来ます。私ども教師はそのたび心をいためます。

何しろ朝から晩まで食べ物のことを気にしているのですから、子供の日記には必ず食べ物のことが書いてあり、野原に遊びに出れば、木の実、草の実、口に入るものは何でも食べました。宿の畑にある柿の木にのぼって、渋柿でも青柿でも口にする。ウソか本当か知りませんが、ネリ歯磨《はみがき》を食べたという話もあります。学園が始まってから一月目くらいになって、面会ということが始まりました。一人の生徒に一月一回かぎり、渋谷の区役所から汽車の切符の割当をもらい、班毎のお母様方がそろって修善寺へ見えるのです。お母様方はモンペをはき、なけなしのお砂糖をつかってご馳走を作り、それをしょって、時間を限ってわが子と暫《しば》し面会なさる、出来るだけのご馳走を食べさせ、とにかく、お母様は一晩宿へ泊って翌日お帰りになる。なにしろ、お腹につめられるだけつめこんでお腹に入れる。お母様がお帰りになった後は、どこもかしこもピーピーとなる。先生や看護婦さんは忙しくなります。そんな具合でした。

次に家庭との通信は、家庭からも子供からも一週一回と決めてありました。ところが一日に二通も三通もハガキ（すべてハガキと決めてありました。先生が読めるためです）をよこす方もあれば、一月にせいぜい一通もよこさない家庭もある。そういう子供に対し、先生は心をいためる。家庭からのハガキ、子供からのハガキを、先生は一通り読む。というのは、子供が何の気なしにちょっと具合がわるいと書けば、家庭で心配なさる。先生はハガキの端に、もうよくなられましたから ご安心と書きそえる。又不思議なのは、子供達が食べ物に苦しんでいるのに、お家の方で、ご馳走を食べたなどと心ないことを書いてよこされる親がある。そのハガキを子供にわたすべきや否《いな》やに、教師は心をいためるのです。

（昭和五十一年六月三十日）

六

私どもは教師で、とにかく一生懸命につくしたつもりですが、生徒のがわから見たら不平や不満がたくさんあったでしょう。いわゆる欲求不満がつみかさなってそんなことから生徒の間が変にこじれたようなこともありました。

しかし生徒はよく耐《た》えしのんで、みんなよくやってくれました。宿でつかう薪《まき》を縄《なわ》でくくって遠くから運んだり、道ばたの、およそ食べられる雑草、アカザやオオバコの葉をつまんだり、雑巾《ぞうきん》がけをしたり、四キロもある駅まで荷物をとりにいってもらったり、よくやってくれました。

また時々は楽しいこともありました。桂座という芝居小屋へ映画を見に出かけたり、また慰問団が次々とやってくるのです。手品があったり、曲芸があったり、紙芝居、それに音楽団。中に忘れてならないのは、今の主事の川崎先生や担任

修禅寺での朝礼

の田中清之助先生がまだ慶應の学生でしたが、二人とも音楽が得意で、仲間の人とお話や紙芝居、人形劇をもって、わざわざ修善寺へ慰問に来てくださったことです。二人とも幼稚舎時代は私が担任でした。ところが何しろ私が忙しくて二人にろくろく会われず、お礼も申さなかったので、ご両人オカンムリだったと後でききました。

それにどこの寮でも、そうだったと思いますが、夕飯の後で皆で必ず歌をうたうのです。生徒はむろんですが、先生も寮母さんも、必ず何か歌わなければなりませんでした。

第一学寮には、当時六年生、今大学で文学部の教授になっている安東伸介君が当時六年生、ピアノが上手で、どんな歌にも伴奏をつけてくれるのです。

その頃、副主任の高橋立身先生が「疎開学園の歌」というのをお作りになり、江沢清太郎先生が作曲してくださいました。又、皇后陛下が特に疎開学園の児童のためにお歌をたまわりました。

高橋先生の疎開学園の歌の終りが「頑張れ、頑張れ、勝利の日まで、貫きとおせや、日本男児」というので、午後下狩野の国民学校へ行く途によく歌いました。

夕飯のあとで歌うのはめいめい自由でしたが、戦争の景気をそそる歌謡曲というのですか「燃ゆる大空」「僕は空へ君は海へ」「空の神兵」「加藤隼《はやぶさ》戦闘隊」「月月火水木金金」「あゝ紅《くれない》の血は燃ゆる」「轟沈」「ラバウル海軍航空隊」「大東亜決戦の歌」「若鷲の歌」などが次々にうたわれました。この歌の題を見て、あなた方のおじいさま、お父さまの中に、何ともいえないほどの深い感じを持たれるお方があるでしょう。

夜になると、警察から明りがもれるぞとよくお小言をくう。しかし、昼は修善寺附近の野山をかけめぐり、駅へ行く途中にある狩野川へ魚をすくいにいったり、泳いだりもしました。

始終緊張しているようでも、ノンキな一面もありました。

（昭和五十一年七月七日）

七

娯楽会についてもう少し続けましょう。各寮でもやりましたが一学期の終り頃になると、三寮が合同して、会場はまわりもちでやりました。

その中で評判になったのは、第一寮がやった劇「修禅寺物語」でした。原作は岡本綺堂で、作り話だそうですが、夜叉《やしゃ》王という面作りの物語で、その指導には何から何まで小池喜代蔵先生があたられました。小池先生はお名前を「喜代蔵」というだけあって、何でも「きよう」で、音楽でも劇でも何でもお手のものです。殊にお医者さんのことが詳しく、まるで本当のお医者みたい。脈もとれば、舌を出して見なさいなんていう。薬のこととなれば、われわれ素人から見ればびっくりするほど詳しい。それで私どもが小池先生というと、宿の人達は、慶應の医学部の出身かと思うくらいでした。その小池先生が劇「夜叉王」を指導して、実にうまく行きました。主役の夜叉王は、今大学の英文科の大教授になっておられる安東伸介さん。ピアノが何でも出来て、音楽の先生がいらなかったことは、たしかこの前に書きました。夜叉王の娘のかつらとかえで、そのおやまは、これも一人は今大学の経済学部の先生をしている田中明君と、本州製紙会社にいる渡辺正毅君。当時二人ともお嬢さんみたいな、かわいい坊ちゃんでした。殊に夜叉王の安東君が大できです。

その噂が町につたわると、町の婦人会から、特に町の人にも見せてもらいたいというので、やむなくそれを承知して、町の人にも見せてあげました。

ここでちょっと、天現寺の幼稚舎のことを申しておきます。戦争がはげしくなると、空《あ》いた建物は軍の方でどしどしとりあげて、軍の方で使うことにしました。天現寺の幼稚舎は、一、二年生がいるとはいっても、父兄が、疎開している生徒の授業料を納めに来たり、又あちらの様子をききに来たりするだけで、事務所のほかは空屋《あきや》も同然です。それで、幼稚舎の建物はほんの一部をのぞいて海軍技術研究所にとりあげられることになりました。とりあげるといっても、一月千八百四十円の家賃で、当分昭和二十年七月三十一日まで、事情が変れば又一年のばす、ということになりました。

さて、今の幼稚舎は、昭和十二年に完成したので、昭和十九年の当時は真白で、敵の飛行機の目につく。迷彩をほどこせ（真黒くぬる）と警察からうるさく言われたのですが、お金がかかって思うにまかせません。ところが海軍の技術研究所が入ると、たちまち、コールタールだか何だか、真黒いきたないものにしてしまいました。戦争がすむと、これには弱ったのです。その黒いぬりものの上に、いくら白くぬっても、忽《たちま》ちはげる。それを何度繰りかえしたか知れません。今度の創立百年の改築にも、苦心があったはずです。

（昭和五十一年七月十四日）

八

幼稚舎の疎開先は修善寺で菊屋と決まっていたのを、残念無念にも学習院にのっとられたことは前に書きました。いたし方なく野田屋・仲田屋・涵翠閣の三つの旅館に分れて暮すことになりました。同じ予算でも宿の主人夫婦の人がらによって、どうしても、少なくとも精神的に待遇がちがいます。野田屋の主人は髪が白くて何だか狐という感じ、仲田屋のおやじは、元治元年（慶応の前の年号）生れだそうで、頑固いってつ、涵翠閣では夫婦とも何となく親切そうに見え、食器一つでもきれいきれいして見えました。私はよく野田屋の主人にいいました。この子供達が大きくなると、みなそれぞれ立派な紳士になる、今に奥さんと連れだって来るようになる、親切にしておくものですよと。涵翠閣が小じんまりして、庭に大きな池があって、その向う岸に能舞台などがある。どことなくよく見える。或る日寮母さんが涵翠閣のご飯時にいって、涵翠閣では卵焼を食べているというのです。それはたくわんの見あやまりで、落語に長屋の花見というのがありますが、大根を輪切りにしてかまぼこ、たくわんを卵焼に見立て、花見に出かける話がありますが、心がいやしくなっていると、そんなふうになります。又どこの宿のご飯が少し多いようだと、ご飯を盛ったお茶碗をもちよって比べて見たり、野田屋の近く、橋のたもとに橋本屋という蒲田の国民学校の生徒の宿舎がありましたが、ここでも野田屋に泊っている幼稚舎の先生と橋本屋に泊っている蒲田の学校の先生と、お茶碗を持ちよって、量が多いか少いか、見くらべたこともあります。当時はいやしいなどいっている心の余裕はありませんでした。あさましい話です。

それで、三つの宿に分れて暮すのは、何かにつけて不便で、何とか一つに出来ないものかと思案しました。後援会の方々の中には、大仁《おおひと》（修善寺の一つ手前）に空《あ》いたホテルを買って移ったらなどという話も出ましたが、一先ず仲田屋で一緒になろうという話も出ました。ところが仲田屋の主人はがんこで、「坊主と先生が一番きらいだ」なんていうものですから、仲田屋を引きあげて、野田屋、涵翠閣の二つにすることになりました。というのは六年生が三月きりで東京へ引きあげることになっていたからです。

当時の清岡先生は、ご気分から来るのでしょう、ご病気はよくならず、奥様とごいっしょに修善寺の新井という高級旅館でお暮しでした。ここは、有名な画家や文人たちが泊った、ゆいしょある旅館でした。

六年生は、昭和二十年三月十日に修善寺を発って、東京へ帰りました。その六年生の中に、三月九日から十日にかけての大空襲、浅草に住んでおられたK君のご両親は、その日お二人とも亡くなられ、お出むかえがない。幼稚舎生のご本人はお友達のお母様に引きとられて、そのお宅へいったと聞きました。

（昭和五十一年七月二十日）

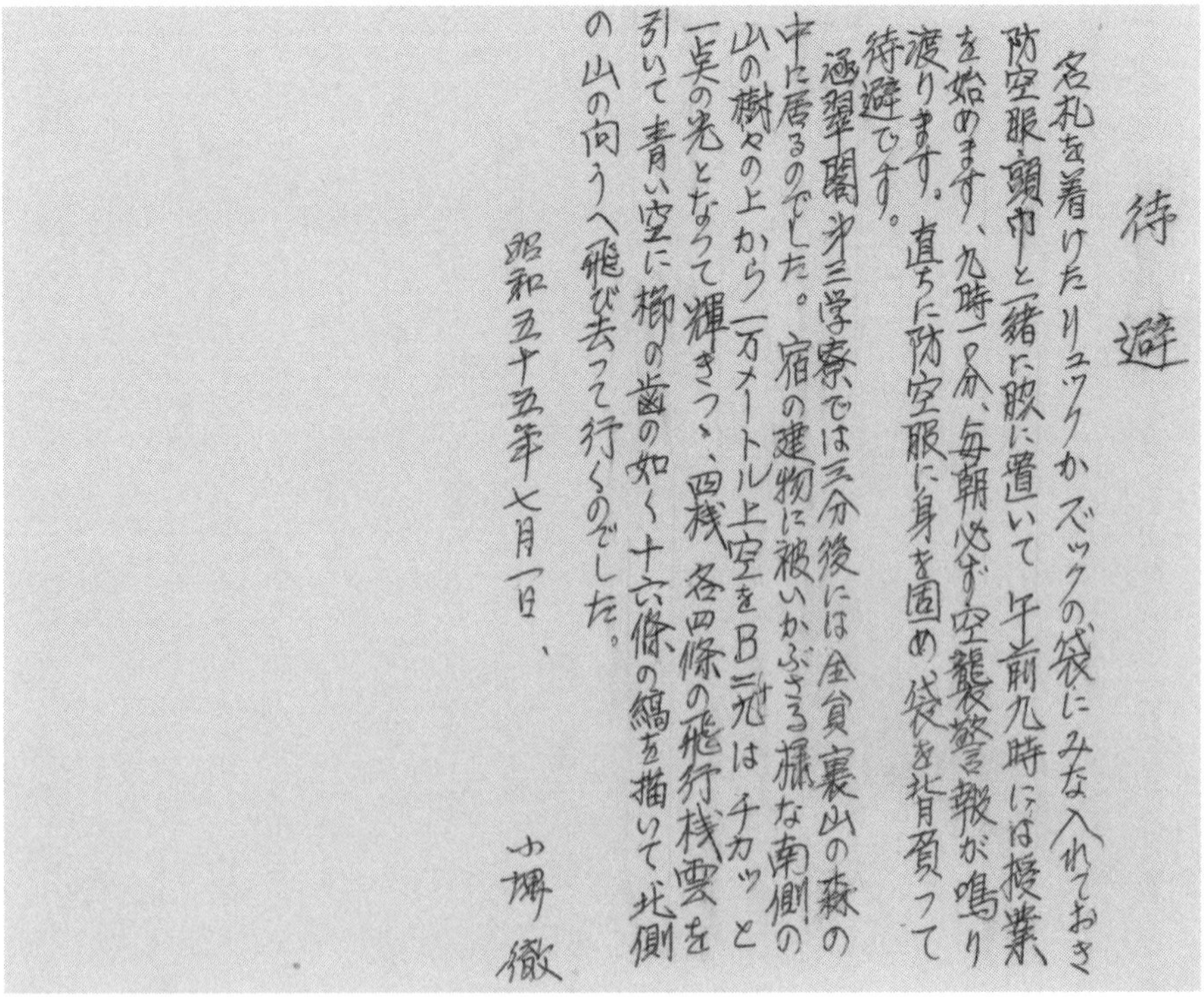

待避

名札を着けたリュックかズックの袋にみな入れておき防空服頭巾と一緒に脇に置いて午前九時には授業を始めます、九時一〇分、毎朝必ず空襲警報が鳴り渡ります。直ちに防空服に身を固め袋を背負って待避です。

涵翠閣第三学寮では三分後には全員裏山の森の中に居るのでした。宿の建物に被いかぶさる様な南側の山の樹々の上から一万メートル上空をB二九はチカッと一点の光となって輝きつゝ、四機各四條の飛行機雲を引いて青い空に櫛の歯の如く十六條の縞を描いて北側の山の向うへ飛び去って行くのでした。

昭和五十五年七月一日、

小堺徹

修善寺　小堺徹氏のスケッチ　上…表面、下…裏面

九

食べ物について何度も書きましたが、偶然、生徒（安東君）の日記の中から次の文章を発見しました。

昼食後十班は仲田屋へ野菜を取りにいった。僕はあの大きなリュックに大根を一ぱいつめたので、ふらふらになりながら重いのを頑張って持って来た。土田さん（寮母）は御礼といって大根をくれたので、生大根に塩をかけてがりがりかぢった。案外味があってうまかった。だけど、こんなのを食ったのは初めてである。（云々）

生徒の栄養がわるくなると、きっと皮膚病が出来る、それから青ぶくれして腎臓病になるのがある、これには弱りました。ノミはまだよいのですが、カイセンという目にも見えないようなこわい虫が流行《はや》って来たのには弱りました。これは第一学寮のことですが、殆んどみんながカイセンにかかり、先生方は、宿や寮母さんとは関係なしに、生徒のサルマタからシャツから、ズボンに至るまで、硫黄をいれた熱湯につけ、生徒を素裸にして油薬をぬる。お医者にくわしい小池先生の指導によるのです。夕飯の前だったか後だったか、私も奥山先生といっしょに毎日生徒の全身に油薬をぬりました。

大事なことを忘れていました。それは幼稚舎の校医だった若い松原敬介先生に、修善寺へ移ると間もなく（九月の初め）召集令状が来たのです。各学寮に一人ずつ（仲田屋は二人でしたが）看護婦さんはいるけれど、お医者さんがいなくなりました。慶應の医学部へたのんでも、きてもらえるお医者さんがない。そこで後援会の方々が百方探してくださってやっと見つかりました。銀座で開業して外に分院ももっていられたが全部焼けてしまい、当時三田に住んで、別に患者をとっておられなかった町田敏蔵先生というお医者さんに白羽の矢がたちました。もうお年寄りで少しよぼよぼしておられました。若い時、ドイツへも留学なさった方だそうで、奥さんと息子さんの二人、先生と計三人でおいでねがうことになりました。松原先生が召集されたのが九月の初めで、町田先生が来てくださったのは一月十六日でした。つまり、九、十、十一、十二月と四カ月はお医者さんなし、万が一の場合には、土地の何とかという大きな体のお医者さんのお世話になりました。

町田さんはそれからずっと、青森へもいってくだされ、疎開がすんでからも、幼稚舎兼普通部の校医として、まじめに勤めてくださいました。背の低いずんぐりした体つきの誠によいお人柄でした。ところが、戦争がすんで、お医者さんが戦地から帰ってくると、医学部では、町田先生に辞めてもらって慶應出のお医者さんを使えというのです。私は、さんざんお願いしてもお医者さんをよこしてくださらなかったのを、今度は医者が余るから慶應出の医者を使えとは何事です、人道に反する、と断って、町田先生がお亡くなりになるまで幼稚舎にいていただきました。

（昭和五十一年九月八日）

修善寺の学寮にて

十

この辺で、又、天現寺の幼稚舎のことを書いておかねばなりません。

幼稚舎が三田にあった頃、事務員といえば平尾富次郎先生のことをなつかしく思いださない人はないでしょう。岡山県のお方で、小がらでチョビひげをはやし、明治三十一年（一八九八）森舎長と同じ年に幼稚舎に入り、寄宿舎の監督をなさっていました。後に事務員になられましたが、そのまま昭和九年（一九三四）までお勤めになりました。今、幼稚舎の事務員さんは何人いられるか知れませんが、当時は平尾先生がタッタ一人で、外に給仕さんが一人か二人いるだけでした。それでも生徒は五、六百人いたのです。

平尾先生の後に来られたのは赤沢一蔵先生でした。塾を出て、どこかの学校で英語の先生をされていたのを、小林澄兄先生のお世話で、幼稚舎の事務員になられました。ひたいの広い、あまり人と話もされないようなお方でした。或る日、事務室で私が何となく赤沢先生が金庫を開けたり閉めたりしていられるのをじっと見ていると、そんなものを見ていてはいけない、とおこられました。その赤沢先生は昭和十八年（一九四三）の八月、幼稚舎をやめてしまわれました。そこで、一時三田から代りの人（古川俊三）が来ていましたが、戦争中で人が足りない、そこで吉武先生のお世話で、若いお嬢さんが三人、事務員として来て下さいました。名前が分っていますから書いておきましょうか。物部郁子、小林久子、辻本智恵子の三人、みなよい家庭のお嬢さん達でした。

この三人を相手に、副主任の高橋立身先生が天現寺の方を万事しきっておられました。

昭和十九年（一九四四）の暮には、修善寺では三館とも宿で、お餅をつくところを生徒に見せてくれ、又一つきずつ、つかせてくれました。都会の子どもで、お餅なんかつくところを見た人はあまりないのですから、みんなよろこびました。

朝は八幡神社をおまいりし、五、六年は下狩野の国民学校へいって、飯島校長の下で四方拝の式をあげました。二日は初日出をおがむ筈でしたが、あいにくの曇で、朝ねぼうということにし、大広間で書初《かきぞめ》をしたり、何人かの生徒に先生がついて第二寮や涵翠閣へ挨拶にいったりしました。三日目に初めて城山にのぼって初日出が拝めました。

こんなにして、とにかく修善寺の宿で、無事に新年を迎えることが出来ました。

昭和二十年の三学期に入って、敵の空襲は愈々《いよいよ》はげしくなる。敵の艦載機がやって来たなどという噂もきこえました。それでも三月二十九日には下狩野校で午前九時から終業式をやりました。六年生はとうに東京に帰っていました。

ところが急に困ったことが出来ました。どういう訳か、東京で留守を守っておられた副主任の高橋立身先生が急に幼稚舎をおやめになりました。この場合、いたし方なく吉田が副主任を引きうけなければならなくなり、何もかも吉田の肩にかぶさって来ました。

（昭和五十一年九月十六日）

十一

昭和二十年三月となり、卒業生は東京へかえり、東京の空襲ははげしくなり、学園にいる生徒の家が焼けたという通知が次ぎ次ぎと入ります。私達教師は、これをすぐ生徒に伝えたものかどうか迷いました。また、生徒で、学園をはなれて一度東京へ帰り、更にお家と関係のある別の土地へ疎開しようという人もぼつぼつ出て来ました。

その中で在東京の高橋立身先生はおやめになり、清岡先生のご病気もはかばかしくありません。吉田はやむを得ず副主任となり、いよいよいそがしくなって来ました。

その中に四月になり、これまで疎開学園は三年生以上だったのが、一、二年生も参加してよいことになりました。幼稚舎では一、二年生、全部で十四、五人の希望者があったようです。私どもは修善寺にいてよく知りませんでしたが、この一、二年生を、修善寺とは別に他の場所で学園をひらこうという先生が出てごたごたがあったらしく、高橋先生のおやめになったのも、そんなことかららしいのです。然《しか》し区役所では他の場所で一、二年生の疎開学園を新たにひらくことを許しませんでした。

四月になり、とにかく一、二年十四、五人の生徒を、三月まで六年生を受けもっていられた林佐一先生がひきいて、修善寺へ来られました。思えば悲しい話です。かわいい一、二年生がですよ、初めて学校というものに入る子供が、初めて見た先生にひきつれられて、親も子供も明日の運命もはかられぬ所へ出かけて行くのです。林先生は、一、二年生をまぜこぜにして一組とし、涵翠閣へ来られました。中に一人、むずかしい子がいて、林先生は苦労されました。涵翠閣には大きな池がありましたが、その子は、お茶碗でも、皿でも友だちの何でも、お池の中へほうりこむのです。

戦争はますますはげしくなり、米軍はルソン島に上陸し、ついで沖縄本島に上陸して来ました。敵は相模湾か九十九里浜に何時《いつ》上陸するかもわからない、艦砲射撃がおそろしい。そうすると伊豆半島は孤立して、修善寺にいたのではどうにもならなくなる、どこか別なところへ再疎開させられるかもしれない、という噂がながれて来ました。しかし修善寺にずっといるとすれば、冬のまきや炭の用意をはじめなければならない。それには土地の人の案内で、松の木のはえている山を買わなければならない。吉武先生や赤松先生と私は方々の山を見に歩きました。この山の木は七年、あの山の木は十年、一山いくらと値段が出ます。そういう時、私は役たたずでダメでしたが、吉武先生や赤松先生はなれたもので、私は助けてもらいました。山の中で吉武先生が東海林《しょうじ》太郎ばりの大きな声で歌をうたわれた、その声が今でも耳にのこっています。

（昭和五十一年九月二十九日）

十二

さて修善寺には昭和十九年の八月末から疎開していたのですが、もうここではあぶない。青森へ再疎開せよ、と命令が出たのは昭和二十年五月二十一日のことで、あわただしく、三十日以内にはもう出発せよということでした。当時生徒の数は百四十人ほどにへっていましたが何しろ大部隊です。青森といってもどんなところか、さっぱりわかりません。それですぐ翌日（五月二十二日）吉武先生、赤松先生と吉田の三人が下見に出かけることになりました。当時汽車の切符をすぐ買うなんてことは大変なんです。修善寺の駅長をおがみたおして切符を手に入れました。行く先は青森県の西津軽郡木《き》造《づくり》町というところです。木造町といっても、田舎の村みたいな町で、見わたすかぎりまったいらなたんぼで、東の方に遠く岩木山が見えるだけです。そこのお粗末な中学校の寄宿舎と西教寺、慶應寺という二つの小さな、古めかしいお寺の三ケ所です。五月も末だというのに、この年は稲がよくのびないで小さく、食料のとぼしい時に、心配でした。吉田らは「かねます」という、一方では秤《はかり》を売っている籠屋《はたごや》に泊りましたが、昼はぬすまれるといけないというので、暗い電球がはずしてありました。

三人は町役場に顔を出したり、宿舎をよく調査して、早速ひきかえし、修善寺の先生方に報告し、すぐそこに迫っている大引越しの仕度にかからねばなりません。荷物の貨車だけでも六輌《りょう》もいるというさわぎです。

ここに大変なことが起りました。五年生の受けもちで、名前からして「喜代蔵」で、きような小池先生が、自分は青森へは行けない、幼稚舎の先生をやめて、ここで失礼する、といわれるのです。訳《わけ》をきくと、奥さんの体が弱い、寒い冬、奥さんはたえられないからというのです。ここで、私は本気でおこりました。「あなた、疎開に出る時、父兄に何といわれました。出征の気持で出かける。それに、あなたは父兄の遺書を何通かあずかったというではありませんか。出征の軍人が、奥さんが弱いからといって、いやだ、行けないなんかと言えますか。」私は本気になってかんかんにおこり、小池さんにつめよりました。しかし小池さんはきいてくれません。どうしても幼稚舎をやめて、ここで皆さんとお別れするというのです。私のせっとくは効《こう》をそうしませんでした。小池先生の奥さんは、先生のお姉さんみたいな感じで、背の高いきれいなお方でした。

（昭和五十一年十月六日）

十三

青森県移動が発表されてから、出発まで、五日しかありません。てんやわんやの大騒ぎとはこのことです。現在ある荷物をまとめ、食料品は少しでも持って行く、椎茸《しいたけ》など、よくあれだけ集められたと思うほど大変な量でした。こういうことには吉武さんの功労が大きかったと思います。買って、農家にあずけてある牛の始末、買いかけた松の山のキャンセル、十カ月お世話になった役場、学校、地方事務所、婦人会、寺、神社などには、御礼のあいさつに廻らなければならない。それに、修善寺でお別れする清岡先生、赤十字病院に入院のままの内田英二先生に、お別れに行きました。もうこの世で再びお会いできないかも知れない。悲しみをかみしめて、私は病院を後にしましたが、私はその時、後ろをふりむかなかったと、ずっと後になって、内田先生はおっしゃいました。

六月三十日の朝、修善寺の駅をたち、マル二日、汽車の中で、七月二日の午後、目ざす青森県の木造の町に着いたのです。何しろ長旅ですから、一、二年生のために、客の坐席の上に用意した長い板を敷いて、寝台代りとし、一、二年生だけは先ずきゅうくつの思いはしませんでした。又都のはからいによって、幼い生徒に焼けただれた東京の姿を見せたくない、それで、夜中に品川の駅で、父兄の面会が許されました。何しろ何時空襲があるかわからない、交通機関は不自由ときいていますから、恐らく夜通し歩いて駅へこられた父兄もあり、品川駅近くの親戚や友人の家に泊って、会いにこられた方もあるのです。とにかく、暫《しば》しの面会にちょうちんをかかげて、目あてにされるものあり、何といってよいか、一種のさけびが方々に聞かれました。

大学の図書館では、疎開のため、本を幾箱か我々にあづけました。品川を立って二十時間。軍用列車の間をぬって先方へ行くのですから、或る駅では三時間、或る駅では五時間と待たされ、それも何時間たったら走りだすか分らないのです。ただ生徒、先生、お医者さん、看護婦さん、寮母さんの間には堅い信頼と和がありましたから、誰一人文句をいうものもありません。ただ、食事は予《あらかじ》め比較的大きな駅に連絡して、日ノ丸弁当のようなお粗末のものを差入れてもらいました。大きなやかんを幾つか持っていて、水の不自由はしませんでした。

六月三十日から七月二日までといえば、それも暑い時で、

木造での朝礼風景

みんな疲れていたに違いありません。木造駅へ着いたのが午後三時半、受入れ側の生徒が出むかえてくれました。いきなり、私に、土地の人や生徒にむかってあいさつせよというのです。常々、あいさつや演説の大きらいな私のことですから、しどろもどろのあいさつをしてお茶をにごしました。駅から約半道《はんみち》歩いて、宿に向いました。第一寮木造中学校寄宿舎（本部）、七十三名、六年生の慶・應組、五年慶組（應組を併合）。第二寮西教寺、三十八名、三・四年應組。第三寮慶應寺、三十三名、第三学年、第一・二学年（五年が一組となったのは、小池先生がやめられたからでした）。

（昭和五十一年十月十三日）

十四

修善寺に十カ月おり、毎日のような空襲警報発令で、防空服を着て避難し、夜は明りがもれると警察から小言をくいましたが、実は、敵の飛行機は伊豆半島を北に富士山を目ざし、それから東の東京方面に向うので、伊豆あたりの山の中に爆弾をおとすことはありませんでした。それで空襲警報というと、梅林へいってノンキに遊んでいました。

ところが、木造へくるとさっそく空襲です。その上に艦砲射撃とくる。私たちが木造へついた日、吉武、永野両先生は日本海岸の鯵ヶ沢へ出張して、艦砲射撃にあい、大変なご苦労をされました。ところが今になって、町の人々は穴を掘って簞笥《たんす》や家具をうずめるというのですが、この辺は一メートルも掘ると水がでてくる。私たちは、それをぼうぜんと眺めていました。

ここでも修善寺にいた時のように、土地の小学校の向陽国民学校へ通わなければなりませんでした。食料は、伊豆にいた時より幾分いいとはいうものの、慶應がヤミ米を買って、価格をつり上げるなどと非難をうけました。野菜は相変らず不足、生徒達は道ばたに生えているアカザやセリ（本当なら、夏五十センチにものびたセリなんか、食べるものではありませんが）をとり、それがちょうど、隣村の佐々木村長の奥さんの目にとまり、村をあげて野菜を供給してもらえるようになり、又向陽小学校でもジャガ芋を供給して下さる。それでも各寮の寮母さんが工夫して野菜を買い出しに行く。他寮の人に見つかって気まずい思いをする。とにかく、食料のことは、赤松先生と吉武先生が骨をおって下さいました。

木造へ着いてから幾日目でしたか、私は吉武先生と青森市の県庁へ連絡に行きました。そこには、わらじ視学という、頭に鉢巻《はちまき》をし足にはわらじ、この視学が、初めてあった私どもに「お前たちは」といい、さんざん慶應の攻撃をし、何でも例外はゆるさぬと宣言しました。ところが、その青森が、その翌日、空襲のために全滅してしまいました。木造からは十里ほどはなれていましたが、夜になると、すぐそこが燃えているように見えました。又、ある夜は、艦載機が夜中、宿舎の頭の上をぶんぶん飛ぶ。それで、夜具、布団を外へ運びだしたりしました。

私は六年の慶組の担任でしたが、中学校には應組担任の川村博通先生が一緒におられる。外に吉武先生や工作の小堺徹先生がおられましたが、私はいそがしくて、ほとんど私の生徒は川村先生のお世話になり、したがって川村先生に二組七十人の生徒をお世話ねがったのです。川村先生は信心家で、私達の室の隅に、小さな大師様の掛物をかけ、お経をあげておまいりされる。それから、学校の校庭で、朝の駈足が始まるのですが、その川村先生のいでたち、シャツ、ズボンの前に全財産をしっかりつけておられる。いつまでたっても忘れられません。川村先生は、骨おしみしないお方ですから、いろんなことでお世話になりました。その功績は疎開学園の語り草にしてよいと思います。（昭和五十一年十月二十日）

十五

昭和二十年の秋は、われわれ素人目に見ても稲ののびがわるく、本当に心配しました。周囲の色々のお方が心配して下さっても、相変わらず、生徒はアカザやセリをつみ集めました。それにたんぼにいるタニシを大がかりでとりましたが、大ぜいの力はたいしたもので、たちまち四斗樽に二本、いっぱいになり、これをおかずに食べたことは、いうまでもありません。ただ生徒全部には行きわたりませんでしたが、理科の永野先生（内田先生ご病気の後をうけて四年生の担任、木造当時は五年生ですが）が魚釣りの名人で、中学校の近所の小川にナマズがとれるのだそうです。夜、餌をつけた竿《さお》を川に立てておき、翌朝早く起きて行くと、それにナマズがかかっているのだそうです。よく、先生が勇んで持ちかえったのを、たらいに放し、それを料理なさるのは川村先生のかかりです。川村先生がたすきがけで庖丁をとられる。白身でなかなかおいしい。たしか塩焼にしていただいたとおぼえています。

なお、木造へ移ってから、何しろ、東京におられる父兄の方には、とほうもない「みちのくの国」、どんなところかおわかりでない筈ですから、七月十日を第一号として、父兄へ送りとどけることにしました。とう写版にして、「木造通信」というものをとう写版の技術のうまい林佐一先生が、編集から印刷まで全部ひきうけてくださって、第一号は何色か、色をつかって作ってくださいました。私が生徒の元気な有様や木造町の歴史を書き、生徒の作文をも各号ごとにのせました。父兄へおくる封筒はザラ紙で、六年生が作ったのです。十日目十日目にきちんと出し、十月下旬にかえるまで、たしか二十号まで出したと覚えています。

それに心配なのは、昭和二十年の今年中に東京へ帰れるだろうか、それが心配になってきました。帰れないとすれば、もうおそいけれども、いそいで燃料の手当てをしなければなりません。寒さのためと、設備の悪いために、ぎせい者を出しはしないか、心配でした。修善寺とちがって、毎日温泉へ入れるわけでなし、町の風呂屋へ行くのですが、お湯はにごって気持ちがわるい。

それに、東京の父兄のところから、冬仕度の布団やシャツやネマキを、新たにとりよせなければなりません。いろんなことが重なって、ゆううつでした。しかし生徒は決してへこたれた顔を見せませんでした。それが何よりの我々のよろこびでした。

この辺で一つ私の大失敗の笑話をしておきましょう。吉武先生と私と二人、五所ケ原の地方事務所へ行く時でした。私が自転車にのったのです。運動神経がにぶく、私が自転車にのれるとは、誰も思っていませんでした。その私が自転車にのったのですから、皆がおどろきました。所が、五所ケ原の川の土手へかかると、私はスッテンコロリと転げました。

（昭和五十一年十月二十七日）

十六

ふだん学校では、大抵二週間に一回くらいずつ、教員会議というものがあって、先生方は色々な相談をなさいます。疎開学園では、一週間に一回くらいずつ、各寮まわりもちで教員会議をしました。夕飯をすませ、生徒が床に入ってから、会議が始まるのです。時には毎晩会議のつづくこともありました。

木造に移り、七月に入ってから「木造通信」というものを十日目十日目に出して、移転後の様子を知らせましたが、八月に入って、東京で父兄会をひらき、疎開の実際のありさまを知らせることにしました。

父兄会の場所は、天現寺ではかたよっているので、近藤政章さん（近藤晋二先生のお父さん）のお世話で、神田の区役所の二階の会議室をかりて、父兄会を十五日の午後一時と決め、父兄に通知を出しました。吉田は、リックを背負い、十三日に木造を出発しましたが、腰かける席は全くなく、客席はもちろん、通路は人と荷物でいっぱいです。それを二十四時間かかって、荷物に寄りかかったり立ったりしてやっと上野駅につきました。むろん学校により、事務のお嬢さん方と会い、一たん上野毛の家へかえりました。十四日の午後です。ところが、家の近所に内閣の情報局に出ているTさんが住んでいて、ふだんこんいにしていましたが、そのTさんが明日、終戦の詔勅が出ると教えてくださいました。からだから力がぬけおちたようですが、そんなことをいっている場合ではありません。十五日朝、神田駅の近くにある近藤さんのおたくへ行き、午後一時からの父兄会の用意をしました。東京にいられた宮下先生がきていられたことは覚えていますが、他にどなたが来ていらしたか覚えていません。十二時に近藤さんのおたくのラジオの前に（近藤さんのおたくというのは岩戸屋という旅館でした）ひざをきちんと坐って、陛下のご放送を今か今かとききました。放送ははじまりましたが、雑音が入ってよくききとれないのです。でも、私は前日、Tさんから終戦になることをきいていましたから、それが何であるか、よく分かりました。

父兄会には案外大勢の父兄が集まって下さいました。とにかく木造の疎開学園の話を簡単にはしょって、この先どうするか、本年中に東京に帰れるかどうか、帰れないとすれば急にその準備にかからなければならない。そんな話をしましたが、何となく帰れそうな気がしていました。父兄も私たちも、みんなふぬけのようにがっかりしていましたが、とにかく一安心の色が見えたことは確かです。

父兄会がすんで、宮下先生（外にどなたかいらしたと思いますが、思いだせません）といっしょに宮城（今は皇居というのでしょうが）前に行きました。宮城前はひとでいっぱいです。宮城を拝むもの、ドンツク太鼓をたたくもの、何だかさけぶもの、だまってしょんぼりしているもの、さまざまでした。

（昭和五十一年十一月十四日）

十七

前申したとおり、終戦の詔勅がくだった時、私は現地にいませんでした。帰ってきてからきいてみると、各宿舎で、ラジオの前にかしこまって陛下のお声をきいたのですが、ガアガア雑音がはいって、初め何のことだか分らなかったそうです。

吉田は一週間ばかり東京にいて、八月二十二日に木造へかえりました。その時、すでに、幼稚舎の建物をかりていた海軍技術研究所の人々は、全部ひきあげていました。木造では、八月二十五日が、疎開のために東京をたった日でしたから、かんたんな記念の茶話会をひらき、「木造通信」は「疎開学園一周年の記念号」のようなものを出し、当時五年生だった早川一郎君の「疎開一周年を迎えて」、六年の富田恭弘君の「疎開一周年記念」、なんていう文章をのせました。

九月にはいって、町田先生に全生徒の健康診断をしていただきましたが、特に心配するようなことはありませんでした。その頃、ぽつぽつ冬物がとどきました。何にしても、本年中に東京へ帰れるかどうかが心配です。

ここで、修善寺へ行き、木造へ移り、それから東京へかえるまで、床屋をどうしていたか、書いておくことにしましょう。何丁《ちょう》でしたか、バリカンと鋏《はさみ》を買って、生徒の頭は全部先生がかり、先生は先生どうしで、鋏でちょきちょき頭の手入れをしました。私も生れて初めてバリカンを持ち、虎刈りからはじまって、だんだん上手になりました。生徒は机にこしかけて、足をぶらんぶらんさせ、たちまち「一丁あがり」ということになりました。

それから、疎開中もやはり、運動会や遠足をやりました。運動会は、修善寺では下狩野国民学校、木造では向陽国民学校と共同で、遠足には修善寺では蜜柑狩《みかんが》り、木造では、きのこ狩りやリンゴとりに行きました。いまでも忘れられないのは、たしか修善寺の蜜柑狩りは二回いったと覚えていますが、蜜柑は、木にのぼって、食べられるだけ食べてよいということで、六年生の誰かは三十いくつ食べたといい、その上、帰りには蜜柑をリュックにいっぱいつめて帰りました。この時はたしか、父兄の戸谷富佐雄さんのお世話だったと思います。

余計な話をしましたが、ただ気にかかるのは、今年中に東京へかえれるだろうか、ということです。様子をさぐるために、吉田は九月二十三日に又上京しました。その頃はもう、五月二十四日に三田でやけ出された普通部生が、天現寺の幼稚舎へはいっていました。たしか後援会の菅原卓さんだったと思いますが、うっかりすると幼稚舎は普通部にとられてしまう、しっかりしなさいとしりをたたかれました。この時も父兄会をひらいたのですが、その時、十月下旬から十一月上旬までには、東京へかえれるかもしれない、という情報がはいりました。十月二日に、吉田は木造にかえり、教員会議をひらいて、みんなにこれを報告しました。教員会議といっても夜の八時開始です。

（昭和五十一年十一月十七日）

十八

十月九日、待ちに待った東京へかえる日が、二十日と決まりました。その前後、吉田は十月一日、十日に上京しています。その間にだんだん帰る仕度が進みました。土地で世話になった処へ挨拶にまわらなければなりません。荷物は、日本通運をつうじて貨車七輌、生徒の東京へのお土産に鮭かん二ケ、かつぶし一本、スルメ五、六枚、飯米の残り少々、それに吉武先生のご努力で、生徒一人にリンゴ（デリシャス）の一箱ずつを持ちかえることにしました。然し、リンゴをそんなに沢山持ちだすことは相ならんというのです。そこで、どうせわかるはずですが、リンゴ箱一こ一こをムシロに包んで、ていさいをととのえました。吉田が上京して、十四日に木造へ帰る間に、もう、帰る日、帰る時間もわかっていました。十八日の夕方五時二十分、木造をたって、二十日の朝四時五十一分上野着、恵比寿駅は七時半頃というのです。荷物は、一行がたった後、二十日から二十三日の間に発送することになりました。

十七日には午前十時から地元の向陽国民学校で送別会をひらいてくれ、その時、今は自衛隊に入ってえらくなっている小野沢忠男君があいさつし、午後からは寮内で送別演芸会をもよおしました。

いよいよ十八日、五所ケ原発の臨時列車に乗り、予定どおり二十日の午前五時何分かに恵比寿駅に着き、幼稚舎まで歩いて、懐しの天現寺の校舎に着きました。あいにくの小雨でしたが、運動場で朝飯をたべ、つづいて解散式をしました。この時は清岡先生も気分がよくなられて、式に列席され、後援会長の秋山孝之輔さんが、ご苦労様とねぎらいの言葉をかけてくださいました。

然し、一年二カ月ぶりに帰って来た我が家には、既に三田を焼け出された普通部生が入っていて、舎長室も教員室も、普通部の先生方に占領され、持って帰った荷物の置き場がなく、衛生室や教員室横の廊下におかなければなりません。生徒はその時は軽装でしたが、後からだんだん荷物が届きます。荷物の山はますばかり、何日かたって、生徒はお母さま方といっしょに荷物の引きとりに来ました。木造へうつる時、大学の図書館からあずかった大荷物も無事でした。父兄によろこばれたのは、その頃とても手に入らない、ムシロに包んだリンゴの大箱でした。

とにかく、日本たちはじまってから経験したことのない、疎開の大事業は終りました。生徒を父兄に引きわたして、こちらは気がぬけたようになりました。幸に一人も犠牲者の出なかったことは、何よりの幸でした。

生徒もよくがんばってくれましたが、先生方、寮母さん、お医者さん、看護婦さん、連絡員、みなよくやってくださいました。かく申す私もよくやったつもりです。幼稚舎百年史の中で僅か一年二カ月、そのことをこんなに長く書いたのは、釣合から申せば不当かと思われますが、私にとってやむにやまれぬ出来ごとで、つい遂長くなりました。ごめんなさいネ。

（昭和五十一年十一月二十四日）

第三章　『仔馬』第六巻第五号（通巻三十五号）疎開特集号より

——幼稚舎生の文を中心にした幼稚舎の刊行物『仔馬』第六巻第五号（昭和三十年二月二十日発行）
において、疎開学園十年後を期して、疎開学園特集が組まれた。

あの頃

伴田　秋子

　あれからもう十年になります。なにかに追いたてられるような、三田の講堂で疎開についての清岡先生のお話のあつた暑い日盛り修善寺へ疎開なさる皆様方と個人疎開の人々との慌しい幼稚舎でのお別れの日など、夢の中の出来事の様でもあり、思い出せば矢張りなんともいえない厭な、なさけない気持に只今でもなつて仕舞います。昭和十九年八月十日、私共親子は一寸した知り合いの紹介で、あの頃の状勢下でなければ全く考えることの出来ない不用意不準備のまゝで、長野県南佐久郡内山村字中村という、小諸から小海線に乗りかえ、四ツ目の中込駅下車、それから初谷温泉ゆき乗合自動車で約三十分の地点にある寒村に疎開したのでございます。戸数三十にも満たない村の小高い場所にある市川さんと呼ぶお百姓の離れに、たどりついたその日は、信州でも珍らしく暑い日だということでした。しかもおこあげと申し繭になつた蚕を大勢近所の人手を借りて戦場の様な騒ぎであげている日にぶつかりましたので、引越し早々都会人の考えなしと土地の人から恨まれたり笑われたりして仕舞いました。

　村の小学校は、一年中で村の忙しい季節を家事の手伝いのため休むので八月でも特に休暇ということはなく授業をしておりました。二、三日して約一里の道を英司を連れて学校へ出かけました。つい先月までの幼稚舎生活から、がらつと変つてしまつた山の中の生活。昔の小学読本の中の絵で覚えている古い校舎を眺め、生徒たちのひなびた姿が途中の道でだんだんふえてくると、遠い遠いはてに来て仕舞つた様にも思え、もう一生東京へ戻ることは、むずかしいのじやないかという心細さで親子はトボトボ歩きました。東京ツポを珍らし気に、さぐる様な顔付きで遠巻きにしている生徒に見詰められると、私の子供は弱虫の犬の子みたいに小さく縮んで仕舞うのです。さゝやかな校舎内では生徒たちは素足でかけまわつております。男女合せて三十人程のクラスに十八、九の農学校の生徒さんの先生から疎開の子が又一人ふえたから皆仲良くするようにと簡単な紹介があつて、すぐ授業がはじまりました。教室の後で見学しておりました私は、我慢してもいくじのない涙が流れてきて困りました。がつちりした田舎の子供のピチピチした様子と比べて、なんと我が子の貧弱に見えましたことか。山と山に包まれ人ツ気のない田圃の中の一本道を親子で帰つて参りましたが、ボンヤリ元気のない子供の様子が可哀想で、こんなことなら学校の皆様と何故御一緒にしなかつたかしらと、後悔する様な気にさえなりました。

　翌朝からは、中村の子供だけ上級生が引率してでかけます。村の広場に集り、一かたまりになつてテクテク行くのですが、英司は口にこそだしませんが、それが大変苦痛らしく段々小さく見えなくなる後姿を見送つておりますことは、まことにやりきれない思いでございました。一週間とたちましたが、英司は益々元気がなくなり、目にみえて痩せて仕舞い、学校での様子をきゝましても、はなしたがりませんし、重ねて尋ねたり致しますと理由もなく俄《にわか》に泣きだして、こちらがびつくりする様なこともございました。信州ではもう薄寒い秋のある日、学校の帰り頃から俄雨になりました。英司は口唇を紫色にして洋服もモンペもズブ濡れで戻つて参りました。遠方から通う児童が多いので学校には傘の用意がしてあるとの先生のお話でしたので、どうして拝借してこなかつたかと尋ねますと、学校では借りて出たのだけれど、お友達が、英司は金をださないづら、おれ達が金をだして作つた傘だからと傘に入れて貰えなかつたと案外平気で申します。私はなにかゾツトする様な気持になつて、今度学校へ伺つたらおはなししてみようと申しますとお母さんがそんなことをしたら、僕がみんなにいじめられるから余計なことをいつて呉れるなと泣き出す始末で子供は子供なりに苦労しているなと、その時ばかりは自分の子供がいじらしくてなりませんでした。もつとも親の私も年甲斐もなく、慣れない田舎の生活に只まごまごしておりましたので毎日が実に陰気でなさけないものでございました。こんなある日のことでございます。幼稚舎のお友達阿部愼蔵さんのお父様から、英司宛の可愛らしいお葉書を頂いたのです。お父様のお筆による黒ん坊さんがこちらをむいて面白い表情をしています。明い愉快な黒ん坊さんの挨拶もかゝれてあります。楽しいことの一つもない寂しい村にお友達もなく、ひとりポツンと疎開した英司を思つて下さる阿部さんの暖いお心に接し母親の方が有難くて泣いて仕舞いました。多少神経衰弱気味の英司は東京の匂いのする、お心のこもつたお葉書は、かえつてあまりふれたくない風でございましたので無理に御返事をださせることも致させず本人の心のまゝにさせ、そのまゝ失礼して仕舞いましたことを今でも申し訳なく思つております。でもあの御親切は私共親子の心の支えになりました。

よく晴れた秋の日曜日、子供の気持をひきたてるつもりで、お弁当もちではじめて中込の町にでかけ、千曲川の流れに沿う、公園の中の写真屋さんで疎開記念に写真を撮りました。今みますと、丁度私の胸の辺り位の背丈で、いかにも頼りなさげに眼ばかり大きくその前に町で入つた床やさんがお寺の小坊主の様にくりくりに刈つて仕舞つた寒そうな頭で私に寄り添つております。此頃の大きな体をみておりますと、あまりの変り様におかしくなりますが。おひるは千曲川を眺めながら、お握りと味噌漬を頬ばり、水筒のお茶をのみ、子供も元気になつて公園のブランコに乗つたり、かけだしたり久し振りで明るい気分になれました。午後は千曲川を渡り野沢町と申す向いの町にはじめて足を入れました。別に見物する所もない、品物も少い店の竝《なら》ぶ間にお寺がありましたので、我々はその境内にどんどん歩いて行きました。思いがけなくお寺の本堂には、杉並区の疎開児童が大勢実に静かに、というより、しよんぼりと坐つていました。生徒さんたちの顔を一目みた時ハツトしましたのは皆さんが、英司と同じ表情をしていたのです。子供の深刻な顔付きと申しますか、あんな顔に子供達をして仕舞う戦争というものが、たまらなく憎らしくなりました。都会の人間らしい者が、田舎で、しかも親子でいるということへの沢山の羨望の眼にぶつかると、知らないこととはいえ、心ないことをしたと、あわてゝ境内から飛び出しました。たまらない気持で親も子も黙つて歩きました。しばらくして英司は、東京の子供はだれも、みんな同じだねとはじめて申しました。

それからの毎日、英司は結局田舎になじみませんでしたが、ボヤ取りとか、枯葉かき、兎の草取り、稲刈り、田植、新聞配達、私共の畑の手伝い、雪かき、と出来ないながら一生懸命致しました。

いつの間にか土地の方言で流暢にはなす子供をみておりますと、なんだか寂しくもなり、背負《しよい》こ姿も、いたにつき私のより重い野菜の籠など背負つて山から下つて呉れたりすると、これから先どうなるのか、暗い気持で、眠れないことが随分ございました。終戦になりましてからも、私共は東京には帰る家とてなく、学校のことは毎日気にしておりながら、思うようにゆかず、とうとう六年に進級という幼稚舎での最後の年になつて仕舞いました。住む所はなくても兎に角子供だけでも東京へと決心して二十二年三月やつと上京致しました。まず第一に天現寺の幼稚舎に伺いました。丁度吉田先生がいらつしやいまして、おめにかゝることが出来、再入学のお許しを頂き、本当に胸がワクワク致しました。外出中の内田先生にも帰りがけにおめにかゝることが出来、先生のクラスに入れて下さることにきまり、ひとり残してきた英司に鬼の首をとった凱旋将軍の気持で南佐久に戻りました。首を長くして待つていた子供は帰つてきた報らせで、防寒帽をかぶり自転車で雪の道を途中まで、やつて参りました。遠くに英司の姿をみつけました私は、出来るだけの大声で、東京へ帰れるのよ、幼稚舎よ、幼稚舎よ、と叫びました。英司は私の声がきこえましたのか、そのまゝ自転車から降りて大声でワアワア泣き出しました。あの時の有様は今思い出しても涙がこぼれます。

子供だけやつと親戚に預かつて貰えることが出来、四月英司を連れて東京に参りました。始業式の朝は、しばらく大切にしまつてあつた幼稚舎帽を恥しそうにかぶり、なつかしい天現寺の校門をくぐりました。すつかり田舎ツ子の英司は、なにかオドオドして運動場に足をふみ入れることさえ遠慮勝ちで、てれた様に立ちすくんでおりました。突然どこからか、もとのクラスのお友達が二、三人現れて、英司を囲み、昨日の遊びの続きの仲間をみつけたとでもいつた風になんの不自然さもなく英司を真中に手をつなぎ、森の方へ走り去りました。いくら待つても子供の姿は戻つて参りませんでした。とりのこされた母親の嬉しさを、どうぞ御想像下さい。運動場の隅に腰を下し一生懸命泣いて仕舞いました。

この疎開の経験が、私の子に将来どんなかたちで現われますかまだ判りませんが、どうも、しなくてもよかつた苦労の様な気が、今でも私はしております。

＊個人疎開をした伴田英司君（昭和二十三年K組卒）の保護者

十年前のこと

岡野　敏成

十年一昔と云うが、早くもその一昔の追憶がやつて来る。空襲の激化が予想され、都民の足が浮き立つた頃、それは昭和十九年の夏だつた。

幼稚舎でも学童の集団疎開が話題となり、どこに疎開地を求めるかで問題となつた。仕事の関係で学校から私に「どこが最も安全な場所か」と相談があつたので、私は各地を物色した結果「修善寺」が最適地であると答え、結局疎開地は「修善寺」に決つた。

日は定かに記憶していないが、学童が東京を離れる日は、小雨の降る陰欝な日だつた。ヱビス駅に集つた見送りの父、母の声も何となくうつろで、そして瞳には露が宿つていたのをいまもなお記憶している。それから――修善寺の学童疎開ははじまつた。私は数回修善寺を訪ねたが、行くたびに〝修善寺でよかつた〟と胸を撫で下した。

父兄の協力、地元の人達の援助、そして先生たちの指導によつて戦時下において安心して勉学がつゞけられている有様を見るたびに、私はなんと幸福《しあわせ》な子供たちと祝福した。東京は焦土と化しても、わずかに修善寺上空でB29の機影を見たゞけで、空襲そのものを体験せずにすんだのは〝疎開〟のお陰であつたらう。その頃の子供たちは、スク〳〵と育つて、上級生はやがて社会に巣立つてゆこうとしている。当時を追想して感深きものがあるだろう。私もまたその一人である。

＊修善寺疎開学園に参加した岡野敏明君（昭和二十二年K組卒）の保護者

疎開の想い出

宮島　貞亮

昭和十九年八月二十五日！　此の日は私共にとり永久に忘れることの出来ない日である。

それは幼稚舎が三年から六年まで伊豆の修善寺に集団疎開をした日である。集団疎開など夢想さえしなかつたことであり、父兄等に与えた衝動は譬《たと》えようもない程深刻なものがあつた。

これより先、私はニユース映画でロンドンの児童疎開風景を観、離別の悲しみに慟哭する母の姿に対し、漫然非常に気の毒な思に打たれたに過ぎなかつたが、若し此の疎開映画を八月二十五日後に観たならば、哭《な》けて哭けて仕方がなかつたであろう。

私共は疎開に先だち、幼稚舎の校庭で当時の塾長小泉先生を中心に主任の清岡先生等と共に記念撮影をした。当時小泉先生は傷《いた》く憔悴しておられたので、私は心を強く打たれた。

それには理由があることであり、私は一言それに触れないわけにはゆかない。

先生の愛する唯一人の令息信吉君は大東亜戦争勃発後、かの炎熱焼くが如き南溟《なんめい》の彼方に壮烈な戦死を遂げ護国の鬼と化せられた。私は此の悲報に接し、先ず人一倍子煩悩の先生をお慰めする言葉に窮した。通り一遍の御悔やみなど言えるものでない。私としても曩《さき》に予科で歴史を信吉君に教授したことがあるので特別な感情を懐いていた。そして悲傷される先生のお姿に接することも苦しい。けれども先生が塾長である以上私共は敬弔の礼を欠くことはゆるされない。そこで意を決し品川のお宅に拝参し哀悼の意を表し、先生の悲嘆のご様子を視るに忍びず匆々《そうそう》辞去したのである。私にも男の児一人あり、集団疎開の一人である。先生のご心中を十二分にお察しすることが出来るから堪えられなかつた。先生が私どもと校庭で記念撮影をされた時、嘸《さぞ》万感交々胸裡を去来されたことであろう。

八月二十四日夕刻、近親相集りさゝやかな離別の宴を張つた。戦況は日に不利となり、祖国の前途は暗く、又仮令《たとえ》疎開したとしても絶対安全というわけでもないから、寔《まこと》に陰欝な送別会に終つて了《しま》つた。その夜万感交々胸に迫り中々寝つかれなかつた。

翌二十五日は泣き出しそうな曇天であつた。

午前九時頃、児子吉亮に身体より大きい位のリユツクを背負わせ省線恵比寿駅へ行つた。

集合場所は東口で、疎開児童や父兄等で相当混雑していた。誰も明るい顔はしていない。児童の多くは半べそをかいたような顔をしていた。唯この中にあつて吉亮と同クラスの三KのO君だけ一人、小さなリユツクを背負い喜々として土手を滑つていた。この様子を見て羨しくなり、慾張つて大きなリユツクを背負わしたことを心から悔いた。一体こんな大きなリユツクを背負つて修善寺駅から温泉まで一里近い山道を歩くことが出来るかどうか危惧の念に駆られ、親として悶えに悶えた。けれども後で駅から温泉の宿舎までバスで荷物を運んだことが分り、ほんとうに先生は有難いものと心から感謝の念を禁ずることが出来なかつた。

集団疎開の一行が出発した後、全員の無事疎開完了を心から合掌して祈つた。これから先、先生方をはじめ保姆さん、看護婦さん等から一方ならずお世話になることを思い、感謝の念で胸が一杯になつた。

疎開後父兄等は疎開先からの便りを一日千秋の思で待つた。

そして何時面会が許されるかが一番話題の中心になつた。修善寺は東京から比較的近く、交通も割合に便利であり、分宿した旅館も涵翠閣、野田屋、仲田屋と何れも一流旅館であるし、設備その他学童疎開としては最上等の方であつた。父兄としてはこの点皆満足していた。三Kの連中は涵翠閣に宿泊した。そのうち疎開先から続々便りがあり、父兄は先方の様子が分り稍《やや》心が明るくなつた。入浴は朝夕二回、食事も比較的良好の方、只時節柄甘味のものが不足しているとのこと。そして一刻も早く父兄との面会を望んでいるとのことであつた。そのうち、父兄の面会は十月以降月一回と定められた。九月から面会を許されるものと期待していた父兄等は皆落胆した。これは九月一杯は疎開先の種々の訓練の必要上面会は許されなかつたものと思う。けれども父兄もさるもの、父性愛に燃える〇君の父君は、東京修善寺間の定期券を購入し、修善寺河畔の二階家の一室を借りうけ、愛児の姿を一寸でも垣間見ようとした。私どもには羨やましいかぎりであつたが、時間、金銭に余裕のない私には縁遠い話だつた。それは兎も角、私どもは児童等に与える罐詰、菓子類を苦労しながら集め十月の面会日を鶴首して待つた。

待望の日が遂に来た！　十月某日、私は欣喜雀躍、修善寺目指して出かけた。大きなリユツクに、庭になつた甘柿二百以上を詰めこんだ。この目方十貫余、二百余あつても涵翠閣の全員には二個位しかわたらない勘定である。

このリユツクを背負い、尚左右の手には持てるだけのものを持ち、新米の闇屋の恰好よろしくヨロヨロしながら出発した。修善寺駅に正午頃着いた。当時乗物につき何んの知識もない私は一刻も早く甘味に餓えている児童等に自慢の甘柿を与えんものと修善寺へ向け歩いて行つた。八幡様のところで休憩、それから先が坂道である。闇屋なら十四、五貫なものは担ぐ「コツ」を知つているから平気だが、悲しい哉！「コツ」など少しも知らない私は気息奄々《えんえん》として喘ぎながら、負けてなるものかと闘魂をたぎりながら怪しげな腰つきで坂道を登つて行つた。そのいとも憐れな様子に見るに見かねたものか、土地の人が一部荷物を持つてくれたので、どれだけ私は助かつたか分らない。地獄で仏に逢うとはこういうことを言うのであろう。

午後一時半頃涵翠閣に着いた。この旅館は修善寺の奥に在り、閑静なところで、池あり、能楽堂あり、中々瀟洒《しょうしゃ》なので実に有難いと思つた。池畔の二階の一室に通され、少し待つと保姆さんが私のこどもを連れて来られた。

少し経つと仲間の者が三、四人来て菓子や柿やサンドウイツチ等を餓鬼のように食べ漁つた。そのいじらしい姿に目頭が熱くなつた。

児童等は朝夕二回入浴し、肌着は保姆さんがよく洗濯して下さるので清潔ななりをしていた。実に有難いことだつた。

児童として一番楽しいのは身内の者との面会である。であるから面会日に種々の都合により来られない場合、児童として一番寂しいわけである。小父さん！　うちのパパー、ママーはどうして今日来ないの、何時来るの、と尋ねられるのが一番辛いことであつた。そのうち坊やの好きなものを沢山持つて来られますよと言うほかはなかつた。両親と面会して喜々としている児童と涙ぐんで寂しそうにしている児童とは余りにも差がひどすぎる。私どもとしては修善寺に着いた日、一日中が一番楽しい。二泊まで許されていたように記憶しているが、翌日になると持参した菓子類も残り少くなるので児童も父兄も寂しい。父は一泊、母は二泊というのが一番多かつたようだ。

私はよくA君の両親、W君の両親等と一緒に修善寺へ行つた。A君の父君もW君の父君も終戦後相次いで長逝された。せめて両君が大学卒業するまで在世されたらばと残念で仕方がない。

十月以降翌二十年六月末日、木造に再疎開するまで月に一回必ず修善寺へ行つた。戦時中温泉へ行くなんていえば色眼鏡で見られるものだが、空襲の危険を冒して行かれるなんてほんとうにご苦労様と世間の人が言つてくれるので気が楽だつた。私としては温泉が何よりも好きなので修善寺行がとても楽しみだつた。度々修善寺へ行く中に円太郎馬車の老主人や闇屋の主人と親しくなつた。闇買は恥ずべきことだが、児童等の栄養のためと思い高くとも買つて与えた。

児童等は池の鮒や鯉等を盛んに釣つて栄養の足しにしていた。池の魚もとんだところで戦争の犠牲になつたものだ。児童が大学を卒業し就職でもしたならば思出の涵翠閣に一泊し、魚の塚でも建て、供養してやるべきだ。

児童等は家庭にいる時とはことなり、間食も余り出来ず。その上二回も入浴するためか就寝前になると空腹になるらしい。そこで辺りが寝しずまつた頃某君が先導となり、台所へ行つて握り飯をつくつたことがあつたが、悲しい哉！　握り方を知らず、手に水をつけないで握つたため、辺りが飯粒だらけになり、ばれて叱られたという笑えないような一齣《こま》もあつた。

疎開してから間もなく清岡先生と内田先生が病臥されるようになつたことは私どもの心を強く打つた。殊に内田先生は三Kの受持の方だつたので、ひとしおその感が深かつた。先生は疎開の件で東奔西走、余り無理をされたためだつた。内田先生の後任に永野先生がなられ、私どもの児童は先生のお世話になつた。

昭和二十年六月三十日、わが幼稚舎疎開学園は伊豆の桃源郷修善寺を後にし再疎開地青森県の木造へ向つた。十カ月間温いかいなに抱擁してくれた仙境を去ることは後髪をひかれる思いがしたであろう。食料事情のためか、敵軍上陸の危惧のためかは知らないが兎に角、世間に余り知られていない木造に疎開地を移すことは、児童ばかりでなく、私どもも大きな衝動を受けた。

三十日の夜十時頃品川着、面会を許すとのことだつた。此の頃度重なる空襲のため首都は大部分の廃墟と化した。この惨澹たる景観を児童に見せまいとする親心から夜晩《おそ》く東京を通過するようにしたのであろう。けれども都心から遠く離れたところに居住する父兄等はその日の中に帰宅することは出来ない。ためにA君の母は私の宅に、Y君の母はO君の宅に泊つた。

私は気が弱く、哭き出すようなことでもあると醜態であるから、面会を断念し、家内を品川駅に行かせた。品川駅に於ける面会の様子は女性が多かつたせいか、涙線をいためることが多かつたらしい。

七月二日頃木造に安着し三カ所に分宿した。

私のこどもの宿舎は慶應寺であつた。木造は修善寺とことなり寒冷の地であるから、食料の点もさることながら煖房《だんぼう》用の燃料を確保することが最も重要なことであつた。けれども戦時中であるからそれは容易ならぬ問題であつた。私どもの想像を許さない程先生方はご苦労なさつたようである。

食料事情は修善寺より遙かに悪かつた。入浴は町の銭湯で一週に一回位、ために児童は日に痩せ衰え、皮膚病が多くなつたそうである。

児童等は「アカザ」「イタドリ」「セリ」等苟《いやしく》も食べられる野草は何んでも食べた。又栄養の補給は鯰《なまず》によつてなされた。これは永野先生ご指導の下に盛んに捕つた。そして焼いて塩もつけず、醤油もかけず食べたそうである。調味料の不足からであろう。又坊主頭の児童等が墓石に腰をかけ木の実を食べている様子はまるで猿のようであつたそうだが、これなどは笑えない話である。

私のこどもが一番辛かつたことは、或る日充分食べないで先生引率の下に茸探しに三、四里歩いた時だそうである。空腹のため歩いているのか、いないのか判らない程だつたと語つている。

木造へ疎開してからは、父兄は中々面会に行けなかつた。けれどもO君の父君は度々面会に行かれ、児童等は勿論、先生方や保姆さん等に少からず感謝された。木造は水田が多く畑地が少い関係で、野菜を手にすることが中々困難であつたため、野菜の摂取が不足していたらしい。父君が遠くまで行つて野菜や林檎を沢山購入してきて児童等に食べさせた時、その喜び方は譬えようもなかつたと涙を流して私に語られた。そして私のこどもは何時私が木造に来ると尋ねたそうであるが、私は当時慶應を退職し、私の学校も休校中であつたからいつでも行けるわけであるが、防火群長、隣組長として土地から離れず死守していた時であつたので、中々意のまゝに離れられなかつたのである。けれども五月の大空襲以後空襲がないので意を決して木造に行こうとした時、突如終戦となつた。

此の時、私は一方に於て無条件降伏という惨憺たる祖国の敗戦に血涙を絞つた。又他方に於て愛児は無事でまた会えるという喜悦の情で歓喜の涙を流した。自分は苦しみ、悶えた。わが光栄ある祖国の歴史に汚点を残した敗戦に対し悲憤の涙を流すのは日本国民として当然であるが、たかが愛児のために嬉し涙を流すとは怪しからぬ奴と言う者もいよう。而《しか》もお前は何だ！　永い間忠君愛国の教育を受け、元旦には二重橋、明治神宮に参拝し皇運の天攘無窮、国家隆昌を祈念するように亡父から教育されておりながら愛児のために安易な涙を流すとは女々しい奴だ。不肖者！　とある一部の人から言われるかもしれない。私は如何なる慢罵も甘んじて受ける。以上が当時私の偽りの無い心情であつた。

終戦後、木造では貯蔵していた食料を惜しみなく放出したため、児童等は日に日に体力を回復して元気になつたそうである。

十月二十日午後、疎開児童等は一年二カ月ぶりに心の故郷《ふるさと》幼稚舎の学校に帰つてきた。そして久しぶりに両親に伴われ、喜々として家路についた。けれども中に空襲のため両親を失つた児童もあつたそうである。その児童の傷心を思い私どもは手ばなしで悦んでばかりおられなかつた。

集団疎開はプラスの面もマイナスの面も夫々《それぞれ》多かつたろうと思われる。マイナスの面で言えば、童心に利己心が芽生えた点であろう。恥ずかしいことであるが、自分のこどもの場合を引用する。

木造の慶應寺に宿泊していた時、同室に某君がいた。その父君は薬品の大会社の社長か重役であつた関係上、甘味のある薬を幾箱も持つていたそうである。自分のこどもはトランプを数組も所有していたので、トランプ一組と薬一箱と交換し、こどもはそれを行李の底の方にしまい、夜晩くなつて毎日一人でしゃぶつていたそうである。

終戦直前、私の隣組に一兵卒がヒヨロ〳〵しながら来たのでそのわけを尋ねると、上官の少尉が自分の配給米の半分を着服しているので、空腹で堪えられないから何か食べさせて呉れとの事であつた。名誉ある帝国軍人でさえこの体たらくだ。児童の小さな利己心はそう責められないだろう。

修善寺に疎開した当時、六年生であつた児童等は来年大学の学窓を出ることになつている。自分のこども等は当時三年生であつたが今、大学の一年に在籍している。終戦後十年は夢のように過ぎた。当時の事は遠い昔のように思われる。私どもはこの十年間、寔《まこと》に苦難の道を辿つてきた。今後も荊《いばら》の道はつゞいてゆくことだろう。

疎開児童の諸君は先生方、保姆さん、看護婦さん等の鴻恩を肝に銘じ、祖国再建に役立つ立派な人士になるよう努力しなければならない。

終りに臨み私どもは先生方が児童等に親も及ばないお世話をおやき下さつた事に対し衷心から合掌して万謝申上げる次第である。

＊修善寺・木造疎開学園に参加した宮島良亮君（昭和二十三年K組卒）の保護者。慶應義塾教員。

昭和 19 年 8 月といえば、サイパン島の玉砕に引続いて東条内閣の総辞職、小磯内閣が新に誕生して間もないころ、天現寺幼稚舎ではこの日疎開学園発足の式を挙げた。各学年記念写真をとったが上は六年O組（松原先生担任）。最前列左より川村博通先生、吉田小五郎先生、宮下正美先生（現湘南学園長）、山村材美先生、小泉信三先生、清岡瑛一先生（当時主任）、松原辰雄先生、掛貝芳男先生、大島継治先生、小池喜代蔵先生、江沢清太郎先生、小堺徹先生、奥山貞男先生

修善寺全景

昭和十九年八月二十五日、三年以上の幼稚舎生は省線恵比寿駅前に集結、修善寺温泉に集団疎開した。涵翠閣、野田屋、仲田屋の三館に分宿しながら、思い思いの少年の日の歴史が（二十年三月に卒業した六年生を除き）翌年の六月青森県木造町に再疎開するまで、ここでくりひろげられていたのであった。

疎開地の幼稚舎生

涵翠閣能楽堂

野田屋正面

修禅寺境内にて、前列中央は松原先生、後列左から赤松宇平先生、石川桐さん、中四人おいて渡辺徳三郎先生、川村博通先生、大島継治先生

昭和二十年に入ると戦局は愈々苛烈さを極めた。沖縄の決死の攻防戦もついに我に空しく、本土決戦の色は愈々強くなった。かくて伊豆に疎開していた学童は再疎開を命じられ、幼稚舎も六月末日青森県木造町に三日がかりで移動した。

写真右は木造の町はずれポプラのそそり立つあぜ道から宿舎の一つ西教寺をのぞむ、下は木造の唯一の街並み。

木造での宿舎は慶応寺、西教寺、木造中学校寄宿舎の三つであった
写真上は木造中学校の寄宿舎（現木造高校寄宿舎）、下は慶応寺

写真上、木造では毎年恒例の馬市があった。
中、土地の向陽小学校を放課後にかりて、幼稚舎疎開学園は勉強をつづけた。
下、食糧難の時に川除村村長、佐々木氏夫妻（左）は厚意溢るる援助を惜しまなかった。戦後佐々木氏のもとには文部省からの感謝状が送られている。

今はむかしの物語　Ⅰ
――幼稚舎疎開學園の思出

安東　今日は疎開時代の思出を色々とお話し願うことになりました。これは仔馬の疎開特集号の一つの試みで、この座談会の内容も幼稚舎史の資料となるわけですから、なるべくテーマを広く組織的にとりあげて行きたいと思います。

昭和十九年八月二十五日に修善寺に疎開、翌二十年三月に僕達六年生だけが卒業のために帰京したのですが、この間に世界の情勢は大きく変つて、日本の敗北は徹底的になつたと思われます。

この二十年の四月には、新入学の一年生と二、三年の諸君が修善寺に疎開。六月末になつて青森県木造町に再疎開しました。木造で終戦を迎えて、十月二十日に帰京。十一月二十日に終戦後始めての天現寺の幼稚舎の授業が始つたわけです。

兎も角、その間の楽しかつたこと、辛かつたこと、色々なエピソードを話していたゞきたいのです。

先ず Introductory として出発当時の印象ですね。壮行会の写真が残つていますけれど、大体どういう気持で疎開したかね。まだ空襲もひどくない頃でしたし、あまり悲壮な気持で疎開した人は少ないと思いますが。

赤須　僕は、今でもそうなんですが、元来非常に神経質なんでね。矢張り当時相当に不安でしたよ。弱虫だし、あまり家から離れたこともなかつたし、正直な所、東京を離れたくなかつたですよ。空襲がなくてこわい思いをしなくてもいい所へ行けるわけなんですがねえ、やつぱり……。

安東　でも、非常に不安だつたとか、もうこれで二度と親に生きて会えないだろう、などと考えた人は少かつたように思うけど、釣竿なんかかついで、割合のんきだつたな。

吉村　僕は出かけた時のことは覚えてないな。

伊澤　三年生ぐらいだつたから、僕もあんまり覚えてないんだけれど、何てことなしに行つてしまつたようなもので、自覚的じやありませんね。

芳野　着いた時は雨が降つていて、バスで行けるはずの所を歩きましたね。あの時は何だか面白いような情ないような……。

増田　僕等はバスじやなかつたかしら？

芳野　そう、O組は先に行つたからね。

赤須　仲田屋の連中は雨の中を歩いて行つたよ。修善寺国民学校の五年生の人達だつたか、駅に迎えに来ていてね。僕は挨拶をさせられたのを覚えている。

増田　宿屋に着いてすぐ、大広間にみんなの御飯がずらりと竝《なら》んでいるのを見た時、楽しかつたな。

安東　早速食べる話だね（笑声）。

僕等は野田屋だけど、着いた時は

仲々立派な旅館だという感じがしましたね。

吉村　涵翠は庭がきれいで落着いた感じがした。

安東　まあ修善寺は割合住いには恵まれていましたね。木造はどうでした？宿舎はお寺でしょう。

吉村　落ちたつて感じでしたよ。

近藤　殺風景な感じね。

安東　お寺つてのは精神的には非常に高尚な所なんだけどなあ（笑声）。修善寺では生徒一人当り一畳半位あつたんでしよう。木造では？

吉村　小さな本堂があつてそこに何人かな、全部で五十人ぐらいで生活したのだけど。

増田　温泉場とあゝいう所では甚だ雰囲気がちがうからね。

学園生活の心構え

安東　ここに「学園生活の心構え」という当時のプリントがのこつています。このプリントは配られたゞけで、唱えるとか強制される様なことは一度もなかつたのですかね……。

赤須　どんな事が書いてあるの？

安東　先ず「僕達は日本のよい子供です。疎開学園に参加出来たことを心から感謝します。心を正し、よく考え、よく工夫して強くたくましい子になります。独立自尊の心がけを守ります。」という具合で別に気違じみた戦時色はないですね。たゞ一ケ所、「兵隊さんの心持ちでどんなつらいことも辛抱しましよう」というのがあるだけで、極く当り前のことです。

所で、幼稚舎生らしく、勉強というわけですが、坐学が中心でしたね。木造でも坐学がありましたか。

近藤　ありました。

安東　坐学と、修善寺の場合には土地の下狩野小学校に通学しましたね。木造でも地元の小学校に行つたんでしよう。

近藤　ええ、向陽小学校というのに行きました。

安東　今から考えてみると割合に勉強したと思うんですが、当時の勉強の事について何か……。

増田　午前と午後に二時間位ずつ坐学をやつたんでしよう。

赤須　下狩野に出かけたのは、確か一週間に三日位です。学年によつて行く日が違つてましたね。

増田　僕は坐学の方しか印象に残つてないね。

安東　野田屋の坐学は、大広間を三つにくぎりましてね。四年、五年、六年に分れてやつたのです。僕の印象に残つているのは黒板が音楽の黒板で五線が書いてあつた事です。それから例えば、狂言が国語の教科書に出ていたけど、時間中それを所謂狂言式に朗読するんだな。すると隣の四年と五年がしんと静まつちやつて、それを聞いているんです。僕は時に退屈すると、まあ奥山先生の授業に、そうしよつ中退屈してたわけじやないけれども（笑声）。隣の教室でやつているのを聞いたりしました。吉田先生のお話もね。

芳野　仲田屋はやつぱりあの大広間でやつていましたね。

赤須　大広間でもやりましたけど、例の十八班の部屋でやつたんです。僕等は、松原先生だつたけど、冬になつて先生が寒いもんだから一括六畳の部屋に六年生が全部入つて、長机を運び込んでやりました。ぽか〱いゝ気持でね。勉強してるよりも日なたぼつこに近かつたようです。

芳野　僕等は十八班だつたものですからね。自分達の部屋に来られると、至極迷惑なんですよ。あの頃は一つ一つの部屋がね。かなり独立した気持を持つているから、心外だつたね。

安東　涵翠はどうです？

友岡　涵翠は五、六班の部屋が一番大きくて、二部屋ぶつ通しだつたから、それを使いました。吉武先生と小堺先生（いずれも図工担任）が涵翠だつたから、図工の時は仲田屋、野田屋の連中がやつて来て大広間でいろんなものを作つたりした。まあとにかく一般的に坐学と普段とあんまりけじめがつかなかつた。先生としても勉強させなきや他にする事がないし（笑声）。

近藤　木造では坐学をやつたのは余り覚えていませんが、一週間に何回かはさつきもいつたように学校に行つたんです。行く途中で地元の子供達とけんかなんかやつたのを覚えているんですけど。

安東　その頃からけんかやつてたの。成程ね（笑声）。特に印象に残つた授業はない？

増田　僕は家に出した手紙がめちや〱な日本語だつていうので、奥山先生はさ、それを印刷して、この日本語を正しい日本語に直せなんて……（笑声）。

安東　栴檀《せんだん》は双葉より芳《かんば》し（笑声）。それから授業以外に自習時間があつて思い出してみると非常によく自習をやつたものです。特に神武天皇から現在に至るまでの年表をめん〱と書いて、それに挿画を入れるなんていう事をよくやつたでしょう？　とにかく地理や歴史を特によくやつたような気がしますね。

芳野　何しろ僕等は大世帯だからね。あんまり勉強しなかつたと思うんだがね。とにかくまとまつて人間がいたから勉強する者はする、しない者はしないという事がなかつたね。

友岡　自習時間にはおもちやを出しちやいけないという事になつていたからいやでも本でもひろげて何かやつている。結局やる事が平均してたんじやないかな。

出席者
増田　隆正（20K）野田屋
芳野　一夫（20O）仲田屋
赤須　東俶（20O）仲田屋
国枝　夏夫（20B）仲田屋
友岡　正孝（20O）涵翠閣
近藤　晋二（24K）涵翠閣（木造）
伊澤　次男（24O）涵翠閣（木造）
吉村　英一（24O）涵翠閣（木造）
【司会】**安東　伸介**（20K）野田屋

伊澤　そういう所は集団生活のよい面だともいえますね。

餓鬼道

安東　さて次はショッキングなエピソードがありすぎて困ると思うんですが、食物の話を。御承知のように戦争中ですから大変食べ物に困つているわけですね。特に集団生活となると食べ物が制限されるわけです。おやつも、ふんだんに食べられないという事は勿論ですし、又宿屋で出される食事が非常に粗末なもので、尤《もっと》も当時としてはあれ以上は出来なかつたし、ある意味では立派なものだつたとも思うのですが集団生活になりますとね、キユリオシテイが食べ物に限定されるでしよう。特に子供の場合は日記に一番多く書いてある事は食べ物の話でしよう。とにかくあんまり食べ物の話をするので、奥山先生が食べ物の話は一切まかりならんというわけで、僕等を集めて黒板に〝餓鬼道〟という字を書かれた。一寸ぞつとする言葉ですが、そういう事を生徒にいわなければならなかつた先生の立場も非常に辛かつたでしようね。

友岡　然しあれは絶対量としてはそう少くないんですね。結局食べたい時に食べられない。食べたくない時でも無理に食べてる。結局だん〳〵腹が空いている時が重つて来て、いくら食べても足りないような感じがする。

安東　だけど大根、人蔘ばつかり毎日食わせられるのはやりきれなかつたね。大体大根人蔘は粗食の象徴だな。デーコン、ニンジンと呪いをこめていつたものだ（笑声）。それからあの人蔘という奴は必ず大根とつくんだねえ。人蔘だけつてのはないんだ（笑声）。

伊澤　スイトンが殆ど毎日ありましたよ、僕達は。

増田　それは木造で？

伊澤　いや涵翠で。

芳野　スイトンはね、容れ物ばかり大きくて中味が少いつていうのが憤慨の種だつたよ。

友岡　食事としては僕等のところが一番まとまつてまあよかつたらしい。

芳野　とにかく涵翠に行つたら仲田屋よりどんぶりがデカイというんだ。そこでそれを横目でじろ〳〵見ながら成程こいつはつていい合つた事があるんだからね。そこまで神経がピンといつてたんだよ。

友岡　僕等が仲田屋に行つた時にね、とにかく可愛想な御飯だなと思つた事があつた。僕等の所は茶碗も食器も揃つてたし一応旅館なみのオカズの並べ方がしてあつたからね。

芳野　そうなんだね。それは僕もそう思つたよ。

友岡　涵翠は少人数だからやりいゝんですよ。野田屋は四、五、六年で百二十人位でしよう。僕等は六十人位ですからね。

増田　でもね、野田屋と仲田屋を比べると……。

芳野　まあそれはやめておこう。

増田　初めの頃には仲田屋の方がよくなかつたそうだ。

安東　人の方がよく見えますからね。ところであの頃の日記を見るとおやつにみかんと牛乳というとり合せが多いね。牛乳は牛を飼つていたし、みかんはお手のものでしよう。だけど本当はみかんと牛乳という食べ合せはよくないんだろ？

赤須 いやあのね。牛乳の中にみかんをしぼり込むと固まるでしよう。此のような事はけしからんといつたのは私だよ。

安東 僕は今、胃が悪いんだがね。それはやつぱりあの頃に原因がある（笑声）。

増田 いや安東のは不摂生ですよ（笑声）。

赤須 あのみかんの外皮をみんな食べちやつた人があつたね。

伊澤 今考えるとやつぱりぞつとしますよ。食事の事はねえ。食べ物が少なかつたせいか、皆薬を服む。薬を送つてもらつて行李の中に入れておいてビオフエルミンとかワカモトとかそんなものを食べる。あれはおいしかつたねえ。

安東 それからね。あのバイニクエキスつてのがあるでしよう。あれもね、薬の一種で要するにね、あゝいう薬品だけは持つていてもよろしかつた。あれを食い過ぎて皆お腹をこわしたものです。

近藤 それから歯磨粉を食つたなんていう生々しいのがあつたんじやないかな？

安東 歯磨粉の容れ物にお砂糖を入れていかにも歯磨粉ですといつて送つて来た父兄があつたりしたね。

友岡 御飯の事いえばね。三年生がだいぶ残すでしよう。それを寮母さんがためておいてお握りにして焼いてね。夜、非常召集で退避訓練やるでしよう。その後でそのお握りを一つずつもらつたけど、あれなんかとてもおいしかつたなあ。

増田 三年生が残したの？

友岡 三年生は御飯が多すぎてずいぶん残したんだよ。

安東 野田屋じや残す様な殊勝なのはいなかつた（笑声）。

友岡 初めのうちは六年生が皆もらつてたけど、それじや、結局三年生のいる班の六年生は得だつていう事になつてね。それからお握りにして皆に配るようになつた。

伊澤 あの頃はお三時つていうのが毎日は出なかつたようですね。日記を見ていると「今日はお三時がありました。おセンベイと牛乳でした。とてもおいしかつたです」なんて具合で時々出てる。毎日出てないんですね。

安東 挿画は入つてないの？ 僕のは挿画がちやんと入つている。

伊澤 ところ〴〵に入つてますね。

安東 僕のには湯気まで画いてある（笑声）。

友岡 僕等はお三時も比較的に多く出た方だね。

安東 涵翠閣つていうのはブルジヨアだよ。食べ物に関して発言する権利なし！

芳野 一寸遠慮してもらうか。

いなご たにし なまず等

赤須 それ〴〵の所で一番の御馳走と

思つたものはなに？

安東　野田屋からいうと、やつぱりトンカツかな？　始めてトンカツが出た晩には丁度、大辻司郎氏が慰問に来たんだ、確か。

増田　そのトンカツではね、顔色変えて安東喜んでたぜ（笑）。

安東　君が余り顔色変えてたもんだから、こつちも変えなきや悪いと思つた、というのが真相だ（笑）。

芳野　あの頃、揚げたものなんていうのは少なかつたね。揚げものは非常な御馳走だつた。

赤須　仲田屋は洋食はなかつたですね。天ぷらがたまには有りましたが、コロツケやカツはなかつた。

友岡　涵翠では毎日御馳走だと皆思つているらしいが、そうでもないんだよ。お月見の晩とかお正月とか祭日の晩とかには、まあ特別に御馳走が出たけどね。

安東　それはこちらだつて有つたよ。木造へ行つてからはどうです。

近藤　低学年でしたからお腹をすかしたという記憶は余り有りません。勿論中にはお腹すかしたのもいましたけど。

安東　それで一番御馳走といえば？

吉村　そうですね、戦争が終つてからのことだつたけど、米軍が上陸して来たら牛も豚も皆奪られちやうぞ、というんで農家があわてて売り出したので、牛肉を食べたことがあります。あれなんか御馳走だつた。

友岡　粗食の親玉は大根、人蔘、イルカにしておこう。

芳野　いやイルカは御馳走の方だよ。

赤須　乾燥玉ねぎを煮たのもスゴかつた。あれは匂いがまるで、にんにくだ。

伊澤　御飯にはコウリヤンが入つてたね。

近藤　純白の御飯も時々は出たね。ほんのたまにね。

友岡　椎茸御飯が、行つた当時は多かつたですね。

増田　あれはおいしかつたなあ。でも却つて食欲をそゝられちやつて物足らなかつたね。

友岡　肉の入つてないカレーライスも出た。

安東　それから山に行つた時、あけびを取つて食べたでしよう。とにかく食べられるものつていえば野苺でも何んでもよく食べましたね。それから僕等余りお腹が減つた減つたというんで寮母さんが気の毒がつて僕等だけですけれど、おしんこをそつと持つて来てくれた。ところが、その寮母さんちよつとぬかつたんだな。廊下にぬかみそをぽたんぽたん落して来ちやつたんだ。それがバレて非常に問題となつたことがあります。でも粗食つていえば木造の方がひどいでしようね。

吉村　そう奥山先生と一緒に、たんぼにたにしをとりに行つた。たにしというのはよく食べたと思つて……。

近藤　いなごも食べたよ。焼いたらしいね。雑炊のなかからいなごの足が出て来たのにはギヨツとした（笑）。

吉村　でもいつか慣れてね、足でもカラツと焼けた所をバリバリ食べたね。

安東　リンゴがおかずだつたことがあるそうですね、木造では。

吉村　え、度々有つたと思います。御飯があつて、隣にリンゴが置いてある。

近藤　木造では、終戦後、かすみ網をかけてすゞめを沢山とつて、それを食べたようなことが有りましたよ。

安東　それで焼鳥をして一杯飲んだとか、何とか……（笑）。

吉村　鯰《なまず》をとつたことも有りますね。あれは夕方箸にみみずを刺したのをうらの小川の岸にさしておいて、それに喰いついた鯰を翌朝五時か六時頃取りに行くんです。

近藤　これは本当はいけないことなんですが、土地の人が川に毒流しをしたので僕達が弱つた魚をつかまえる競争をしたことが有ります。

吉村　でも今考えて何となく楽しかつたようですが、その頃の木造は本当に食べるものがなかつた。さつき修善寺の粗食の代表が大根、人蔘だと云われましたけど、木造はそんな程度ではなかつたですね。自分達が食べるものの何割かを自分達で集めたわけです。雑草も随分摘んで食べたし……。

安東　金魚の肉をフライにしちやつたなんてことはない？（笑）

赤須　仲田屋の食堂のわきに池があつて金魚と鯉がいた。

安東　さては狙つていたな（笑）。

赤須　大部あぶなかつたねえ。

安東　おやつは日記に必ず書いてあるから目につくんですが、割合におやつは出てますね。

芳野　あれはね、面会に来て沢山持つて来たお菓子の残りをおいて行くんで、それを配給してたんです。あれは相当に余つているというか、もとがあるから殆ど毎日出たんじやないか。

伊澤　さつまいもは大した御馳走の部に入るわけですね。今は見向きもしないけど。

芳野　ふりかけだけの御飯ということも有りましたね。

増田　そういえばあの下狩野の稲刈奉仕の時、口が利けない位食べましたね。

○○　農家で色々御馳走が出たでしょう。あれは本当に嬉しかつたなあ。

近藤　それからさくらんぼを食べて口の中を青くして先生に見つかつちやつてしかられたりした。

安東　とにかく子供が非常にやせたつていいますね。母が面会に来たとき、僕の友達のお母さんがいきなり外へ出られて廊下の隅で泣かれたそうです。それで僕の母が行つてみるとね「あんなにやせて、やせて」といつて泣いていられたというのです。そんなにやせていたのかこつちにはわからないけれど。

友岡　でも目方は、絶えず変つていましたね。

月を見ると泣けて泣けて

安東　ホームシックにかゝつた人がいると思いますがね。とう〳〵我慢が出来なくなつて途中で帰つた人がいますよ。するとその人の名前が、例えば田中だつたら田中病という名前が出来て、誰々は田中病にかゝつたという。要するにノスタルジアの事です。

友岡　僕は母が寮母で来てたから、そういう事はなかつた。

近藤　僕は兄さんと一緒だつたから家がなつかしいなんて事はなかつた。でもね、それは慣れちまつたからで最初は皆ホームシツクにかゝつたね。それでセンチメンタルになつて。

増田　夕方が嫌だつた。月を見て悲しんで。

近藤　これは兄さんからしかと聞いた事ですけれど、安東さんも月を見て泣いたそうですね。

安東　そんな事はない。流言飛語だろう（笑）。

赤須　二時から三時頃ね、我々の班は西日がかあつと当る。僕は大抵体が悪かつたもんだから皆山なんかに行つた後一人で留守した事がある。その時こう西日を浴びながな何もする事がないしぼんやりしていると随分悲しくなりましたよ。

伊澤　ホームシツクなんて事、僕は考えなかつた。皆と一緒にいるつていうんで楽しくて。

増田　でも、家へ帰つたら親孝行しようと思つたね。何しろ家にいりやしやくにさわる事ばかりで親に文句ばかりいつていた。だけど帰つたら今度こそ親孝行しようと随分考えたよ。

安東　そして帰つてくるや否や親不孝になつた（笑）。ホームシツクなんかは要するに兵隊さんの事を思えば何でもないというのだが、その兵隊さんが本当はホームシツクにかゝつていたらしい。とに角そういう事は女々しい事になつていたんです。でもやつぱり、表だつては出ないけれど無意識にそういう感情があつて、感傷的になつていたんでしよ。だから子守唄を寮母さんに歌つて貰つたり、それから例の「真白き富士の嶺」を歌つたりしてひそかに涙を流した事もある。

友岡　そう〳〵消燈してしまつてから寮母さんに子守唄を随分歌つて貰つたね。

安東　涙を流しちやうと胸がすうつとするというので悲しい話を聞いたものです。山椒太夫の話かなんか覚えてますが、本当に悲しかつたなあ。

友岡　だけど僕等は人の見ている前で泣く奴なんか六カ月間殆んど誰もいなかつたね。

赤須　仲田屋の三年生と六年生の組んでいる班では三年生がホームシツクにかゝつて困つた話があると思うんですがね。

国枝　誰か友達が帰つたりするとガクンと行くんですね。六年生位になると自分が強くなきやいけないという自覚がかなりあるからね。又三年生は兄貴がいるような気分もありますし。

芳野　とに角、家へ帰りたいという気持は大いにあつたね。

安東　今度は友達の事について話そう。いろんな友情の形がありましたね。六年生だけの班もあつたし下級生と混つた班もあつたわけですが。僕の班では何というか皆で弱い者を助けたり協力し合つて行くというような雰囲気は余りなかつたような気がするな。それに僕等の時はボイコツトというのがよくはやりましてね。

　班内で次々と誰かゞ槍玉にあがつてボイコツトされる。殆んど誰でも皆から仲間はずれにされる時期があつた。一週間とか二週間とかね。君もやられた？

友岡　皆やられたんじやないかな。

吉村　木造でもそんな事があつたかも知れません。

安東　逆にある人が偶像視されたりする事もあつた。赤須君はそういう経験ありますか？

赤須　ありましたね。我々の班は六年生ばつかりだつたでしよ。

友岡　六年生ばつかりの班はやりにくいね。

安東　それで赤須君はボイコツトされたまゝでずつと修善寺で我慢してたの？

赤須　えゝまあ。僕はね十月四日に体が少し悪くなつて帰京したんですが、二度目に修善寺に行つた時は皆さつぱりしてくれました。

安東　僕は一カ月半か二カ月位非常に辛い思いをしたね。その間に今思い当る事なんだけど、非常に自分の人間が変つたと思いますね。あの後では日記の調子が全然変つているんです。

班長が命令的で、横暴で、反感をかつたという面もあるけど、集団生活で抑圧されている色んな欲望が爆発して、集団で人をいじめる事に一種の刺戟というか満足を感じたんじやないかと思う。だからいつも誰かが槍玉に上つてる。

〇〇　僕達の班長は大抵槍玉に上つているよ。

安東　それも只喧嘩するというだけの物でなくて心理的に根深いものがある。何か非常にこじれていたんだ。

友岡　先生の方から命令された事をそのまゝ班長が同様な権限で皆にいえればいゝんだけどそうはいかない。班長は両方の板ばさみになる。

安東　いや只それだけじやないね。そういうのと又違うね。もつとね何か心の奥から憎しみきつているという所があつた。班全体にうちとけた所が全然ない。例えば物を取つて貰う時にも「おい一寸取つて呉れないか」といえないわけだ。「何々君すみませんが取つて下さいませんか」というんだ。今考えてみるとよくわかるね。何かびくびくしているようでちつとものびのびしてないんだ。そんな雰囲気でしたね。

〇〇　やはり集団生活のいろんな条件が原因だつたと思いますが。

芳野　結局そういう所で仲間はずれにされたら全く一人ぼつちだからね。安全地帯というものがないんだからさ。

安東　増田君が槍玉に上がつた時は泣きながらプロテストしていたよ。僕は何も間違つた事をしていない。正しい事はどこ迄も通すつてい丶ながら泣いていたんだ。あの時は一寸感動してね、日記に書いてあるよ。

増田　よせやい、照れくさい。

安東　君なんか昔の方が人物だつたぜ（笑）。

近藤　ボイコツトというのは具体的にはどういう事をやるんですか？　喋らないとかそういう……。

国枝　何かにつけて意地悪をやるんです。四、五人かたまつて横目で一寸見たりね。それが非常にたまらないわけですよ。暴力を振るうとかいうのよりも心理的にしめつけられる方がずつとこわいよ。一ぺんなぐられちやつてさつぱりするのとは違うんだから。

吉村　僕等のクラスではあまりそういう形式の喧嘩はなかつたですね。

芳野　それは、それ〴〵の班によつて違いはあると思いますよ。まあこの場合は皆が淋しくつて不安なものだから大勢が流れる方につけばそれだけ自分も安心出来るというような気でね、大衆といつてはおかしいけど大きい流れの方にいこう〳〵とする傾向がある。うつかり残された奴がみじめなんだ。そうなると昨日迄非常に親しかつた奴がそのボイコツトする方になつちやう。

友岡　まあ完全な実力行使の吊し上げだな。僕の所でも三年を受持つている六年の班長を呼びつけて吊し上げしたりした事がある。

安東　それとね、ボイコツトする時のきつかけというのがね、一寸話をするのが嫌だけど最初何人か集まる、そして誰でも悪い事を必ず過去にやつているから懺悔しろという。そして俺は消しゴムを文房具屋で盗んだ事があるとかなんとかそういう事を互いにいうわけですね。そんな形式で一種の徒党が出来てしまう。そしてその集りにはボイコツトする相手はちやんと前以て除外して呼んでいないんだ。とに角こういう現象は集団心理学の対象になりますね。

寮母さんのこと

安東　じやこの辺で今度は寮母さんの事を話そう。

友岡　君達は寮母さんといつたの？僕達は寮母先生といつたんだが。

赤須　他に寮母先生つていつたのは何処？

友岡　涵翠、涵翠だけだね。

赤須　僕等は大体お姉さんとかおばさんと呼んだんです。三カ所で皆違うね。

増田　野田屋でも、おばさんという事もあつた。呼ぶときはね。寮母さんのボイコツトもあつたねえ。そういえば。

安東　寮母さんでボイコツトされたのは御飯のつけ方が少ない人ですね。

増田　僕達は直接関係はないけどそういう事はよく見たよ。

安東　それから又寮母さん同士の喧嘩があつたでしよ、そうするとね、各班が夫々の寮母を推戴して喧嘩する。ひどい話だけど、そんな寮母さんをとう〳〵便所に押し込んじやつて泣かしたりした。御飯のつけ方が少ないつていつてたらそれをどこかで聞いて来て「どうも申し訳ありません。明日からあなた方の御給仕は失礼させて頂きます」とねじこんで来た。こわかつたよ、その時は。そういう時の女つていうのはこわいからね。

国枝　でも寮母さんでも非常にい、人もあつたね（一同々感）。

安東　でもそのねじこんだ寮母さんが僕達が帰京する時、泣きながら僕に絵葉書をくれたんだ。

国枝　特に印象に残つている寮母さんがいる？　何でおこられたのか僕、覚えてないけれどね。岩瀬先生の奥さんがね、僕等を部屋に閉じこめられて、涙を眼にためて怒られた事があるんだよ。

赤須　でも寮母さんのお世話は大変だつたろうね。特にこれというような目立つた事はないけれども。その地味な仕事というのが大変だつたのですね。お母さん代りなんだから。

安東　じや、今度は班の中ではどういう遊びをしたかについて。

修禅寺物語

芳野　初めの中はトランプとか将棋、五目並べが多かつた。でも後は段々なくなつたね。

増田　僕達の班は何か乱暴な事ばつかりやつていたよ。馬飛びみたいな。それであんまりどたんばたんうるさいから奥山先生に見つかつちやつてね。あの時はどこむいてい丶かわからなくて困つた。

吉村　木造では将棋、それからメンコをやつたんです。葉書が来るとそれを折つて四角に切つてメンコを作る。

安東　僕の日記をみるとギヤングごつこをやつたというのが随分あるねえ。チヤンバラごつこもやつた。部屋の中でね。

増田　それから障子に飛行機や軍艦の絵を折り紙を切り抜いて貼つたのもおぼえているよ。

芳野　トランプでもツーテンジヤツクならツーテンジヤツクを、かなり長期にわたつてやつた様におぼえている。

増田　それからこれは遊びといえるかどうか、ほら、何時東京に帰れるかつていうのをお稲荷様に聞くつていうんでね。部屋を暗くしてなけなしのおかずを残してお供えしてやつたじやないか。

安東　三州三河の国、豊川稲荷の大明神、そこの障子があいております。お供えものもございますと唱える（笑）。

増田　惜しいのにバタなんか残したね。あの頃は信仰つていうんじやないけどあれを信じたい気持になつたね。三月の何日には東京へ帰れるとお告げがあつた。

安東　今度は娯楽会の話だ。要するに学芸会だが、これは下狩野の生徒と一緒にやつたものと寮内だけでやつたのとある。先ず木造から話して下さい。

近藤　そういう事はやりませんでしたね。

友岡　歌を歌ったりする事もなかつた？

近藤　ありませんでしたね。殆んど。僕がいうのも変だけど。

安東　僕等はよくやつたね。修禅寺物語なんか圧巻でしたね。

友岡　桂楓の女形がうまかつたね。

増田　当時は、それが何を意味するのかわかんなかつたんですけど夫婦の甘い所を見せるシーンがあるんだ。例えば春彦がのみを取りに大仁に出掛けて行く時に春彦の奥さんの楓とね、二人で門の所で一寸首をかしげる所があるんだ。すると下狩野の大人の人達がわあつと笑うんだね、所がこつちは何故笑うのかわからない（笑）。

安東　演技の指導は小池先生が主でね、それから川村先生でした。随分熱心にやつて下さつた。

安東　修禅寺物語を見て野田屋の番頭が感動の余りほろ〳〵泪を流したんだ。こりや明日は何か罪亡ぼしにうまいものの食わせるかと思つたら相変わらずデーコン、ニンジン（笑）。

国枝　僕等は狂言を川村先生にしこまれたよ。

安東　それからピアノとヴァイオリンの二重奏だとか隨分やつた。歌といえば食後に合唱したでしよう。

友岡　よく歌つたものだよ。下狩野の行き帰り、あれがとても印象に残つているんだ。それから食後にも歌つた。毎日一時間以上歌つたものね。歌つた人が次の人を指名して歌わせる。

寮母さんも先生も皆一緒なんです。吉武先生が東海林太郎に似ているといいうんで自分でも得意になつてね……あの疎開学園の歌はいゝ歌でしたね。皇后陛下の御歌というのがあつたね。恩賜のお菓子というのも。

安東　ビスケット二十個だよ。あれをね、家の人に少し取つておこうと思つて一枚だけ食べて十九枚取つておこうとした。所が一枚食べたら何となくもの足らないから二枚食べて十八枚残つた。それから十八枚じや半端だから五枚食べようという事になりそのうち何となく十枚になつてしまつた。それから九枚にしよう。

所が又食べてこれで八枚七福神がいゝつていうんで七枚になり結局一枚だけ残して面会の時お母さんに見せた（笑）。

赤須　あの歌の作曲は新聞によつて楽譜が一箇所違うんですね。何となく眠たい歌だつたね。

次の世を背負ふべき身ぞたくましく
　正しく伸びよ里に帰りて

友岡　その他、映画なんかも見たね。

安東　桂座という映画館によく行きましたね。出世太閤記をやつた。嵐寛寿郎だ。

近藤　僕等は姿三四郎なんかおぼえてます。

友岡　野田屋にも巡回映画が来てね。天平童子をやつたかな。

赤須　児童文化研究会の慰問班で人形芝居を持つて来て下さつた方があるんだね。幼稚舎の先輩の方で、それがね、大学時代の田中清之助先生と川崎悟郎先生だつたんです。

安東　（日記を開いて）あの日はね、九月十一日月曜日曇りとなつている（笑）。その他、誕生会とか色々各寮でやりましたね。

友岡　僕等の方では女中さんから番頭さんまで一緒にやりました。衣裳なんか女中さんは大変なこり方で。

「餅つき」のはじまり

安東　それから寮内の生活のしめくゝりとしてお正月の事を少し。

友岡　餅つきをやつたね。一人が十回位ついたんだ。その餅が僕等の所じや二月頃まであつたかな。

安東　今でも例年幼稚舎でやつている餅つきのはじまりだね。お正月には駅の近くの神社まで駈け足をしましたね。あの時、神社で吉田先生が皆に話をされた時、泪をお流しになつたのを覚えている。それから朝食の前に生徒の代表が挨拶したでしよ。あの時先生方はじつと下を向いていらしたね。感慨無量でいらつしやつた。

芳野 正月前に下狩野へ餅を貰いに行きましたね。普通の四角のもあるし大福もある。中にはあんこが入つていたけど、塩あんの奴でね。それを持つて帰ると御苦労様というんで川村先生が一つずつ下さつた。所がねその前に既に現に餅を持つているのに只で帰る手はないというわけで僕等の班の奴がこつそりポケツトにつゝこんできちやつたわけですよ。それを部屋に持ち帰つて昼間は絶対に食わないという事にして夜中に消燈してから三階の手摺の外に顔を出しながら何とかごまかせるだろうつてわけで、寮長が来たら外にほうつちやう事にして皆もそ〳〵食つてた。一人強情な奴がね、箪笥の抽出しをあけて食つていたんです。寮長が来たら抽出しを閉めちやえば絶対に見付からないからといつていたんだけど、そこへ寮長が入つて来たんだ。それつていうんで餅を捨てたけど今度は箪笥がしまらない（笑）。すつかりあがつちやつたんだ。皆大変説教喰つてね、その次の日は謹慎をくらつた。

安東 今度は寮外の生活と行こう。運動は田舎ですから、山あり川あり梅林ありという具合で大変環境に恵まれていたね。直接山に行くという事もあつたけれど空襲警報が出た時にそれつというので山に急いで行く事が多かつたでしよ？

赤須 我々は仲田屋遊園地という山があつてね。そこに何時も行つたんですよ。もつとも艦載機が来るようになつて来たらあんな所に行つてもしようがないので風呂場に逃げた事もありましたがね。風呂場が地下なんで。

友岡 その他、釣りに行つたりしたでしよ？

近藤 木造じや、岩木川があつてそこで泳いだものです。

友岡 僕等は余り泳ぎには行かなかつた。昆虫採集なんかやつたけど。

伊澤 梅林にも随分行きましたね。

安東 あの頃はどんなスポーツやつたかしら？

増田 下狩野国民学校でフツトベースの対抗試合をしましたね。

芳野 フツトベースは修禅寺の境内で毎日やつてましたよ。

安東 修善寺ではプレーグラウンドはやらなかつたね。バツトだとか道具がなかつたからでしようね。

近藤 木造ではやりましたよ。

友岡 僕等は山で水雷艦長等をやつた。

芳野 スポーツじやないけど非常に印象に残つているものとして、ほら、三津浜に蜜柑とりに行つたでしよ？

安東 丁度空襲警報が出たんだが直径十糎《センチ》もある蜜柑を幾ら食べてもよろしいというんでB29が上を飛んでいる時、最高五十位食べた人もいましたね。指が真黄色になつた君はあの時いくつ食べた？

友岡 僕等十も食べた奴はいないだろう。

増田 あの時はぜい沢な食べ方でおつゆだけちゆう〳〵と吸つてね。三十位食べた人随分いた筈だね。とに角、僕はあんなにうまい蜜柑をあれ程沢山食つた事はないなあ。

芳野　仲田屋じや蜜柑の箱に入つているのをリユツクサツクにつめてそれを背負つて駅へ行く途中食べていた。

安東　蜜柑山に行つたのは野田屋だけなんだな。

あの蜜柑取りから帰つた晩に掛貝芳男先生が東京から来ていらしてね。リユツクの中で一番い丶のを一つずつ出して先生にお土産にさしあげたんだ。

増田　とに角、蜜柑は沢山食べたね。野田屋じや教員室の隣の六畳が密柑で一杯で襖をあけると、ころ〳〵ところがり出した位なんだ。

近藤　木造でもリンゴ取りに行きましたよ。

増田　柿の木に登つたのは一番覚えているね。永野先生が真先に登つて「杖下（旧姓増田）後に続け」とおつしやつてね（笑）。めちやくちやに食つちやつたな。

安東　あれは後で聞いたんだけど泥棒行為だぜ。奥山先生も率先垂範自ら柿の木に登つて指揮されたんだからねえ（笑）。

増田　三島にパンを取りに行つた事があつたね。その時久し振りで町らしい町を見たわけだよ。あれは野田屋だけ？（涵翠、仲田屋、無言）

赤須　大体遠い所に行つた事は余りないね。

友岡　そう〳〵達磨山に行つたじやない、あれはすばらしい景色だつたなあ！

安東　闇の炭を夜買いに行つた事がある。

友岡　二人で一俵ずつかついでね、でもこつちは闇じやないんだよ。

増田　僕は奥山先生と栗かなんかを取りに行つた。二人きりで夜、そのときも渋柿を一杯取つて来て温泉につけてブヨ〳〵にしてから食べたけれどまずかつた。

安東　わらび取りやつた？

吉村　わらび取りにはしよつちゆう行きました。運動を兼ねましてね。

近藤　随分山を歩いたねえ。

安東　退避訓練といつてもあの頃はまあピクニツクみたいなもんですがね。大体十月か十一月頃から毎日警戒警報で坐学が中止になつたり学芸会が中止になつたりしたわけですよ。でもね、最初の頃、退避訓練をやつて夜中に非常呼集の鐘がなつて大広間に集つた。いざという時、兵糧になるというわけでリンゴを配られたりした事があつたと日記に残つてます。あれは練習だつたのかな。ほんとに空襲だつたのかな？

赤須　毎晩サイレンが鳴つたでしよ。長ズボンで寝た様な事はなかつた？

友岡　僕等はそんな事はなかつた様に思うね。

安東　野田屋で一番最初に東京の家が焼けちやつたのは近藤君の所だ。僕はあのとき君の兄さんを励ました。

近藤　そうでしたか。

安東　そろそろ地元の人達との想い出に移ろう。

近藤　木造では地元の子供達と一緒に遊んだ事はないですね。

安東 呼んで御馳走してくれたつて事はない？

吉村 ないなあ。

近藤 でもやせている者を特に選び出して隣村（川除村）の村長さんの所へ川村先生が連れていらつしやつて御馳走になる事が時にあつたそうですよ。

安東 津軽じや言葉がわからないだろうな方言が。特に土地の人達の事で印象に残つている事はなかつた？

増田 下狩野には帰る前に各寮の代表の方が方々へ挨拶に行つたね。

安東 とに角下狩野との縁は中々深かつたね。学芸会や稲刈りも一緒でしたね。勉強だつて下狩野の学校に通つてした事もある。それから運動会ね、あの運動会で幼稚舎がマットとかボールだとか色々寄附したでしよう。

増田 慶應幼稚舎のお蔭でこんな盛大な運動会が出来たという事を盛んにマイクであちらの先生が行つてたね。

芳野 幼稚舎生に稲刈りなんか出来たのかねえ。

国枝 そりや出来たろう。

芳野 どうせもたもたしたんだろうな。

友岡 こつちも色々御世話になつただろうし、とても仲が良かつたんじやないかしら。

赤須 下狩野の校長先生という人は仲々面白い人だつたな。

芳野 寮に慰問に来てくれて色々な面白い話をして下さつた。

安東 僕等より一つ二つ年上の高等科の女の学生の人達がとに角幼稚舎生が可愛らしくてしようがない。勿論僕も含めてね（笑）。誰々はあの幼稚舎生という具合に一人ずつ可愛らしい生徒を作つておくわけだ。たまたま僕にもそれがいたらしい（笑）。東京に帰つてから手紙を貰つたんだねえ。胸騒ぎのするような奴を。修善寺の駅でお別れの時にお握りを三つ持つて行きました。あなたに差上げようと思つたのに差しあげられなかつたのが残念です。今でも駅でお別れした時のあなたのお顔がちらつきますの、どうかお便り下さいね。何時までも忘れないで……大体そういう文面だ（笑）。

増田 安東のお得意が始まつた（笑）。但しその後、君に関してそういう事件は絶えて聞かないねえ（笑）。

友岡 式なんかも一緒にやつたね。

近藤 木造じや一緒に式をやるというような事は全然なかつたんです。

面会

安東 色々な体験のしめくゝりとして面会の話をしようか。

国枝 面会はうれしいに違いないね。

増田 面会そのものよりもすぐ食う事を思い出すだろう。日記にちやんとあるんだよ。親に会えるよりもお菓子が食べられるんで嬉しいとね。

みんなそういう気持だつたんだ。とに角、面会の度に胃拡張になつちやうんだ。

友岡 僕等んとこ初めそれをやらなかつたよ。絶対食べちやいけないつてね。所が仲田屋、野田屋で食べさしているつていうので文句が出て結局それじや食べようという事になつた。食べた翌日は寮母さんが大変なんだ。

安東　お腹こわすからだろ。

増田　何しろ食べる量がすごいんだ。餓鬼道に落ち入つているんだから仕方ないけど先ずお菓子を食べて満腹にしてから、それから色々学園生活の話をしたり、家の状態を聞くわけだ。

国枝　面会が終つて家の人と別れるときはいやなものだつたね。でもあの頃は銃後の国民として立派な覚悟が出来ていた（笑）。

赤須　先生方も色々考えて下さつて山やなんか僕達を連れ出して、その間に家の人が帰つちやう。

安東　いや、僕はちやんと送つて行つたよ。バスの所迄。

増田　でも始めて部屋に入つて来た時は嬉しいな。

安東　背中のリツクが眼にちらつくんだろ（笑）。

赤須　面会と思つてあてにしてた所がね、空襲でもつて駄目になつたという事があつた。あれは本当に情けなかつたね。

終戦

安東　木造の諸君、終戦の時の模様を話してくれ、あの玉音放送というのは聞えましたか？　聞えない？

近藤　僕達並んでみんな聞いたんですよ。丁度御飯時だつたなあ、放送が終つてから皆何の事だかさつぱりわからない。食卓についた時、林先生の話があつた。僕等もおぼろげながら、これは大変な事になつたんだという気持はありました。とに角、負けたつていう事が分つたんです。

安東　その時ね、悲しいとかくやしいとかどういう気持だつた？

近藤　非常に不安な気持になつた様ですね。つまりアメリカ人がやつて来てひどい目にあわされるというようなね。何しろ鬼畜米英だつたんだから。

安東　吉村君どう？　終戦の時。

吉村　そんなに深く考えなかつたなあ。三年生だから。

伊澤　僕なんかラジオ聞いてゝお母さんが泣けつていつたから泣いた（笑）。

安東　ほら二十四の瞳で、終戦の時のシーンがあるでしよ。お母さん悲しくないの、くやしくないの、泣かないのつて子供がいいますね。大抵子供はあんな風に思いましたね。先生方はどういう風にしていらした？　君達が見ていて。

近藤　林先生なんか泣いたんじやないかな。

安東　奥山先生からはね、終戦の放送を泪と共に拝聴しましたという葉書をいたゞいたけど。

増田　話は違うけどいつか野田屋でね。奥山先生に一体日本は勝つんですかつて聞いたら、「さあねえ」とおつしやつたのを覚えている。奥山先生もあの当時、たいして勝利を信じていらつしやらなかつたらしいね。

安東　終戦後、急に生活状態が変つた？

吉村　変らないですね。只ジープを初めて見て驚いた位のものだな。

近藤　木造では、僕等のお寺は一年二年三年なんですよ。で、三年はK組と〇組と分れてましたけど、小さいものですから、規律などもそんなに厳しくいわれなかつたので最初から気楽だつたでしよ。だから急に戦後気持が楽になつたという事もないです。

安東　食べ物は変つた？　終戦後。

吉村　ずつとよくなつたなあ。肥つて東京に帰つて来たそうです。家にいる牛や豚をアメリカ人から取られるから殺しちやうとかいつてお蔭で肉を沢山食べました。リンゴが食後につく様になつたのも終戦後じやなかつたかな。

何事も汝にとりてよからざるなし

安東　皆戦争つていうものをどう考えていたかな。要するに劃一的な教育を受けていますからね。子供のくせに米英撃滅とか神州不滅というような事をいつていたわけです。

友岡　僕はむしろ逆だつたね。日記にこそ一応書いてはあるけどアッツ島玉砕だとかいつて、皆さわいでいても僕は何とも思わなかつた。友岡は感激性がないとかなんとかいわれたけど。何いつてんだいという気があつたね。そりや特異児童だね、日記には米英撃滅の覚悟を新にし大御心を安んじ奉らんてな風に書いてある。たかゞ六年生で天皇陛下を慰めるなんて事は出来ないわけでしよ。とに角、子供の発想じやないね。

増田　ラジオや家庭やまわりの話、それに映画とか皆戦争一色だつたんだから。そうそう、天皇陛下という言葉が出て来ると皆、急に姿勢を正したね。

安東　あれは別に先生からさせられたわけじやないんだ。映画で軍人があれをやるでしよ。皆軍人にあこがれていた時代だからまねをしたんですね。でも幼稚舎は他の学校に比べて見ると非常にリベラルだつたという事はいえますね。

赤須　それはいえますね。

安東　例えば御真影を拝んだ事なんか一ぺんもないんだ。これは非常に珍しい事ですよ。

芳野　それはあんまり軍人的な教育を受けなかつたんですね。

安東　田舎の中学で先生の事を教官殿と呼ばせ一年一組つていうのを第一小隊第一区隊という風に呼ばせていた所があります。そういう事はなかつたな。でも幼稚舎じやリベラルだけど普通部は大変でしたね。ミリタリステイックだつた。軍事教官なんかがいたし。

増田　絶対おれは戦争に反対だなんていうのはまあいなかつたね。

赤須　そんな事いつたらそれこそさつきのボイコットだ（笑）。でも三月十日にね、卒業して東京へ帰つて来たでしよう。丁度あの大空襲の後でヱビス駅ホームから見ると地平線が真赤に燃えているんです。初めて見た空襲の恐しさ。皆腹痛を起しちやつたんだ。あの空襲で小高信夫君は御両親とも焼死されて迎えにいらつしやらない。本当に気の毒でしたね。

赤須　丁度宮城遙拝したでしよ。そつちの方が燃えていたんだ。

増田　あの時お袋から、焼け出された人は大変だよなんて聞いたけど仲々その気持が分らなかつた。

赤須　とに角あれで空襲とはこんなにこわいものかと思つた。修善寺にいた時は何しろ呑気だつたよ。

友岡　空襲が激しくなつて東京に帰つて来たようなものだね。

増田　帰つた晩にB29が一機来たんだよ。俺床の中でこわくて〳〵。頭の上を通つて行く爆音が聞える。疎開の方がよかつたなあと思つたね。

安東　いよ〳〵明日東京へ帰るという晩、野田屋では大変だつたんです。お別れに四年生五年生と次々に立つて合唱したんですよ。僕はオルガンをひいていたんですが、歌つている列の後の方でしく〳〵〳〵〳〵泣き声が聞えるのでよく見ると後の半分は皆泣いている人ですね。しまいにあつちこつちでわあ〳〵泣き出しちやつてね。仲良くしてた上級生が帰るので悲しいというわけなんです。とに角、大変な騒ぎになつた。とう〳〵六年生もシク〳〵啜り上げてしまつて…その晩、非常に印象的だつたのは、吉田先生がね、六年生にキリストの話をされた。〝何事も汝にとりて良からざるなし〟小池先生もやつぱりキリストの話をされて〝物事を善意にとれ〟といわれた。その次に奥山先生は〝どうか皆仲良くやつて下さい〟といわれたきりで後は泪につまつて言葉が出ない。僕はあの晩の情景は忘れられないなあ、本当に人間の心にふれた感動だつたと思います。あの思出だけは特に残つていますね。

友岡　僕等は案外陽気だつた。泣くような事はなかつた。あつさり帰つたけど、六年生は余り嬉しがつて三年生に見せつけちやいけないから成る可くおとなしくなさいつていわれ、すうつと引揚げた。

赤須　帰る途中汽車の都合で三島に下車しましたね。でもあんまり街の事は印象に残つていませんね。

安東　そういえば下狩野の学校の生徒さんが修善寺の駅に見送りに来てくれましたね。泪を流していたのを覚えている。

増田　帰る時わさびをお土産にしただろ。あれは野田屋が世話してくれたのかな。

安東　それと絵葉書みたいなもの。

増田　それと楠の箱、麦藁の箱もね。

友岡　僕等紅白のお餅を貰つた。

芳野　僕等はお餅は貰はないよ、密柑だよ。

安東　木造は何かお土産ありました？

近藤　何か買物籠みたいなものと、リンゴ一箱。これは後から送つて貰つたんですがね。

赤須　帰る前の日と前の前の日あたりに、六年生だけ初めて自由外出というのをやつた。

安東　その時お土産を買つたな。疎開時代買物をしたのはあの時だけだね。

赤須　どこも行く所はなかつたね。前には行きたい〳〵といつてましたがね。とに角、温泉街が子供が見てもさびれている事が分つた程です。射的場なんかさびれる一方でしよう？

自分に子供があつたら……

安東　最後に疎開学園の生活は修学旅行の団体生活とは全然違うわけですが、

二つの集団から社会心理学的に色々なデーターを取つてみたら非常に面白い違いが出て来ると思います。修学旅行的な一面もあるが本質的には全然違うんです。色んなフラストレイシヨンも疎開生活の方が多いし又複雑でしよう。今ではそういう事も反省する事によつてしか分らないわけです。只困る事は何しろ子供でしたから自分の体験について自覚的じやないし、分析出来るような記憶も非常に少ないんです。記憶に信頼性が乏しいという事です。そんなわけで非常に無理な注文ですが疎開学園の得失について大人の眼で反省して貰いたいのですが。

芳野　やつぱりいろんな意味で忍耐心というような物が強くなつたんじやないかな。

安東　僕の場合は一時的じやなくて疎開生活で大部人間が変つたと思いますね。今反省してみてはつきりいえます。つまり幼年時代のエポツクになつた様な気がするんです。

友岡　疎開生活で寝言をいうようになつた事（笑）。

安東　それが得る所だつたの？（笑）個人疎開と比べて見てどう？　吉村君。

吉村　集団疎開と個人疎開のどちらがい丶かといつても色々ありますけど、僕としては集団疎開の方が良かつた様に思います。良い経験になりましたからね。でももし僕に子供があつて疎開させるとしたら矢張り個人疎開の方に行かせますね。集団疎開の方も今から考えると楽しい想い出ばかり残つていますけどね。そして大きくなつてから後に残るものが多いんじやないかと思いますけど……。

友岡　個人疎開だとね、非常にいじめられるという事もあるしね。確かに個人疎開と比べてみると僕は中学になつてから集団生活の有難味がわかつた。両方共良い印象は残つてないけど集団疎開の方がはるかにいいね。親しい友達がいるから気分的にも楽でしよ。それだけでもい丶。

安東　疎開生活でマイナスになつた面は？

芳野　とにかくやせた。

安東　そりや成程確かにマイナスだ（笑）。僕が一つはつきり言える事は本を読む習慣がなくなつたという事だな。東京にいた時の方がずつと読んでいる。

友岡　本がなかつたんだよ、教科書以外に殆んど。

芳野　本を読むなんて生活はまあ家にいて自分一人の落着ける生活がなければ無理だ。

　所がね、あ丶いう集団生活で自分一人でいる事は余りないわけだ。そういう所に本を読まない原因があるわけだろう。

安東　これは勿論愚問だけどもね、又あ丶いう生活してみたいと思う？

国枝　自分の子供があ丶いう生活をしなければならないとしたらそりや困る。

友岡　個人疎開か集団疎開かというような事になると問題が別だけど、とに角自分の子供にあ丶いう生活はやらせたくないね。

増田　そりやそうだろう。誰だつて。

赤須　せい〳〵一月位ならね。薬にもなるんですけど。

安東　それは臨海学校とかパブリックスクールの寮生活みたいなものだね。そういうものじやなくて、あの状態ではねえ。

赤須　六ケ月つてのはどう考えても長過ぎる。

安東　でもあれを一ケ月にしたら臨海学校みたいなものになつちやうよ。

増田　又い、面では先生方と一緒に生活したという事、これはい、事だね。何時でも膝をつき合せて色々な話を聞けたんだ。我儘が出来なかつたという事もある面では良いね。

赤須　よくまあ大きな事故がなかつたと思いますね。集団中毒とか遭難とかね。色々注意して下さつたのでしょうけど。

安東　まあ幼稚舎では集団疎開は非常に成功したといつてもい、ですね。

増田　まあ事故といえば「かいせん」や「ひぜん」になつてね、隔離されたのがいましたね。あれは硫黄泉に入つたんだ。

安東　まあ色んな不足はあつたけども当時の、疎開生活としてはむしろぜい沢な面もあつた位でしようね。山を買つて炭を焼いたり牛を飼つて牛乳を取つたなんていうのは随分豪勢なものだよ。まあ、それはとも角、ずい分長くなりましたから、このへんで……。

疎開學園覺書

吉田小五郎

私はいつか折りがあつたら、戦争中の疎開学園について、まとまつた記録をのこしておきたいと思つている。幼稚舎八十年の歴史上に、はつきり数頁、否数十頁を費すべき大きな事件だつたからである。当時塾長は小泉信三先生、幼稚舎の主任（現在の舎長に当る）は清岡暎一先生で疎開学園長、副園長が高橋立身氏、共に東京にあり、現地では、私が五年慶組の担任をする一方、総務部長という似合しからぬ大役を仰せつかつた。後に清岡先生は修善寺に移られたが、御病気で、終始新井旅館に静養しておられた。従つて、私は色々のことに参画し、公の書類に目を通し、又よく報告を書いた。こゝでは当時の記録文書をたどつて、極くわずか記すにとゞめる。

○

出発前の準備はあわたゞしく、大変であつた。万々一の場合を見越して、児童一人一人の「縁故先調査書」をつくり、在京、地方縁故者の氏名、続柄などを詳しく調査した。いかなる場合に役だてるかは御想像に任せた方がよいであろう。私は一通も受けとらなかつたが、先生方の中には、父兄の遺書、遺言書のようなものを預かつて来た人もあつたようだ。又児童一人一人の病歴や性癖や、嗜好やその他を詳細に調査した。

「戦時疎開学園内規」という謄写版八頁綴の書類がある。第一章総則、第二章編制、第三章職傭員、第四章児童、第五章保護者との連絡、となつているが、その中から一、二引用する。

慶應学寮ハ左ノ三寮ニ分チ児童ヲ分宿セシメテ戦時生活、並ニ戦時教育ノ修練ヲ行フ

慶應第一学寮　修善寺温泉　涵翠閣（あさば別館）
慶應第二学寮　修善寺温泉　野田屋旅館
慶應第三学寮　修善寺温泉　仲田屋旅館

但し実際には、野田屋が第一学寮となり、仲田屋第二学寮、涵翠閣第三学寮であつた。第一学寮長吉田、第二学寮長松原辰雄先生、第三学寮長吉武友樹先生であつた。

第三章の職傭員の項は左のようになつている。

学園ニ左ノ職傭人ヲ置ク

園　長	一名
副園長	一名
訓　導	一六名
寮　母	一六名
衛生婦	四名

作業員　若干名
嘱託医　数名

但し、嘱託医として若き松原敬介氏であつたが、疎開早々召集を受け、代りを医学部に求めて容易に得られず、その後（二十年一月頃）になつて只今の町田敏蔵先生がおいで下さつた。

当時の先生方と寮母、看護婦の氏名をとゞめておく。

永野房夫、小池喜代蔵、奥山貞男、吉田小五郎（以上第一学寮、但し永野氏、内田氏《第三学寮》の発病により第三学寮に移る）

松原辰雄、赤松宇平、大島継治、川村博通、渡辺徳三郎（以上第二学寮）

吉武友樹、林佐一、内田英二、小堺徹（以上第三学寮）

寮母、並に看護婦

太田ソノ、土田みさお、沖嶺香、西郷雛子、塚本法子、鈴木泰子、田坂巨子（看護婦）以上第一学寮

岩瀬君代、内村克子、山上正子、水落ミツイ、原きぬ子、久保田喜久代、赤上滋子、小塚りつ子、石川桐、今野香代子（石川、今野看護婦）以上第二学寮

服部寿美、友岡多加、甲斐和子、佐伯拡子（看護婦）以上第三学寮

出発に際し、団体荷物又は個人携帯品としてどんなものを持参したか。

イ、寝具、敷蒲団（一）かけ蒲団（一）毛布（一）敷布（一）枕（一）枕覆布（二）

ロ、衣類、寝衣（二）寝衣用ひも（一）下着シヤツ（二）猿又（二）運動用ズボン（一）スエーター又は冬の毛シヤツ（一）靴下（二）足袋（一）腹巻（一）水泳用ふんどし（一）防空頭巾（一）

ハ、日用品、食器、コツプ（一）ちり紙、石鹸（浴用洗濯用）雑布（二）糸（木綿、白黒）針、鋏、マスク、ふろしき、ものほしばさみ、古新聞紙（十）雨具（洋傘の外にレインコートも可）整理袋（一）はきもの（運動靴、下駄その他）遊び道具、釘（五）修理用小布

ニ、教科書及び学用品、鉛筆、筆、すみ、下敷、そろばん、小刀、三角定規、物差、分度器、コンパス、筆記帳、消ゴム、クレヨン又はゑのぐ、運動帽、工作道具、手旗、日記帳、読物、ランドセル、整理袋、教科書（万年筆、写真機、時計は携帯禁止）

ホ、薬品、各自に適する薬。

外に車内持込荷物（略す）

昭和十九年八月二十五日、省線恵比寿駅出発、児童約三百三十名、教員その他約三十名、大体三百六十七十人の大世帯で

あつた。

九月の初、私が東京の本部を経て区役所へ出した出発当時の事情を報じた報告書の下書がある。

慶應義塾幼稚舎疎開学園報告第一

八月二十五日、我が幼稚舎疎開児童約三百三十名、附添教員、医師、寮母、看護婦、等約三十名、無事修善寺駅頭に着く。豪雨頻りなり。品川駅にて乗車せる時は、疎開児童の専用車三輛ありたるも、車掌の手によりて、中一輛を普通乗客用に宛て「専用札」の標札を除きたる為、横浜駅にて蒲田矢口国民学校、疎開児童、幼稚舎児童と同じ車輛に乗込みしため、所謂、立錐の余地なく、三人掛としてなお且つ立ちとうせし児童多く、遺憾なりき。恐らく輸送配車当局と車掌との間に連絡不行届のためなりしならん。

駅頭地元修善寺国民学校児童の出迎えを受け、又警察当局の特別の計いにより、荷物をバスにて運搬せしめ得たるは甚だ幸なりき。

二十六日より、九月一日始業式前日まで、左の日課を定め之を実施することゝせり。

日課表

六時　起床
六時四十分　點呼
七時　朝食
八時三十分　朝礼（修禅寺境内にて）
九時　整理
十時　坐学
十一時三十分　昼食
十三時　午睡
十四時　自然観察
十六時三十分　入浴
十七時三十分　夕食反省
十八時三十分　自由時間
二十時　就寝

但し、最初の一週目辺り、家庭を恋い郷愁の念にかられ易き時なるを予想し、日課の実施には手心を加えて取捨し児童の生活を明朗にして愉しましむることに努む。

最初の一週、特に記するに足るべき病人なし、平生の欠席率から推して甚だ良好なりと認む。又五日目頃から、一週目に及び、低学年の一部及び上学年の平素比較的元気者と思わるゝ者の間に、寧ろ郷愁を覚えたるものありしも、「手こずる」程度の者一人もなし。

環境

第三学寮涵翠閣は比較的閑静にして、良好なるも、近接地に小料亭ありて、夜間、往々にして淫歌泛声《はんせい》を聞くことあり、土、日曜日に特に甚だし、なお涵翠閣は南側に近く山をおい、冬季間の保温設備に就き今より懸念せらる。

設備

三宿舎とも集団生活のための設備殆んどなく、児童の荷物を整理するに困難を極む、至急、棚整理箱等の設置を望む。

仲田屋には児童用の下駄箱なく、出入毎に、下駄靴を二階三階に持ちて往復するは不便この上なし。

三館とも教員用の室あれども、寮母のために設けたる室なく、着替、休養等のため不便なり。

旅館主、その他、使用人は大体親切にして、向上に努力をしつゝあるを認む。

食餌

目下主食物（米、味噌、油等）は東京にて配給を受け持參せしものを消費しつゝあるも、現地配給となりて質量に変化あることを予想し、その低下を懸念しつゝあり。此度の疎開学園に就きて、最も懸念せらるゝは、食餌の量にして、之が円滑に行かざる時は、前途に暗雲を認むるほどなり。主食は一日の割当量にて左程不足を感ずることなきも、「お八ツ」なき現時下にありて、一汁若しくは一菜、而《しか》も之が甚だ少量にして児童の不満、不足、延いて郷愁を覚えしむる原因なるが如し。而も目に青々とした蔬菜《そさい》の食膳に上りたること全然なく、況《いわ》んや動物質のものなく、量少き結果は甚だ憂慮に耐えず。

衣類

通牒の通り当座の必要品のみ持參せるも、現在差支を認めず、但し掛布団類は夜間の冷え方急激なるため、稍々《やや》心配なり、更に初秋も近く、冬の寝具、輸送に就き、不安なき能《あた》わず、輸送の時期方法等に就き配慮を得たし。

履物類の中、下駄は鼻緒切れやすく、補充は困難なり、至急藁草履の獲得方配慮ありたし。冬期殊に、二キロ餘の山道の通学の事を思い、運動靴の配給を希望すること切なり、学童用運動靴配給制度実施以来、今日まで本校にては未だ一度もその恩典に浴せず、剰《あまつさ》え今般疎開児童に対し特配ありたる由なるも、なお之さへ得られず、その困難御推察ありたし。

（以下略）

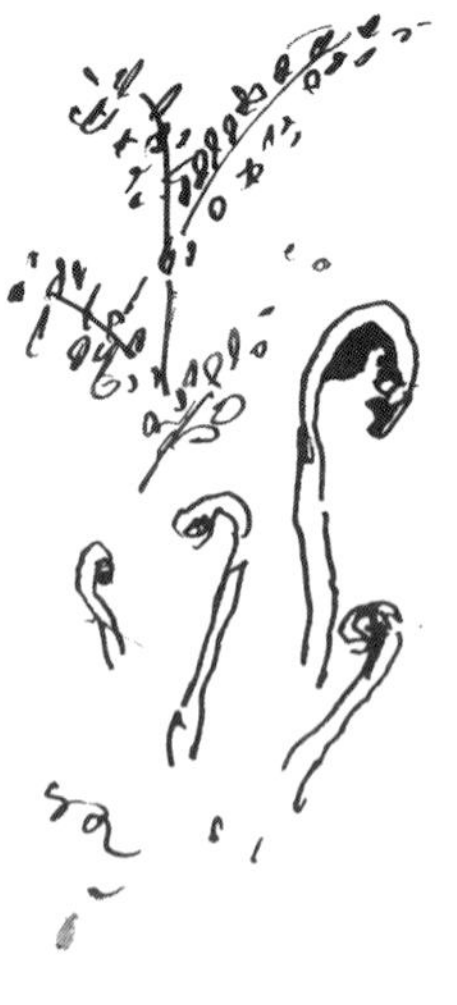

修善寺日記

六年　安東　伸介

うつかり疎開時代の日記が手許に残つていることを桑原先生に申上げると、是非見せて欲しいとおつしやる。いやそれだけは絶対に困りますとお断りしたがもうひつこみがつかぬ。止むなくお見せすると今度は「仔馬」に載せたいとおつしやつた。絶体絶命、否応なく活字にされてしまつたのがこの日記である。

僕がこの日記を人に読まれたくないと言う理由は、何も作文が下手であるとか、表現が稚拙であるとか、考え方が幼稚であるからと言う様なものではない。誰しも自分の日記を他人に見せるのは躊躇するであろうが、この日記に関する限り、僕はもつと別の理由で躊躇するのである。一口に言えば、この日記は純粋な意味の「子供の日記」ではないからである。幼稚ではあつても決して子供らしくないからである。

僕は幼稚舎生の頃、いかにも生意気でませていたと言う定評であるが、勿論僕の言う意味はそれとは全く別である。一読されゝばお判りの様に、この日記には所々大人から教えられたまゝの殺風景な思想があまりにも露骨に出ていて、「御《み》稜威《いつ》」などと言うぎすぎすした漢字が現われたり、「必勝の信念」と言う様な紋切型の言葉がおよそ子供らしくない表現で出て来るのである。新聞もラジオも子供の雑誌も悉《ことごと》く戦争一色に塗りつぶされていたあの異常な時代を思出して見れば、それは至極当然な結果であると言えるかも知れぬ。あの時代の曲げられた教育がいかに徹底した力を童心に及ぼしていたか、その苦い経験をこの日記は思出さしてくれるのである。まさしくこれは、僕自身の日記であるが、同時に又、当時の小学生一般のものの考えを端的に現わすものであつて、必ずしも個性的な文字ではない。僕自身がませていたということを差引いても、問題は変らないのである。

然し一切を時代の所為《せい》にするだけで、この問題を片づけることは許されないであろう。僕は幼稚舎が、戦時中にもどこかリベラルな気風を守つて居て、極端に不条理な戦争教育はしなかつたことを否定しはしない。だがこゝで僕が考えたいのは、もつと大きな、そして徹底した時代の力とも言うべきものなのである。その時代の力がどんなに子供達の無邪気な心や素朴な感受性を不自然に曲げてしまつたか。

それを僕は考えて見たいのである。僅か十二歳の小学生が「大御心を安んじ奉らん覚悟」をしてみたりするのを、あの時代では少しも不自然なこととは思わなかつた。そしてその様な不自然な態度が、子供自身の卒直な発想を曇らせていたことを誰も否定できないと思う。それが作文のスタイルにまで現われているのを僕はこの日記やその他の戦時中書かれた子供の作文を読んで感じるのである。それらの作文と、戦後に出た「原爆の子ら」や「山びこ学校」などの文章を比較するのは興味深い仕事であろう。どちらが本当の子供であるか判然すると思うからである。

だからこそ「仔馬」に載せられた今日の幼稚舎生の文章を読むと、確かに僕らの頃に比べて漢字や語彙の知識が乏しく、又表現の技術も下手ではあるが、それがいかにも子供らしく伸び〳〵と書かれ、型にはまつた言い方や大人びた気取の少いことを、僕は心から羨ましく思うのである。

勿論、決して、この日記の総てが「米英撃滅」の決意を披《ひ》瀝《れき》しているわけではない。むしろ大部分は学園生活の数々の行事を丹念に記録したものであり、日々の食物に関する一喜一憂が卒直に述べられ、僕にとつては貴重な記憶の地図になつている。たゞその行間に屢々《しばしば》現われる借り物の考えが、僕に言い様のない嫌悪を覚えさせるのである。そしてその嫌悪は決して僕一人だけのものではなく、同時に又それは単なる嫌悪にとゞまらぬ大きな問題として拡がつて行く性質のものである。自分の子供の頃の写真を見て感じる嫌悪とは別のものである。

今度「仔馬」で疎開特集がつくられることになつたが、僕はこれを単なる懐古的な思出話の寄せ集めにしてしまいたくないと思う。思出話と言うものは屢々《しばしば》片寄つた体験や印象を語りがちである。僕はこの機会に、疎開時代の様々な体験の意味を、大人の眼で深く探つて見たいと思うのである。

僕は卒直に言つて、こう言う日記を子供が書かねばならぬ様な時代が二度と再び訪ずれぬことを願う。疎開生活なんか、僕達だけの経験で沢山である。

（現在塾文学部四年生）

八月二十五日（金）曇後雨

疎開生活の第一日目は始まつた。

お国の御方針に従つて、修善寺に疎開する僕の心は、はげしくおどる。はやる心をおさえつゝ静かに食事をとつた。食後隣組の家々に別れに行つた。小島さんの家からは、汽車の中でとなしを二個もらつた。七時、父の教訓を胸に、重いリツクサツクを背負つて母と一しよに家を出た。荷物はとても重かつたので母がもつて下さつた。

えびすにて親達に別れをつげ、品川へ、品川から汽車へとのりこんだ。汽車はすいていた。雑談に花がさいて、まもなく、海が見え山が見え、皆の歓声を流しながら、三島についた。修善寺には青い電車で行つた。

当日は雨が降つていたので、特別にバスが出た。十分後のだやに着いた。もう部屋がきまつていて、班長は僕だつた（副班長は堤雄史君）。部屋は三階で、轟々という、物すごい川の音、うるさいように聞え、山も見える。菓子を食べ、ゲームをし、部屋の整理などをしている内に、入浴の時間となつた。風呂は四方を奇岩できずき上げあまり深くなくて、まことに面白い所である。皆、わあわあとさわぎながら、泳いだりした。食事は二階の大広間で行なつた。食後みんなで少し遊んで、手紙を書いて、早目に寝た。

八月二十七日（日）晴

今日は久しぶりに晴れた。

二時頃外出した。僕達はすから出た小鳥のように、思うぞん分あばれまわつた。先ずこの修善寺の鎮じゆの神さまである日枝神社に参拝した。僕達は当分の間こゝの氏子となるわけである。このお宮は、鎌倉時代頼家等が非常に崇拝したという、小さなものである。七百年もたつたような杉の木が五本もあつた。その中に御神木もあつた。それから修禪寺にお参りに行つた。町の（ぜん）の字は善とかくが、寺の（ぜん）は禪であることがわかつた。そこで三寮の顔合せ会をやつた。

八月二十八日（月）晴

朝礼後一段宿に帰つてから、服装をとゝのえ、修善寺国民学校に行つた。十分後学校に着いた。これから土地の子供達と顔合せ会があつた。色々の人のえんぜつを始め生徒代表の決意等があつて会を閉じた。幼稚舎生の代表は六美の北里君であつた。宿へ帰ると、すぐ御飯だつた。まあその昼めしのうまいこと、うまいこと、僕達は馬のようにもり〳〵と食い、たちまち平げてしまつた。昼寝の後、部屋の整理の、てんけんがあつた。八班と、自分の班が合格だつた。夕食後、林先生の送別会をやつた。僕は、オルガンで岩本、葉山の二君のハーモニカと合奏をやつた。長谷川君達は「やしの木かげでたこおどりよいやさ〳〵」とうたいながら、たこおどりをやつた。その後で林先生は由良太郎武勇談というとても面白い講談をなさつた。みんな、はらをかゝえて、きやん〳〵と笑つた。

九月四日（月）晴

今日からいよ〳〵授業が始まつた。午前中は坐学の時の机の場所をきめた。昼食後、僕等は入学試験場に臨むやうな心持で、下敷とえんぴつを持つて出かけた。どうも授業の最初の日から試験なんてあまり有難く無い。やがて教室に入つて、ピリピリを合図に、僕等は一斉に、さつと紙をかえし、やりはじめた。問題はあまり六ずかしくはなかつたが、すんだ後で考えて見るとあんまり成績がよくなかつたようである。落ちつかずにやつてしまつたからであろう。よく見れば皆あまり元気な顔をしていない。どうも、何ともはや情無い事だつた。宿にかえつて、あめ玉を食べた。とてもあまくて、おいしくて、充分つかれをなおした。

今日から食事日記をつけておこう。今又、すいつちよが鳴き出して、月の景色を一層目立たゝせる。

九月九日（土）曇後晴

今日松原敬介先生の壮行式が日枝神社で行なわれた。松原先生は長い間幼稚舎の校医として、僕達の身体を非常によく見て下さつた。おそらく松原先生にお世話にならない幼稚舎生は一人としてないであろう。先に宇都宮先生が御出征なさり今又、松原先生の御出征はいかに戦局が重大であるかを、感じる。僕達は、先生方の後をついで、きつと立派な兵隊にならなければならない。

午後、小高さんのお父さんが、お見えになつて、色々と、見まわられた。宮下先生もおみやげに魚を持つて来られた。夜はとても御ちそうだつた。

九月十一日（月）曇

午後下狩野へ行つた。時間割は図画と、理科であるから、図画組理科組に分けた。僕は図画組で、皆、小堺先生の写生をやつた。とても、むつかしかつた。ひよつとこみたいなのもあるかと思うと、お化けのようなのもあつた。理科は、電燈の事について実験、むつかしかつたそうである。晩めしが終つて、慶應の先輩の方々が四名いらつしやつて、お話、紙芝居、人形芝居等をやつた。「舌切雀」「をのを落したきこり」等、皆僕等の知つているものばかりだつた。とても面白かつた。

九月十四日（木）晴

昼めしを食つて下狩野に行つた。奥山先生が、御都合で東京へいらつしやつたので、僕等は林先生から授業を受けた。関ヶ原の戦とたぬきのおだぶつを習つた。

今日は夜、大辻司郎氏がまんだんをやりにきた。野田屋に来て、まさかこんな有名な人のまんだんを、聞けるとは思つていなかつた。風呂にも大辻さんと一しよに入つた。実にこつけいな顔をしている写真なら見たこともあるが、本物は、はじめてである。しかも、はだかを見たのである。夜はトンカツが出たのにはたまげた。

夜、三寮が集つて、まんだんをきいた。おも白き事類なし。

九月十七日（日）曇時々雨

今日のおやつは、実にうまかつた。おすし、くり、いも、であつた。いもはかくべつうまくて、おならが出た。夜小泉先生、清岡先生が、お見えになつて、各班をまわられた。

夕食後、移動映画聯盟の人達が来られて、映画をやつた。日本ニユース、まんが、水兵さん等とても面白かつた。たゞはつきりしないのが残念であつた。

九月二十六日（火）晴

今日は、六年生皆が、一しよになつて、山へ、柿を食いに行つた。案内人は、いさをちやんである。一粁《キロ》余り歩いて、やつと目的地についた。そこには、柿の木が十本あまりある。僕達は、先を争つて木によじ登つた。「おい、僕にも一つなげてくれ」なんて下から、いうのは、さるかに合戦のかにみたいだから、僕も手頃な柿の木に登つたらもう奥山先生が、登つていらつしやつた。その木に登つて八つほどいたゞいてむしや／＼たべた。その他、吉武や山田、尾前、杖下、一哉、広門その他の人々からもらい、最後に永野先生からいたゞいた。その中で一哉のが一番うまかつた。家へかえつてから食つた数を合計してみたら、二十二個くつたことになる。全く、新記録を作つたものだ。夕めしは、魚のフライではない。コロツケだつたが苦しいのでうん〳〵うなりながら、むりやり食つた。

九月三十日（土）曇

今日は昼すぎに、山へ登つた。奥山先生が四、五、六年のおやつを、リツクにつめて、かついでいらつしやる。山の頂上までは、道のりの少いわりに、坂が急で、ほねがおれた。やつと頂上についておやつをたべた。パン二つと、ゼリー六つであつた。曇つていたので、富士の見えないのが残念だつた。その後で、水雷艦長をやつた。始め白が勝つていたが、赤が「最後の突撃」をやるつもりで、わーつと進んだ。その為赤が、じやん勝になつた。家にかえるとすぐに夕食だつた。その後で、六時の報道をきいて驚いた。大宮、テニヤン両島の皇軍が、全員、戦死したとの事であつた。僕達はこれら英霊に、心から黙禱を捧げた。僕は、あの山の最後の突撃とこの知らせが、何か関係のあるもの丶ように、思えてならなかつた。

十月三日（火）曇

いよ〳〵明日は面会だ。「お母さまに会えてうれしい」という人は少く「菓子を食えてうれしい」という人の方が多いのが面白い。夜もろく〳〵寝られず、面会の事を話しあつた。

十月四日（水）雨

待ちに待つた面会の日がいよ〳〵来た。朝から雨が土砂降りでバスが出るそうだ。坐学もやつと終つて、お母様に会う事になつた。皆「僕のお母様は来ていらつしやらないのではないだろうか」などと心配して、盛に窓から首を出して、見つめている。いよ〳〵寮母さんにつれられてお母さま達が入つて来られた。その時の気持はうれしくて本当に、筆にも言葉にも尽すことが出来ない。それからはお菓子を食べながら、色々な話をした。山へ行つた事、川へ行つた事、坐学の事、つらい事、うれしかつた事、すべてが楽しく思い出される。入浴の時は何年ぶりかに、お母様に背中を洗つていたゞいた。皆にこ〳〵として、本当にうれしそうである。点呼も見にいらした。夜は今日の楽しかつた事を皆と話し会つた。

十月五日（木）

朝食後果物を少し戴いた。あ丶今日はお母様とお別れかと思うと本当にさびしく感じる。色々とお話しをして、今度の面会にはお父様も来ればよいと思つた。坐学、中食も終りいよ〳〵「さよなら」をした時、実にかなしかつた。又、今度の面会が待ち遠しい。始めて面会がいかにうれしいものかを思つた。あ丶この面会こそ、僕等が一生忘られぬもの丶一つであろう。

十月六日（金）

今日は、パンの配給があるので、僕達六慶が三寮全部のを取りに行く事になつた。三島まで行くのである。八時に野田屋を出発して修善寺駅まで歩き、そこから電車に乗り込んだ。途中雪のかゝつた美しい富士を見た。三島についたので、先ず三島神社に参拝した。こゝは官幣大社である。ハトもいた。僕等はゑさを買つて、池のコイにやつた。ものすごいドイツゴイがいた。やがて、そこから、パンの製造会社に急いだ。途中の十字路で見た富士は、生れて始めてといつてもよいほど、けだかく又清いものであつた。兵隊さんのパンを作る会社の前にとまつた時、家の中から「プーン」と何ともいえぬよい香がたゞよつて来た。パンの会社の中に入つてこれを見学した。パンの形を作るおぢさん達の手のすばやさには驚いた。大きな箱にあんこの入つているのを見た時には、思わず、よだれを流してしまつた。やがて、パンを三十個、リユックにつめた。おじさんは「お使いのごほうびだ」といつて、兵隊さんの焼き菓子を一つずつくれた。あまくてとてもうまかつた。そこを出てから、今度三島の通りで色々買い物をした。本屋で、うつかり木剣をふつた為デンキの球をわつて、本当にすまぬと思つた。野田屋についた頃は、三時半であつた。すぐ、昼めしとおやつをたべた。腹が空いていた為、実にうまかつた。

十月十日（火）晴

今日は修善寺の裏山の梅林に行つた。頂上でドーナツ・カリント・アゲモチのおやつを食べた。又その他、茶屋のおばさんの作つた甘酒をのんだ。未だ、なれていない様で甘くはなかつたが、おいしかつた。そこで、栗拾いをした。芝栗という、とても小さな栗であるが、甘味は多いそうだ。僕も生のまゝ二、三個、しつけいした。

十月十三日　晴

今日は久しぶりに掛貝先生がお見えになつた。嬉しくてたまらなかつた。午後は下狩野に行つた。月末に行われる運動会のれんしうで僕は、騎馬戦、手旗、建国体操等をやる。掛貝先生も一しよにいらつしやつたので僕はなんだか遠足をしているような気がした。れんしうの後、又いもが出た。うまかつた。

自由時間には掛貝先生が十班に入つて来られた。風呂にも一しよに先生と行つたし、実にたのしい一日だつた。

十月二十八日

掛貝芳男先生からの葉書。

先日は久方振でお目にかゝることが出来まして嬉しく思いました。又その前に絵葉書でのおたよりも嬉しく拝見しました。寄書も有難く存じました。来月はじめに又お伺いしたいと思つています。或は十日ごろになるかも知れません。伊豆

の山の秋は日に増し深くなつて行くでしよう。蛭が小島あたりへ行つて見たいと思われます。おからだをお大切に
　いとけなき日の佐殿に勝れかし慶應疎開学園の子ら

十一月二十四日（金）晴

…ずい分日記を休んでしまつた。これからは必ず〳〵書いて行かうと思う。いずれも三日ぼうずにならぬように書こう。今日までに、あつた事はもう書いていたらきりがないので、一さいやめて、気分を新しくしたつもりで書こうと思う。……午前中の坐学は平常通りに行われた。「つばめ」と「かもめ」のダイヤグラム問題で、二時間分ついやした。昼食が終つて、当番の号令が掛かつたと同時にあのいやな感じのするサイレンが突じよとして、けたゝましく鳴り響いた。しかし僕等は落着いて、防空服装にとりかえた。十班は牛乳をのんでから、部屋に帰り、ゲートルを、非常持出袋からとり出そうとした時、あの異様なサイレンが空襲警報を告げた。すぐ様荷物を背負つて、頭巾をかぶり、玄関前に集合、先生の号令一下、修禅寺境内に待避を行つた。沈着の中にも、すばやい待避ぶりであつた。しばらく、班がかたまつて待つていると、「爆音」が聞えて来た。よく見ると、雄大な飛行機雲をひいていう〳〵と飛んでいた。すーつとのびた飛行機雲の果てには、肉眼でやつと見えるほどの飛行機がきら〳〵と光つていた。正に敵機だつた。我々の上を、いう〳〵と飛んでいる様はいかにも、にくらしく、こゝに飛行機があつたら、飛び立つて奴めに体当りを喰わしてやりたかつた。その後も二、三回飛行機雲をひいた敵編隊が、我々の上空を飛び去つて行つた。間もなく、梅林に行くことになり、班別に裏山に登つた。途中荷物が重かつたり、ゲートルを強く巻き過ぎた為「ふーふー」いう人もいた。梅林に待機すること一時間、その間僕等は、相撲をとつたり、木に登つたり、ぼうしとりをしたりして、全たく、東京では想像のつかないほど、のんきな待避ぶりだつた。やがて、空襲警報も解除になつて、無事寮に帰つた。帰り道は急坂をかけ下りて帰つた。夕食後けいかい警報も、解除になつて、入浴出来た事は本当に有難いことであつた。夜は長ずぼんのまゝで寝た。

十一月二十五日（土）曇

午前中の坐学は無事に終つた。午後下狩野に行くので、班でその用意をしていると突然サイレンが鳴りひゞいた。警戒警報発令である。「又、来やがつたな」そう思いながら、すぐ早く、防空服装にとりかえた。非常持出し袋の中も、入念に点検し、はきものも、きちんととりそろえた。昨日の大本営発表によれば、敵機はマリアナより、約七十機内外の編隊を組んで、東京附近関東地区に来襲して、数十個の、爆弾、焼夷弾を投下したそうだ。

僕等は当然、おそからず空襲になるものと覚悟した。ゲートル巻のまゝ昼食をすませた。その食後、おやつとしてリンゴを一個、配給せられた。いざという時は、それでも、腹に

たまる。リンゴを盛にこすつて、つやを出しながら、班にもどつた。うまそうな香いがぷん〳〵とする。真赤な青森リンゴである。僕はリンゴの中でも、この種類が一番おいしくてすきである。「いつでも来い」用意はできているぞ、そう言つた落ち着いた気持で、僕等は泰然自若と班に待機していた。しかし今日は運よく、空襲にならずして、警報は解除となつた。けれどせつかく、ゲートルを巻いたので、そのまゝおやつのリンゴを持つて、外出することになつた。目的地は、富士見梅林である。今日はやぶを通つて行くので歩けない人はぬけて、元気な人だけ、やぶをあるく事になつた。すぐ鐘が鳴つて、班別に出発した。日枝神社の裏からごそ〳〵と登り始めた。急な坂がほとんどである。或る時は木の根につかまり、草にたより、竹にさゝえられ、一生懸命になつてよじのぼつていつた。しだ林もあつたし、時時りんどうもさいていた。途中何べんも、点呼を行つた。まさに、皇軍が密林を征服する気持と同じだつた。何十分か後あかるい所に出た。その草原に腰を掛け、楽しみのリンゴを戴いた。久しぶりなので、大変うまかつた。そこから又歩いて、やつと梅林についた。いつもなら、すぐ着いてしまう梅林も何となく遠く思われた。そこで十五分、皆は帽子取りなどをして充分に遊んだ。僕は足の親指が痛かつたので、ゆつくり休んだ。まもなく、又班別集合を行つて、帰宿の途に着いた。

（この頃より本土空襲激しくなる。）

十一月二十六日（日）晴

今日は日曜日で、しかも上々の天気であつた。昨夕の雨はまるでうそみたいに、空には、真白な雲がてん〳〵とたゞよつていた。道の具合いも、すつかりかわいて、大変よいので、昨日の予定によつて、まき運びをする事になつた。下狩野に行く途中の峠まで行くのだそうである。ゲートル巻に作業服といつたいでたちで、玄関前に学年別集合を行つた。出発途中でよく見ると野田屋の御主人が、案内をしていられた。紺の乙型国民服にゴム靴をはいていられた。道はしめつていても所々しかぬかつていなかつた。あたりの草は、半分紅葉して、しつとりぬれていた。かれ枝も光つていた。主人は「この道が、鎌倉時代の修禅寺に入る本道です。こゝに幽閉された範頼や頼家もこの道を通つたのです」といわれた。考えて見れば、この道は、僕等が、下狩野校に通つたり、山に行く時等に通る、楽しみの深い道である。それに引きかえ、この幽閉の身である二人の武士は、どんなつらい、暗い気持でこの道を通つて行つたであろうか。そんなことを考えていると、この道はあの時代の歴史が、多くしのばれているように思えてならなかつた。道の右がわに柱谷第三十二番とほられた、弘法大師の記念石塊からすぐ、右に下る道。そこから、下つて行くと、その果てには広い空地があつて、そこにまきが、山とつまれていた。一人が約四、五本ずつ、かねて用意の柔道帯を利用して、リツクの様に背負つた。水分をふくんでいると見えて思つたより重かつた。野田屋の裏口まで運ぶ途中何べんも休んだ。その度、見上げる空は、あくまで澄みきつている。落葉した、木の枝の間に真赤なもみぢがとても美しい。野田屋についた時はもうふーふー言うほどであつた。野田屋の奥さんと、番頭さんが、汗を流して、まきを受けとつては山のようにつんでいた。もう一度往復するのである。もう行つた人もあるので、すこし早めに歩いていた。二度目は、風呂場のおじさん（三助）がかつがせてくれた。ちようど、やじきたが荷を背負つた様に前と後にぶら下げてかたにかけた。二度目の方が、本数は少くなつたが、物すごく太いので、とても重かつた。先生方やいさをちやんは、二十本近くも背負つていられた。僕等の中でもうんと沢山かついで来た人もいた。とても働いたので、昼めしが実にうまかつた。おやつには、ごほうびに、野田屋のおばさんが僕等にふかしいもを下さつた。又二時四十分ごろ久しく東京にかえつていらつしやつた小池先生が、お帰りになつた。四年生の喜び方は大変なもので、先生に飛びついて、うれしがつていた。六時半から三寮が集つて、滝野川女学校の校長の阿部先生がいらつしやつて、色々な手品を見せて下さつた。先生は、国民学校の二年生ごろから、もう三十年も、手品の研究をしていられるそうである。やるものすべて見物人を「あつ」といわせた。最も面白かつたのは、トランプが一人のポケットから、もう一人のポケットにうつり変るのと、計算問題の答が、鼻紙に表われるのだつた。トランプの移動手品は、僕と杖下君が助手となつてやつた。最後に阿部先生のハモニカにあわせて、愛馬進軍歌を合唱した。最後の拍手は大したものだつた。

今日は色々な事を見たりやつたりして、実に楽しい日曜日であつた。

十一月二十七日（月）

今日は朝礼なしで、すぐ食事となつた。午前中の坐学は無事に終つた。昼食が終ると又も、警戒警報が発令された。四日間続いての警報である。防空服装に着かえていると、しばらくたつて「ウー」とサイレンが空襲を告げた。今日はあいにく雨天であつたので、屋外には待避せず、大広間に班別待避を行つた。その間、トランプをしている人もいた。僕もあまり、たいくつしたので、班から猿飛佐助の本をもつて来て読んだ。度々奥山先生は、空襲の情況放送を僕達に知らせて下さつた。又待避している間に奥山先生は色々な班の整頓ぶりを、見てあるかれたそうである。その結果、一、二の班が、一ばんきれいでほめられた。十班はあまりきれいではなかつた。間もなく、ラジオでは、空襲警報は解除された。まだサイレンは鳴らないが、明日は娯楽会なので、その練習に河合、岩本、生田の三君と仲田屋に行つた。赤松先生と一しよに、仲田屋に来た。未だこゝの生徒は仲田屋遊園地に待避しているので、赤松先生は、お迎えにいらつしやつた。やがて赤松先生も、おかえりになつて、練習を止めた。その結果、荒城の月、ましろき富士の嶺、やしの実をやる事になつた。一寮の合唱は轟沈と空の神兵、ときまつた。

十一月二十八日（火）

午前の坐学は、かんすいかくで図画をやつた。予定によつて木工具の、検査があつた。色々工具の紛失した人や、さびたり使えなくなつた人もいたが、僕は大した異常も無かつた。この十二月一日は防火日なので、そのポスターを書かされた。作品は、全部修善寺の町の要所々々に張り出すのだそうである。そのつもりで一生懸命に書いていたが、と中で、止め、終りとなつた。最後に「三色旗の歌」を歌つて「さよなら」をした。家につくとすぐ昼食であつた。昼からの坐学は、続きのポスターを書きあげた。色々なけつ作が多くあつた。これが、町に張り出されるのは、もう間近かである。やがて四、五年も下狩野から帰つて来て、楽しいおやつとなつた。さつまいも三個と食パン一枚であつた。河合君「ビーシージー」の注射をしていなかつたので、僕と一しよに、仲田屋に注射しに行つた。仲田屋の大広間にはもう立つぱに、娯楽会の用意がしてあつた。舞台の後には、赤と白のまんまくが、美しくたれ下つていた。帰寮してからすぐに入浴、やがて食事となつた。おかずには、さしみ（まぐろ）がついていた。さしみは三べん目であるが、疎開しておさしみが戴けることは非常に有難いと思う。

六時四十分頃から、仲田屋で、二度目の、娯楽会があつた。今日の司会は、六応の赤須君であつた。僕は生田君とヴアイオリンの二重奏をやつた。その他、落語、劇、合唱等々などがあつた。どれもこれも、面白いものばかりで、大拍手であつた。特別出演として、ハーモニカやゆうぎなどもあつた。この次の娯楽会は十二月二十三日の、皇太子殿下の御たん生日である。楽しみにして床についた。

十一月二十九日（水）

今日は、昨日娯楽会の為おそく寝たので、起床はおそかつた。朝礼なしですぐ朝食を執つた。自習時間には、国語、山の朝、銅山のわけを、しらべた。坐学の時間には、家庭への通信なので、家に手紙を書いた。その後には綴方を書いた。この綴方は、この度引きつゞきの警報に際しての感想文である。下狩野からの注文だそうである。四十分で完全に仕上げるのである。僕は警報が発令された時、敵機を見た時、その他の感じた事思つた事を全部書く事が出来た。昼の食後には、おいしいみかんが出た。午後の坐学には算数をやつた。今日で算数の七は目出度く完了である。

坐学が終るとすぐに、楽しいおやつであつた。その用意が出来るまで、僕は新司偵のソリツドを作り始めた。立つぱに仕上げたいと思う。だが未だ、始めてでなれない為、今日は主翼の半分しかけずれなかつた。おやつは、さつまいも、みかん一個ずつと、コーヒー茶わん一ぱいだつた。しばらく隔日にコーヒーが出るそうである。おやつの後に、この頃は運動不足なので、修善寺国民学校に行つて運動する事になつた。行きは、すこし寒いので、班別が四列を組んで、元気よくかけ足で行つた。一万米も走つたかけ足会を思えばこの位何でもない。途中ころんだ人もいた。学校についた時は、もう身体がほてつて、はあ〳〵吐く息が真白であつた。こゝで一時間自由に運動するのである。飛行機を飛ばす人、帽子取をする人、野球をする人、色々な遊びをやる人が居た。僕は小高君、朝田君、出井君、江木君達と五人で、相撲をやつた。久しくとらなかつたので、弱くなつていたが、実に面白かつた。何といつても僕は、運動の内で相撲ほどすきなものはない。六年の一部の人は、四、五年を相手に、小人数で帽子取をして、勝つたそうである。一時間後ピリ〳〵が鳴つて、集合し、軽い体操をして寮に帰つた。帰り途は元気よく歌いながら、帰つた。夕食は又もおさしみが附いていた。

夜は、就寝準備がすんで大広間でもけい飛行機を作る人がいた。これは、かぜさえひかなければさしつかえないそうである。入浴後ぐつすり寝こんだ。時間は十二時十五分、僕は何も知らずによい気持で寝ていた。突然杉野君が「班長〳〵警戒警報ですよ」と僕をゆすぶつた。「何つ」といつて飛び起きると、たしかに、異様なサイレンの響きが、がん〳〵耳に響く。すわこそとばかり、急いで、服装をとりかえ、リユツクやその他はきものなどを用意した。雨はどん〳〵降つていたが、ほんのり、明るかつたので、割合い行動が仕安かつた。すると、未だサイレンは、ひくく、小さく鳴つているのに、急にわめくように「うー」とひゞいた。明らかに空襲警報発令である。すぐさまほんのり光る明るさを頼りに、ろう下に整列、一早く大広間に待避した。十班が、一番早かつた。後で先生は「十班は非常に早かつた」とほめて下さつた。やがて部屋に帰つて、布団にもぐつた。未だ解除になつてないので、服装はそのまゝで寝た。その内警戒警報も解除になつた。又四時ごろ、警報が発令、すぐ空襲となつたが、今度は待避せず寝た。

十一月三十日（木）

今日は、昨夜度々起きたため、起床はずい分、おそかつた。おなかが、空いてるせいか、非常にうまかつた。食後、体重測定をやつた。僕はほんの少しだがへつていた。午前の坐学は、国語一時間だけしか出来なかつた。食後鐘がなつて広間体操をした。近頃は、ずつと朝礼がないので、運動不足である。午後の坐学は地理をやつた。今日から「インドとインド洋」という所だ。略図をかいた。又ノートに整理をしておこうと思う。地理の時間が、三時半に終つた時「さ、これから仲田屋の先の映画館まで行つて、活動を見せて上げます」と奥山先生がおつしやつた。全くうれしい知らせである。何にも知らないとき、突然こう言われると、実に嬉しいものである。しばらく立つてオーバーを着て、座布団を持ち、玄関前に整列した。桂座まで行くと今日はなにかの都合で、明日にえんきとの事であつた。がつかりして帰えると、ちようど、野田屋のラジオは、戦果の発表をやつていた。陸軍の特別攻撃隊、靖国隊の大戦果だつた。戦艦を始め巡洋艦その他を数隻撃沈破したのであつた。おやつはコーヒーであつた。とてもあまくて、おいしかつた。それから夕食まで自由時間であつた。夕食はものすごい大ごちそうであつた。それは僕等の大すきな〳〵「とんかつ」がついたのである。疎開して二度目のとんかつである。まるで、疎開したような気がしなかつた。本当に感謝して戴かなければならないと思う。夕食後は、ギヤングごつこをして遊んだ。僕と、小柳君、谷口君、河合君、山田君、佐々木一哉君が憲兵隊で、広門君、杉野君、奥野君、佐々木一夫君がギヤングであつた。とても愉快でたまらなかつた。

十二月一日（金）雨夕曇

今日からは十二月である。朝は、又雨が降つていたので、朝礼なし、すぐに食事となつた。午前中の坐学は普通に行われた。楽しい食事（昼）も終つて、しばらく休んだ。するとだれかゞ「班長、箱の置き場所を、とりかえて下さい」といつたので、すぐ整頓し始めた。ついでだというので、大整理をやつた。床の間には、教科書だけ、きれいに並べた。大きな箱は、板の間においた。午後の坐学まで、約三十分、一生懸命になつて、整頓した。そのため、まるで前とは全然ちがつたように、きれいになつた。本当にこれが十班なのかと思われる位である。やがて坐学が始まつた。授業はインドの所であつた。それが終るとおやつであつた。今日は、おやつはとても沢山で、おいも三個、カリント、玉子パンそれから、牛乳であつた。大変なごちそうである。今日からは、連日、牛乳が必ず戴けるそうである。四時からは、かねて予定してあつた通り、桂座に映画を見に行つた。三学寮が集つてすぐに始まつた。最初に「北九州における空襲の体験」というのをやつた。この映画を見て、いかに防空壕のふた、防空頭巾、布団、鉄かぶとなどが、大切であるとわかつた。次に「日本ニュース」「荒島の記録」というのをやつた。一ばん最後は「出世太閤記」であつた。秀吉は、嵐寛寿郎で、少年時代から一城の主になるまでの苦心談で非常に面白かつた。この映画は、正治兄ちやんが、結こんする時、最後のお別れに、日劇に見に行つたものである。映画のため、夕食が、おそかつたので、合唱なし。すぐに、入浴して就寝した。

十二月四日（月）晴、風あり

今日は、久しぶりで朝礼があつた。

午前中の坐学が終るまで、何も変つた事は無かつた。月ようだから、下狩野に行くことになつている。今日は、理芸であるから、二組に分けられた。その結果、赤は図画、白は理科となつた。僕は赤なので、図画だつた。お天気がよいから、しや生することになつて城山の中腹まで登つた。こゝから、下狩野校を下に見て、狩野川や田んぼや村の家々等をしや生するのである。僕は前の近くの山と、遠山などを、しや生した。大変むずかしいので困つた。寮に帰るとすぐにおやつであつた。今日はみかんと牛乳であつた。

夕食の後は、特別にコンデンスミルクが出た。あまり、うまいので、たとえようもなかつた。

十二月六日（水）曇午後二時ごろより雨

今日は何かの都合で朝礼はなかつた。自習時間の時、宿題の角すいを作つていると、急に「班長副班長教員室に集れ」と言つて来た。「今日は、まき運びをする」との事で、全員ゲートル巻で、柔道帯を持つて行つた。毎日戴く牛乳は、必ず仲田屋で、あつためるのだそうである。その燃料として、まきが要る。それを仲田屋まで運ぶのだそうだ。仲田屋の生徒と一しよに、仲田屋遊園地に登つた。山の中ふくの広場で、川村先生がこうおつしやつた。それによるとそろ〳〵お正月が近附いて来たので、おもちもつかなければならないし、御ちそうも、作らねばならない。それに牛乳をわかしたりするまきがいるので今日はそれを、仲田屋まで運ぶことになつた。それで、六應の五、六人と、六慶全員の外は、きつたまきを運び、僕等は、山の中を歩いて木ぎれを拾うのである。始めは、長さ二間ぐらいの木を拾つていたが誰かゞ大木を見つけたのでそれを運んだ。谷底から、大そう急な坂を登るのであるから大変だ。皆、柔道帯をまるたに結びつけて「えんや〳〵」と掛声をかけながら引つぱつて行つた。僕は三度ほどこんな事をくりかえした。まつたく、兵隊さんのような心持であつた。これでお正月が迎えられるのだと思ううれしさで、力を出した。よく働いたので、昼食が大変おいしかつた。又、昼食が終つたころ警戒警報が発令された。防空服装にとりかえて、角すいのやりかけをやつた。その内に解除になつた。午後の坐学は家庭通信をやつた。家に、手紙を書いた後で、歴史の「キリスト教の我国へあたえし影響」について、ノートに整理した。

夜中に突然警報が発令、相ついで空襲となつた。

十二月九日（土）晴

今日は朝礼なしのすぐ、めしとなつた。午前中は普通の通り坐学があつた。午後からは、下狩野に行つた。一時間目は国史で二時間目は、フツトベースのれんしゆうをした。近日中にまた、クラス対抗の、試合があるらしい。それで選手と一般とであつた。二十点もハンドキヤツプがついたのであるが、三点も負けた。それだけ選手が強いのであるから実に頼もしい。奥山先生は、運動靴をだめにしてまで熱心に教えて下さつた。家にかえつてお三時を食べた。又警報が発令されたがすぐ解除になつた。

十二月十日（日）晴

今日はうれしい日曜日である。朝礼なしのすぐ朝食となつた。食後十時までは大整理なので、室を整頓した。午前中の自由時間に佐々木一夫君と小柳君と三人で、六班に日向ぼつこをしに行つた。ぽか〳〵と暖い日光の下で、ゆつくり色々な本をよんだ。拡大鏡で紙を焼いた。午前中体重測定があつた。昼食後外出した。僕は下りなので残ることにした。河合君ものこつた。だが時間がおそかつた為、目的地の月ヶ瀬温泉場には行かないで帰つて来た。僕のおやつはリンゴ一個とあめ二個だつた。

夕食後、八月二十五日より十二月三十一日までに生まれた人のたん生会を、一寮だけ広間でもよおした。たん生に当らぬ人が祝うことになつた。一月の人は、この次ぎ祝つてもらうのであるから、必ずやるのである。そこで河合君と奥野君がまつさきに手品をやつた。色変りのハンケチだとか、なくなる十銭銅貨などをやつている内、突然警戒警報が発令されたのでそのまゝ中止された。せつかく花が咲いたのに残念である。やがて、たん生会の御ちそうとして角ざとう三個とみかんのかんずめが配給された。とてもうまかつた。食べ終つた時、空襲警報が発令され、そのまゝ班に待機した。けれど間もなく解除になつて、すぐに寝た。

十二月十一日（月）晴

今日は三津浜までみかんとりに行くので朝早く起こされた。急いで仕度をしているとすぐに食事となつた。食事の時は、おいしいまぜ御飯を作つてそれをべんとう箱につめていたゞいた。食事が終り、用意をして玄関前に集合した。そこで元気に修善寺の停車場まで歩いて行つた。氷が張つていたほど寒かつた。駅から、駿豆鉄道に乗つて、田京という所（修善寺から三ばん目）で下車した。電車にのると帰る日の事が思い出されてひとりでにうれしくなつてしまう。田京から三津浜まで行軍するのである。約五キロほどある。大門橋という大きな橋も渡つた。下には静かに美しく、狩野川が小波をたゝえていた。トンネルも通つた。やつとの事で三津浜に着いた。瀬川旅館という宿に荷物を下して、皆んな海岸に出て行つた。そこで約一時間半ほどゆつくり遊んだ。そこで、みかんを三つも戴いた。やがて旅館の二階で、べんとうを食べた。おさしみ（まぐろ）とうどんが出た。おさしみは新鮮なのでとてもうまかつた。うどんは久しぶりであつた。かえりには、二貫ほどみかんをリツクにつめて、背負つた。それから又田京まで歩いた。途中幾度か小休止し、その度毎にみかんを一つずつ食べた。田京から電車に乗つた。修善寺駅についてから、野田屋まで元気に歌を唄いながら帰つた。もうまつくらで途中、吉田先生がちようちんを持つて迎えに来られたほどである。やつと班にもどつた時は少し肩のきんにくが痛かつた。夜は久しぶりに寝巻を着て寝た。夜中に突然警戒警報が出たが、つかれていたのでぐつすり寝ていた（合計みかん十個を食べた）。

十二月十二日（火）晴

昨日みかんとりに行つて、つかれていたので起床はおそかつた。朝礼は九時から行われる事になつた。今日は昨年大元帥陛下が伊勢神宮で戦勝を御祈願あそばされた日に当る。それで特に今日は日枝神社で朝礼を行つた。

終りに、青少年団歌と福澤先生の歌を唄つて、かんたんな体操をなし寮に帰つた。歌は赤松先生が無理にすゝめて、吉武先生がタクトをおとりなつた。寮に帰つてかんすいに、授業しに行つた。今日は奥山先生と永野先生と土田さんがそれぞれ御用で東京へお帰りになつたので、理科は出来ず一しよに工作をやつた。六年の数人は知らず設計図を持つて行かなかつた。僕も持つて居なかつた。それで今日新しくやる人の手伝いをした。僕は佐々木一哉君のを手伝つてあげた。吉武先生は「かぜは引くし、その上、今日は朝タクトをふらせたりして、帰つたら二寮の者は赤松先生にそういつておけ」と大そう御機げんが悪かつた。午後六年は坐学をすべきであるが、フットベースの試合に備えて、れんしうに下狩野に行つた。選手と一般と始めやつたが、後に五慶の選手と六慶の選手とやり、僕達一般は五慶とやつた。ハンドキヤツプを十点やつて、やつと勝つた。弱いのになさけなくなる。帰るとすぐおやつだつた。今日は大きなコツペパンとみかん一個と牛乳であつた。パンに牛乳をつけて食べたが実にうまかつた。夕食には大すきないものようへいがついた。食後この間たん生会が警報の為、中止になつたので、そのつゞきをやることになつた。奥野君と河合君が手品のつゞきをやり、終つた時…又……サイレンが鳴つた。もう、アメリカが、しやくにさわつて〳〵たまらなかつた。みかんが二個出た。部屋に帰つていると、空襲となりあかりを消した。幸いふとんが、のべてあつたのでそのまま寝た。小池先生が十班にきて「便所にいけなくなつちやつたなんていうなよ」とおつしやつて、耳切れ団一という話をして下さつた。大へん面白かつた。

十二月十三日（水）雨後晴　寒

朝起きると雨がじやん〳〵降つていた。従つて朝礼なしですぐ食事となつた。午前中の坐学は、家庭通信をした。弟と東京に出した。弟は今いつたい何をしているだろうか。あゝ弟にあつて見たい。家庭通信が終つて、国語の書き取りをした。午後は自習するつもりでその用意をしていると突然、警戒警報が発令された。まもなく空襲となつて荷物を背負つたが、たいくつなので僕が紙芝居をやつた。「神兵の母」というのと「北満の志士」というのをやつた。空襲最中にこんなのんきな事が出来るのは、全く「疎開」これのおかげである。それも終り、皆は刻々放送を聞きに行つたが、僕は部屋に残つていた。芝区が丸焼と聞いて僕は大そう心配したが、後で「デマ」だとしつて「ナーンダ」と思つたが安心した。まもなく解除になつて、おやつになつた。みかん一個と牛乳であつた。今日からいつでも、日没から警戒管制、十時から、空襲管制という事になつた。

十二月十五日（金）

父からの手紙

元気に勉強して居るとの知らせうれしく存じます。大変寒くなつたので風邪を引かねばよいがと心配して居ました。こちらは皆元気です。毎日の様に夜中に空襲警報で起き出しても風邪も引きません。近頃は仕事が大変忙しくて母も一緒に働いています。夜も早く寝られません。十二月の二十日迄自由面会が出来るという事も存じて居りますが、とても忙しくて年内は行けません。決して淋しいなぞ思つてはなりません。決戦下の年末です。其許《そこもと》の手紙に「忙しいだろうから無理に来なくてもよい」と書いてあつた事がどんなに嬉しく思つた事でしよう。「是非来て下さい」なぞ書かれたら、親としては一番苦しい事です。行つて上げたい事は山々です。許されたらすぐにも飛んで行きたい気持で一杯です。親ですから誰も皆同じ事です。然し人のため仕事をして居る父にはどうしてもそのひまがありません。正月になつて少しゆつくりになりましたら母と佐恵子を面会に行かせます。今度は父も一緒に行く事は不可能です。留守に空襲があつたら、申しわけない事になりますから。それに三月には卒業してかえつて来るのですから六年生らしく行動して下さい。其許がよく分つてくれて居る事を父は一番うれしく存じます。ほめて置きます。甘つたれた気分にならず強くなつて下さいよ。その代り正月の面会の時は何かおみやげを持つて行きます。手紙でも出したいと思いながら、そのひまもなく、可愛想だといつも思つて居ましたが今日やつと少し時間がありましたから書きました。いつも言う様に六年生ですから下級生の模範となる様気をつけて下さい。共同生活ですから自分の事より人の事を、先生は大変ですから御手数をかけぬ様に御手伝いしなさい。皆さんと仲よく明朗に強く生きて下さい。

父はお前がキツトそうして居るだろうと信じて居ります。東京にもどこにも変つた事はありません。何も心配せず病気をせぬ様気をつけて下さい。東京は父がまもります。母も手紙を出したいと言つていますが、とても忙しいので、その内キツト出すでしよう。便りは忘れぬように、必ず出して下さいよ。先生によろしく。

十二月十七日（日）曇　昼前ちよつと雪

今日は十班でも面会の人が居た。広門君、山田君、一哉君、奥野君、谷口君、河合君の六人であつた。午前中「今日こそ、うんと年表を書くぞ」と意気ごんでいたが急に仲田屋に歯の治療を受けに行くことになつた。残念で〳〵たまらなかつた。一行十三人が仲田屋の三階で本を読んでいると「おや、あ、雪だ〳〵」と誰がいつた。さつそく窓から外を見ると、天から灰のような、黒いものが、まるで、まき散らすようにぱら〳〵と落ちて来た。なるほど雪、修善寺の初雪であつた。僕は、奥野君と一哉君に「ほえる密林」を読んであげた。本を読んでいる間に雪はます〳〵強くはら〳〵と降つて来た。だが間もなくかわらにはねかえつて来た雪も、急にはたと止み遠山には、日がさしていた。仲田屋から帰つて来るとすぐに、昼食だつた。午後は、さつきの六人の人が、面会に行つた。僕はおやつまで、年表を書いて、光格天皇まで仕上げた。おやつは、サンドキツチとビスケツト、それから、みかん、牛乳であつた。大変うまかつた。入浴の時、一哉君の、お母様も入つて、いらつしやつた。夕食後、面会室に呼ばれ広門君、一哉君達のお母さまから、お菓子を戴いた。かえりに、教員室でお菓子を戴いた。

十二月十九日（火）

朝礼がすんで、かんすいかくへ行つた。僕は赤なので、今日は、理科組であつた。電球の事や、センヰの事について習つた。近日中に試験があるそうである。また調べておかねばならない。午後の坐学は、国語であつた。三の「ダバオへ」はやさしかつたので、すぐ終つた。そして四の「孔子と顔回」をやつた。こゝは又ばかにむつかしかつた。坐学が終るとおやつだつた。四、五年は未だ下狩野から帰つていないので、六年だけ先で、おやつを食べた。みかん二個に牛乳であつた。おやつが終ると、六年は下狩野の行き道にある越えじの坂まで、まきをとりに行つた。この前まき運びをした所と同じ場所である。この越えじの坂という所は、もとこの下狩野に行く道は、昔の修善寺に入る本道なのであつた。頼家の奥方は夫が殺されると、他国へ逃れた。逃れる時、この道を通り、ちようどこゝで「もうこの坂は二度と越えまい」といつた。それで、越えじという名をそのまゝつけたのであるが、現在この土地の人は、なまつて「こいじ〳〵」といつている。

まきは、もう手頃の大きさに割つてあつた。だいたい加減して、柔道帯で結んで、肩にかけた。河合君はとても頑張つて沢山のまきを背負つた。夕食がとてもうまかつた。入浴は、御代の湯にうんこが流れて浮いていたので、白糸に入浴した。

十二月二十一日（木）晴後曇　寒

いつものように朝礼があつた。午前中の坐学は国語と歴史であるが、今日は二時間ぶつ通しで、国語の「孔子と顔回」をやつた。午後は下狩野に行く日で、二時間ぶつ通しで地理をやることになつたのでその用意をしていた。けれども今日は非常に寒いので、下狩野に行つて運動場を、思いきりかけまわつて来ることになつた。それでこれは希望者だけということになつた。僕も一緒に行きたいと思つたが、合いにく今朝から頭痛してたので、いかなかつた。希望者十数人が、手ぶらで行つた後、僕は年表を書いた。しばらくすると杉野君が「ちよつと、五班まで来てくれ」と迎えにきた。五班まで行くと山田君が「おい、ちよつと来い。投げとばしてやらあ」といつた。頭が痛い所で、柔道なんかされてはたまんないと思い「今日は頭痛がして、学校に行かない位なんだから、よしてくれ」だがそんなことで、許すような彼でなかつた。さん〴〵に投げとばされた末、部屋の外に追い出された。親友杖下はたゞ笑つて見ていた。少し無情な気もした。だが仕方がなかつた。「杖下と親友なんぞやめちまえ」といわれた。これはもう二、三日まえからさん〴〵にいわれている言葉であつた。ます〳〵こんな状態で、杖下との友好的な親しみは自然うすらいで行つた。いつそ、親友というものを、やめてしまおうか。しかしそれはどうしても、出きなかつた。夜は、その事を考えつゞけ、仲々寝むれなかつた。

十二月二十二日（金）晴

午前中、奥山先生が下狩野に御用に行かれたので、僕達六年は自習した。僕は年表を書いた。昼食はライスカレーであつた。中にはいるかの肉が入つていた。静岡県（伊豆）はいるかの大漁だそうだ。新聞に出ていた。きつと内の人々は「は、あ伊豆が海豚《いるか》の大漁なら今頃伸介は、いるかをくつているだろう」といつているらしい。午後は食後、坐学まで、年表を書いた。そしてとう〳〵昭和まで書き上げた。あゝ、今日までこの年表の為色々と人しれぬ苦心もしたものだ。うれしくて仕様がなかつた。後、ひまを見て、時代絵を書けば、完了である。やがて奥山先生も、下狩野から帰つていらつしやつた。先生は、僕等の為、寒いだろうというので、わざ〳〵下狩野から炭をかついで来られたのだそうだ。さぞ重いことだつたろう有難いことである。坐学になろうとしたが、今日は大へん元気がよいので、久しぶり梅林に行くことになつた。玄関前に整列して、すぐ出かけた。だが今日は、英霊が無言の凱旋をなさるので、途中で野田屋に引きかえし、制服に着かえて僕等も英霊をお迎えすることになつた。修禅寺に行つて、そこで解散した。僕はしばらく日向ぼつこをした。まもなく集合し、葬儀が始まつた。御国の為いさぎよく、散華された、勇士の霊に、僕等はしばし哀禱の意を表した。かえつてから、みかんと牛乳のおやつを戴いた。入浴は、御代の湯を掃除している為、白糸に入つた。夕食後就寝準備をしていると、どうした事か、一哉君が急にしく〳〵泣き出した。心配して、わけを谷口君が聞くと、それは、皆から、つまはじきにされるからというのであつた。いつたい誰かというと副班長と杉野君との事だつた。副班長と杉野君にそういうと、いきなり杉野君が泣き出して「おれ、そんなことしないのに。先生にいつてくるぞ」といつて班を飛びだした。驚いた広門君たちは「谷口と班長すぐ、教員室にいけ」といわれ、僕と谷口君と、急いで教員室にいつた。それから、杉野君、谷口君、僕とちようどそこに居合わせた河合君等から、先生は色々お聞きになつた。僕達の事をお聞きになつた。奥山先生は「何てまとまれぬクラスだ」と大変な御立腹、すぐさま、はおりを脱いで、部屋をとび出し、十班に行つて、広門、奥野、山田の三君を、なぐつて、その上投げ飛ばした。こん夜はこんなごた〳〵があつたので、夜寝るのがずつとおくれた。やつと布団にもぐつていると、パチンと電球をおつけになり、奥山先生が入つていらつしやり「入浴しよう」とおつしやつたので、すぐ御代の湯に入つた。山田君と一夫君は、すつかり熟睡してるので入らなかつた。これから、先生に心配をかけまいと思う。

十二月二十四日（日）晴時々曇

今日は日曜で、朝礼も、坐学もなしであつた。食後、お正月を控えて、大掃除をやつた。まず最初に部屋中の荷物を出してしまつた。なに一つ残してはならないのだから、非常に大変である。僕は、五へん以上往復して、大広間に、班別に運んだ。それが終ると、すゝを払つて、たゝみをたゝき、ろうか、てすりをふく。いやもう、戦場の勇士のようにたち働いた。午前中はこのくらいで止めて、食事を執つた。僕と副班長が台所にとりに行つた。きれいになつた班でまつ白な、御飯に、あたゝかいさつま汁、実にうまかつた（食後ミカン二）。御飯の後は皆荷物を班に持ち運んだ。そして三時半近く、完全に終つた。きれいな事たとえ様もなかつた。おやつは、特にさつまいもとミルクコーヒーであつた。おいしく味わつた。それから野田屋中のろうかを拭きまわつて、大掃除も完了した。

入浴が終つて、広門、奥野、山田、河合、谷口、出井、富永、岩本、僕の九人の人々が先生から指名され中狩野まで炭をとりに行つた。荷車に四十貫つむのであつた。帰つたときはもう八時近くなつていた。食事は教員室で食べた。とくにミカン三個をたべた。入浴後ぐつすり寝た。

十二月二十六日（火）晴

今日は朝礼の後、小池先生を先頭に、八幡様までかけ足で行つた。途中はきものが切れたりして、先に野田屋に帰つた人もいた。僕は最後まで走りつゞけた。もと、予告なしにこれだけの距離をかけたら、それこそ、一たまりもなく、落ごしてしまうだろう。それだけ強くなつたのである。帰りもかけ足で帰つたが、暑くて汗が出たので、河合君や奥野君ははだかになつたほどの元気よさであつた。午前中はそれで自習をした。僕は歴史「織田信長の一生について」をやつた。なお、かけ足は毎日八幡さままで行くそうである。どんなに強くなることであろうか。又今日から授業は午前中だけに、短縮された。お昼にはおいもが一きれついた。午後は、家庭通信をやつた。今年最後の通信であるから家と佐恵子と浩介に書いて出した。おやつは、おいも二きれと、牛乳であつた。たいへんおいしかつた。夜は小池先生から、楠木の箱をかつて戴いた。三十円だそうであるが、大きな、つやのあるよい箱であつた。河合君もおそろいのを買つていたゞいた。二人は、うれしくつて仕方がない。うんと、きれでふいてつやを出した。ぴか〳〵とつやが出た。夜はうれしくて仲々寝られなかつた。明日は、うれしいミカンとりである。

十二月二十七日（水）晴

「からん〳〵」とかねが鳴つて、飛び起きた。今日はみかんとりに行く日である。雨戸をあけて布団をたゝんだ。外はまだ、まつくらであつた。洗面して、足を始めに湯につけて、あつためた。食事を食べた後、みかん三個を配られた。一個だけ食べて、残りは水筒代りにポケツトに入れて、持つて行くことになつた。あわたゞしい中に朝食も終わり、班別に六班の机の上においてある、べんとう箱を戴いた。べんとう箱のふたをそつと開いて見ると、中には人蔘のまぜ御飯がぎつしりつまつていた。あまり沢山入つているのでうれしくなつた。今にも食べたい気持をじつとこらえて、リユツクの中にしまつた。七時半寮を出発して駅を目指した。途中非常に寒かつたがみかんとりに行くうれしさで一ぱいであつた。田京まで電車に乗つて、そこで下車した。そこから三津浜まで五キロ行軍した。途中みかん三個を小休止の時食べた。三津浜ではこんどはこの前と反対がわの道へ曲つて内浦村の安田屋という旅館へついた。そこに荷物を置いて浜辺に出て遊んだ。富士山が遠くにそびえ、南アルプスが雪をいだいて連ねていた。なだらかな、小波をたゝえた浜の景色はいつ見ても変りないなと思つた。僕は、
「淡島や、右手に船の二つ三つ」
「小波をたゝえて広き三津の浜」
という二句を作つた。間もなく三十分たつて集合し、旅館の部屋で食事をした。今日は不漁なので御馳走は出なかつた。その代り、一月にはたくさんごちそうが出ることになつた。おなかゞ空いていたので大そう、おいしかつた。食事が終つて、みかん山に出かけた。二粁《キロ》ほど歩いた。途中急に警戒警報が発令された。まもなく空襲警報になつた。みかん山に登つてからも、たえず爆音が鳴りひゞいていた。山には、広くみかん畠を分布してあり、木々には美しく、実が鈴なりに、なつて居た。その様は、ちようど沢山の燈をともしたようであつた。そこで解散し、きめられた木なら、いくらみかんをもいで食べてもよいということになつた。僕等は、手当り次第あまそうなのを、もぎとつて、たべた。こんなにしてみかんをふんだんに食べるのは、おそらく一生に一度であろうと思う。中には、五十個も食べた人もいた。僕もいいかげん食べたので、今度は違う木に行つて、もぎりとつて、リユツクにつめた。うんともいで、そしてのどがかわくと、みかんを食べた。こんなに沢山みかんを食べた事は生れて始めてであつた。やがて山を下つた。道では空中戦を生れて始めて見た。今は警報下であるにもかゝわらず、みかんとりなぞをしていたということは、今の時局にすまない事だと思つた。安田屋旅館の前で休けいし、すぐ田京の駅へ向つた。途中僕は、のぐそをしてしまつた。トンネルを抜けた所と大門橋の水門の所で、小休止をして、みかんを食べた。修善寺を下りて、八幡さまの所で小休止して又みかん一個を食べた。非常な寒さであつた。野田屋についた頃はもう暗かつたが月は光々と冴え渡つていた。

　夕食はイルカのビフテキでとてもおいしかつた。牛乳を食後に戴いた。それから書き忘れたが掛貝先生が今日いらつしやつた。

　夜は十班にお泊りになつた。今日、とつて来たみかんの内で一番見事なうまそうなのを一つ選び出して、おみやげにと、掛貝先生にさしあげた。夜はぐつすり寝た。

十二月二十八日（木）晴、風強し

今日、起床がおそく七時半であつた。乾布摩擦も無く、点

呼後すぐ食事となつた。食後背負つて来たみかんの重量を湯殿で測つた。奥山先生が、一々それを記録なさつた。僕は、二貫四百あつた。東京ではこれだけのものを持つて十キロなど、とても歩けなかつた。測つた人は順々に教員室にそれを持つて来た。僕と杖下君が先生から指名されてそれを受けとつて、いたんでいるのやへたの無いのをより分けて、みかんを山とつんだ。河合君も手つだつてくれた。それがすむと坐学があつた。算数であつた。午後は仲田屋に歯の治療に行つた。今日で右の上の虫歯は完了した。又明日である。帰つてから、まき運びをした。こえじの峠まで二度往復した。おやつは、食事と一しよにした。今日は野田屋ではもちつきをしたので、それを大福にして、二個ずつ僕達に下さつた。大変おいしかつた。九州のあんこもちを思い出した。夜は日記をかいたりした。夜の点呼後くすの木の箱に名前を書いていたゞきに行つた。

十二月三十一日（日）晴

朝食後、すぐに下狩野に行つた。明日の拝賀式の予行である。九時頃から始り、最初は四年以下がやつた。その間僕達は日向ぼつこをしていた。式もすんで、野菜をいたゞいてから、帰つた。仲田屋に野菜はおいて野田屋に帰つた。すぐに昼食であつた。

昼食後十班と二班が仲田屋に野菜をとりに行つた。おもちもあつた。僕は大きなリユツクにぎゆう〳〵つめて帰つた。いよ〳〵今日限りで昭和十九年も終りである。かえり見れば、今年は全く我が国の歴史の上においても、実に意義ある年であつた。敵米英は益々、量の多いのをたのみとして、猛烈な反攻をして来る。我々は、今日、今までの事を深く反省し、いよ〳〵米英撃滅の信念を新にすべきである。

夕食後、今日は特に九時まで起きていた。

昭和二十年　一月一日　晴

朝は五時半に起床して八幡さまに初まうでに行つた。雨戸を明けた時は未だ月が光々と照つていた。月の光る下を元気に行軍した。今日からいよ〳〵十四歳である。新しい年を迎えて、我々は益々米英撃滅の決意を新たにして、必ず米英を撃ち亡して、天皇の御心を安んじ奉らん覚悟である。今年こそ必勝の年であると思う。おたがいにがん張ろう。八幡さまから帰寮して、お雑煮で祝つた。決戦下疎開地においておもちの戴けた事は非常に有難い。食前に杖下君が一寮の生徒を代表して先生に新年の挨拶をのべた。食後には班長十名だけが代表で、寮母さんの所に年始に行つた。僕が挨拶した。その後で、宿屋の主人に挨拶しに行つた。九時頃から、下狩野に拝賀式に行つた。厳かな式であつた。中でも校長先生の、熱のあるお話には感激した。式後ある女の人萩秋月が僕達に無理に、話したい事があるといつて、壇上に昇つて講演した。その話の中には、はなはだ事局に反すような事があつた。色々なひみつ的な事をべら〳〵しやべつた。こういう事はスパイ的行為である故、この女は国賊であるというべきである。後で下狩野の先生がこういう事は絶対に信じてはいけないと御注意があつた。寮に帰つてからすぐ、お昼の御飯を戴いた。食後、小池先生が自作のかるたをお読みになつた。これは一寮の先生と寮母さん方の性質や名前を主題として、そのまゝかるたに歌つたものである。中でも寮母の西郷さんの事をいつた「犬を連れない西郷どん」というのには、実にうまいと思つた。その他「ビルマの使いかつぱの親父」(吉田先生)「三十年修行の貞べえさん」(奥山先生) 等があつた。まだ一ぱいあつたが、いずれも、大笑いをしながら拍手した。僕等も作つて、出すようにといわれたので午後はそのかるたばかりつくつた。僕の作つた中では「二代目住職杖下君」「心理学者の保つちやん」「体積が二千シーシーある卵 (出井君)」という三つが一番よく出来たと思う。一時頃みかん五個を戴いた。又お年玉がわりで小さな凧を一つ戴いた。夕食時には苦心して書いたかるたを、小池先生にお出しした。いつかこれを発表するのだそうである。食後にとてもおいしいドーナツを戴いた。ついていた生クリームはとてもうまかつた。就寝準備をすませてから本を読んであげた。八時に点呼なしにすぐ消燈して寝た。

一月三日（水）晴

今朝は五時半起床、城山に日の出を拝みに行つた。月は美しく山の木々を照らしていた。相当に寒く、手足などは痛いようであつたが、僕等は元気にかけて、山に登つた。しもやけが出きぬように、手やほゝや耳をこすりながら、はしつた。「あら寒し子等が手をするほゝをする」というのが一句出来た。城山の頂上についた時にはもうすつかり明るくなつて、山の上には、うつすらと月が残つていた。はるか向うの修善寺の町にはもう〳〵と温泉の煙が白く立ち昇つていた。富士はおかめ山を前に控えて、美しくそびえていた。太陽の昇る前は雲の峯が真赤であつた。そこで又「雲の峯くれないとなる日の出前」というのが出来た。ぢつと向う山を見つめていると鉄のどろ〳〵にとけたような真赤な太陽が頭を少し出した。姿を表わした太陽はそれからというものは、ずん〳〵昇つていつた。非常な美しさであつた。「月残りしもふる朝の初日の出」。寮に帰つてから、お雑煮を食べた。僕は二きれだけ、別にして、菜葉の煮つけをつけて食べた。今朝のおもちは下狩野よりの心尽しで送られたもちであつた。非常においしかつた。食後正月気分を出して朝湯に入つた。よい気持であつた。午前十時から桂座で映画があつた。焼夷弾に関する文化映画と日本ニュース、それから最後に「ふるさとの風」という劇映画であつた。面白かつた。寮に帰つてから、すぐ昼食を執つた。午後は自由時間なので、新年の挨拶状を出した。大分長時間をついやした。おやつはみかん五個であつた。その後で入浴した。夕食は今日は、とても御ちそうで、もち米のおこわがついた。これはこの野田屋の若旦那が入営するので、そのお祝いだそうである。大変うまかつた。いよ

〱明日から、三学期の授業が始まるのである。又しつかり勉強しようと思う。

一月四日（木）曇　午前より正午にかけて降雨

今日は起床が七時半であつた。いよ〱三学期である。しつかり頑張ろうと思う。久しぶりの乾布摩擦があつた。食後朝礼に行つた。雨がぽつり〱と降つて来たので、すぐ帰つた。それから六班に出てちよつと自習した。小池先生方は、先日出した書初を、大広間にお張りになつた。僕の特攻隊に続かんも張られていた。それに大変時間をとつたので、ついに午前の坐学は出来なかつた。僕は、自習を止めて、新年の手紙を書いた。食事の用意となつたので僕等は一たん部屋に帰つたが、先生方は書初の賞をおきめになつていられた。その結果、出井君の文武というのが一等であつた。外賞になつた人が四、五、六年を通じて、五、六人居たが、僕は残念ながら入る事が出きなかつた。僕の字は少しかたすぎると先生から御注意を戴いた。十班から佐々木一夫君、広門君の二人もが賞に入つた事は、名誉であつた。僕も、きつと練習して、賞に入りたいと思つた。又今日から、広間に十個火鉢が入つた。食後に紙など燃え易いものを炭火のそばに持つて行つてはならないと御注意があつた。食事が終つて部屋で、愛国百人一首をやつた。読手は堤敬昌君であつた。非常に面白かつたが、と中で、玄関前集合の笛が鳴つたので、残念ながら中止した。今日は野田屋の令息が名誉の入営をされるので、僕等もお見送りする事になつた。玄関前でお祝いに、みかん三つを戴いた。それから、八幡さまゝで歌いながら、お見送りした。八幡さまの社前で、令息の武運長久を祈つて、万歳を三唱して別れた。家にかえつて、カリントとみかん五つの、おやつを戴いた。三時に大広間に全員集合して、牛乳をいたゞいた。のみ終つてから、元旦に提出した、いろはがるたを、発表した。おなかをかゝえて笑うようなのもあつたが、あまり沢山なので半分で止《よ》して、入浴した。夕食後、就寝準備をしてから、教員室でくすの木の箱を戴いて来た。ふたの裏にはちやんと、名前が書かれてあつた。色々な物を入れたが、とてもうれしかつた。お母さまと、溝口寛君から、お便りがあつた。点呼の時、小池先生が色々な手品を見せて下さつた。明日はいよ〱娯楽会である。

一月七日（日）晴　風極めて強く、寒さ特にはなはだし

午前中風呂に入つた。なぜかといえば今日午前十時頃から、ヂフテリヤの予防注射をするので、その後では入浴が出来ないからである。風呂からあがつて、小林博士から、注射をして戴いた。その後で、今度、お母様が面会にいらつしやつた時のおみやげとして、コンいりのゑんぴつ画を書いた。だが完成せず、昼食となつた。食後風邪をひいているので、小林先生に見て戴いた。大した事はないからマスクをしていればよろしいとおつしやつた。診察が終つて、金子君のお父様方のお部屋に呼ばれて、御ちそうになつた。その後再び、画を書いていると、突然奥山先生がいらつしやつて「お母様がお見えになりましたから、会つて来なさい」とおつしやつた。あまり突然なので、飛び立つように、うれしかつた。早速お母様の部屋に行くと一夫君のお母様も来ていらつしやつた。まもなく一夫君も来て、一緒に、お話をした。空襲の話や、その他色々の事を話し合つた。家中は、皆元気でいると聞き先ず安心した。お母様は僕が元気なく居る事を、非常に心配していても立つても居られず、飛ぶようにして、来られたそうである。だが、奥山先生や僕から、今はとてもうまく行つて居る事を聞き、大変安心された。お父様も、非常に心配されていたそうである。「どうか頼むから、仲よくして下さいよ。少しはつらい事があつても、班長なのだから、がまんして」とやさしく、いわれた時は、その有難さが身にしみて、思わず涙が出てしまつた。それから、この部屋は少しせま過ぎるので、千鳥という部屋に移つた。奥山先生を、御招待してから、色々なお菓子を食べた。めずらしい甘柿や、ほし柿、お母様心尽しのお萩やおすし、あめ玉、乾そういも、おもち等いつしかおなか一ぱいに食べてしまつた。中でもおもちは、お母様がおつきになつたのであるから尚一そうにうまかつた。夕食は食べなかつた。食後に又会いに行つた。家のお萩とすし、それに一夫君の家の千歳あめを、班の人に、ごちそうして下さいと、小池先生にお願いした。十班の人達は後でこれを、食べたそうである。くすのきの箱も見せた。コンいりの画は急いで書きあげた。七時半までゆつくり会つて、班に帰つた。明日又あえる楽しさを胸にぐつすり寝込んだ。

一月九日（火）晴

朝食後、朝礼があつた。かけ足はよしてすぐ野田屋に帰つた。今日は、午前中、かんすいかくで、理科の試験があるので、たゞちに用意して、かんすいに向つた。席について、待つていると、永野先生が答案用紙を持つて来られた。配られたのを見ると、何だか、むずかしそうであつた。まぜめしでうまかつた。野田屋に帰つてから、すぐに昼食を執つた。五、六年はちよつと体操を、大広間でやつた。その後で、六年は、地理のノートを提出した。すると突然、空襲となつた。防空服装にとりかえていると、だれかゞ「敵機々々」とどなつた。ろうかに出て見ると、なるほど、B29が飛行機雲を引いて、二機名古屋方面、三機東京方面にぴか〳〵光りながら、とび去つて行つた。まもなく、四年生が帰つて、おやつとなつた。今日のおやつは、さつまいも、四きれとかぼちや一きれに牛乳で、非常にうれしかつた。点呼後、エンピツの相似形を食べた。これは、一夫君の出した千歳あめで、先生に、仲よく、だらしないような事はしないという約束で、いたゞいた。未だ後に一本ある。

一月十日（水）朝の中曇、午前九時頃より晴

今日は福澤大先生のお誕生日である。朝礼も坐学もなかつた。朝食前三階のろうかをふいた。九時から、体重測定をした。三十二・五キロで、この前と何等変らなかつた。体重も測つてから六班で日向ぼつこをした。昼食後、家庭通信をした。墨で書いた。通信が終つてから、おもちの、のりまきを三きれ戴いた。ビタミンAが少ないのでバターのかたまりも食べた。大変うまかつた。二時から、大広間で、福澤先生の誕生祝いと共に、一月の人々の誕生会を開いた真先に、十班のかそう行列をやつた。木曾ぶしを唄いながら、おどりまわつた。皆大笑で拍手した。僕もその前口上をやつた。その後で八班の劇や色々面白いものばかりであつた。あまり十班のかそう行列が面白いので、一番最後にまたやつた。又々、大拍手であつた。最後に僕の伴奏で、疎開学園の歌を合唱して、会を閉じた。かそう行列について、記すと、広門君（支那ちん〳〵）一哉君（おかみさん）谷口君（かわい、少女）河合君（その妹）山田浩君（魚屋の八つあん）杉野君（ゴロツキ）小柳君（職工）一夫君（朝鮮人のおわいや）奥野君（アラビヤ人のへビ使い）等である。中でも奥野君はすみで、かお全体をぬつて、まつくろにした。その他の人も、かおに、すみでひげを書いたりした。これなら、見に来た女中さん達がきやつ〳〵と笑つたのも無理はない。本当に、今までに一番楽しい娯楽会であつた。会が終つてから、牛乳を戴いた。就寝準備後、又昨日のあめを食べた。

一月十一日（木）曇

今日は朝礼があつた。帰つて、フイリピンの白地図を書いていると、坐学になつた。国語を二時間ぶつ通しでやつた。お昼は、おいしいまぜ御飯であつた。つけてくれたのは、鈴木さんなので、少なかつた。つまらない。午後は、地理をやつた。それが終つてから、フイリピンの地図の、つゞきをやり、これを、完成した。おやつは牛乳だけだつた。十班には特配があつた。夕食にごぼうが出た。食後、十班に六年全員が集つて、夜学をした。そろばんの割算と、ラバウルの時勢についての、すりものを渡されて習つた。夜学が終つてから、床をしき、その中にもぐつて、なぞの暗号を読んだ。もううつら〳〵眠りかけた時、保姆の鈴木さんが来て「あの十班の方今日は御飯のつけ方が少くて、すみませんでした。明日から、六年には、遠慮させて戴きます」と抗議を申込んで来た。仕方がないので鈴木さんにあやまつた。今日からは、もうぜつたいに、食べ物の事は言うまいと、決心した。

一月十三日（土）晴　朝田君東京より帰る

今日はどうしたのか都合により、いやな朝礼がなかつた。午前中の坐学は算数だけであつた。午後は、国語だけやつた。坐学が終つて、みかんと牛乳のおやつを食べた。その後で、一哉君から、たのまれて、僕の作つた俳句を書いてあげた。明日面会の時お母さんにあげるのだそうである。筆にて書くのであるから、大変であつたが入浴まで、やつと書き上げた。夜は、三班で、沖さんと一しよにさいほうをした。男が針を使うのなんて、おかしいが、土田さんが居ないのでズボンのやぶれを縫つた。沖さんに色々、ほめられたが、なにしろ、さいほうなんてむずかしかつた。僕が盛んに、ぬつていると、急に、班長会議があつた。先生のお話によれば、この修善寺の古くからの、風習とし、一月十四日から木の枝に、米の粉だんごを、つきさして、家にかざるのである。これを定つた日に、たき火をし、その火に焼いて食べるのだそうである。それで班に、人数と同じ数だけ、だんごを木につきさして、かざることになつた。だがこれはあとで、止めになり、大広間に、百二十人分を、大きな木につけてかざつた。僕も五、六こつきさして、広間の床の間に、とりつけた。いろ〳〵な形のだんご、丸いのが大部分で、大根、人蔘のようなものもあれば、しひたけ、たわら、日の丸などというのもあつた。小池先生は、これに紙細工を、かざり、みかんもつけた。それで赤白緑のだんごが、つや〳〵光りとてもきれいだつた。今日は、おそいので点呼なし、すぐ寝た。

一月十六日（火）晴風強し

午前中かんすいかくに行つた。帰りに、風車のもけいざいりようを戴いた。これは吉武先生のお年玉だそうである。それから、六慶の分の糸のこ匁と手引とかみやすりを僕がいたゞいた。かんすいの教員室には吉武先生のお書きになつた、写生が何枚も〳〵はつてあつた。中でも富士見梅林から写生した富士山は、すこぶるよかつた。記念に一枚戴きたいものであるなと思う。今度二十日に、下狩野で向うの生徒の父兄会がある。下狩野の父兄の方々は、僕達慶應の生徒の為色々と野菜を下さつたり、お世話をして戴くので、そのお礼に、僕達幼稚舎生だけで学芸会をもよおし少しでも、お心をお慰めする事になつた。そこで一寮では僕と生田君の合奏、河合君の手品などである。三学寮より、つぶよりの歌手の指揮は、岩本君となつた。六慶より広門、山田浩、太田の三君、五慶より、奥山、大谷津の二君、四慶より福沢、三保の二君が一寮の歌手である。午後はその学芸会のれんしうに仲田屋に出かけた。一通りすませるまでは大変時間がかゝつた。仲田屋は一名冷蔵庫といわれているほど寒いので皆ぶる〳〵ふるえた。夕食後、オルガンで、「くれないの血はもゆる」や「エンヂンの音」を練習した。

二月五日（月）

一月の二十六、七日頃から風邪をひいて、ずつと寝た。四班に入室したりした。その為日記を書く事を禁じられた。やがてかぜから外耳炎になつたのでこんなに永く休んでしまつたのである。

午前中迎えの使いが（ロボット）来た。小柳君と別れ退出した。すぐ教員室に行きあんこもちを一つこ食べた。それからすぐ坐学となつたが今日は奥山先生が御病気なので自習をした。昼めしは全部食べられず、一哉君達に分けてあげた。食後塾歌のれんしうをやつた。一時半から三寮集つて仲田屋で式をした。かしこくも皇后陛下は我々疎開児童に深く大御心を垂れさせたまい、この度、かたじけなくも、御菓子を御下賜し給うたのである。その伝達式であつた。かえつてから、牛乳とあげもち、みかんのおやつを戴いた。久しぶりであつた。夕食後、恩賜の菓子を各一個戴き、つゝしんで味つた。

就寝準備後二班の人達全員十班に集合、常会を開いた。僕の寝ている時から始つた事らしい。いかなるものかと注意していると、どうやら杖下君のあやまちを話し、これをこじつけに、やつゝける相談の如きものであつた。徒とうを組むことを許すべからずであるが、表面は注意すると見せかけているので僕もどうする事も出来ずたゞ事は次第に進み、いよ〳〵彼を一班につれ込んだ。そのやり方ははなはだひきような事があつた。ついに万引の汚名を着せられたる彼は、ふん然といきどおり、半分以上の六年を相手に、堂々と議論を主張した。その勢い偉大な所である、彼を親友に持つ自分は幸である。しかしほどなく事件も片づいた。父から通信が来てなやまされた。

二月二十日（火）

朝礼はなかつた。朝食後、仲田屋に行つた。そして探検家、鈴木氏の講演をお聞きした。この方は、スマトラ、ボルネオ方面を探検し大東亜戦争ぼつ発するや、五十八日間、監禁され、第一回の交かん船あさまでお帰りになつたそうである。面白いお話であつた。又あちらの、色々な品物を見せて下さつた。昼食後、三月三日に下狩野で歌う人達は御歌、塾歌などをれんしうをした。皆は、竹細工をしていた。三時半から、修禅寺に英霊を迎えに行つた。帰つてから各々の持場の掃除をした。僕はワイ〳〵横町をそうじした。

教員室に竹をいたゞきに行つた時、二月の二十五日に、副班長のお母さんと内の母が来ると先生からお聞きした。夜はデーコン、ニンジンだつた。夕食後十班は奥山先生につれられて、例の配給のげたをとりに行つたが、又、明日にしてくれといわれた。帰りに、公園道路をどん〳〵歩いた。月が半分雲から顔を出しているので、ほんのり明るかつた。そして風呂敷をかぶつた。さもあやしげなる、一隊が夜の山道をあるくのは、実にゆかいであつた。とう〳〵梅林に出た。そこからすぐ野田屋に帰り、入浴した。

面会のまたるる夜の梅の花

＊修善寺疎開学園に参加。昭和二十年K組卒。後に慶應義塾大学文学部教授。

今はむかしの物語　Ⅱ
——先生方の思い出話

桑原　早速話をす、めますが、実は「仔馬」で八十周年の記念号を編集しましたが、その時戦時中の幼稚舎の記録が大変少いような感じがしたのですよ。考えて見れば、勿論「文と詩」は廃刊されている。フイルムも当時尠《すくな》かつたから写真が全然といつてい、位残つていない。そこで、何とかして、その頃の情況をしのべるようにしておこうと思い、疎開特集を企てたわけです。僕は司会など下手ですけれど、そんなわけですから先生方、適当に意中を察してお話し下さいませ。

松原　それでは、忖度致しまして、赤松さん、出発のいきさつを……。

赤松　幼稚舎の疎開は世間で疎開の話が出はじめてからずい分おそくなつてからの出発なのです。都に問合せると幼稚舎は渋谷区だから静岡県下ならどこでもい、。候補地をきめたら区を通して都に報告するわけです。最初、高橋立身さんと修善寺の菊屋をきめて来たのです。ところがここが学習院がつかうので具合がわるいということになつてしまつて、当時の学習院は何しろ大変な学校でしたから仕方がない。永野先生、吉武先生方とさらに大仁あたりから伊豆一円にかけてをぐるつとまわつてさがしました。結局当時の後援会の方々とも相談のあげく、野田屋、仲田屋、涵翠閣の三ツにきまつたというわけです。

桑原　高橋先生のおいでになつた公立の小学校ではいつ頃から疎開なさいましたか。幼稚舎は確か八月二十五日でしたね。

高橋　私は葛飾区の学校にいたのですが、直江津に疎開したのが、そう……茗荷《みょうが》を沢山買いこんだので覚えているんだが、そんなに早くはなかつたのじやないでしょうか。せい〴〵幼稚舎より半月かそこら早い位でしょう。

吉武　そろそろサイパンが占領されたりして、幼稚舎でもいずれは疎開しなけりやならんだろうというので先生方がより〴〵集つて考えていたのです。

吉田　先生方が個人で自分の郷里へ疎開しようといつたような話が出たこともありました。高橋勇さんなんか自分の受持の子供をつれて群馬県へ行こうとかなんて……宮下さんも信州へ行くと云つていました。

渡辺　でも学校として集団疎開をやるという方針がまとまつて、そういう小さな私塾のようなものは一ツも実現しなかつたわけです。学校としての疎開の話がきまりはじめたのは六月頃じやなかつたかな。

吉田　当時は高橋立身さんが参謀格でやつておられました。

赤松　個人疎開も同時に行なわれ、個人疎開に行けなかつたものを集団でつれて行きました。三年以上で人数は三百五六十人位だつたでしょう。

桑原　当時各学年ともＫＯＢの三クラスがあつたのですか。

松原　いや、六年だけが慶・應・美あつて、それ以下は慶・應の二組だ。疎開する三カ月位前かな、そう、幼稚舎の建物を借りようと安立《あんりつ》がねらつているとか、なんとか、そういう噂がたつて、結局一部を海軍に貸すことになつた。その結果四月から二クラスにしてしまつた。そのときに大分、先生方がやめられたわけです。

林　あれは、三月末に個人疎開をすゝめた結果、人数が減つたので、五年生以下のクラスを全部編成替した為だつたでしよう。

吉田　六年生だけをのこして、あとはクラスをバラ〳〵にして担任もさしかえて再編成した。ぼくは一年の担任だつたのに五年に行きました。

桑原　集団疎開がはじまると学校はガラガラになつてしまつたわけですね。

林　一、二年が天現寺、三年以上が修善寺と二つに別れて授業する形になりましたから天現寺の方はさびしくなつたわけです。

松原　留守部隊長が宮下さんでした。女の事務員（物部、辻本、小林）と、何人かの先生がのこられたわけです。

吉武　椿先生、清宮先生、星野先生と江沢先生、それに掛貝先生、こうした方々が東京にのこつて二十年の三月まで一、二年の子供たちの授業をやつていたわけです。

奥山　それに、大林さん、つまり林功先生、高橋勇さんものこられたのでしよう。

松原　清岡先生が疎開先、高橋さんが、あつち半分とこつち半分、吉田先生が修善寺の方の、何といつたつけな。

吉武　ええと……総務部長だつたかな。

吉田　大へんな肩がきで……（笑声）。

桑原　後援会は具体的にはどんなことをしたのですか。

吉武　そう、輸送の世話、食料の援助などでしよう。

吉田　行つて見たら食料が悪いというので後援会が強化されたわけです。野菜など東京からトラツクで運んだりしました。

松原　秋山さん（孝之輔氏）が会長で父兄の委員という方が何人か出ていま

出席者

吉田小五郎
松原　辰雄
永野　房夫
吉武　友樹
大島　継治
奥山　貞男
高橋隆比古
川村　博通
赤松　宇平
林　　佐一
渡辺徳三郎
町田　敏蔵
石川　　桐
【司会】**桑原　三郎**
【記録】**田中清之助**

した。父兄の間の横の連絡をとつたり、兵站《へいたん》部のような仕事をしてもらつたわけです。

桑原　一般の学校は後援会などどうでした

高橋　外の学校はあまり知りませんが、私の行つた直江津では受入態勢はよく、現地で大体間に合つたようです。学校を通して都から配給される粉ミルクなど運んだことはあつたようです。父兄が会費を出しあつて出先を援助することも、幼稚舎のように盛大ではありませんがあつたように聞いています。

吉田　幼稚舎では授業料というのは天現寺に払うのですけれど、疎開の費用は子ども一人について一月百円のようでした。

桑原　疎開地へ向う前後のことなど……。

吉田　出発は恵比寿の駅から行つたのですが、駅はごつたかえしていました。その中に古賀さん（忠道氏）が軍服でおくりに見えていたのが今でも目にチラついています。修善寺についたらドシヤ降りでした。本当なら駅へ修善寺の学校の子供がむかえに来てくれているはずだつたのですが、それも来ていない。風も交つていたもので小さい子供はバスへのせましたが、上級生は雨の中を旅館まで歩いて行きました。

林　旅館は三つに分れていました。野田屋が第一寮で、六慶と五年、仲田屋が第二寮で六應と四年、涵翠閣が第三寮で、六美と三年が入りました。あとで「慶應義塾幼稚舎疎開学園第〇学寮」という大きな門札が下りました。

吉武　川の向うまでしか荷物の車が入らない。それを川のこちらまで運んだのだが、重たくて重たくて腰がぬけそうだつた。

吉田　お昼はおべんとうだつたのかな。夕飯のときにお膳について、あまり食料が悪いので驚いたわけです。お皿の上に何か黒いものがのつている、それがあとでいいものツルというものだということがわかりました。

吉武　それが毎日々々。それから参つたのは御飯の中に入つている豆粕です。お米よりよほど分量が多い（笑声）。

それからスイトン。スイトンを見て身ぶるいがするのは疎開この方です（笑声）。

吉田　疎開地の食料が悪いというので、東京の後援会がだん〳〵強化されたわけなのです。

赤松　この間修善寺へ行つて野田屋の主人に会つたとき、あのころ吉田先生にはさんざん叱られましたと云つておりました（笑声）。あのおやじさん、現在県会議員ですつて。

吉田　困ることには旅館が子どもたちだけでなく一般の温泉客をとるのです。そつちの方には十分においしいものが行く。スキヤキかなにかしていゝ香がしてくるんでしょう。全く罪なんです。

渡辺　はじめは百円よりも安かつたのじやないですか。たしか六十円位でしたよ。食料をよくしようというので値上になつたのでしょう。

吉武　それでもたりなくなつて赤字になつて来たのです。

吉田　後援会では、戸谷さんとか太田さん近藤さんなどが熱心に応援して下さつて……。

吉武　原さん、小高さん、安井さんなどもよくお世話して下さつた。安井さん等は計算器を持つておいでになつて、当時の会計の大島先生が熱を出しちやつた（笑声）。

渡辺　食物のことで思い出しましたが、町では慶應が来たから、さぞいゝものを食べているのじやないかというデマがとんでね、仲田屋で玉子焼を食べているというのです。となりが芸者か何かの家で食堂とすれ〳〵にたつている、そこからのぞいたら、玉子焼がならんでいたというんです。何のことはない、それは厚ぎりのタクワンなのです（笑声）。

赤松　幼稚舎と学習院の外に大田区が三校。全部で五校修善寺にいあわせたわけですが特にぜいたくだつたということはありません。

吉田　あの頃、小池さんという重宝な方がいられて、公立の学校の先生方と仲よくなつてしまつた。そこで、他の学校の丼と幼稚舎の丼とをくらべてみたりなどしましたよ。そしたらあまりちがわなかつた（笑声）。

奥山　こんなこともありましたよ。ご飯の中に入つている高梁《コーリャン》の分量がどうも野田屋が一番多いらしい、そこで茶のみ茶ワンをもつて全部の旅館をかけずりまわつて、集めて来たのを較べて見ると、やつぱり野田屋が多い。そこで主人夫婦を前にして、それを見せて文句を云いました（笑声）。

吉武　あつちへいつてからも仲田屋に全部うつるかとか、大仁あたりへ行こうかという話がありましたね。

松原　その後、仲田屋は全館提供になつて、先生の家族が一しよに居るようになつた。

吉田　なか〳〵経営が大変で、冬の燃料に吉武さんが山を買いに出かけたり、牛を買つて乳をとつたり、あの牛はどうしたんですかね。

吉武　いや別に私が買つたわけじやないんで（笑声）。滝山さんの番頭さんで森野という人が清岡先生と約束した。牛乳が自由に買えないというわけです。百姓にあずけておいてはじめは予定通り子供に毎日配給が出来たのですが。

石川　お湯呑に一ぱい位ずつでした。私たちが毎日配りました。

吉武　だん〳〵うすくなるんです。私が交渉に行つたら先方で百姓が怒るんです。大根を食わせるときもあれば、米を食わせるときもある。大根を食わせるときに乳が水つぽいのはあたり前だつて……（笑声）。

吉田　清岡先生がいゝお方で、当時のお金にして相当のお礼を先方にはらわれた。それで後援会の方の経済が苦しくなつて委員の父兄の方が困られたという話を聞いたことがあります。

桑原　山からはどれ位、炭が出たんです。

吉武　下狩野村の世話で、あの当時の金で何千円位でしたかね。一山買いましてね、それをやきました。温泉がありますから、それで各寮とも大体間にあつたようです。

吉田　戸谷さんが来られると三津浜か

ら魚を大量に入れられた。それとみかんを大分買いました。教員室のとなりのせまい部屋に山のようにつんであつた。

奥山　あれは遠足がてらにとりに行つて一人二貫目の割にもつてきました。

吉田　東京から蜂蜜やブドウ糖も仕入れましたね。

吉武　ずい分経費もかゝつていますよ。当時の金で三万円も赤くなつてしまつた。これじやいかんというので、ずい分頭をなやましました。旅館側ともずい分けんかをしました。こちらがやかましくいうのでとうとう旅館では炊事場から食糧が横に流れるのを見はるために、旅館の妻君が、ムチをもつて高いところから見はつていましたよ

桑原　面会日はどの位あつたのですか。

渡辺　はじめは里心をつけてはいけないというので、許さなかつたんです。大体あの頃の一般の方針では、きまつた面会日に一度にあわせるということだつたのです。幼稚舎でそれをやつて見て、あまり気の毒だというのです。むしろ来たい時に来させた方が、一度に無茶に子どもに何か食べさせるということもなくてよいのじやないかということになつて、たしか十一月の終ごろからでしようか、幼稚舎では独自の方法をとることになつたのです。

桑原　修善寺までの切符なんか、自由に手に入つたのですか。

吉田　そこは例の近藤さんが大変お骨折下さつたようです。

吉武　面会では父兄をしかりつけたという吉田先生の有名な話がある。

吉田　いや、あれは別に何でもありません。たゞ、子どもに会いに来るのに朝つぱらからお酒をのんで真赤な顔をして来るのは不謹慎だと僕がある父兄を叱つただけです。

吉武　あれはよほどこわかつたらしいですね。

桑原　疎開先での勉強はどんな風でした。

渡辺　原則として勉強は坐学といつて宿舎でやる。一日おきに午後になると一里くらいの道を下狩野の学校に行きました。

吉田　校長の飯島先生が非常によく面倒を見て下さいましてね。本当にありがたいと思いましたよ。合同で運動会をやつたり、学芸会をやつたりしたものです。

　峠をこすときは高橋立身先生作詩、江沢先生作曲の、疎開の歌というのを必ずやりました。

桑原　坐学というのは。

渡辺　今みたいにちやんと時間割をくんでやりましたよ。ぼくが当時の教務でね、編成に苦労したものです。ちやんと専科もありました。はじめに机がなくて不便だつたのですが、机が出来てから、図工などは吉武先生や小堺先生に出張教授してもらつたり、先生の宿舎へいつたりしました。

吉武　あれはよかつた。学校へ行くより、坐学の方が効果があつたようですよ。

桑原　この頃、学生にあつて疎開時代の話を聞くのですが、学生によつて思い出が違うんですね。どうしてかと思

つたら原因は各寮毎の生活がちがつている。受持ちの先生によつてもちがつているんですよ。各寮ごとに別々にやつて、一ところに集るということは殆どなかつたのですか。

大島　いや演芸会などには一ところに集まつてやつたこともありましたよ。大辻司郎なども来ましてね。桂座で映画を見せたこともあつた。それから白刃わたりや気合術なんて云うのも来ました。

松原　大学生が童話をやりに来たのがあつたじやないの。

吉田　それが、今の田中先生や川崎先生たちなんですよ。兵隊に行く前にわざ〳〵お別れに来たのに、私が忙しがつていてロクに取合わなかつたというので二人とも大いに憤慨したそうだ。

奥山　子どもにも秋の農繁期に稲かりの手伝いをさせました。あの持つたこともないノコギリガマをつかつて、よくまあ、あの子たちがあれだけやつたと心から感心しています。

大島　みんなが炭を一俵ずつ、背負いこでしよつて……。よく働きましたね。

吉武　遠足というとワラビガリでしよう。あれも食料がどうなるかわからんというのでやつたのでしたが……。

永野　八の日には大詔奉戴日だというので詔勅をよみましたな。

吉武　町長だとか、やれ警防団長だとかえらい人だとか、在郷軍人会の会長たちのいる前で、ぼくが読んだことがある。

永野　吉田先生も松原先生も東京へ出かけられたのでしたね。

松原　そこで吉武校長が勅語をよんだという訳だ。

吉武　何だか足がふるえてね（笑声）。何度もありましたよ。八の日の前というと吉田先生は必ず何か東京に用がある（笑声）。

吉田　貴方があとをおやりになつたのですか。

吉武　やむを得なくてね。

吉田　いや、しかし意識して八の日に東京へにげたわけじやないですよ（笑声）。好きでないことはたしかですがね（笑声）。

桑原　病気や事故はありませんでしたか。

町田　麻疹がありました。六年生ばかり十二人で、熱があつたり。セキがひどかつたり、そのうちにパーツと出てしまつて……。

吉田　皮膚病が沢山出ましたね、毎日々々夕飯がすむと子どもたちの手や足に薬をすりこんでやつていました。あれはやはり栄養の関係でしようか。

町田　それもありますが、今のようにズルフアミン剤が少うございましたし、ペニシリン軟膏などもありませんでしたから、なか〳〵治らないのですね。体重をはかつて特に低下の甚だしい子にはビタミン剤をやりました。

桑原　薬品などは十分でしたか。

町田　それまで開業しておりましたので、学校にあるものだけで間に合わせなければならないのはずい分苦労でしたが、いろんな不自由をみなさんが忍んでいらつしやるのだと思つてとにかく間に合せるように工夫いたしました。

桑原　公立では衛生状態はいかゞでした。

高橋　やつぱり子どもたちはだん／＼やせて来ましたが、一ばん弱つたのは虱《しらみ》です。ずい分注意しているんだが、今みたいにＤＤＴのようなものがあるわけじやなし、夜なんかいつの間にかやつて来て、二三匹ずつとつゝかれちまう。

松原　私たちの方は幸い男の子ばかりだつたからよかつたが、伊豆の温泉地へ疎開した子どもたちのうちで、女の子に、ずい分しもの病気にかゝつた子がいた。温泉で感染するのだそうです。

吉田　三島だつたか地方事務所へ呼びつけられて、その対策についての講習会のようなものがあつて出かけたのをおぼえています。

町田　大腸カタルのひどい子がいて困りました。青森へ行くのに本当に治りきつていなかつたので心配でした。この頃にツベルクリンの陽転者で微熱のある子が二人いたようです。

石川　土地の人をみてあげて、懇意になつた人もありましたね。むぎわら屋さんとかヤミ角さんとか。

桑原　ヤミ角さん、どういう方ですか。

赤松　いや、たのめば物資を気楽に世話してくれるんですよ、少し高いがね（笑声）。

吉武　その人のことをヤミ角さんといつて怒られちやつたんだよ。近藤さんが面と向かつて云つたのかね（笑声）。

林　三月十日に、六年生は卒業で帰京しました。それが丁度例の第一回の東京大空襲の直後に当りました。三島まで出たけれどなかなか汽車が来ない。予定よりずつと遅れて、恵比寿駅に着いた時はすつかり暗くなつていました。まだ下町の空は真赤に焼けていて、これは、えらい所へ帰つて来てしまつた、と思いました。あの時は、とうとう、卒業式らしい卒業式は出来ませんでした。四月からは一、二年生も修善寺に行くことになつて、天現寺はからつぽになつてしまいました。四月十日前後でしたか、一年が十二名、二年が五名、それに新しい三年が修善寺に行きました。僕は、一、二年の担任になつて大分苦労しました。

桑原　修善寺をその位にして木造の再疎開へうつりましょう。

（川村先生来場）

赤松　米軍の上陸の公算が大きくなつて、再疎開の命令が来ました。あれは六月でしたか。吉田先生と吉武先生とぼくで青森県の木造へ現地調査に行つたわけです。

永野　帰つて来られてから間もなく、ぼくが先発で木造へ行きました。吉武さんと林さんと寮母さん三人でしたか。

吉武　先発したにはしたんですが、平時とちがつて汽車がどこをどう通つて行くか分らない。日本海岸の方へつれて行かれたのですが、能代の近くへ来て汽車がそれ以上行かなくなつてしまつた。宿はなし、知合いはなし仕方なく漁業組合の二階か何かにとめてもらつて、やつとのことで木造へついたのです。

桑原　受入れの仕度はさぞ大変だつたでしょう。

永野　先発は各宿舎に分散して、そこの掃除にかゝつたのです。何しろ二つがお寺、一つが学校、おまけに学校には畳がない。今作つているというので見に行つたのですが、それが四五十年もたつたかと思われるような何ともひどい畳で。

吉田　寄宿舎なんかあれ放だいにあれて居つたですね。どうしてこんなところを宿舎に指定したかと役場に文句を云いに行きました。何しろお化け屋敷のようだつた。毎日々々あく洗いをして二週間ぐらいかゝりました。

川村　毎日お天気がわるくてしよぼ〳〵雨がふつておりましたね。寮母さんがしくしく泣きだしちまつてね。

赤松　電報が来ましてから、貨車の手配が一さわぎです。湯ヶ島にいた青山学院が再疎開するのに荷物が全部で四車輛なのに、慶應は十五輛もいるのはどうしたわけなんだなんて云われましてね。いろいろすつたもんだしましたが、それでもどうにか十二輛とれましてこんどは人員の輸送です。

吉田　三島の駅でのりかえるとき電気がつかなかつた。

渡辺　まつくらで車がわからない。さきの方へ全部荷物をつんでしまつた。それを指定の車につみかえるのに汽車の中を何度歩いたかわからない。気がついたら横浜すぎているんです。なんのことはない横浜まで歩いて来たようなものです（笑声）。

石川　板をつかつて子どもが寝られるようにしましたね。

桑原　この再疎開に参加しないで個人疎開したものも大分あつたのでしょうが、木造へは何人位の子供がいつたのですか。

大島　百三十人位でしようかね。ぼくの学年五年は一組になつてしまつたのです。全体に約半分になつてしまつたのです。

赤松　品川駅頭の別れは大変なことでしたね。あれは全く悲惨だつた。

吉田　東京の焼けたところを見せまいとする思いやりであつたのでしようね。品川を夜通したのは……。

奥山　そうでしようね。あの時は窓から学年の旗を出しましてね。兄弟は弟さんのいる方に集めて別れを惜しませました。

松原　あの時、汽車から下さなかつたねえ。

川村　下しませんでしたよ。警報下で父兄が提燈をつけて駅にまつていました。あの時は幼稚舎からずい分、物を運んだんじやないのですか。幼稚舎の手押車がこわれましたよ。

奥山　あれは図書館の本なんですよ。

吉田　大学からたのまれたんでしたつけね。

奥山　十分停車といつても、何だか二三十分あつたような気がしますね。子どもの方は寝ちまつていくら起してもおきない子どもがいる。親の方は名前をよんで、なみだぐんでいるし。

川村　おむすびだのあんころだの、持込がずい分ありました。

桑原　それで木造まではどの位かかつていつたのです。

吉田　二昼夜かゝりましたね（註六月

三十日午後出発して七月一日の夕方木造に着きましたから)。

　一ばん心配になつたのは、夏のことだから弁当がくさりやしないかということでした。そこで途中から積込む手配をしたりして。それから困つたのは、木造についたらいきなり駅頭でぼくに出むかえの人たちに何か挨拶をしろというんだ。

吉武　吉田先生、長い汽車でつかれていられる。顔は真黒だし、防空頭巾だか何かをかぶつてたまゝねて来られて、そしてつくとすぐに挨拶だなんて本当に気の毒だと思つた。

　ついて風呂に入つてやれやれと思つたらワラジ視学というのが来ました。視学官がお通りになるのにおじぎをしないと怒つているんですネ。何だかずい分ひどいことを云いましたよ。

吉田　その視学官はワラジをはいているんです。手ぬぐいでハチマキをしてね(笑声)。

吉武　その人の云うには、お前たちは東京へわしらが行くと田舎ツペ〳〵とばかにする。お前たちがこつちへ来れば、もうこつちのものだ。生意気をいうのなら三度の飯を二度にしろとか何とかすごんでね。

吉田　おまけにその視学の云うには、東京の子も木造の学校へ行つたら土地の子どもとまぜこぜにして勉強させると云うのです。そこで私と吉武さんと県庁へ談じこみに行きました。

林　僕もお伴をして行つて、青森で空襲警報にあつたのを覚えています。

桑原　修善寺とくらべて生活はいかゞでしたか。

吉武　食事は木造の方がよかつたようでした。

吉田　終戦になつてからはずつとよくなりましたけれど、それにしても吉武さんの世話になつた。

桑原　土地になれるまでが大変だつたのでしよう、たにしをとつたりなんかしたと聞いていますが。

永野　気候がおくれていて、野菜や果物が手に入りにくい。そこで当座はアカザをとつてきたり、セリをつんだりしました。

奥山　新芽ならたべられるだろうととつて来ました。毒ゼリじやなかろうかなんて心配しながら。

吉武　配給だけじやとても子どもたち全部をまかないきれない。ヤミをやると統制を乱すとかで口がうるさい。そこでアカザ等をつむよりしかたがなくなつたんです。それを見て気の毒だという人たちが出て来てね、村長さんの奥さんなどが何度も雨ふりの日に車で野菜をはこんでくれたことがありました。

赤松　村のこどもたちが一人一ツずつじやがいもを持ちよつてくれたので、お礼に画用紙をおくつたこともありましたネ。

吉武　豚を買つて殺したものゝ、誰も料理のし手がない。困つていたら動物園長の古賀さんがお見えになつて解剖しながら内臓の説明をやつて下さつたことがありますね。

奥山　鮒をとりに行くというので、ありつたけのバケツを子どもにもたせて出かけたのはいゝが、小指の先ぐらいのがチヨツピリしかとれない。しまいに腹がへつてあぶら汗が出て来たのを覚えています。

吉田　永野先生が指図をされて鯰をとりに行かれた。私達の宿舎でも川村さんがよくタスキがけで料理をされていた姿を思いだします（笑声）。

林　木造でも三つの寮に分かれていた。中学の寄宿舎が六年と五年、西教寺が四年、慶應寺が一、二、三年でした。食糧不足でしたから、食物のことになるとお互に気をつかいました。他の寮の方が良く見えるのです。西教寺の方で鯰をとつて食べたということこちらも、それつというわけです。

吉武　よくつれるところがあるんだそうだが、永野先生はちつとも教えないんだ（笑声）。

吉田　一ばん困つたのはお風呂でしよう。

吉武　それと、冬をこしたらどうするかと云うことでしようね。もし冬をこしたら二、三人の犠牲者が出るだろうと村の人がいうのです。何しろフトンがたりないときは村ではジウサンモとかいう海草を布でつゝんでフトンの上にかけるというのです。これは大変だというので燃料を買込んだのです。

松原　そう〳〵薪しよいを大分やつたね。

吉田　それでも冬をこさないで帰ることになつて幸いでした。終戦後は子どもたちをなるべく太らせて帰そうと云うので、米を買い肉を買つて食べさせました。これは父兄に感謝されました。

町田　木造に行つたはじめに発疹チフスが出て医者にかゝつたりしました。これが寮に入つたらどうしようと思いました。

桑原　先生方のプライベイトな生活等ほとんどなかつたのでしよう。

吉田　全くなかつたですね。それどころじやないのですよ。いかに子どもたちにひもじい思いをさせないかということだけで精一ぱいだつた。

林　一時は、子供達が大分やせましたからね、当時一年の吉村君等後からついていくとほんとうに首が細くなつてあの大きい頭が落ちてしまいそうに見えた。

吉田　つまらないことで忙しいのです。ホツケにカビが生えて来ますね。それを屋根の上にならべたりして、本などを読むひまはありません。

川村　子どもは坐学がおわると割合にのんきにぶらぶらしているのですよ。お伽ばなしなど相当よんでいたのじやないのですか。先生はその間、物資集めなどでかけまわつていたのですよ。

吉田　個人的生活と云えば、川村さんは朝夕のお経をあげる時間位でしようね（笑声）。

桑原　戦争の終つた前後のことなど。

吉田　私は東京にかえつて木造疎開の現地報告ということで、近藤さんのお世話で神田の区役所の二階で開くことになつていたのです。ところがその時分が丁度終戦の陛下の御放送というわけです。そこで詔勅をきいてからみんなで二重橋へ行きました。

吉武　木造では永野先生が子どもを木

造中学の運動場に集めて涙をしぼりながら詔勅をきいたわけです。
桑原　引あげはいつでした。
赤松　東京に着いたのが十月の二十日です。都の受入れが完備しなかつたからなかなか帰れず、冬をこすのじやないかととても心配でした。
吉田　かえりには子どもたち一人一箱ずつリンゴのおみやげを持たせて帰しました。吉武さんの骨折《ほねおり》で。
赤松　当時としてはなかなか貴重なものですよ。
林　終戦後、赤松先生の頃から再開された夏の高原学校は、この疎開の経験が生かされて、ずつと教育的な意味が高まつたと思います。そういう意味で疎開学園の体験は今でも生きているし、今後も生かしていきたいものだと思います。
桑原　ではこの辺でどうも有がとうございました。

母と子の往復書簡

田中その子
田中　明

昭和十九年八月二十五日（はがき）

いゝ子の明、元気でぶじについたことゝ思ひます。先生はまだしばらく、とてもおいそがしいと思ひますが、温泉でいくらかでもおつかれがおなほりになればと思ひます。よろしく申しあげて下さい。三保さんや同室のかたにもよろしく。けさ、あきらを見送つての帰り、ピポ（近所の女の子）が道で遊んでゐて、お母様のかほを見てにこ〳〵しながら、ほかの子に「平気よ、へいき、へいき」といひました。めいしんみたいですけど、とてもいゝうらなひのやうにきこえました。元気で強く安らかだといふやうな。又、そのうちおてがみしませう。さやうなら。

八月二十五日（はがき）

今朝はみなさんで送つてくださつてどうもありがたうございました。公ちやんにも、小林さんにもよろしくおつしやつて下さい。ぼくの部屋のすぐ下に川が流れてゐます。今日は雨が降つたので、水かさがまして、ものすごい音をたててゐます。雨が降つてゐたのでバスに特別にのせていただけました。

八月二十六日（のだやの写真）

お母様のおすきな南西の赤い大きな星、かごかつぎ星、豊年星、赤星、午の星、酒よい星などといふ名があり、一等星だといふこと、こちらへくる前に、名がわかつたら知らせてくれとおやくそくしましたので、両側の星は三等星で「へ」の字ができてゐて、北きよく星を子《ね》の星あの星を午《うま》の星といつて、子は北、午は南のことださうで、とてもやくにたつたいせつな星ださうです。そして遠い星で、今見えた光は百六十年前にかゞやいた光ださうでかういふのを百六十光年といふのです。

手旗のこと、赤旗桃色だと色がちよつとちがふから赤い旗だけ作つて送つて下さい。白はいりません。

九月三日

お母さま、お手紙五枚もいたゞきました。

今日ぼくに小包がきましたがまだいただきません。明日から授業がはじまります。だから少しいそがしくなるので、はがきがよくかけないかもしれません。野田屋の中にポストができたので、そこに入れます。

今度の学校はいゝ学校で、山がすぐそばにあり、そのへんは畠です。

とてもいゝおはがきでした。ヤエのお菓子たべました。ピンコによろしく。クマにもよろしく。

（註＝ピンコ、裏によくくるノラ猫。クマ、飼犬。）

九月四日（はがき）

うちの庭は、とうもろこしや豆は全部、かぼちやもずいぶんのけてしまひ、今はたけは新らしいものを植えるばかりになつてゐます。今日学校から送つたおやさいの中には、うちのかぼちやもゐますよ。なすさんは行かれず、かはりによそのじやがいもさんがトラツクにゆられて行きました。「帰つてきたらお話ししてね」と言つたら、「かへつてくるより、皆さんのおなかに入つてふとらせて、その坊ちやんのお手紙になつてやつてきますよ。それをじやがたら文といふのです」としやれて、行つてしまひました。じやがたら文《ぶみ》といふのはね、昔ジヤワに行つてた女の人が書いた手紙がのこつて、有名なのよ。じやがたらいもは南の方から来たので、じやがたらいもつてわけね。くわしいことは、じやがいもに聞いて下さい。

○

はがき書きすぎてるかしら、ごめんなさい。東京ではきかけてゐた下駄、「かささぎ物語」といつしよに送りましたが、はなをが切れるときの用心に、革の前緒はいつも一つ二つポケツトに入れておくとい丶と思ひます。

い丶お月夜がつゞきますね、お月様が小さくなるにつれ、星空がよくながめられませう。来月になるとずつと、夜はひえませうから星をしらべるなら今のうち。つゆに気をつけてね。今日は注意のことばかりですが、リユツクサツクはランドセルとちがひ、ひもが長めで、からだを前かがみになつて歩く方が工合い丶やうだからしよつてみてきついやうだつたら、ぬつたところをといて、い丶だけ長くするよう工夫して下さい。

九月六日（はがき、ピンコ。明、愛用のネコの玩具＝の写生）

「ピンコや、ベビちやま（明）から、よろしくと書いてきましたよ」ピンコ「そうですか奥ちやまよ、ベビちやんにね、ぼくからもよろしくよろしくと書いて下さいね。それからね清岡先生がさびしさの峠は三つくらゐあるとおつしやいましたけどね、ベビちやんは一日おきに峠を越えて下狩野の学校へいらつしやるんでせう?、それならもう三つの峠はこしておしまひになつたでせうからね」お母さま「い丶子のピンコちやん、よくわかりますね。明はね、どこへ行つても楽しむことを知つて、自分の仕事に心をうちこめる子なのよ。さうして、ピンコちやんのことも忘れない子なのよ。先生がちやんとついていらつしやるし、い丶のよ」ピンコ「安心ね」

○

けさ、小さいじやのめの蝶が、明のへやのレースにとまつてゐるので見ると、黒つぽい表で、うらは白地に、こまかい黒のよこすぢが沢山あり、じやのめもやうは、ふちの方に、外側がクリーム色で中がまつくろ、その中にぎん色の点が大きいとこには二つ、小さいのには一つあつてきれいでした。そばにいつて鉛筆でうつさうとしたら、いやだと言つて、羽《はね》をあけたりしめたりして書かせてくれないのでよしました。明が行つてから、二、三度虫をつかまえようとしては、よしました。とつておいて明に見せようかと思つたら、道具もないし、明のために何だかにがしてやつた方がいゝことのやうな気もするからです。

〇

また、勉強といふことが二つあつて、一つの方は勉強とありました。みなちやんに見せると大さわぎしますから、今度は画だけみせませう。大方、この字を見せたら、こんなことを言ひますよ。「やあベビちやんは蛙とびの勉強だぞ」「さうぢやない、ムカデたいぢだ」「なんでもないさ、虫の勉強だもの、理科といふことさ」「いやそうでもない、字引にもない程たいへんな研究にちがひない」。するとヘンナーちやんが静かな声で、「いゝ、えね、これは特異児童の字をちよつとおかりになつたのですよ」

九月十八日（鳥仏師天人像の絵はがき）

〇

お母様も、うつかりしてました。お月様はもう西の空に細く美しいおすがたを見せていらつしやいました。七時半近く、星の青い光の中に、きいろのきら〳〵した三日月様が、もう西のやねのうしろへおはいりになるところでした。これからだん〳〵い、お月夜になりますよ。

この絵はがきの「ぼさつ」は、法隆寺の金堂の仏さまの、てんがいについてらしたのね。ほんとに、かはいちやんですね。まあこの光背のやさしさなど、まるで明が作つたやうではないの。

では、また明へ　　おかあさま

九月二十六日（はがき）

あなたたちがたつてから丁度一月めの九月二十五日に父兄会があつて、面会日がきまり、お母さまたちは第一回で、二十八日といふことで、あんまり急なのでびつくりしました。お母さまは半年位はあわないつもりでゐましたから、何んだか少し早すぎて、もう少し先の方がいゝやうな気もするのです。けれども、せつかく、ごしんせつにきめて下さつたのですから、よろこんでうかゞひます。一人といふことなので、お父さまにはおきのどくですが、たいがいのかたがお母さまがいらつしやるので、お父さまはよします。はがきでもだしてておあげなさい。一度面会のあつたあと、ずつとあへないのはさびしいやうにもおもへますが、はじめから、半年か一年先にあふつもりでゐたものが、とくべつにその間に、あはせていたゞいたのだとおもへばいゝわけです。お母さまだけなので、せい〴〵なほします。八重（女中さん）はいつしよにいきたい〳〵といふのよ。公ちやんの方も近いうちに面会があるのださうです。明もくれ〴〵もからだをだいじに元気なすがたをみせてください。

九月二十六日（十一面観音聖林寺の絵葉書）

この仏様は、天平時代なので、だいぶおかほが、日本人になじみの深いものになつてゐるやうです。

お母様のどがいたかつたので、昨日ふとんを一枚多くかけてゐたら、けさはいゝやうです。冬のふとんはまだですが、このあひだ送つた冬ものはつきましたか。ついたなら、毛糸のものなどを、かけぶとんの下にかけてゐたら、だいぶあたゝかと思ひます。

せつかくかぜもひかず、神経病もおこらないでゐるところですから、よく注意して下さいね。

九月三十日（はがき）

何といつていゝか分らない位、明はいゝ子ですね。そんなことわかりきつたことですけれども、いくらほめてもたりない位かわいちやんです。明のいゝかほいろ、明の元気なおちついたきもち、明は疎開して、からだや気持がとまどひするやうなことは一日もなく、すなほになれて、のびてゆくことがわかります。それはもういろんなかたのお世話もたいへんですけど、ほんたうに小池先生（受持の先生）がおえらいからです。そして、明が先生を大好きだからいゝのです。明にあへてとても〳〵うれしかつたわ。明が外出した時、あれから、お母さま二階の明のおへやのあひるのみえるおらうかからみましたら、明が橋をもうわたつてしまつて、向ふのみちをあるいてゆくのがはつきりみえましたよ。茶いろのスウエターと白のズボンと、それからあしつきではつきり分つたわ。いゝ子ね。西郷さんによろしく。

三十日朝（はがき、ルミがカバンにはいつている図、ルミ＝オモチヤの象、面会につれていつた）

○

ルミはかへつてくるなり、カバンをあけて、あたまをつゝこんで一晩中みんなにベビちやんのおはなしをしてゐます。ルミのでたあとへパン〳〵がはいつたものですから、ルミははいれないのです。でも、いつものルミならなくでせうが、いまはそれどこじやありません。それにおはなしするには、いつものやうにねてゝはできないからいゝんです。今日いつたんみんなだして、ルミも、よく入れます。みんながワア〳〵いうので、ルミはのぼせて、なか〳〵お上手にいゝはなしできないですつて、

ルミ「ベビちやま、あひる」

みんな「エツ」

ルミ「ベビちやんおやつ、お星さま、おねんね」

みんな「おほしさまねたの？、ルミちやん」

ルミ「ベビちやまおつき、たいさう、ドイツの鯉」

みんな「ぼくたち、しづかにしてきくよね。だから、ルミちやんはじめからおちついてはなしてよ」

ルミ「ウン、ベビちやま……」

（註＝「みんな」明のオモチヤたち、退避に便利なように、このごろカバンに入れてあつた。）

ルミは、ハンドバツグの象で、クニヤ〳〵して赤坊あつかひされてゐた。

パレ〳〵も象だが、これはふつうのオモチヤ。

十月六日（はがき）

そちらも雨で、川の音がはげしいでせう。星を、帰つてからよくみて言はうとおもひながら、お月様のいゝ晩は星の光がうすく、あとの夜はずつとくもりや雨ばかりで、とう〳〵まだ見られません。でも、星座の画をみましたら、やはり北斗星は、もう大分上向きになつてゐて、それにしたがつて北極星のめじるしになつてゐた二つの星も、向つて左よこの方へいつてゐるはずです。そのつもりで見れば、北極星をさがすことはできませう。どうもお母様、しんまいであひすみませんね。北斗星の「おしやもじ」の一番終りの星は北極星より右にはずれてゐるらしいわ。

このごろピンコはこず、茶と灰色と白のまざりおりのセルみたいな毛皮のねこが、けさはへいの上で「ニヤーアン、ニヤーアン」とないてゐました。

十月九日（台湾、タロコロの立霧橋のゑはがき、白いバスが橋を渡つてゐる）

ベビちやまよ、これぼくの自動車よ、ね、しろくてかわいくて。ね、もう一枚のゑはがきにも、ちやーんとおんなじのがありますよ、ぼくとベビちやまがのつてゐるんですよ、動物村の森ですね。ベビちやまよ、やどやにすんでいらしてね、一番きけんなのは火事のあつた時ですね。さういふ時のひなん訓練は、きつと、先生がよく教えて下さいませう。けれども、それでも、もつとせつぱつまつて、ひとりでどうかしなくてはならない時には、このらんかんからとび降りてやらうなんて思はないで、このてすりのねもとにほそびきの太いのをしつかりゆわえて、それをたぐりながら降りようとか、それには長さがどの位あれば、丁度よいかとか、ねまきのまゝでにげたらあとがこまるから、とにかく一通りの防寒具はふだんから、ふくろにとりそろへておくとか、なんでもない時に考へておくのがよくはないでせうか。そして又みんなで火事などのおこらないやうに気をつけることは、もちろんのことですけれども。あゝ、これをいつてゐるのは、ちよつと八の字をよせてるピンコです。ピンコ

八日の夕方は、きれいな夕やけでしたのに、夜は又くもつて、星はまるでみえませんでした。そちらもそうでしたでせうか。けさは又かぜもやみ、すつかり小春日和となり、あさもやがやわらかに晴れてゆきます。ずゐぶん幾日ぶりかのお

天気です。

十二月十二日（台湾の風景絵はがき）

まつかな大きなダリヤの花が貰ひたくなつて、花屋さんからもつてきて明の写真のそばにおいてあります。明の樹の画にも、よくあふのです。ピンコちやんは、きのふ、歌をつくつたものですから、こんどは、俳句をつくらうとおもひました。それで、

赤星に似たダリヤの美しさ　ピンコ
白ねこの帽子にきせよ赤ダリヤ　ヘンナー
赤星といふのはベビちやんが、このあひだみつけて下さつた南の星です。
ベビちやんのおしやしんかざれ赤ダリヤ　プウ
これはプウちやんが、ヘンナーのおまねをして作つた句です。

ダリヤは、俳句の季題では夏になつてゐるので、秋のばあひは、何か秋とかわるようなことばを入れなくてはいけないのです。

びろうどの秋のダリヤのあたゝかげ　茶不元
ぽんきんたんのぽこぺんちやん　スラー
スラーは、できないものでこんなことをかきました。
（註＝ピンコ、ヘンナー、プウ、茶不元、スラー、みんな明のオモチヤの名）

十月十三日（台湾の絵はがき）

このごろは、夜クマ（飼犬）をつれて、さんぽにでるともうだいぶひえるのです。うつかり何もはをらずでると、かぜひきさうに思ふ時もあります。ガリレオガリレイは、一晩中、星をみてゐたからではあるけれど、ひどいリユマチスだつたでせう。やはり明も、星をみに外へ長くでるのは、春から夏から、そして秋のさむくならない、つゆのしげくならないうちがいゝのでせう。せつかく神経痛がすつかりなくなつてしまつたのですから大事にしませう。けれども空をみ、本をよくよみ、基の学問をしておくことはたいへんいゝことです。お母さまは、それをしておかなかつたものだから、いざ星をみるといふときになつてこまつたわけよ。あかりの下にいつて星の画をみて、くらい庭にいつて星空をながめて、又あかるいとこへいつて、又くらいとこへいつて、それですぐにはわからなくて、つまり前によくしらべてないからよ。

十月十五日（日比谷の絵はがき弐枚、台湾の絵はがき弐枚）

このあひだ、ぼさつといふことばをつかつたので、一体ぼさつといふのは、どういふことかといふと案外漠然としてゐるのよ。お母さまも、ふつう世間でいふのは、にうわなおだやかな円満な人をぼさつのやうな人だなんていふのね。それから又慾のない自分のことより人助けに心をつかふ人のこともぼさつのやうだといひます。ぼさつもらかんも、さとりをひらいた仏なのですが、ぼさつの方は自分が極楽に生れるば

かりでなく、たくさんの人たちもたすけていつしよにつれていつてやらうといふ願《ぐわん》をたて、それを実行したかた、らかんの方は、自分一人だけりつぱにおこなひすました人、さういふちがひがあつて、むろん、ぼさつの方がたふといのです。けれども、これはお坊さんの本でよんだおはなしでじつは、お母さまは、明のひよつとしたあるときの姿の中に、ほんたうのぼさつをみるのです。それは漠然（ぼうつと）とどころか、はつきりとかんじるのです。それで、それをりくつでせつめいをつけてはゐないのですがこのあひだ『無心といふこと』といふ本をよんでゐましたらその中に、それはむづかしくてまあかんたんにいひますとね、ぼさつといふのは「無心を身につけた人」といふことになるの。禅宗の方のおはなしなのですから、すらつときいた方がいゝのよ。心がなんじやなくて、柔軟心といふものがある。何でもその中に容《い》れてゆくの。お母さま思ふんですけど、清くてとらはれない心、美しくて自由なこゝろ、おさへるところも自然におさへてね。さういふとこが明にあるんだわ、何ともいへない涙のでるやうなやさしさも。

仏教の方では、よくこんなことをいふのですよ、四十九年お説教として、一字不説、一字もしやべらなかつた、とかいふんです。それからよく、無住処、無住、非心、無心。お母さまは何も分りませんが、たゞかうじやないかと思はれるのは、「とらはれてゐない」といふことなのですよ。すむところがないどころか、どこにでもすむところがあるのですね。さうなつてくると、さつきのお説教も、一字不説と、たくさんしたのとおんなじだといふことも分るでせう。無心がさとつた心だといふことも分りますね。お母さまは、こんなめんだうな考へかたはやりきれないけど、今日はながくなつてしまひました。書くとこも少なかつたのだけど。又ね、草々

十月二十日（はがき）

コギマ　より

ベビさまへ、

ベビさま、じつは、ぼく、ベビさまに御送りしようと栗をほしました。それを今日ほうろくでいつてみましたが、とても「かたくてかめない」なのです。それでこんなものすこしばかりお送りして、もしベビさまの歯でもわるくしてはたいへんだと思つて、ざんねんですがよしました。どうかごめん下さい。なぜ干したかといひますと、栗は毎朝二つか三つ、又は四つ五つおちるのです。だから、ためてゐるうちには虫がでませう。それで一寸やつてみたのですが小さい栗だもので、かんかちになつてしまつたのです。こぎまはベビさまに前におやくそくしてわるかつたと思つてます。めんちやいね。

松本たかしさんの句おぼえてるでしよ。

山栗の大木のあるなつかしき

それとおなじときの句がもう一句あるのよ。

大木の栗の小さきが落ちそめし

こぎまはベビちやまが、このはなしをおきゝになり、「いゝのよこぎま、なくんじやないよ、いゝ子ね」さうおつしやる

声がきこえるやうで恐縮してゐます。クマも「ぼくとおさんぽの時ひろつたのですね。ぼくかはりにかみしめてあげませうか」つて、みあげてゐます。こぎまも「ぼくも栗さんにきのどくだから、やつぱりいただいてみよう」といつて、すこしい、とこをたべたり、だめなとこほきだしたりしましたの。失礼。

二十日台（湾風景絵はがき）

昨夜、明のゆめをみました。ひろいみたことないうちの中に、たくさん人がゐて、それが集団のやどやなのね。その人の中をお母さまをつれて、明があるいてゐたの。やつぱりあのうす茶のスウエターをきたやうでした。一昨夜もみたの、その時は、何か登山電車のやうなもの、中に明がのつて、お母さまにやさしく首をかしげてあいさつしてゐる。その目まではつきりみえます。そのくせ、その次のばめんでは、お母さまが明といつしよに旅をしてる風でもあり、すじもなにもない、雑然としたゆめでした。でも、明はたいへんかわいかつたのです。

十月二十一日（はがき、明のかつた星座の図とピンコ来帯姿の図）

お母さま、心配なさつてはこまります。ぼく修善寺へ来て初めて神経痛おこして一週間位ねましたが、今日なほつておきました。とく本、もういたゞきました。今度の部屋は、二階の大広間の前の部屋です。あのお母さまと二人でみつけた赤星は、さそり座の中の星です。はがきの、夏の星（お母さまの送つた星座の図の絵はがきの事）とかいてあるわきに「コギマとタマキのみつけた星」つてかいてあつたあの星座のゑはがきの南天のさそり座、よくそちらにある星座の図とくらべて見て下さい。

（註＝タマキはタヌキで、明の名の一つ。一週間に亘つてちがふ愛称がある。）

十月二十一日（はがき、ピンコたちの公卿姿の画）

神経痛をよくするために、一日に何度もおふろにはいります。ねてゐる時に久しぶりで公卿のゑをさかんにかいて、うちにゐたころをおもひだしました。もう四日で二月めになります。あんまり早いのでおどろいてしまひます。病気の間に沖さん（寮母さん）に色々とお世話になりました。こんな画はいつまでも忘れられません。コギマはほんたうによい子だと思ひます。清水さんのお父様にもつてきていただいた荷物つきました。

十月二十一日夜（蛾の絵はがき）

べビちやま

ピンコ

ベビちやま、シンケイツウが修善寺へいつたさうですね、ほんとにシンケイツウはいけないやつです。ぼくたちでさへ、東京にゐるのに、なんといふしつこいやつでせう。ぼくシンケイ痛におこつてやりました。そしたらシンケイツウつたら「だつてぼくベビちやますきなんだもの」とかういふのです。だからぼくいつてやりました。「おくちやまだつて、ぼくだつて、すきでもこつちにいるんだぞ。おまへもすきならかへつてこい」つて。だから、もうどつかへいつちまふだらうと思ひます。

又ね、さよなら

〇

（木版、広重の伊豆の海浜の絵はがき）

明、二三日前のはがきに、お母さま明のゆめをつゞけて二晩みたとかいつたでしよ。あの時、明やつぱりねてたんじやなかつたかしらね、さつき、平井さんのお父様からおでんわで、明の神経痛だつたこと、でも、もうたいへんよくなつてゐたことなど、いろ〳〵おはなしして下さいました。先生がたいへんおせわ下さいますさうね。先生におさわりないように念じて居ります。ぶりかへししないやうですか。かぶさり式がすつかりとれたらしらせてちやうだいね。よくなるやうにいのつてゐます。

おかあさま

べービ

（註＝かぶさり式といふのは神経痛の痛みの型を表現する明の言葉）

十月二十六日（はがき）

何かひとことづゝ、かかうとピンコたち、

神経痛には日光浴　ピンコ

ヘンナー「でもピンコや、先生は、ベビーちやまを、日のあたるへやあたるへやと、ふとんをもつてつてねかせて下すつたさうですよ。だからそんなことをかく必要ないでしよ」

ピンコ「そうですねえ、たゞベビちやまに、もう一度ご注意してみましたの」

神経痛に塩類泉　タマチヤン

ヘンナー「あゝ、そうね、わかつてても、かいてもいゝわけね、ぢやあ……」

習つた字を忘るべからず　ヘンナー

コポン「ぢやぼくもやらう」

かなづかひちがつちやだめ　コポン

茶不元《ちゃぶげん》「みんなえらさうなことかくね」

やさしいベビさま、つよいベビさま　茶不元

ルミ「ぼくはね……」

だつこしてよベビちやま　ルミ

みんな「あゝぼくもそれかくんだつた。いゝ子のベビちやまみんなのベビちやま、いつもみんなの光のベビちやま、では又ね」

十一月七日（はがき）

今空襲中です。明たちも、たいひしたことでせう。高射砲の音が時々してくると、だいたいの見当がつきます。近くにきたかとほざかつたかの。こんなよい日の光の中でやつてき

て、ちよつともこはくはありません。防空壕の中に、じゆんびのためいつたんはいつて、それから又でゝ、家の中にゐますが、壕を出る時、だん〳〵のすみになめくじが一匹ゐました。それからだん〳〵の上の段のおほばこの葉の上に、土いろの小さい〳〵バツタがゐました。とてもかれんでした。クマは心配そうな顔をしてゐたから、一つさつまいもをやつてなぐさめておきました。高橋さんの壕に小母さんが一人でゐるかとおもつておみまひにいきましたら、中山さんが家の中にいらしたので、安心してかへつてきました。どうも家の壕はきゆうくつすぎるわ。赤土がすぐくつついてしまふの。お父様が、わざと前のより小さくおつくらせになつたのだけれど、すまふには、となりの高はしさんのとこの方がいゝきもちらしいわ。のんきにしてゐるやうでわるいやうですが、じゆんびはみんなとゝのへてあるの。たくさんで来たのなら、こんなにしてはゐれないわね。明が修善寺に疎開してゐるといふことは、ほんとにありがたいことです。そうそう、お母さまチヤンと一番先にピンコのカバンもつて、壕にはいつたのよ。ピンコたちも明たちのやうにたいひのしかたがお上手です。（午後二時すぎ記）

二時四十分カイジヨ

十一月八日（はがき）

お母様、はつか水も、水いろのわいしやつも、おぢいさまの、わいしやつだつたといふのもみんなつきました。この前の面会の時はお母様に、ゑのほかに、何もおみやげがなかつたので、今度はつくつておきます。この日は晴れてゐるとい丶ですね、はさみを一つとけしごむを二つ位、なるたけ早くつくようにして下さい。先生は、少しおかぜをひいていらつしやいました。ぼくは、だん〳〵よくなりました。

ピンコとクマによろしく。八重によろしく。

昭和二十年四月七日（はがき四枚）

その子

其の子はすなほな子でした
美しい子でした
やさしい子でした
かしこい子でした
ひとにはいゝ子でした
ほめる人は
「なんて、おとなしお利口さん」
といひました。
けれども、おほくのよその母親たちは
「よくおできになつてい丶こと」
といひながら、
「あんな大人みたいな子、まとまりすぎて」
と、らんぼうな我が子にひきくらべ
又、ある嫉妬もまじへて
大人より折目正しいその子の

お行儀からして敬遠しました
その頃大東亜戦争は日にはげしく
学童は地方へ疎開すべし
その政府の方針に従つて
その子の学校も
伊豆の山ふところへ疎開しました
その子を玉のやうにいつくしんでゐた両親に別れ
その子の大好きな先生のみをたよりに
その子は生まれてはじめてのたくさんの荷物をしよひ
夏にはめづらしいしぐれめいた朝
たゞ何心《なにごころ》なくいでたちました
その子の性質のよさは
あるがまゝにうけいれて
すべてをわるくとらないことでした
お母さんはにこやかにその子を駅に見送つて
かへつてきてもうちの人にさへ
涙はみせませんでした
人にみせるには
もつたいない涙でした
ひとりの時に泣きました
声をあげてかべにすがりついて泣きました
お母さんがそうであつたやうに
子供もいつもほゝゑんでゐました
鼻つぱしの強い子、らんばうな子
なりの大きい子がしよげたり泣いたり
淋しさの峠をうろ〳〵してゐる時
その子はいつもやさしい目をして
にこ〳〵してゐました
あかるいかゞやいたおもゐでした
そのことの思ひがけなさに
驚嘆なさつた先生と
子供の心はふれ合ひました
ある日先生がしみ〴〵と
「先生には分つてゐるよ」
さうおつしやつた時にだけ
子供は、ポロツと美しい涙をこぼしました。
かうしてその子は
めき〳〵と心のみかからだまで
すこやかにたくましく日にのびて
秋には栗をひろひ
冬にはたきぎをとり
春にはふきのたう、つくしをつみ
夏には川につりをして
りつぱにその土地の子になりました
早春、お母さんが面会にいつた時
その子は宿の玄関の大かゞみを
「お母さま
ぼくのこの宿やにきたころね

いつもこのかゞみの前にきては
自分の姿をうつしてみたの」
と淡々とした口ぶりに
情《こころ》をこめていひました
「一人なのをうつしたのね」
手にとるやうに分るそのこゝろを
お母さんもさりげなくいひながら
わかつてもらへたうれしさに
「ウン」
と甘えごゑでうなづくいとしさを
かゞみの中では渋面もつくれず
二人笑つて並んで見ました
あゝ、あかるい太陽の下に
日本に平和の立ち帰る日
お母さんは
子供に
どんな、ごほうびをやつたらよいのでせう、たゞ
「いゝ子や」と
その一言《ひとこと》を
お母さんも子供も待つてゐるのです

　タミーが泣いたなんてこと、今は言つても大丈夫ね。それにこれは、明をたゝへたものですから、明にさゝげましよ。

タミー

明へ

＊田中明君、修善寺疎開学園に参加。昭和二十二年K組卒業。後に慶應義塾大学経済学部教授。
田中明君の母堂・田中その子さんの書簡のみ『母のたより――コグマのハガキ――』（著者田中園子・言叢社）として、昭和五十八年に単行本として発行されている。

疎開学園一年生

近藤　晋二

あの当時の楽しかつた出来事も、又、悲しかつた出来事も、今から想えば、夢のように思い出される。

当時、未だ小さかつたし、又、大分以前の事でもあるので、断片的にしか、憶えていないが、思い出をたどつていつて見よう。

東京を発つて修善寺へ向つたのは、昭和二十年四月十三日の事で、そろ〳〵空襲が激しくなつて来た頃の事だつた。その前夜も、東京では、空襲によつて多くの家が焼け、僕のクラスにも、その夜、焼け出された気の毒な人がいた。

その日から、受持の先生も、赤松先生に変り、その日にヤケた顔から、何となく頼もしさを感じたのであつた。

未だ、団体生活に未経験だつた僕は、親の心配をよそに、旅行に行くような気持で出発を待つていたが、いざ出発と云う時に、知つている駅の人から、夏ミカンを貰つた時には何となく、別れるのが悲しくなつて、涙があふれたが、汽車に乗つてしまつてからは、そのような気持は素飛んでしまつて、汽車の中では、大層にぎやかだつた。

僕の目に映つた修善寺は、非常に静かな、落着いた感じのする温泉町であつた。そして今でも印象に残つている、大きな池のある涵翠閣に着いた。

その日から、いつ終るとも知れない集団疎開生活が始まつたのであるが、併し余り不安は感じなかつた。

親の許を離れて、生活するのは始めてであつた僕は、昼の間は、勉強や遊びに忙しく、家の事などを考えている暇はなかつたが、併し、夜になると、家や親が恋しくなり、寮母さんの話や子守歌を聞きながら、思わず涙が出た。

その当時の生活と云うと、週に何回か下狩野小学校に通つて勉強し、その行き帰りの山道では、よく歌を歌いながら通つた。

宿に居て退屈な時には、今度はいつ、面会に来るかな、とか、或は、いつ荷物や手紙が送られて来るかなと、その日をトランプによつて占つたりなどした。

時には、焼いたおにぎりなどをもつて附近の山々へ遠足をした。ワラビやゼンマイを取りに行くのが、目的ではあつたが、非常に楽しく、その時は、戦争の事や家族の事も忘れた。そして、山頂から富士山がくつきりと見えた時などは、非常にすが〳〵しい気持になつた。又、附近に梅林があつて、其処に行つた時などは水雷艦長や鬼ごつこをして遊んだ。

疎開生活で、最も楽しみとしていたものは面会であつた。面会に来た親類の人と一緒に梅林に行つて、御菓子を食べた時の嬉しさは今でも忘れられない。

食べる事が、当時未だ小さかつた僕達にとつて、非常な楽しみであつた事は云う迄もなかつたが、それも、充分に満たされなかつたのは、その当時の状態から見て勿論の事であつた。そこで、宿舎の前の桜にのぼつて、紫色の実を食べて先生方にしかられたり、又、庭のツツジや夕方の散歩の時に、スカンポなどをとつて食べたのが、にがい経験ではあるが、何となくなつかしく思い出される。

食事なども、最初の中は嫌いなものが多かつたが、次第に何でも食べるようになつた、このような事は疎開のお蔭である。

そのような生活を送つてゆく中に、戦争が次第に激しくなつて来たので、青森県木造町に再疎開と云う事になつた。修善寺での最後の夕飯の時に、涙を流しながら歌を歌つたのが思い出される。

そして幾多の思い出を残して、約二ヵ月半ばかりの修善寺生活に別れを告げて木造へ向つた、途中、深夜の品川のプラツトホームで面会が許され、僕には疎開以来、久しく会わなかつた父が来ていた。母も来ているとの事だつたが、混雑して会う事が出来なかつた。その時の父の「青森へは是非行くからね」と云う言葉が今でも耳に残つている（父はこの約束を果してくれた）。

その時に貰った、お赤飯やゆで卵などを、後で食べようと大事にとつておいたが、途中で、奥山先生から、もう腐つているじやないかとしかられ、何となく惜しいような気持で、それを棄てたのも、木造へ行く車中の出来事だつた。

木造では、慶應寺が僕等の宿舎であつた、修善寺から来た僕達には、木造は非常に殺風景な感じを受け、遠くへ来たんだなと云う感を強くした。こゝでの生活は修善寺の生活と異つて、低学年だけだつた故もあつて、何となく変化に乏しくさびしかつた。併し、人数も少なかつた故か、何となく家庭的で、毎日のんびりとした気持で日を送つた。

寺の境内でフツトベースをしたり、裏の田んぼに行つて遊んだり、たまには、岩木川へ行つて水浴びをした。

勉強の方は、確か一日置きだつたと記憶するが、向陽小学校に通い、帰つて来てから、食べるお八つが非常な楽しみだつた。

その頃から、敵機が青森の上空まで、飛んで来るようになり、夜中の空襲の時などは、半ば眠りながら、裏の田んぼに避難した。

僕は戦争に敗けるなどと云う事は、微塵に感じていなかつた。だから、終戦を迎えた時には、幼心にも大変な事になつたと思い、それからの何日間かを不安な気持で送つたが、次第にそのような気持も薄れ、今迄とは異つた空気が寺内にあふれた。そして、今思い出しても楽しいあのリンゴ園に行つて、木にのぼりながら、食べ放題食べたのもその頃であつた。

そのような生活を送つていたが、僕達が東京に帰りたくて仕様がない、と云うような気持にはならなかつた。きつと、当時の東京の状態などを聞かされていたためであろう。

併し、十月十八日に東京に帰ると云う事が決つてからは、思いは既に、父母、兄弟の事に飛んでいつた。

そして今度は、東京を発つた時とは異なり何だか、わく〳〵した気持で木造を発つて、一路、東京に向つたのだつた。途中、列車の中では、皆んな、リンゴなどを食べ放題食べ、先生方はお腹をこわさないようにと、大変な騒ぎだつた。

そして、二十日の早朝、上野に着いた僕達は、何となく、肌寒く感じる中を山手線に乗つて、恵比寿駅に行つた。そして、父兄の待つている天現寺まで歩いたが、途中の焼野原に、皆、茫然とし、歌を歌う者もなければ、陽気にしゃべる者もなかつた。

天現寺には、多くの父兄が迎えに来ていた。僕にも、父と親類の人が来ていたが、暫くぶりで会うので、顔を合わせるのがとても恥しく、思わず逃げまわつてしまつた。

今から考えると、集団疎開生活は苦しかつたに違いなかつたが、併し、僕は当時の、苦しさ、悲しさは忘れてしまつて只なつかしさだけが残つている。特に、僕等が大変、お世話になつた寮母さん方の面影が目に浮かぶのである。

（高校三年生）

＊修善寺・木造疎開学園に参加。昭和二十四年K組卒。後に幼稚舎教員。

木造

青木　作蔵

戦争も一層厳しくなるとともに、住み馴れた疎開地の修善寺を後に、本洲の北端、津軽半島の一閑村、木造に再疎開致す事になりました。今日は愈々、品川駅通過との事とて、かねて準備苦面して拵《こし》らえた菓子、赤飯等を、車中の食べ物を両手に、臨時列車の到着を待ち佗びて居ますと、彼の懐かしい、学童達を満載した疎開列車が到着しました。

列車の各窓口には、学年別が一目で判かる様に紙旗の標識を掲げ、我が母、父兄弟達を呼んでいます。見送人でホームは一杯でした。燈火管制下、夫々吾が子を探し当て、永い車中の心尽くしにと、真心こめた数々の食べ物を与えて居る光景は、之が此の世の至情の極致かと思われました。二十分の停車の時間も、呆気なく、最早や、発車のベルも鳴り終り、「引率の先生方、寮母の皆様、何《ど》うぞ、御頼み致します」と万歳の声に送られ、品川駅を離れて行きました。

父兄の皆様、引率下された諸先生、寮母、学童の皆様、十年前のこの光景を思い出されては、又、一入《ひとしお》、感慨無量の事と存じます。

長途の疲労の様子も無く、一同が、元気に、木造に安着したとの手紙が、二人の子供より参りました、当時、東京は殆んど、連日連夜、敵機の襲来とて、心身共に、疲れ果て毎日、防空防火演習に専念致す許かりでありました。心は遠い木造の疎開先きの事を思い出さぬ日とて有りませんでした。

今日は、想像もつかぬ、彼の乗り物地獄に加え、遠距離の乗車券の入手は殆んど絶望的でありました、子供達よりは、しば〳〵手紙が届き「お父さん、修善寺の時はよく、面会に来て戴きましたね。此処は、東京と随分離れていますが、少こしも、淋しくありません」等と、甘えた文句が、書いてありました。漸く念願叶い、面会に行ける日が来ました。カーキ色の国民服に、ゲートルと云う装いで前夜来、仕込みの、菓子や罐詰め等を沢山詰め込んだ、リユツクを背負い、漸く車中の人となりました、車中は全くの混雑で、通路には新聞紙を敷き寝て居たり網棚に迄で横たわる人も居ました、今で思えば、嘘の様で、三十時間もかゝり、乗り換え駅の川部に着きました。見渡す限りの林檎畑を左右に見つゝ、聳え立つ岩木山を眺め乍ら、走る事一時間、汽車は、憧れの木造駅に到着致しました。速やる心を押え乍ら、重きリユツクも、気にもならず、目的の慶應寺に着きました、恰度、食事の準備中の様子で、赤松先生始め寮母の方々を先頭に学童達が、銘々に、食器等を、本堂の食堂の方へ運んで居るところでありました。すると其の中の一人の学童が、私を見つけ「あゝ、青木君のお父さんだ」と大声をあげ乍ら先生に告げる様子で飛んで行きました。すると担任の赤松先生に伴われ、紅潮した顔をした子供に会う事が出来ました。此の感激の場面は一生を通じ忘れ得ぬ思い出の一つであります。庭では学童達が何んの屈托も無く、朗かに遊んでいる姿や、寮母さん達に戯れている一、二年の幼き児童を見い出した時は思わず、目頭の熱くなるものを感じました。元気を取り戻した私は木造中学寮へ参りました。長男担任の大島先生に御面会致しました。何時も変らぬ先生の御元気な姿に接して安心致しました。夕暗迫まる、ポプラに囲まれた校庭では未だ五、六人の生徒が熱心にキヤツチボールをやつていました。其の夜は先生の御世話で近所の旅館に入り、久し振りに二人の子供を目の辺り見た時は、可成り成長している感じを覚えました。尽きぬ話に時の経つのも忘れて歓談に打ち興じました。翌日は学童達が元気な姿で勉強をしている有様を見学さして戴き、又楽しそうに一同が食事をしている様子を見せて戴きました、それに附けても当時疎開地に於きましては林檎こそ豊富でありますが野菜其の他のものは思う様に手には入らず物資の購入に先生方は八方、手を尽くされたそうで、其の御苦労、並大抵の事ではなかつたと思います。

惟《おも》うに之れは偏に諸先生、寮母並びに疎開委員の方々の一方ならぬ御尽力に依るものであります事を此の機会に改めて御礼を申し述べさせて戴きます。甚だ拙い文で実感が表現出来ません事をお詫び致します。

＊修善寺・木造疎開学園に参加した青木栄佑君（昭和二十二年O組卒）、青木宏之君（昭和二十四年K組卒）の保護者。

芽《メ》茂《モ》（六）

吉田小五郎

○

「仔馬」で疎開の特輯号がでることになつた。別に他意ある訳ではない、終戦後正に十年、この機会に記録をのこしておきたいというのが主意、編輯者の労を多とするものである。

○

今年も十一月十五日から二十一日まで六年生の卒業記念伊勢南紀旅行に参加した。子供たちが将来も行く機会の少いところであり、景色もよく、変化もあつて上々の旅行であつた。殊に殆んど全員参加であつたにかゝわらず無事故であつたことは何よりであつた。

○

旅行の先々、旅館へ子供たちの父兄から、殊にお母さま方から子供にあてゝ、ハガキ、手紙が沢山ついていた。私は見るともなく拝見したが、お母様方の手紙に誤字の多いのに少々おどろいた。誤字の全然ないハガキはむしろ少く、一枚のハガキに三字も誤字のあるのがあつた。

○

信書の秘密などゝ柳眉をさかだてたもうことなかれ。われ〳〵小学校の教師は家庭から子供へ来る手紙、子供から家庭へ出す手紙は一応目を通すのが当然であり、寧ろ義務といつてよろしかろう。

○

戦争で集団疎開中、われ〳〵は忙しい中によくこれを実行した。或る父兄は子供たちが、疎開先で食料の粗悪と不足になやみ、夢にまで食物のことを見るというのに、毎度東京で御馳走を食べている話を書いてよこした。そんな罪な手紙をかわいそうで子供にわたせないではないか。

○

二十年三月十日の空襲をはじめとして子供たちの東京の家が焼けた通知がぽつ〳〵きはじめた。われ〳〵は、これを暫く伏せ、いつ、いかにして子供に知らせるべきかになやんだ。みんな小さな胸をいためていた時である。然し、それがだんだん多くなるにつれ「僕のウチも焼けたとサ」とはれ〴〵というようになつた。

○

また子供から父兄にあてて出す手紙も注意を要した。例えば子供は無邪気に、「熱が高くてこまつている」と書く。幾山河をへだてた父兄に、その僅かの文字が、いかに心を悩ますか。われ〳〵はハガキの隅に、「今朝は熱があつたが既に下つた、御安心を乞う」の数行をつけ加えることを忘れなかつた。

○

われ〳〵は、いつの場合にも、子供を守り、その小さい心の動きを敏感に察して、強い刺激をさけねばならぬ、同時に父兄に無益の心配をかけてはならないのである。

石川達三「暗い歎きの谷」（昭和二十四年）

渡辺徳三郎

「冬のはじめに、東京下谷区の疎開学童五十七名が上野駅から汽車に乗つた。福島山形から上越沿線の温泉にかけて、各学校から疎開して行く学童たちの行列で上野駅は早朝から混雑していた」という書き出しのこの小説は、ちよつとみると疎開学童を主題にしているようだが実はそれはいくつかの材料の一つで、主題は、あの太平洋戦争の末期に、「都会人が落人のやうになつて寄り集つた小さな谷間の部落（長野市北方一里半）」の中にくりひろげられた「暗い歎き」の生活をえがいたものである。著者はこの小説で「職業も生活も思想も、てんでに異つた数家族が同じ悲惨な境遇においこまれて国家崩壊の時期をどのように生きていたか」を追求しようとしている。

ところで、疎開学童の話であるが、著者が後書の中で「疎開という事件は戦災という事件にも劣らない、悲惨きわまる歴史であつた。殊に学童疎開に至つてはその人道にもとづく処置が、人道を無視する結果になつていたところも少くない。私の見聞した一二の例もそれであつた」と述べておるような学童疎開の姿がえがかれている。

こゝに出てくるのは下谷区あたりの貧しい家々の子どもたちで着換えの肌着さえ乏しく、栄養失調が全体の幾割にも達するという。温泉に落ちつけたのはいいとしていたずらざかりなのに、ぼんやりと日光のあたる廊下にうずくまる。栄養が衰えると虱がたかる、皮膚病にかゝるとなおらない。宿の主人は頭山満《とうやまみつる》を先生と呼ぶ右翼くずれの欲のかたまりのような男で、学童の配給食糧のピンハネを目的に学童をひきうけた。だから勿論生徒はいつもすきつぱらで、温泉旅館へくる軍人や役人の宴会を窓ごしに指をくわえて見なければならない。こんなあわれな疎開学園の中で、（甚だ残念なことながら）先生まで風紀問題を起してしまつたりするのだが、そうこうする中に、宿の主人は疎開学童よりももつともうかる、一般の疎開者の為に部屋貸しをするために、ていよく口実をつくつて学童を山の上の寺へと追い出してしまう。（この辺からあとは疎開学童は殆んど登場しない。疎開者、宿の主人夫妻や、下男下女、附近の百姓、軍人役人等がいりみだれる「暗い歎き」の生活が終戦前後までつゞく。）

×

さて、ところで、石川達三文学の批評は「仔馬」の編集者の求めるところではないだろうし、又私のがらでもないからわが幼稚舎の疎開学園との関係から少しばかり感想を書こう。

われ〳〵の修善寺から木造への疎開学園が「暗い嘆きの谷」であつたかどうかそれは人によつて見るところを異にするだろう。

幼稚舎という恵れた環境は、この小説とはちがつた環境であつたろうが、やはりすきつ腹をかゝえていたのは「仔馬」の記事にもある通りである。先生も親も何とか食糧を補給しようと努力したが、絶対量の不足は到底追いつけるものではない。たとい食糧に満足がいつたとしてもそも〳〵あの年で親からきりはなされては、子どもたち各自の主観の中には、小さな胸を痛めた「暗い嘆き」の生活があるのがあたり前である。

しかし客観的には、それは多くの疎開学園に比して可成り「明るい谷間」であつたのではないだろうか。自分も関係していることであるし、甚だ口はばつたくて恐縮であるが、幼稚舎の伝統というものが、あの「暗い嘆き」の時代にも生きていて、「人間」を大切にする灯をたやさなかつたように感じるのである。勿論時代の大きな流れに抗すべくもない一面は必ずつきまとつてきたが、その流れをせきとめ子どもたちへのあたりをゆるやかにする堤防がどこかに出来ていたように感じられる。

幼稚舎をひき合いに出すとこんなことを感じるのであるが、実はこの作品のねらうところからいえば、こんな比較はつまらぬことであろう。もつと大切な考えなければならないことがある。所詮戦争というものは個人の善意も愛も無慈悲にふみにじつてしまう巨大な物理的な力である。そして悪がしこい厚顔無恥な人間が戦争によつてしこたまもうける一方、か弱い女や子どもが「国家の為」という名のもとに虐待され、罪のない子どもの幸福がむざんにうばい去られるのである。この石川氏の本はそういう戦争の背後にあるぞつとするいやな面をいくつか見せてくれる。読み了つた人は、二度と再び戦争はごめんだと思うであろうし、国家だの愛国心だのという大切なことを軽々しく口にして実は戦争を利用してふところをこやした人々を思い出すであろう。私もまたそうであつた。

（昭和二十九年十二月二十四日）

＊修善寺・木造疎開学園に幼稚舎教員として参加。

学童集団疎開地を訪ねて

赤松　宇平

一、修善寺、下狩野

十年一昔といゝますが、あの頃の我々は何をおいても学童の生命を保護し父兄が安んじて家業に精励出来るようにとの考えで、一方には縁故疎開をすゝめ縁故疎開の出来ない学童を集団疎開したのです。

修善寺では三旅館に分宿しましたが、分宿というと、何かにつけて痛快なこともあるし、とげ〳〵しい気持になることがあり、今にして思えば限りない愛着と懐かしさと慚愧の念がこみ上げてくるが、とにかく遠い昔の悪夢に似た感じがあるのは止むを得ません。

桑原先生と二人で涵翠閣の門をくゞる玄関の右側にある大ダヌキも昔のまゝであり、案内を訪《と》うともつと驚いたことには、十年前に働いていた女中が若干白髪を交えて出迎えたことであります。応接間にはテレビが据えられ、池もそのまゝ、広間の舞台では何か演芸が行われていました。一室に案内されましたが、こゝは当時の特別面会室に当てられたところでありました。

夕方、町を散歩をし、頼家の墓にお参りし、椎茸屋さんとか、八百屋さんとか、床屋さんとかの店によつては当時を語つた。

翌朝早く朝飯前に梅林に行つて見ました。すつかり老木となつて苔むした梅の木の下を通つて東亭にたどりつく。誰も住んでいない様だつたが附近はきれいに掃き清められていた。帰途、桑原先生は松の大木によじ登つて修善寺町全景をカメラにおさめた。宿舎に帰つて主人浅羽氏は、「この食糧の不足をどのようにして補い、親元を離れて来た子供達の毎日の生活に、どのようにすれば楽しくさせるかについては頭痛の限りであつた。主食を補うのにわらびをどんなに沢山取つて来たことか。燃料不足、特に木炭を入れるのには、相当困難なことがあつた。洗面所が工作のキリダシなどを研ぐ砥石の置き場所になつている所で、その切れ味を試すために大変な傷あとが出来たのには弱つてしまつた。池には鯉や鮒がたくさんいますが、夕方になると大分釣師に釣られていたが、私は少しも知らなかつたのです。とにかく幼稚舎生はやんちゃで我がまゝな方が多いと思つていましたが案外きちんとしているのにはびつくりしました。私は出来るだけのことは致しましたが、青森へ再疎開される時には、たまらなく淋しく感じましたし、去つた後は何となく物足りなくうつろな毎日でしたよ」と語つて居られた。

仲田屋を訪れる。仲田屋は、三年から六年までの大勢がいましたが、三月の末にこゝを引き払つて野田屋へ移つてしまつたのでした。あの当時も張り切つた老人でしたが、今もなお元気で、九十六歳になつて居られるというが、昔のまゝの元気さであつた。老人は語る「何にもわからないまゝに、野田屋さんや涵翠閣さんに万事お任せしてありましたが、生徒さん達はすごく元気で、こゝに着いた次の日には、既に部屋の壁に大きな穴をあけて隣室に通じてあつたのには驚かされました。何しろ息子は戦地にいるし嫁と二人でお世話するのですから、容易なことではありませんでしたよ。食糧も燃料も尠い。当時先生方からは、色々と註文はあるしこの老人などでは、何しろ万事思うに任せず何にもしてあげられなかつたことを残念に思つていました。あの子供さん達も今は立派に成長されていらつしやることでしようね。」

炊事場を見せてもらつたのですが、すばらしく立派になつており、静岡県第一の調理場であるといつておられた。こゝにもテレビが据えられ、大ホールも作られ、百二十畳の広間はすばらしく飾られ、昔こゝに、約千貫の蜜柑が並べられ、食後やおやつに分けてあげたことが思い出されるのです。こゝで色々な式や、演芸会などをやつては、子供達の心を豊かにすべく取り行つたものであり、懐かしい思い出が浮び出て来ます。こゝにはまた浴場の上に床屋の道具を整え、我々が陣頭に立つて坊主刈りをやつたところです。虫歯が多くては、我々最も困つたものでしたが、清水武雄氏のお蔭で毎月水曜日に診療していただいたものです。この歯の診療は野田屋でも小高氏（二十年三月九日の空襲で亡くなられた）が診療して下さつたり、先生方はバリカン片手に何でもおやりになつたのでした。

野田屋を訪れれば、御主人は現在県会議員をやつておられて、奥さんと同様お元気でした。使用人は台所の女中一人だけが当時の人達で、主人は次のように当時を語られた。

「何しろ食事の面では、よく吉田先生にきめつけられましたよ。それでも出来るだけの事はいたしました。私の気がつかない事などでひどく吉田先生に叱られたことがあるんです。然し子供さん達はいいお子さんで、終戦後も来られて、楽しかつた当時をしのんで下さいました。当時の父兄方も時には見えます。

卒業のため東京に帰る時などは、流石の私も涙でお送りしました。平和な時代がやつてきて、あの頃の方達とお会いするのが一番楽しいことです。」こう語られたが、青森に再疎開してからも、こゝには小池先生（現在九州大分大学教授）が約半歳もお世話になつておられた。当時を思うと慄然とさせられることがあります。試し切りと申して、人体の腹部上で大根を日本刀で切る場合でありますが、強制的にやらせられ、遂に河合君が出て行き、試し切りの実験台にのせられた。我々として、軍からの命令であるかの如く強制させられたとのことでやらされたことが、痛ましく痛感させられたことを今もなお脳裡に深く刻みつけられている。それもこの宿舎の広間で行われたのであつた。

下狩野小学校は我々の一日おきに通学した学校である。校長は飯島謙吾氏（現伊東市教育委員）で余り話をされない方だが、語り出すといつまでもボツ〱として講義される方である。今はその頃の先生は一人もいない。唯びつくりしたのは、当時高等科一年だつた少年が、静岡大学を卒業して、こゝの教諭になつていることであつた。私を覚えておられて、当時のことを物語つた。然し最も印象にあるのは、合同の運動会で、寄贈した綱引の綱は今もなお愛用されているとのことである。然し、どうしたものか、当時の記録は何も残つていないことは残念であつた。合同の稲刈りの実施されたことも記憶に残つておられた。下狩野村、この僻村も今は学校に対して非常に協力的で父兄も熱心になつているとのことで、当時の飯島校長の苦心も偲ばれる。

修善寺にもどり、毎朝の朝礼などをやつた修禅寺を訪れれば、住職は既に他界し、新しい住職がおられた。当時を語りあの頃を思うと、桂川の渓流に修禅寺の境内に、裏山に蕨などを取つたり、空襲があると必ず裏山に飛込んでは、わらび狩りに夢中であつたことが今もつて懐しい想い出となつているのである。

青森県木造町を訪ねて

桑原先生と二人で、木造町を訪問した。この地は、昭和二十年七月より同十月二十日まで疎開をしたそれこそ辛苦の多かつた土地である。

命令を受けるや現舎長と共に実地調査をいたし、修善寺から五十六時間を要してたどり着いたところである。途中、品川駅頭で警戒警報下永久の別れとなるやも知れない父母兄姉との面接をした。一年より六年までの児童を引率しての車中は、殊更の憂慮があつたのである。川部から五能線に入つた頃渡された冷凄の林檎の美味は、今でも忘れることが出来ない。我々は当時木造中学の寄宿舎へ四年以上、西教寺に三、四年、慶應寺に一、二、三年生の宿舎として当てられた。桑原先生と私は、私達の世話になつた慶應寺に再びお世話になること〻となつた。十年前は最も困つたのは言葉が通じないことだつたが、今度は差程でもなく、話が通じた。然し桑原先生はトンと言葉が通ぜずお困りのようであつた。通された部屋は、校医町田先生御夫妻の部屋であり、当時揚げられていた額はそのま〻となつており本堂へ通ずる広い廊下には、食卓となり机となつた台がそのままに残つていた。本堂に入るや、こ〻は子供達の寝室であり、学習室であり、食堂にもなつたところである。住職は長男（現木造高校教諭）がなつており、次男は当時木造役場にいて、我々の疎開学童の世話係をした人ですが、現在脊髄カリエスで、病床にある三男が今役場に勤務している。主として次男氏が当時の詳細な話をされる。

「食糧のないのに、どうやつて学童に食べさせるか、野菜が殆んどなく、アカザの菜をつんで来ては子供達に食べさせていたのだから心細いこと此の上もなかつた。その中に高学年が川除村あたりでこれをつんでいる所を、村長の奥さんがごらんになつて、それからというものは村の婦人会に働きかけて野菜を集め、これを疎開学童の方に送つたりして頂いたのです（この川除村の村長夫人佐々木敏子氏は終戦後文部大臣賞をいたゞいており、この賞の功を讃えた文は、吉田現舎長の名文によるものです）。そのうちに、「疎開学童を救わなければ」との声が高まり、慶應寺、西教寺でも檀家の方々の協力を得て何かとお贈りしたのでした。この中にあつて、子供達は如何にも楽しそうに毎日を過しておられた。子供達の慰めとしては、十六ミリ、八ミリの映写機で楽しませたり、相撲は実に毎日行われた。特に高橋さんという炊事を手伝つて下さつた方は強く、先生方も敗けていました。特にフトンむしは、すさまじかつた。紙芝居も楽しかつたようでした。然し何といつても、先生方や寮母さんの苦労種は食糧の面で、燃料と合わせて全く心労させられていたようですね。」

なつかしい十年前の想い出は、次から次へと限りなく話される。話を続けている間にいつの間にか、私の言葉は木造語になつているのには驚いた。

役場に参りますと、助役はじめ、十年前お世話になつた小田原収入役も健在で間もなく三十番さん（本名を忘れる）がやつて来て、話に花が咲く。桜井さんという馬肉屋もいたことなども話題にのぼる。小田原氏も三十番さんも当時を想い起しては、お互いによく耐えてやれたものだと、感慨無量であつた。「たゞ東京に送る筈になつていた机その他の木工品がそのまゝ役場で使つていることは気がひける」といつておられた。木造語の会話も板について楽しく談笑した。が当時の記録は何一つなかつた。

向陽小学校を訪れると、校長田中源蔵氏の案内で校舎内を参観する。こゝにも残念ながら疎開学童についての記録が残つていない。が二人ばかり当時の先生が残つておられたので、その断片的な言葉をのせて見よう。

○引率教師の中誰か一人自分の子供さんを本校の三年生に編入させ、父兄の方は、度々子供に関して受持と話合つた
○学習中本校の学級園のじやがいもを見て、珍しがつたこと。
○本校職員室でじやがいも汁をにていた時に、あちらの二、三人の職員が一寸立寄つてそれを風味して喜んだこと。
○本校は二部教授のような形だつたのであわただしく本校の児童を午前中で下校させ幼稚舎生に席をゆずつてやつたこと。
○食物には土地の者でも困つた時でしたので田の畦道に白い襟の洋服の方々がタニシを取つたり、ざるにアカザ、ヨモギなど食用雑草をあさつている姿が見えていたこと。
○九月の頃、小学芸会を催し本校児童と学芸の交換会のような会をもつた。
○最後に本校裁縫室で送別の会を催したその時、向うの先生から、印象深く頭に残つているものは、此の土地の空の雲の様子であるといわれた。とても美しい……と。
○吉田川の清水町側に両校の児童が並んで、向うの先生が写真を撮つたような気がする。

などは断片的話ではあるがその一端を如実に示していた。戦時下の出来事はなるべく感じも記録も焼却して、新しい時代への突き進もうとしていることが理解出来た。

西教寺では、住職しかおらず、当時のことは余り覚えていない。こゝは三、四年のいたところだが、面白いことには住職は木造人で奥さんが鹿児島生れというから、当初の会話は、そのまゝ外人同士の様であつたろう。慶應寺とは隣り合つていたので、よく両寺の先生の交流は円満であつた。西教寺の長女が学校の先生をしていたので何かにつけて便宜があ

つたようである。お墓がすぐ本堂と近接していたり、本堂の金塗の仏像が夜中に懐中電燈などに照らされると、異様に見えたりして、便所に起きるのがいやになつた子供も可成りあつたようである。

寄宿舎へ。木造中学は、現在男女共学の高等学校となつており、佐藤末治校長は親切に案内して下さつた。当時の柔道場は家庭科裁縫室になり、いびきのすごい大島先生や寮母さん達のいた広間は同じく割烹室になり、湯殿は大給食場に夫々改造されたが、寝室などはその昔のまゝで、実に懐かしき限りであつた。こゝは学園の本部に当てゝあつたので、会議は殆んど一日おき位にあつたことを思い出す。こゝでは小堺さんが黙々として布に画をかきなぐつていたことを思い出す。少し左の松林を見れば、あそこは毎朝、朝礼や体操をしたところで、疎開学園の歌や、皇后陛下御下賜の歌を合唱したところでもあり、またたにしやあかざ採りに懸命であつた所のことも想い出の一つである。屋根裏から望楼に登ると、木造町の全体を一瞥《べつ》出来る。馬市が開かれているが、これも丁度十年前も馬市があつて、色々な見世物があつたことを思い出す。

慶應寺の長男孟氏（高校の先生）の案内ですつかり見せて頂いて、次に川除村の佐々木氏を訪れる。

自転車で訪れるや、昔の大地主の面影を残して迎えて下さる。奥へ通されて十年前の昔の物語を始める。佐々木氏は今、年老いて悠々自適の生活をしておられるらしい。奥さんの敏子女史こそ、我々の疎開学童のために凡《あら》ゆる犠牲を払つて尽力して頂き、吉田舎長の推薦の筆により、文部大臣賞を下賜された方である。発端をこう語られた。「わたしの家の前で、小学生が数人アカザの葉をつんでいるので何にするのかと聞くと食べるのだとのこと、気の毒に思い、家に作つてある野菜をわけてやりました。然も㊭はどうしても附近の人達は出して下さらないので、これには閉口しました。それでもだん〳〵理解者も増加し幾分かはお役に立つたかも知れませんが、こんなに文部大臣賞までいたゞくという事は夢にも考えたことがありませんし、全く恐縮の至りでした。これも吉田先生はじめ諸先生のお蔭と思つています。何しろ食糧不足のため子供達はお腹がすき、特に川村先生は子供の数人の組を作つて順々に入浴させたり、おはぎなどをお腹一ぱい食べさせてやつたりしたことが目に見えるようです。吉武先生も時々見えました。」『これシャー青くてれいしてうまくねえでシャー、一つどうでしツ』と木造ことばで、まだ青い林檎をお盆にのせて御馳走して下さつた。親切に泊ることを望まれたが、桑原氏と岩木川へ赴く。こゝまで水泳にやつて来て、帰りは疲れて足を引きづりながら歩いたこの道、あの橋、この流れ、十年の月日は夢の如く去つたが、津軽富士と共に自然の姿そのまゝ形変らず我々の眼前に横たわつている。

＊修善寺・木造疎開学園に幼稚舎教員として参加。

第四章　『仔馬』各号より

――『仔馬』は、昭和二十四年四月に創刊された幼稚舎の刊行物である。児童のみならず教員や卒業生の文も収録されている。これまでに刊行された中から疎開に関わる文章を抜粋した。

疎開

東京驛についたら、林先生そのほかの疎開にいく人が笑顔でまつていらつしやつたつけ。そこで汽車にのつて、品川あたりで空襲があつてびくびくしてたもんだ。おかしを食べているうちに三島につき、駿豆線で、修善寺について、あるいていくと奥山先生や上級生がむかえにきてくださつた。僕は小さいリユクサツクをしよつていたが、僕がおもたそうにしていたので、林先生がいつぱい荷物を、もつていらつしやるうえに僕のももつてくださつた。

疎開は、僕のわすれることの出來ない一生の思い出となるだろう。

（中村　公一）

＊修善寺・木造疎開学園に参加。昭和二十六年O組卒。

戰争はますますはげしくなり修善寺ではあぶなくなつたので青森の木造へ再疎開することになつた。昭和二十年六月二十九日青森へ行くとき、品川で十分間の面會をして、お母さまから三つの大きな包をいただいた。中には、澤山のおいしいごちそうやお菓子が入つてたり、トランプや將棋の娯樂用具も入つていた。その時のうれしさは今でも忘れられない。汽車の中でねた時は座席の上に戸板をのせて毛布をしいてねた。

永野先生はその戸板の上からお落ちになつたそうである。七月二日の夕方木造へついた。ぼくたちの宿所は慶應寺といつた。ぼくたちは人數が少いので一、二年合せても十人にたらず、林先生一人で十分、間に合つた。

青森の行事の中でわすれないのがリンゴ園をたずねたことだ。リンゴがとてもたくさんあつた。ある六年生は二十一個もたべておなかをこわしたものだ。いよいよかえるという日には紅白のおもちをもらつた。そのほかにリンゴを一人一箱ずつもらつたんだから今考えてみると大したものだ。かえりは電車が通つていなかつたので恵比壽から歩いた。

（吉村　稔）

＊修善寺・木造疎開学園に参加。昭和二十六年O組卒。

力の入つた棒で蟻の穴をほじくる時、棒にねじ潰されて死ぬ者、棒のとどかない内に手早く逃げる者、さまざまの動きが展開する。――戰争もこれと同じ様な具合である。棒が自分の所まで來ない内に逃げてしまうのが疎開である。僕の疎開は二ケ所に行つたがそこには樂しいものの影には又寂しいものもあつた。その二ケ所と言うのは川崎市の細山、それから群馬縣の吾妻である。細山の方は毎朝學校に行くのにみんなの集まる所があつて、そこで一たん集つて出かけるのである。みんなが集るまでまつている間に、いろいろの事をいはれる。例えば「砂糖を一貫目持つてこい」「金はどの位あるか」などである、それはみんなが言うのでは無くておやだまから三人ぐらいの人が言うのである、僕はその影響を受けて學校をさぼつたことも少なくはなかつた。　（伊東　秀介）

＊個人疎開。昭和二十六年〇組卒。

「空襲警報發令〳〵……。」の、ラジオの聲《こえ》と、どこかの建物で鳴らしているサイレンや、鐘の音に、大あわてで防空ごうにとびこむ。まつたく夜もまんじりともできなかつた、あの昭和十九年から二十年にかけてのものすごかつた空襲。

あの頃の事を、あたたかいこたつに入りながら、思い出してみる。

いつの事だつたかは忘れたが、とにかく東京には、はじめての空しゆうの時だつた。空しゆうけいほうのサイレンが鳴つて、家中が大さわぎ。お米の入つていないおはちなんか持つて、防空ごうにとびこんだり、たびはだしで、庭をあつちへ行つたりこつちへ行つたり、そのあわて様は、實際、今考えると、おかしくてたまらない。

それから、もつとも悲しかつた出來事は、家のお店が焼けた事だつた。焼けたと言つても、ばく彈のばく風でくの字形に曲つただけだつたので、家の中の品物は、大部分助かつたが、五年間ばかり住んでいただけに、ずい分悲しかつた。だん〳〵戰争が、はげしくなつてきて、長野縣の輕井澤へ疎開した。

終戰の直前には、お米がとぼしくなり、コーリヤン米や、大豆などを代用食にしたりしたし、お父様は、一面に芝生がうわつている廣い庭を掘り起こして、畑を作つたり、又、お母様やお姉様は、小諸や上田に、買出しに行つたりして、子供心にも、ずい分大へんな事だと思つた。

それから間もなく終戰になり、僕たちも、東京に引き上げてきて、今日にいたつたのだが、とにかく、あの頃のことは僕の一生忘れられない思い出の一つになるものだと思つている。　（植田新太郎）

＊個人疎開。昭和二十六年〇組卒。

希望がかなつてやつと幼稚舎に入つたのもつかの間、戰争が前よりもひどくなつたので三島の修善寺へ集團疎開した。そのうち靜岡の方があぶなくなつたので、東北地方の青森へ疎開する事となつた。三島から青森へ行く途中、品川驛での面會があつた。修善寺に居た時は、あまり父母の事を思わなかつたが、今、目の前に母の顔があるのでうれしいような泣きたいような氣持だつた。汽車がしづかに品川驛を走りだそうとすると母は「元氣でね」と云つた時は涙がでて來そうだつた。もうこれで戰争が終るまで歸《かえ》れないのかと思うと情ない氣持がした。汽車中とてもたいくつで外の風景を見るよりほかになかつた。夜はいすといすの所へ板をかけ、上と下とかわりばんこにねた。はじめの時など上からおつこちないだろうかと心配していたがあんがいおつこちない。やつと木造に着いた。それから約十五分か二十分ぐらい歩いてこんど新しく住む慶應寺に着いた。リンゴ畑へ行つたり赤松先生がよく映画を見せてくれたりしておもしろかつたが、ふいにびつくりした事があつた。それは大東亞戰爭でアメリカに日本が敗けた事だつた。その爲に終戰となつて僕達はまた東京のわが家に歸れる事となつた。東京へ來て見ると燒の原が多くそこにバラツク等が立つていた。そうしてなつかしい幼稚舎に歸つて來た。幼稚舎を見るとびつくりしてしまつた。それは僕が入學試驗等に來た時など建物は眞白い色をしていたのに今は黑と白とまぜてあつたことだつた。修善寺、青森などへ行つた事は六年間第一の思い出で、疎開へ行つたのはまだ一年生の時で、そのころ青森はどこにあるかもわからないあり様であつた。

（田中　將堯）

＊修善寺・木造の疎開学園に参加。昭和二十六年K組卒。

ぼくたちは、戰爭のため修善寺に集團疎開をした。

旅館について落ちつかない氣持のうちに一日はすぎた。そのよくじつ、僕たちを六年生や五年生などと遊ばせて、遊びに夢中になつているうちにお母さんたちが歸つてしまつた。

そのあと、お母さんたちがいないので、前にお母さんたちといつしよにいた部屋や食どうの方などをさがしたがとうとう見つからなかつた。

あの時はすこしかなしかつた。

（本澤　寛）

＊修善寺・木造疎開学園に参加。昭和二十六年O組卒。

疎開の思出

中村　重安

実に月日の立つのは早いものです。今の六年生が幼稚舎に入學したのもほんの二、三年前位のことのように思われるのに、早やこの三月には卒業するようになつて、其の六年間にあつた事共を回顧すると色々と思出のあることが沢山あることでしよう。

其の中で何んと云つても一番思出の深いのは矢張り疎開の事でしよう。

もうそろ〳〵疎開とは何んの事ですかと云う人も出來て來るかと思いますが、日本国民としては戰爭に勝つか敗けるかの瀬戸際の頃の昭和二十年の四月に入舎して、其の頃の東京は日々空襲の危險に晒されて居たので、其等を避ける為に東京都内の各小學校のように幼稚舎も四月入學早々に修善寺に疎開したのですが、何しろ入舎早々ではあるし一年生を連れて疎開するのはどうかと思われるほど。大体想像もつくでしようが、未だ母親の手を離れ難き頃とて手離した親の心持も仲々心配で、それに戰爭状勢の変化も日々に変つて來るし、増して先生方の斯《か》かる小さな子供達大勢を引受けて此れを安全にして教育指導して行くと云う事は、仲々に大変の事であつたでしょう。

修善寺に疎開の頃に関西へ旅行の帰途に一度疎開の宿に立寄つた時のことももう昔の夢になつてしまいました。

今は皆んな大きくなつて居ますが、其の時は小さくて皆可愛いくて今でも可愛いいですが、宿の應接間で持つて行つたものを喰べたり、御風呂に這入つたり、世話をする寮母さんが皆んなの布団を敷いたり、なかには寮母さんに寝かして貰つて居た人もあつたと思います。又夜寝る前に上級生が指揮して點呼をしたり、こんな事が次々と頭の中に浮かんで來ます。

其の次は品川驛に次の疎開地青森縣木造町に行く時に修善寺からの皆の乗つてる疎開列車を迎えて送つた時の事です。

其の時は疎開する人達の父兄が高輪臺町の小學校に一度集合して、其所から隊列を造って品川驛ホームに行き、汽車の到着するのを待つ内に汽車が這入つて來るのを、それぞれの人達がお互いに会えて言葉を交わしたり、顔を眺めたり汽車中や木造でつかう品物を渡したり、又遇えるかしらんなどと思つたりする内に早や汽車は發車信号が鳴り出して出て行くのを手を振り振り見送つたのも夢のようです。

木造町に行つた後は戰争も益々日本の旗色は悪くて、各所に敵が上陸されれば日本国内でも行けないところが出來て、もうお互に遇えないかも知れないと思うようにもなつて來ました。

其れにつけても世話をする先生方の心持はどんなであつただろう。段々と状勢が悪くなれば小さい人達を連れて山の奥に這入って行く此の話が疎開から無事に東京に歸つた後に出た折に、林先生の言葉の中に具体的の話はされなかつたが、非常の覺悟を持つて居られた事が想像がつきて有り難くもあつたし、又、偉大なる心持に尊敬の念が湧き出て來た事ももう此れも數年前のことになりました。

木造町には同志相求めて林檎の実る頃に一度是非行つて見度いと思います。修善寺は何時でも行けますが。このような事は思い出を持つ若い人達が今後の長い將來の生涯の中で色々の形式で企てられることでしょう。

今の六年生は一年入舎早々にこのような非常の事にめぐり遇つて來ましたが。まあ無事に六年の課程を終えて此の三月に卒業出來る事になつた事は誠に目出度い事で其間御世話になつた先生方の御恩はほんとに山より高く海よりも深いことと思います。

今年の六年生が卒業するとこれで疎開のことを知る者が皆出て終うので茲《ここ》に其の思出を述べて其の当時自己を捨てて御世話して下さつた先生方に心から感謝の意を表して引續き爾後六年間の並々ならぬ御世話下さつた先生の皆様に六年生の父兄の一人として御禮を申上ます。

＊修善寺・木造疎開学園に参加した中村公一君（昭和二十六年〇組卒）の保護者

（終戦時の一年生の卒業にあたって。
『仔馬』第二巻第六号（通巻第十二号）
昭和二十六年三月十五日発行）

疎開の思出

吉田小五郎

今度の戦争は、終りがあの通りの結果になつたから、人は何もかも一切が悪いようにいう。「終りよければ総てよし」の反対である。戦後にあらわれた或る種の人々の文章を見ると、戦争中の文章に不正直が多かつたのと同様、文章にウソと不正直の多いのを感ずる。

戦争中の学童疎開、私たちは運がよかつたせいか、苦しかつたけれど、色々得るところも多かつたように思う。疎開の記録は何時か整理しまとめておきたいと思いながら、今日まで怠つている。これはどうしても我々教師側のものと、主体であつた子供側のものが両面揃わなければ完全でない。

私たちの幼稚舎では、伊豆の修善寺へ行つた。昭和十九年八月である。一行三百七、八十名、教職員十二、三名、同じく寮母十二、三名ほどの大世帯で、私は当時五年生の担任であつた。無論負けるなどとは露思わず、恵比寿駅での父兄とのお別れも、それほど悲痛というほどの気持はなかつた。尤も父兄の中には遺書をしたゝめて万ケ一の場合と担任の先生に渡しておかれた向きもあると聞いた。

修善寺駅へ着くと、ドシヤ降りの雨であつた。土地の小学校の生徒等が駅へ出むかえてくれたのだが、雨のためにウヤムヤになり正式の礼儀をかわすこともできなかつた。野田屋、仲田屋、涵翠閣の旅館三つに分宿した。野田屋が本部ということで、私はその寮長であつた。当時主任（舎長の旧称）の清岡先生は御病気のためにおいでがなく、高橋立身氏が代理をされ、現地では私が主任みたいな役目をうけたまわつた。

着いた日の昼食は持参の弁当であつたが、夕飯の膳に向つて一時に労れが出たような気がした。ドンブリの底にチヨツピリ〝おこわ〟がのぞき、小皿に盛つた蕗にしては穴のあいていない野菜、これが生れて始めて口にするサツマ芋の蔓であつた。豆粕の入つた少量の飯と芋の蔓と皮と〝めだか〟よりは大きい魚と、これが毎日のお菜《かず》であつた。まる〳〵とふとつていた子供たちが見る〳〵やせていつた。それでも最初の四、五日間は元気であつたが、五日目から一週間目くらいになると、子供たちは東京の家を思いだした。殊に食料の不足がてきめんに郷愁をおぼえさせた。何か話のようだが夜、月を見ると悲しくなり泣けるという。一人が心ぼそくなると、次々に隣りの子供に移つて行く。

さもしいようだけれど、人間いざとなると食料のことが悲しみの種子となり喜びの元となる。子供たちのやせて行くのを見るに忍びない。私たちもさもしくなつた。隣り近所の旅館にはそれ〴〵東京のどこかの小学校の学童が来ている。他の学校の先生方と秘かにドンブリの飯を持ちよつて、量の比較をした。或る日、私は宿の主人夫婦を呼びつけ、里芋の皮の煮つけたのを示し「見よ、君たちは我が子にこの芋の皮が食わされるか」。私は激情をたゝきつけた。その当時の子供たちの日記は、挙げて食物のことばかりだそうである。「芋の皮と大根と人蔘と何とか」と子供たちは大声に歌つた。その中に、東京の父兄側から、時々野菜をトラックに積んで修善寺へ送りとゞける運動が始まつた。三津浜から直接生きた魚がとゞいた。蜜柑はふんだんに入つて来た。然し、それも長続きはしなかつた。

だん〳〵子供達はこの生活になれた。自分のものは一切自分で処理し、自然に弱い者をいたわる習慣がついた。毎日おねしよをする子供がいても、之を軽蔑したりひやかしたりする者がない。戦争は苛烈になつて来たけれど、伊豆の山の中は、いたつて平和でのどかであつた。Ｂ二九が、トンボの大きさで遙かに高く光り、富士を目がけて北へ進む時、その下で子供たちは暢気に山の中を縦横にかけめぐり、狩野川へ釣りに出かけた。而も日に二度は必ず温泉につかつた。青森へ再疎開するまでこの生活はつゞいたのである。

戦争の不安なく食料が豊かであつたら、長期（少くとも三月）にわたる団体生活は、子供たちにとつて愉快であり、どんなに有益であろうかと思う。昔の幼稚舎の寄宿制と考えあわせて、そんな施設が欲しいとも思うのである。

修善寺から木造へ

阿部　秀助

侘《わび》しい恵比寿駅裏の改札口をはいつて行く一隊の幼稚舎生の、殊に幼い一組の中に、親の心を知つてか知らずしてか、振返ることもせず、視野から外れて行つた我が子（註、長男愼蔵八歳三年生）の姿に、一抹の淋しさを見たのは、たゞ大人の感傷であつたのであろうか。

昭和十九年八月二十五日午前八時三十分恵比寿駅を発つた幼稚舎生の疎開生活が、此の日から修善寺に開始された。

子供を、信頼する先生方の庇護の下に、安全な場所に移し得たと云う安堵の気持はありながら、しかもなお知れぬ寂寥、憐憫の情の如何ともなし難く、我家に戻る足は重く、隙間もる風の胸中を拭き過ぎる思いであつた。

斯うして遠く離れた父と子にとつては、葉書に託す儚《はか》ない会話の遣り取りが、今は何よりの慰めとなつた（註：口絵参照）。

八月二十五日附、子から父へ（葉書三枚）

あれから電車に乗つて品川まで来ました。それから汽車に乗りかえて行くと、とちゆうですごく長いとんねるがありました。汽車をおりると雨がざあざあふつていたので、あるく道をバスで行きました。一時三十分ぐらいにやどやにつきました。

ふとんやなにかのせいりをしてから、パンをたべました。トランプをしてあそびました。それからおふろにはいりました。池に一メートルぐらいのこいがおよいでいます。あひるが四羽小さい魚をたべながらおよいでいます。

八月二十六日、今日の朝七時におきました。それから八時半ごろごはんをたべました。さよなら

（註、此の葉書の余白には、左の如き先生からの御言葉が書添えられてある。

――車中ねむそうでしたが、至つて元気です。今朝は、どんぶり一ぱいのごはんを、ゆう〳〵と底までいたゞきました）

九月二十五日附、父から子へ（裏面は、我家の庭と家を描いた油絵）

おたんじよう日おめでとう。九年前の今日この二かいの左がわの窓から、オギヤー〳〵と云うこえがきこえたのです。この絵をかいていると、今にも屋上から、愼蔵、英司、貞郎、俊輔君たち（註：級友伴田英司、松本貞郎、入交俊輔の三君。昭和二十三年卒）の顔がのぞいて、犬や馬や虎や象がふつて来そうな気がしました。

十月二日は、君たちの面会日で、お母さんが行きます。病気のお友だちは、よくなぐさめておあげなさい。

啓子（註、妹四歳）曰く「黒ン坊は、英語で印度人と云うのよ」

十二月十六日附、父から子へ（葉書四枚、一枚には、芝居の関取のように着ぶくれ、鉄兜をかぶつた自画像）

蜜柑もぎは、さぞおもしろかつたでしよう。殊に舟で海を渡るところが気持がよさそうです。しかし一番うらやましいのは、蜜柑を食べるところかな。今、家中で一番楽しく暮しているのは、君に相違ない。これは学校、先生、寮母先生、班長さん、お友達、涵翠閣さん、皆さん方のおかげです。

此の頃、三の橋、二の橋、一の橋の川に鷗がたくさんおよいでいます。川の両側の家が疎開して無くなつたので、田舎とまちがえて、品川あたりの海から、やつて来るのかも知れません。今に、鳥だけでなく、兎や、狐や、狸……いや既に近頃、夜、空襲警報が鳴ると、竹谷町に狸が現れるのです。

夜の空襲を合図に、竹谷町に現れる狸たん兵衛。ばけの皮を一枚ずつはいで見ましよう。①柔道着、②雨除上着、③バケツト、オヤ〳〵愼がいつもしていた肩あての羽ぶとんを、（註、バケツトは愼蔵の幼言葉）狸奴、首から胸にまいていました。バケツトを取つたら、狸の腹

が急に小さくなりました、④紺色スウエーター、⑤狸色の毛糸チヨツキ、⑥もう一度紺色スウエーター、⑦白いシヤツ、⑧最後に鉄かぶと。遂に正体を現わしました。此の人間奴。啓子は此のたん兵衛がすつかり気にいつてしまつて、「狸、おなかをたゝいてごらん」「会社にも、たん兵衛で行きなさい」などと云います。おなかの方は、狸もこれぐらいになると、とてもよく鳴ります。（ポンポコポン〳〵）が、会社に行くのは御免蒙ツています。夜、空襲の時に、隣り組を見廻るのですが、風邪をひかぬようにと、手当り次第に着込んだら、とう〳〵狸が出来上つたと云うわけ。鉄かぶとをかぶつて、柔道着を着込んだところは、なか〳〵勇ましい、と云いたいが、あまりかさばつているため、防空壕の入口につかえてモガモガしているかつこうは、残念ながら一向勇ましくないようです。さよなら

昭和二十年一月二日附、父から子へ（葉書三枚）

　お正月らしい鶴の絵葉書ありがとう。十二月三十一日にとゞきました。いゝ年をとるように、と云う君のすゝめにしたがつて、断然いゝ年をとることにきめました。そのおかげでしよう。とてもいゝ年をとりましたから喜んで下さい。君の葉書があと一日おくれたら、こんなにいい年はとれなかつたかも知れない。どうもありがとう。

　昨日は、羽鳥ちやんと猪の公、今日は井上さんと羽鳥ちやんが来てくれて、にぎやかないゝお正月を迎えました。去年の今頃は此の人たちも一ツ星か二ツ星の兵隊さんだつたので、お正月にも来られなかつたのですが、今は羽鳥中尉殿、猪原海軍少尉殿、井上見習士官殿です。（註：羽鳥輝久君、猪原恒雄君昭和八年卒。井上豊明君昭和九年卒）

　此の三人ばかりでなく、三田の道場や竹谷町で、君が仲よしだつた大勢の気はやさしくてしかも強い人たちが、どんどん立派な軍人さんになつて、御国のためにがんばつてくれるのです。殊に君や僕とおなじ幼稚舎出の人たちが多いことは一層たのもしく、嬉しく、そしてありがたいことではありませんか。涵翠閣にも此の三人の名前をおぼえておいでの先生がいらつしやるかも知れません。井上さんの所には、君ばかりでなく、君のお友達からも、葉書が行くそうですね。きつと、兵隊さんにお便りをしましよう、と云う時に、知つている兵隊さんのないお友達に、君が井上さんを貸してあげたのだろう、と云つて皆で面白がりました。君たちから葉書をもらつた井上さんは嬉しそう。羽鳥ちやんは少しうらやましそうでした。此の次には、羽鳥中尉も誰かに貸してあげて下さい。

　お正月には何をして遊んでいますか。大勢でにぎやかにいたゞく修善寺のおぞうには、一層おいしいでしよう。おぞうにを、ひつくりかえした人はいませんか。羽鳥ちやんは、一度にいくつおもちを食べるかあてゝごらんな

修禅寺にて　中央白のジャケットは清岡暎一主任

さい。

四月十三日附、父から子へ

葉書ありがとう。愼はいつも元気で愉快でいゝですね。お母さんと啓子がそちらに行つたので、びつくりしたでしよう。（註、たゞ我が身の安全を計るだけの疎開ではなく、たとえ僅かでも、何かの御役に立ちたいと云う希望がかなえられて、妻は次女を伴い、四月十日から疎開学園の一員に加えて頂くことゝなつた。なお此の日から、初めて一、二年生が参加した）

今度は、君より小さい生徒さんがいるのですから、四年生は余程しつかりして、小さい人たちに深切にしてあげ給え。今まで君が班長さんや上級の生徒さんからして頂いて嬉しかつたこと、それを今度は君が下級生にしてあげる番です。僕は二十一日まで軍服です。家に帰つたら又絵を描いて送ります。そろ〳〵水遊びの面白い季節、小魚や虫たちが又愼の捕虜になるのでしよう。

×　×

六月三十日、疎開学園は、漸く住みなれた修善寺を捨てゝ、青森県の辺境木造町に再疎開を余儀なくされた。深夜の品川駅に於けるあわただしい見送りは、まことに感慨無量。今その日の日記を見ると、蔽《おお》いがたい当時の不安、焦燥と、何としてゞもそれに堪えようとする気持との交錯を窺い知ることが出来る。併《しか》し父から子への便りは……。

六月三十日附、父から子へ（絵葉書二枚）品川駅にて手交。

先日、修善寺から帰つたら、カバンの底から、君の描いた海戦の絵が現われました。どうもありがとう。ほかの絵と一緒に大切にしてあります。青森からはりんごの絵を送つて下さい。冬になつたら雪景色を……。

此の頃家に、ノラ猫がたくさんやつて来て困ります。此の間も夜の食事の最中Kオバが台所に行つたら、白に茶ぶちの大猫が忍び込んでいました。オバ「アラ猫……、コラ、シツシツ」パタパタ（オバの足音）ガタガタ（猫のさわぐ音）。オバ「ヒヤー、どうする?」アハハハ……ゲラ〳〵、ヒーヒー、ウフフフ…（食堂にいる秀、加代、妙（註、二人の従姉妹）等の笑い声）オバに見附かつた猫は、驚きあわて、窓からにげようと、窓の上にかけのぼつたが、窓が少しゝかあいていないので出られず。これはいかんと飛びおりて引返したのがオバの足もと。そこでオバがヒヤーとひめいをあげたわけ。オバの話では、猫はオバの足もとで、四肢を投出して蛙のように平つくばつたそうです。併しそれも一瞬、パツと廻れ右して、台所の出入口から西北方に遁走しました。（警戒警報解除）自分の家に逃げかえつた猫曰く「変なバアサンが現われて？　キヤーキヤー騒いでヤガンノサ。チエツデヤンノサ」どうも猫は言葉が悪くていかんです。

もう一つのおかしい話は、お母さんから聞き給え。此の方の話は少し臭いので、お母さんあての封筒の中に入れました。

修善寺から木造まで、まる二日間の汽車旅行はなかなか大変、途中よくよく気をつけ給え。それでは元気で。

八月七日附、子から父へ。

お父さんお元気ですか。僕はとても元気です。お父さんのかいた絵葉書がとゞきました。こちらは、夜、ぼうに糸をつけ、その先に大きい針をつけて、川の岸にぼうをつきさしておきます。そして朝行つて見ると、なまずがかゝつています。でも僕のにはまだかゝりません。昨日は食べられるきのこを取りに山に行きました。此の前のふきを取りに行つた時は往復三里ですが、こんどは往復五里でした。かえつたらすぐ夕食になりました。そちらのようすを又知らせて下さい。おからだお大切に。さよなら

十月二日附、父から子へ。

元気ですか。こちらも皆元気。オバ達も、君ががんばつたのは大変よかつた、えらい、と云つています。いよいよ君たちも十月中には引上げ、と云うことにきまつたようで、ほんとに楽しみです。考えると嬉しくて、思わずニヤニヤしてしまうではありませんか。元気で、ウンとふとり給え。

×

昭和二十年十月二十日早朝、天現寺幼稚舎の校庭は、木造から無事帰還した疎開児童を迎えて、親子、兄弟再会の悦びに満ちた。されどその悦びの蔭にさえ、戦争の生んだ幾多の悲みのあつたことであろう。斯くて一年二ケ月に亘る疎開学園は解散した。

敗戦の痛恨と、今後の厳しい生活と、思えば苦難はなお前途に立塞がつているのであろう。併しその悲歎と危懼《きぐ》の、例えば灰色の暗雲を冒して、なお仄々《ほのぼの》と差しそめる悦びの曙光は、家路を急ぐ親子の身辺に漂うのであつた。

後記、余りに私事に亘る事柄のみで、躊躇されるのであつたが、再三の御言葉に従い、父から子への便り終七十通、子から父への便り五十通に及ぶ、その一部を写して思出の一端を記した。

（昭和二十九年四月十一日）（大正四年卒）

＊修善寺・木造疎開学園に参加した阿部愼藏君（昭和二十三年K組卒）の保護者。

（幼稚舎創立八十周年記念号『仔馬』第六号第一号（通巻三十一号）
昭和二十九年五月五日発行）

幼稚舎疎開學園の思い出

大矢　裕康・島田　康夫
島田　安克・鈴木　光雄
中村　一雄

太平洋戰争中、一般小學校と同様學童集団疎開の命を受けた幼稚舎は、慶應義塾幼稚舎疎開學園を設立、昭和十九年八月二十五日に東京（恵比寿駅）を出發、修善寺に至り、野田屋、仲田屋、涵翠閣の三學寮に分れて、集団疎開生活を始めた。

昭和二十年七月一日に、青森縣木造町に再疎開、木造中學寄宿舎、西教寺、慶應寺に分宿、昭和二十年十月二十日歸京解散した。本稿はその一部の諸君の筆になる疎開生活の記録で、次号には更に多くの資料によつて全貌を明らかにする豫定である。

疎開生活程強烈な影響を与えた出来事は、僕達の少年時代の後にも先にも無い。多くの同窓生の方々は三田や天現寺に限りない楽しい思い出を持つていられる。しかし僕達にはあの疎開生活の思い出が余りにも強く残つて、その他の幼稚舎生活は全く記憶の片隅みに押しやられてしまつている。

僅か十四ケ月とはいえ、当時の僕達にはそれは、余りにも長い期間だつた。しかもその影響は今も尚はつきりと僕達の内部に刻み込まれ、集団生活の貴い経験は僕達の生活の強いバックボーンを形成している。

長い共同生活をやり通した者達の間には、普通の友達の場合にいや勝る強い信頼と友情とが結ばれた。今何百、何千人と居る学部の同級生の中に僕達はほんの一握り程の昔の仲間達を見つけて、彼等に対してのみの強い愛情を感じるのだ。

当時疎開に参加した者達は今も強い誇りの念を持つている。それは物質的条件が普通以下に迄下つてしまつた時、慶應ボーイ等という概念に表わされる見かけの豊かさがはぎとられてしまつた時、そして故郷から遠く切離されて幼稚舎生総数が僅か百数十人に迄減つてしまつた時に過去七十年の伝統と精神とを少しも損わずに八十年の今日に引継ぎ得たという その誇りである。

勿論あの困難な時期を矢面に立つて統率と指導の任にあたられた先生方の苦労と功績とは如何に感謝されても決して足りる事は無いであろう。しかしその時期は同時に僕達も又共に歩み、そして乗切つて来たのだ。その意味に於いて僕達は強い誇りを持つ。

戦争中に『文と詩』は廃刊となつたし、その後は疎開生活時代の作文がまとめられる機会も無かつたと思う。この作文集は昔を思い出しながら僕達が九年ぶりに作つた綴方である。どうか幼稚舎生諸君よ、君達は僕達と違つて今実に恵まれた生活を送つているのだからどうかそれを無駄にしないようにしたまえ。

一、疎開生活への出発

出発は朝が早かつた。住み馴れた町、見馴れた家々もまだ眠りからは覚めていなかつた。しかしこの時に眺めた景色、この時に吸つた空気が最後だつた。再びこの地を踏んだ時には只焼野原があるのみだつた。この後にあのような艱難辛苦が待受けていようとは考えても見なかつた。十年余りの歳月を、手塩にかけて育てゝ来た我が子を手離す父母の気持等理解出来るはずもなかつた。当時はたゞ遠足にでも行くような気持で、両親や先生方の注意もうわの空に聞き流し、喜び勇んで駅の改札口をくゞつたのである。

…　…　…

出発の二日前、天現寺の庭で生徒、父兄が集まつて集団疎開の出発式を行つた。江沢先生の作られた疎開出発の歌を僕達は合唱した。夏の夕暮れの森にその声はどんなに響きわたつたろう。塾長を初め先生方と父兄を混えた記念撮影の写真は今僕のアルバムに数少ないその頃の写真の中で特に貴重なものになつて居る。小泉塾長と清岡先生の足もとに一列に腰を下して居るのがその頃の僕等の姿だ。

二、修善寺への到着

修善寺駅はすつかり雨雲に覆われて居た。小雨の中を狩野川の橋を渡つて徒歩で修善寺町へ向つた。確か町のとつつきのバスの車庫の中で町の人々と挨拶を交わしたように覚えて居る。到着した頃の我々はまだまだ遠足気分ではしやぎまわつていたものだ。班ごとの室を定めるのと荷物の整理で第一日は暮れて行つた。

三、寮

幼稚舎の分宿した旅館が、他の疎開学園の寮に比べて、待遇が良かつたのか悪かつたのかは知らない。

しかしどんなに良い旅館でも、遊びざかりの子供達に十ケ月も逗留されていたのではたまつたものではなかろう。障子も畳も見る見る内に汚れ、破れて行つた。疎開の終迄、畳が張り代えられた事はなかつた。

旅館の中庭の池に泳いでいる鯉の群が僕等の目を楽しませてくれる唯一のものだつた。夜寝ている時に、桂川の流れの音が何時も耳についた。

四、修善寺町の印象

修善寺の生活が余りに印象的であつた故か最初の事等殆ど記憶にない。駅のそばに大きな川が流れていた。大分奥まつた山間の押しつまつた町全体よりも、旅館の暗さが目に残つていて、フトン等の荷物がゴロゴロしている。今考えて見ても仲田屋の主人が、いや疎開を引受けた旅館がさぞ驚いたゞろう。小さな町でも体が小さかつたからよかつた。今見ると又何とせまい道路の交叉かとびつくりする。何と云つても、皆目わからずの初印象だつた。

五、日課その一

起床

朝早く起きるのは辛い。火の気のない室の朝はしんしんと冷える。ガランガランと鐘が鳴つて「起床」と先生がどなつて廻る。皆いやいや起き上つて床をたゝみ、当番は掃除をする。そして松原先生や赤松先生達と朝のランニングをする。帰るとやがて朝食である。

就寝

夜床に入る前点呼がある。先生方が三人位で各班を廻つて来られる。班長が「第何班総員××名異常なし」と、言うふうにどなる。そして皆で手をついて「お休みなさい」という。床に入る前もう一回、東京の方を向いて「お父様、お母様お休みなさい」と、いう。

入浴

修善寺は温泉地である。僕達は毎晩お湯に入つた。寒い冬の一日が終つてお湯に入る時程気持の良い時はなかつた。でも空《す》きつ腹にお風呂はこたえた。毎日の入浴にもかゝわらず、皆の体にはおできが出来た。栄養不良のせいである。お正月には朝も入つた。ゆつくり寝坊して一日を風呂に浸つて過したものだ。

六、日課その二

掃除

集団疎開の日課の中で、掃除というものはやはり欠かす事の出来ないものであろう。両親のもとにあつては雑巾は勿論の事、箒ですらめつたに持つた事もないのに、毎日々々馴れない手つきで廊下を走り廻つたのである。掃除の後の点検で、先生が虫眼鏡でゴミを探し廻つた厳格さには手を抜くなどという事は思いもよらない事であつた。そうした中で忘れられないのは当時の温かい友情である。

面会の時には一分一秒でも長く父や母の顔を見ていたいのは人情であるが、そのような時に掃除当番にでも当ろうものなら全く悲劇というものである。ところが二月の面会の時には、とうとう僕がそれに当つてしまつたのである。だがその時に同じ班の友達が、

「掃除はしといてやるから行けよ」

と無理に僕を面会にやつてくれたのである。冬の寒い最中に、自から雑巾を握つてくれたその友情には、今考えても眼頭が熱くなるのを覚えるのである。

七、日課その三

まき運び他

「どうしてこんな辛い思いをしなくちやならないのかな」

小さな体に大きな薪の束を背負つて、細い山道をふらつきながら下る時、何度こんなことを考えたかわからない。木造へ行つてからは、切株みたいな太い薪をもてあまし、神社の大木をため息ついて仰いだことさへあつた。まき運びは私たちの生活を通じて最大の重労働だつたのだ。

……　……　……

薪運びばかりでなく、山へわらびとりに行つた事もある。下狩野村の小学校の勤労奉仕にも参加した。嬉しかつたのは昭和二十年の正月の餅つきだつた。もつとも幾らも餅がたべられたわけではないが。

再疎開で青森へ行つてからはせりつみやたにし取り（勿論おかず用ですぞ）も我々の仕事になつた。

八、食べもの丶話

疎開生活ほど僕達が腹が空いた事はない。毎日〳〵話は食べ物の事であつた。僕達の班で皆で知つてる限りのお菓子の名前を紙に書いてお菓子を思い出した事もある。お三時のミカンの皮を皆で交換して食べた事は毎日の事。毎日の食事の分量に目の色を変え、「あの丼は沢山入る」とかつまらぬことを気にしたものだ。今目をつぶると目の前に〝スイトン〟〝ぞうすい〟〝たくあん〟が、もうろうと浮び出る。〝スイトン〟と〝ぞうすい〟の水つ腹には何でも食物に映つた。よく磨かれた旅館の床を見ては板チヨコを思い出し、人が口を動かすのを見ると「何をこつそり喰つているんだろう」と邪推した。

毎日、三時には「班長、風呂敷もつて集れ」と鐘がガランガランと鳴る（これは通称ハンブロ）。皆今日のお八つは何かと懸命に班長の帰りを待つ。その時間のもどかしさ。帰つて来た班長を前に、皆神妙に正座して並ぶ。一切れでも、いや少しのかけらもと目を皿のようにして班長の分配の手先を見つめる。後に残つたくず迄スプーンで分配する。まるで餓鬼道そのものであつた。

勤労奉仕に農家に行つて、ふかしたお芋をもらう時の嬉しさ、時には柿をもらつた事もある。皆で一生懸命にむいて干柿を作つたのに盗まれてしまつた事もある。

腹が空いた者はヱビオスを食べて辛うじてしのいだのである。疎開から帰つて一番食べたいと思つていたのは大根オロシであつたが、いざ帰つて食べたら少しでいやになつた。人間というものは実に勝手なものである。

或る晩、誰かのお芋が一つ食卓から減つていたので、皆お芋を前に長い間坐らされた事もあつた。喰いものゝ有難味がこれ程分つた事は無い。一粒の米でも千金の価値があつたのである。

九、面会

面会とは腹一杯にお菓子が食べられる唯一のチヤンスである。お母さんに会うのも良いが、それより持つて来たお菓子が気になつたものだ。修善寺の初めての面会の時、大部分の人は夜吐いてしまつた。そして消化剤が飛ぶように売れたものだ。疎開に来た時程、父や母が恋しく思われた事は無い。面会の一日が終つて玄関に母や父を送り出す時、皆は何もいわないで泣いた。逃げるように去つて行く家人の心の中も涙で一杯であつたろう。戦争が激しくなり物資が欠乏して来ると、母の持つて来る食物は段々少なくなつて行つた。然し皆は毎日家に手紙を書いた。「お母さん、今度来る時はおはぎとおすしを持つて来て下さい」と。

十、小包

先生が室に来て「〇〇君一寸教員室迄」とニヤ〳〵しながらいう時は家から小包が来ている時である。小包の中は大概アメとかカリントウのお菓子、そして着換えの洋服、中には必らず手紙が入つている。一人で充分たべて部屋に帰ると皆がいう。「オイ今晩の飯は僕に半分くれよ」と。

十一、寮母さん

寮母さんは代理の母親である。一人の人が二乃至三の班を受持つていた。汚れものゝ洗濯から健康の事迄一生懸命世話して下さつた。自分の事を投げ打つて迄僕達の面倒を見て下さつた寮母さん有難う。

家が恋しくて泣いた人をなぐさめてくれるのも寮母さんであつた。

十二、坐学

寮での勉強を坐学と称して、毎日午前中、広間や各部屋で行つた（きちんと正座してゞすよ。今の幼稚舎生に出来るかな）。黒板も無い、教科書も足りない授業である（今の僕達の学力低下は実にこの頃に端を発して居る）。

とにかく、修身の授業よりもせりつみの方が大事で重要な事になつてしまつた時代の物語である。

十三、下狩野小学校

午後からは隣村の下狩野小学校へ通つた。村へは修善寺から峠を一つ越さねばならず、初めの頃はずいぶん辛かつた。

下狩野村は狩野川の流れに沿った美しい村だつた。其処の校庭に僕等は早速フットベースだの水雷艦長だの都会の遊びをもち込んだものだ。其処の開け広がつた校庭や、校舎や街道を、僕は今でもはつきりと覚えている。下狩野小学校は我々にとつて第二の母校だつたわけだ。

十四、遠足

時にあちこち野山を歩いた。そういう時はお八つが沢山出るので皆一生懸命歩く。

三津浜へミカン狩りに行つた時、皆、気狂のようにたべた。僕は廿四箇たべたけれど。

その帰り皆の顔は黄色く冷えていた。

近所の山へ行つてよく水雷艦長や帽子取りをした。広い斜面で思う存分遊んだものだ。そして美しく咲いている〝つゝじ〟の花をたべた。実に甘味かつた事を覚えて居る。（この間、家の庭のをたべたら吐きそうになつたので、東京のつゝじはまずいもんだと思つた。）

十五、演芸会

時々旅館単位で行つた。各班それぞれの出し物に皆一晩を楽しく過した。紙芝居あり、歌あり、芝居ありで面白い。でも皆の心は特別支給のお菓子の方にあるらしい。

：　：　：

下狩野小学校の学芸会に出演して絶讃を博した事もある。僕の一番印象に残つているものは修善寺で卒業する六年生を送る会と青森で九月の十五夜の晩やつたものだ。

十六、空襲

ウーウーとサイレンが鳴る。皆防空頭巾をかぶつて山に逃げる。肩には救急袋を下げて、病室に寝ている者もヒヨロヒヨロと逃げる。夜中の警報は一番辛い。ケーキの夢でも見ている最中に起されるのはがつかりである。もつともそんな翌朝は少し寝坊が出来る。

：　：　：

松林の中から見上げると、Ｂ29の編隊が、後から後から北上して行く。時には空中戦の音も聞えた。

青森へ移つてからの空襲は一層激しくなつた。何時の晩だつたか忘れたが、艦載機の大群が東北地方を襲つた。寝ぼけまなこでたゝき起されて寄宿舎の庭に出ると、弘前市の燃える火で南の空は真赤だつた。東の空も青森市の燃える火が夜の雲にはつきりと映つて居た。青函連絡船の全滅した晩だつたらしい。

　艦載機の群は超低空で頭上を飛び交い、隣村も機銃掃射を受けたと聞いた。寮の窓からふとんを投げ出す物音の中で僕達は松林の陰に隠れて居た。映画のシーンの様な、戦争の生々しさをはつきりと脳裡に刻みつけた。今だに忘れられない情景である。

十七、その他

　一日部屋に居ると下らぬ事を考える。鉛筆の交換が流行した。東京からわざ〳〵珍らしいのを取寄せたりしたものだ。模型飛行《ソリッド・モデル》機の製作が大流行した。皆暇さえあればガラスの片で木をけずつた。

　竹をけずつて色々なものを作つたりした。スプーンやおハシや、ペーパーナイフが大量に作られた。

　飛行機の名前を覚えるのが日課であつた。そして妙な言葉が流行したものだ。

「青キヤス」（豆粕の事ではない）まずいことをした時にいう。

「ヘツシバツサイキイチヤイネエ」これを早口に言う。これは馬耳東風の意味である。

「ドンベラメエヒヒヨウ」これは何であるか今ちよつとわからない
「ギヨツタマ」これはギヨツとタマゲタことである。

　……

　疎開生活の思い出の中で最も楽しいものゝの一つに唱歌があつた。夕食後、広間の片隅みのピアノの傍で、先生方と一緒に合唱した。軍歌もあつたが、多くは民謡や歌曲で、シユーベルトのものなども歌つた。又リズミックなものや慶應の応援歌は山へ行つた時、歌つたものだ。

十八、一年生

　青森に移る前、一年生がやつて来た。まだ赤ん坊のような子供達ばかりである。そして皆と一緒に生活するのである。お腹が空いたといつては泣き、お母さんを思い出しては泣いた。

　戦争は実にむごい事を強いる。二度と御免である。

十九、修善寺最後の頃

　面会はその頃から自由外出が許された。いつ別れるかも知れぬ親と子を思う先生方の思いやりである。二人で桂川のほとりを、或いは梅林の附近を歩いたものだ。

　その頃、我が家がとう〳〵空襲で焼けた。信じられなかつた出来事である。

　旅館の食事はます〳〵程度が下り「○○屋の名物、大根、人参、とろゝこぶ」という歌も出来た。そして修善寺の境内の木々が夏の息吹きを始めたころ、僕達は一部の個人疎開者を除いて青森へ移つた。

二十、再　疎　開

今から当時の戦況を考えて見れば、学童を東北地方に再疎開させたのは、要するに本土決戦に対応する為だつたにすぎない。兎に角、修善寺に疎開していた他の学校の生徒達も次々に再疎開して行き、我々もいよいよ青森県木造町へ、出発せねばならない日が来た。

二十一、三分間面会

青森への汽車は三島より直通で、東京へは真夜中に着く。これは焼けた東京を見せないためである。品川駅で皆はたつた三分間の面会をして青森へ向かつた。その駅頭の悲しさは今でも思い出す。声を限りに我子を探す母親、答へる子供、無理して用意した食物の数々を手渡しながらも他の人々はどんなものを子供に持つて来たのかと気遣う。それも子供にみじめな思いをさせたくない母親の心からである。「元気でね、手紙を書いてね」という間に汽車は出て行つた。皆は歯をくいしばつて或る者は涙を流しながら去り行く家族の姿を見送つていた。

何時間かの後、皆それ〴〵の差入れを食べていた。トウモロコシのパンあり、乾パンあり、ふかしたジヤガイモもあつた。そして疎開生活は第二の段階に向かつたのである。

二十二、木造町への到着

夜行三晩、しかも奥羽線まわりの疎開列車の旅は子供の身にはこたえた。周囲の風景が北国らしくなり、牧場が目につくようになつて汽車は青森県に入つた。確か弘前で昼食を取り五所川原線に乗り換えて木造に向かつた。初めて見る津軽平野の風光は高原的だつた。木造町では、中学校の生徒達に迎えられて寮に向かつたと覚えている。寮の中学校の寄宿舎はひどくガランとして感じられた。しかし其処は旅館と違つて、いるのは我々丈《だけ》であり、一切は我々がしなければならないのだつた。それにその頃迄残つていた幼稚舎生は全部で百五十人位で、十ヶ月の集団生活で訓練を充分受けて、この生活をやり抜こうという決意が（表面はどうだか知らないが）確かにあつたと思う。少くとも僕は青森での生活が僅か四ヶ月ではあつたが、充分団体生活の規律と訓練の成果を上げ得たものと信じている。

二十三、木造町の印象

片田舎の小さな駅に我々一行が降り立つと駅の前には町の小学校の生徒達がずらりと出迎えていた。大きな身体で強そうな人達であつたことを記憶している。町はひどく、活気に乏しく東北地方特有のガンギ道路以外はさほど印象に残るものはなかつた。津軽富士として有名な岩木山を朝な夕なに眺めるのが、せめてものものであつた。それなのに今では木造町に、懐しい一種の郷愁みたいなものを感じるのは何故なのだろうか。

二十四、木造町の生活

八月にかけての生活だつたから、何といつても明るかつた。見渡す限りの平野は、修善寺のしみつたれたせゝこましさとは、格段である。あの、大根、にんじん、とろゝこぶと大分違つている。第一生き物が一杯いたから何でもおかずにする。田にし、いなご、なまず、何でもござれだ。夜の中に仕掛けて釣つたなまずも、せち辛い食糧事情だから、夕食近くなると皆を囲んで何処が出るかを討論するという具合。まあ東京へ帰つたら何が一番食べたかつたかといえば、サツマイモである。当時これが皆の一致した意見であつた。

それでも東京を離れてすつかり落着いていたから、勉強の時間は大分あつた。お三時のバターを挟んだカンパンをかじりながらやつたものである。何でもかでも食物に話が結びつくのも又自然な成行きである。修善寺で風呂を一日十何回あびた者もアカはたまる一方だが、さて、風呂にはこだわらなかつた。

二十五、川除村《かわよけ》

川除村は私達にとつてまさにオアシスのような存在だつた。岩木川に水遊びに出かけた途中、村長さんの家の庭先に休んだ時がこの関係の初めのように思う。村長の佐々木さんは非常に親切にして下さつた。先生が用事で川除村を訪れる度に、生徒は順番に五、六人ずつお伴にあずかり、必ず佐々木さんの家で御馳走になる。私が東北のオスシの味を覚えたのもこのおかげだつたのだ。

二十六、終戦

何か重大な放送があると云う話であの日、私達は一寸授業を受けただけで寮へ帰つた。普段は生徒など聞いたこともないラジオの前にかしこまつて玉音を聞いたのである。ずい分おごそかな声だと思つただけ、私達にはあのむずかしい内容はわかる筈がなかつた。恐らく自分はわかつているぞとでも思わせたかつたのだろう。誰もその内容について聞こうとはしなかつた。その日の午後、私達六年生は少し離れた村の小学校へジヤガ芋をとりに出かけた。所が、はからずもそこの校長先生が私達に、「日本は敵と大砲を打ち合わないことになりました……」としやべつてしまつたのだ。この時になつて私達は驚いてこの言葉について考え始めた。そこで先生方は、帰り道、私達を集めて放送の意味を明らかにされた。私達がわからなかつたのを幸い、先生方は今までの通りの生活を続けさせるお考えだつたのだろう。それにしても、もし村の校長先生が話さなかつたら、私達はこの事実を何も知らずに過ごしてしまつた所である。

二十七、コックリさん

東京へ帰る日は何時だろうと皆でコックリさんをしたものだ。「コックリさん〳〵何時僕達は帰れるの」と真面目な顔でやつた。その日が来ても東京へは帰れなかつた。

二十八、帰京

ひと頃は二十一年の正月を木造で迎えるのかと諦らめていたこともあつたが、とうとう東京へ帰れる日が来た。木造の小学校で送別の学芸会をやつて呉れた。帰る為ならば、労働も作業も夜行列車も少しも辛い事はなかつた。

リンゴ一箱が僕達の家へのお土産だつた。盛岡のステーションで初めて米軍のMPを見たのを覚えている。

二十九、焼けた東京

早朝上野駅に降り立つた僕等の目に東京は異様に明るく、平たくそして一面に赤茶けて、うす汚れて映つた。浮浪者の群が我々を迎えた最初の東京人だつた。省線で恵比寿駅に着いた時、駅から黒と白の迷彩に汚なく染められた幼稚舎の校舎迄、さえぎるものが全く無かつたのを僕ははつきりと覚えて居る。

この最初の光景に依つて僕達の幼ない日の東京の幻影は消えた。―或る者には焼けた我が家と共に―過去の幸福な思い出は遠くへ追いやられ、今迄の疎開生活の記憶と影響と、それからの復興の生活が続いたのである。

疎開生活が終つて早くも十年、今日の幼稚舎は過去の幸福な生活をとりもどして居る。そして当時の幼稚舎生で疎開生活に参加した最上級生は今は学部の四年、僕達は三年、そして当時の一年生達も既に高校の二年に進んで居る。しかし現在の我々の一見何不足ないような生活の根底にも、常にあの苦しかつた四ヶ月の思い出が―今となつては早くも楽しい思い出に変りつゝあるが―現存している。疎開生活は我々に秩序と規律、勤労の尊さをしつかりと教え込んだ。しかしそんな利点があるからといつて、あの様なひもじさと苦しさの生活は今の幼稚舎生に、いや日本中の小学生に二度とやらせて良い事ではない。もし団体生活の良さが再び取上げられるとしたらそれは完備した寄宿生活の下に於いてゞあろう。

疎開生活の印象は今尚余りにも強烈である。断片的な個々の事件の姿が大きく立ちはだかつてかえつて全体の把握に困難を感じる。もし疎開生活の真の意義と価値を知ろうとするならば、僕達の記憶が完全に整理された五年後、十年後を待たなければならないと思う。

（筆者は一同昭和二十一年卒、現在経済学部三年在学の諸君）

＊〔大矢裕康〕〔島田康夫〕〔島田安克〕〔鈴木光雄〕〔中村一雄〕

修善寺・木造疎開学園に参加。昭和二十一年卒。

（『仔馬』第六巻第四号〔通巻三十四号〕

昭和二十九年十二月十五日発行）

思い出

田中清之助

「修善寺に疎開している子どもたちに、久しぶりで音楽の授業をしてやりたいと思います。

幸い、高橋（立身）先生のおつくりになつた、修善寺音頭と疎開学園の歌の作曲が出来ましたので、この発表と指導をかねて、学園を訪問したいと思つています」

戦争の終る前の年の、たしか秋もふかくなつてからのこと……。

本当に何年ぶりかでいただいた江沢先生のおたよりは、しみじみとうれしくなつかしかつた。当時学部の一年生で、やがてペンのしるしを星にかえて征かなければならない日も間近にせまつていたぼくたちの毎日は、慌しく空しいあけくれだつた。

一つでも、しのこして行くことがあつては心のこりだ……。それに二度とお目にかかれないかもしれない先生方にお世話になつたお礼やらお別れもしなければ……。そんな気持から、ぼくと同じ児童文化研究会の仲間、K君、Y君、N君などの幼稚舎出のグループが語りあつて、先生のお伴をすることになつた。

修善寺までの汽車は本当に混んだ。のろ〳〵とはしる車輌の中で、買出のリツクやら、大荷物やらにはさまれて、ぼくたちは身動きもならず数時間をゆられて過した。誰も彼もが、防空頭巾やら鉄帽に身をかため、いつ襲つてくるかもしれない米軍の艦載機に兢々《きょうきょう》としていた。

長い旅のあげくにたどりついた修善寺の町は、前と全くちがつていた。駅におりたつて見まわすと、町じうが黒つぽく、しんと静まりかえつていた。先生とぼくたちはめい〳〵の楽器を肩にかついで歩きだした。ほこりつぽい道を、お背の小さな先生は、戦闘帽に巻ゲートルのいでたちで、ぼくたちの列の先頭に立つて、ひよこ〳〵と歩かれた。そうした先生のお姿をながめていると、十数年前、若くて元気なころの先生がふと浮んでくる。かんしやく持ちで、負けずぎらいだつた先生……。ことによると今も、のつぽで足早のぼくたちにまけまいと、せい一ぱい背のびして懸命に歩るいていらつしやるのかもしれない。そんなことを考えながら歩を進めているうちに、見おぼえのある桂川の橋が間近に見えて来た。

〽あー　来たぞ修善寺　すみよいところ
桂川にはナ　桂川には
若鮎おどる――

昔から先生は歌はお上手の方ではない。お上手ではないから、授業では歌唱指導に模範を示して歌われたことは殆んど記憶にない。しかし、今の先生は、しわがれた低いお声をふりしぼつて、けんめいに歌つていられる。野田屋の大広間には、四、五、六年の生徒がめじろおしにならんでいた。だれもかれも、やせて耳ばかり大きくてうそ寒そうに見えた。

ぼくたちのアンサンブルの伴奏で、先生に教わつたとおり、こどもたちは二度、三度と歌つた。

子どもたちは大きな口をあけ、声をはりあげて歌つている。しかし、歌つている子どもたちの表情は、およそかれらが歌つている歌詞とはかけはなれた、暗いさびしいものだつた。その眼は、かなしげでうつろであつた。無理もない。父母とはなれて、帰れる日のあてもない子どもたちが明るく朗らかでいられる訳はないのだ。六年生のとき先生方に引率されて行つた那須の修学旅行の楽しさと、この今のこどもたちの身上を思いくらべて、ふと目頭があつくなり、目の前の五線がにじんでぼけた。

長いはしご段をおりると、廊下にも湯の香が淡くたちこめていた。ひつそりと人気のない岩風呂に身をしずめて、今日一日を静かに思いかえしてみる。

さつきから、向うむきになつてかかとをこすつていられる江沢先生が、ふとふりかえつて話しかけてこられる。

「おつかれだろうな、吉田さんたちは、毎日々々のことなのだから、大へんだなあ、ほんとに。」

手拭でぶるんと顔をふかれた江沢先生のお顔も、めつきりとやつれて、しばらく見ないうちに思いなしか白髪もふえられたようだ。

「こんな世の中になると私なんざあ、ほんとに役に立たなくてねエ。年はとるし、それに音楽の専科は、疎開学園には、あつてもなくてもいいもんだから。」

先生は入歯を外した口をあけて、ふふふと淋しそうに笑われた。

きけば疎開学園の開始と共に、教科はすつかり組みかえられ、ご老年の方や専科のお幾人かは東京にのこられ、つづいて来た塾内の教職員の整理で、ぼくたちのおなじみの古い先生方が何人も幼稚舎をおひきになつたという。

語られる先生の度の強い近眼鏡を通しては、もう昔のような、人を射すくめるようなはげしい目の光をみることは出来なかつた。

「あの子どもたちに歌をうたつている間だけでも、家のことや不自由な学園の生活を忘れさせることが出来たらと思つてね。ほんとは、お邪魔かもしれないがこうしてとき〴〵おしかけて来るんですよ。今度は君たちが一しよに来てくれてほんとによかつた」

いいえ、お役にも立ちませんで……。先生のおかげ、ぼくたちも先生方に最後のお別れをすることが出来ました……。と云おうとしたが声にならなかつた。

「かわいそうだねえ、子どもたちは。疎開学園の歌の一番の二節目に、疎開のわれら、こどもの出征……というところがあるでしょう。あそこの曲をつけるとき、ピアノに向つて涙がこぼれましたよ。」

先生のお声が鼻がつまつたようにとぎれた。

じつと目をとじられた先生の頭の中には、赤倉の林間学校、海上旅行、遠足など、倖せな幼稚舎生たちの思い出が浮んでは消えているのではなかろうか、私たちは湯につかつたままいつまでも暗い気持でおしだまつていた。

月のさしこむ風呂場の窓から、湯の煙が音もなく夜空へぬけ出していつた。

（昭和三十二年十月七日）

＊昭和十二年K組卒。慶應義塾大学児童文化研究会に所属していた時、修善寺疎開学園を訪問。幼稚舎教員。

（音楽科江沢清太郎を偲んで

『仔馬』第九巻第三号（通巻五十一号）

昭和三十二年十月二十日発行）

随筆による九十年・昭和
幼稚舎時代

安東　伸介

（前略）

太平洋戦争が勃発したのは、僕らが三年生のときの十二月ですが、僕らの学年は、様々な点で、特別に非常時の影響を受けていたように思われます。ランドセルや定期入れは僕らの学年から豚皮になりました。上級生のピカピカ光った牛皮製のランドセルや定期入れが、とりわけ立派なものに見えて羨ましかったことを思い出します。六年生のときに行われる修学旅行も僕らの学年から廃止になりましたし、金巻名誉録による表彰が取り止めになったのも僕らの学年からだったと記憶しています。然し、修学旅行がなくなったその代りに、集団疎開という大きな出来事があり、僕らは六年生としてそれを体験することになったのです。

昭和十九年の八月二十五日、三年生以上の幼稚舎生は、個人疎開の者を除いて、総て伊豆の修善寺に疎開し、集団生活を始めることになりました。掛貝先生は御家庭の事情で東京にお残りにならねばならず、新たに奥山貞男先生が僕ら六年K組（その頃は慶組と書きましたが）の担任になられました。奥山先生はそれまで体育を教えておられました。僕は歴代の体育の先生に、要注意人物としてマークされていた、という被害妄想がありますが、奥山先生にはどういうわけかあまり叱られた覚えがありません。先生は十七年の二学期から幼稚舎へおいでになりましたが、朝礼のとき、当時の舎長清岡暎一先生の御紹介があって、朝礼台に立たれた先生は「奥山です。どうぞよろしく」とたった一言仰しゃっただけの御挨拶でした。僕らはそういう先生にかえって頼もしい男らしさを感じたものです。先生は幼稚舎においでになる前、熊本の小学校で教鞭をとっておられました。幼稚舎に来られて間もなく、二年生の体育の時間中「僕は九州から来たんだから荒っぽいぞ」と言われると、生徒の一人が「大したことないや。台風だって九州から関東まで来ると小さくなっちゃうんだから」と言ったそうで、流石にこれには参ったと、今でも時々この話をなさいます。

僕らは掛貝先生と、それから僅かに六年の二、三学期という短い間でしたが奥山先生の御指導を受けたわけで、このお二人の先生からそれぞれ違ったものを授けられる機会を持ったことを終世の仕合せと思っています。

修善寺の生活についてはあまりにも書き記したいことが多く、到底紙面が足りそうもありません。疎開者一同野田屋、仲田屋、涵翠閣の三寮に分宿し、僕らは、吉田小五郎、奥山貞男、小池喜代蔵の諸先生と共に、野田屋（第一学寮）で生活することになりました。僕らが修善寺に住みついて間もなく、日本本土は連日の空襲に見舞われるようになったのです。もう敗戦は時間の問題となっていましたが、僕らは勿論負けるなどとは露思わず、B29がトンボのように小さく伊豆の上空を行き交う様を見上げながら毎日を送っていたわけです。食糧事情は極端に悪く、豆かすの混った僅かの飯と、大根、人蔘の煮つけだけの夕食がぶっ続けに二週間も現れたのはつらいことでした。当時の日記帳を開くと、食物に関する記述のない日は先ず見当りません。面会日にそれこそ口がきけなくなるほどお菓子を食べたこと、下狩野村の農家に稲刈りの手伝いに行っておにぎりを鱈腹《たらふく》食べたこと、密柑取りに行って指先が黄色くなるほど密柑を食べたこと、などは最上級の感動を以て記録されています。

食糧の問題、またその他の止むを得ぬ事情から来る欲求不満のために、時折子供たちの間に暗いやり切れない人間関係が生じたことは事実ですが、疎開生活全体がみじめな灰色一色に塗りつぶされていたわけでは決してありません。

僕ら六年生が普通部進学のため、いよいよ修善寺を去って帰京することになった前夜、四年生、五年生と次々に立って合唱をきかせてくれたのですが、歌が進むにつれて、歌う者もきく者も、皆泣き出してしまいました。先生方も、寮母さん達も泣いておられました。下級生たちは、ふだん大事にしている模型飛行機やクレヨンや色鉛筆などを僕らにプレゼントしてくれ、僕らもまた「形見」と称して、彼らに小さな記念の品を贈ったものです。吉田先生はキリストの「何事も汝にとりて善からざるなし」という言葉を、小池先生もまたキ

下狩野国民学校での運動会

リストの「物事を善意にとれ」という言葉を、それぞれ餞《はなむけ》として贈って下さいました。

　奥山先生は「ただ皆仲良くして……」と仰しゃったまま声をつまらせてしまわれました。この修善寺最後の晩の情景を思い出すと、僕は今でも深い感傷におそわれるのです。

　疎開時代の思い出は、幼稚舎生活の他の思い出を遙かに凌いで印象が深く、クラス会の折に僕らが語り合う話題の大部分は自然に修善寺の日々のことになってしまいます。そして、酒盃を重ねるうちに、

　戦い今やたけなわにして
　疎開の我等子供の出征
　堅忍持久は男の誇り
　互いにきたへん手に手をとりて
　頑張れ頑張れ勝利の日まで
　貫き通せや日本男児

というあの「慶應疎開学園の歌」を歌い出すのです。この歌は作曲は故江沢清太郎先生、作詞は高橋立身先生だったとおぼろ気に記憶しています。幼稚舎には原譜が保存されていないときます。僕らがかろうじて覚えている（と思う）右の第一章にしても、完全に原詩のままかどうか自信はありません。疎開学園へ慰問旁々《かたがた》おいでになった江沢先生がアコーディオンの伴奏で僕らに教えて下さった歌だったように思います。ともあれ修善寺で毎日のようにうたっていた歌なのですから、出来ることなら幼稚舎にメロディを正確に採譜して保存しておきたいものだと願っています。

寮母さんとお菓子

玉置　憲一

一、伝声管

我々が幼稚舎に在学したのは昭和十五年から二十一年迄ですから、太平洋戦争の四年間をはさんで、幼稚舎生戦中派の代表というところでしょう。十二月八日の開戦当時、天現寺のグラウンドは拡張工事の最中で、赤い火山灰があちこちに盛られて、杭がたくさん立っていました。校庭に起立してスピーカーから流れる宣戦の詔勅を聞いたのですが、言葉の意味は勿論わからず、下を向いてざらざらする火山灰を爪先でほじくっていたのを憶えています。そのうちに白い校舎にペンキで無様な迷彩が施され、地下室は防空壕に変り、屋上から玄関の面会所のところまで、敵機の襲来を告げる伝声管が埋められました。この管は今でも残っているのではないかと思いますが、らっぱ形の口が中央階段の所と、一階の面会所の壁に開いていて、三笠艦で見たのとそっくりだったので、大変素晴しい装置に思えたのでした。防空演習の時には赤松先生が屋上の監視所に登られて、伝声管で下へ何やら指示を与えていられた記憶がありますが、どの位実用に使われたのか知りません。

二、御真影

担任の先生方も戦争中で度々代りましたが、中でも宇都宮先生のスパルタ式教育は幼稚舎にしては異色の厳しさでした。普段はやさしい、気性のまっすぐな先生でしたが、フィリッピン沖で戦死されて残念なことをしました。戦禍が拡大する間でも、我々幼稚舎生は教育勅語の暗記もせずに済み、毎月八日に清岡先生が肩をぴくつかせながら開戦の詔勅を朗読されるのを聞いたことや、胸にネームと血液型を記したこと位が戦争らしい記憶として残っているだけでした。天皇陛下の御真影というものを見たことがなくて、疎開先の下狩野村の小学校で初めて最敬礼した時は何だか恐ろしい気がしたものでした。

三、おかず日記

昭和十九年に幼稚舎の高学年は伊豆修善寺へ集団疎開することに決り、八月二十五日に恵比寿駅を出発しました。我々にしてみれば遠足に出掛けるような気分で、駅頭で目を泣き腫している母親の顔が不思議に思えました。修善寺駅に着いた時には、我々の前途を暗示するような本降りの雨になり、寮に定められた旅館に入っても、旅の興奮と聞きなれない滝の音で寝つかれず、布団の中で足を引張り合ったりして夜遅くまで騒いでいました。

先生方の御苦労にもかかわらず食糧は意の如くにならず、食べたい盛りの生徒達に丼一杯の豆粕入りの御飯、大根と人蔘の煮付にとろろ昆布のお汁が常食でしたから、口の悪い幼稚舎ボーイどもは早速「のだや名物、でーこん、にんじん、とろろこぶ！」と節をつけてはやし立て、抵抗を示したのでした。誰が発明したのか「おかず日記」といって三度々々の献立をスケッチブックに写生してせめて夢で満腹する事が流行していました。たまにコロッケやフライのついた日は、食堂に当てられていた大広間から部屋に戻ると、フライの衣の焦茶色のざらざらした色合を丹精こめてクレヨンで塗り、本物の数倍の大きさの御馳走に描上げるのでした。みんなが食事日記に余り熱中して文章の日記をつけないので何回か禁止をいい渡されましたが、密かに書き続けて遂に止めなかったようです。時には特別製のイルカのステーキが出ましたが、これは血生臭くて食べられず、そっと捨てて奥山先生に叱られました。ですから月一回の面会日には食べ過ぎて、翌日げろを吐いたり下したりする者が続出しました。

四、面会日

寝床の中であと何日と指折り数えて待った一月半に一回の面会日の前の晩はよく眠れなかったものです。山のように食物を運んで来てくれる親との一日もあっという間に過ぎてしまうので、かえって面会がない方がいいような気さえしていました。初めの間は面会が終ってから親と別れるのが辛かろうという理由で生徒を大広間に集めたり、わざわざ奥山先生や赤松先生が生徒をつれて外出したりして、留守の間に父兄が帰宅したので、生徒は計略とは知りながらどうにもなりませんでした。三回目位から玄関で別れるようになりましたが一人も泣出さないで、皆じっと涙をこらえていたのは、集団生活で「おれは泣くもんか」という意地が出来てきたせいだったのでしょう。

五、修善寺の裏山

毎日「坐学」といって大広間で寺子屋式の授業がありましたがそれも途切れ勝ちで、午後になると町の裏山に当る修善寺の梅林や仲田屋の遊園地の裏の千早城と呼んでいた丘の上で「水雷かんちょう」や帽子取りに時の経つのを忘れました。お母さんが面会に来られないで取残された組、面会が終ってしまって来月まで親の顔が見られない組など、めいめいの淋しさや悲しさも、冬の雑木林の斜面を走廻って、いばらをくぐり抜けている間に消えてしまうのでした。吉田先生が春蘭を見つけて鉢植にされたのも、栽培してあった椎茸を取って叱られたのもみんな裏山の思出です。

六、寮母さんとお菓子

我々第三班の部屋は、大広間の反対側に一つだけ離れた所で、五年生と四年生、七、八人が入っていました。寮母さんは若くてエキゾチックな感じの沖さんで、みんな甘えていました。ゴロッピーこと鈴木五郎君は、いつも夜中に沖さんが起こして便所へつれて行くのですが、朝になると大てい布団を干さなければなりませんでした。

沖さんや塚本さんのような若い寮母さんは御飯の盛りがよいという評判で、食事の時は二人の前に一番長い行列が出来ました。沖さんは声が綺麗で、毎晩のようにお話や歌をせがんだのですが、少国民歌集しか知らなかった我々にとって、沖さんの浜辺の歌などのメロディーは特別な音楽のように思えました。中でも「真白き富士の嶺」の歌と物語は悲しくて大好きでしたし、沖さんもよく歌ってくれたものです。

或る晩、消燈してから、沖さんが先生方にかくれて三班の者にそっとケーキを運んで下さった事がありました。皆わっと喜んだのを制止され、真暗な布団の中で音をたてないようにケーキの甘味を噛みしめながら聞いたのも「真白き富士の嶺、緑の江の島……」というあの歌でした。今は殆んど聞くことが出来ませんが、偶然耳にすると、沖さんの笑顔とケーキの味と、波間に浮沈みする少年の姿が目に浮かびます。

七、演芸会

疎開児童の慰問公演で月に一回位ずつ漫談、奇術などがありました。あの時、手品を見せて下さった女学校の校長先生の姿をつい最近、テレビで見掛けましたが、素足で日本刀の上を歩いてみせる忍術の先生も今でも健在な様子です。川崎先生、田中先生は大学の児童文化研究会時代に慰問に来られた筈ですが、何の催しだったか忘れてしまいました。第二学寮だった仲田屋の元の横丁に桂座というお化屋敷のような古びた映画館があり、『出世太閤記』、『開戦の前夜』などの映画がかかって、二、三回行きましたが、雨が降ると屋根が洩るので中止になって皆をがっかりさせました。生徒がやった芝居では『修禅寺物語』が本格的で町中の評判になったものでした。安東伸介さんが夜叉王で、今考えると余程ませた小学生でないとあれ程の芝居は出来なかった筈だと思います。当時は芝居の筋書きはよくわからず、渡辺正毅、田中明両君の扮する楓と桂のお白粉をぬった顔が印象に残っています。

八、遊び

朝から晩まで一つ屋根の下で生活していたので、たいていの遊びはすぐ班から班へと伝わって来ました。たたみ一畳を土俵にしてオハジキで相手とこまを弾き合い、全部出したら勝ちというゲームが流行した時は、みんなが立てひざで畳の上を這廻るので、ズボンの膝頭が片端から擦切れて繕いが間に合わず、寮母さん達が悲鳴をあげてしまい、とうとうこのゲームは禁止になりました。この時はずいぶんがっかりした憶えがあります。ゲームに飽きてくると他の班の者を騙しておびき寄せ、押入れから布団の山を落して下敷にし、布団蒸しにすることが流行しました。この事を知らない吉武先生のお嬢さんが途中から疎開して来た時には我々悪童の餌食になったものでした。

九、お説教

「第三班、お説教するから教員室に集合！」と号令がかかると班長を先頭にして神妙に三階の教員室の前に整列して障子を開けます。先生はにこにこして仕送りのお菓子を配られるのです。空腹をかかえた寮生全員にわけるほどの量がない時はどこかの班がお説教にありつけるわけで、他の班を出し抜いてお菓子を貰えるという密かな楽しみがありました。

十、下狩野《しもかの》

お習字と体操の時間は峠を越えて隣村の下狩野国民学校へ行くのでした。菊屋の山への登り坂にかかる前に教会の白い建物があって、そこの道はいつもどろんこでした。桧の林の中で越えると城山の中腹に雨の度にえぐられて出来た細い急坂があり、ここから神社の鳥居で曲って、目の下の学校まで、転がり落ちるように走るのが痛快でした。校庭には都会っ子にとって珍らしいポプラの並木があって二学期のはじめには熊蟬のやかましい鳴声が響いていました。国民学校の授業が終ったあとの人気のない教室やグランドを借りて夕方まで体操をして、また峠をこえて帰ったものでした。

稲刈りの手伝いに行ったのも下狩野村で、慣れない手つきで切った指の傷痕が今でも残っていますが、それを見るにつけても、農家でもらった白米のお握りのねっとりした舌触りが忘れられません。疎開の思出というと食べものに始まり、食べものに終った一年のようですが、逆境の中で先生方、寮母さん方それに友達同士の心が触れ合って刻み込まれた体験は天現寺の授業では絶対に手に入らない宝物のように思えるのです。騒音の東京を離れて、平和な時代に慶應義塾幼稚舎疎開学園が実現したら……と考えるのは我々疎開児童組の一人合点でしょうか。

＊修善寺疎開学園に参加。昭和二十一年K組卒。

（幼稚舎創立九十周年記念号

『仔馬』第十六巻第一号（通巻九十一号）

昭和三十九年五月十五日）

「特集　川村先生を裸にする」より

奥山貞男　松原秀一
小林陽太郎

——疎開——

松原　戦前から、ひき続いて、疎開あたりの事をご存知なのは奥山先生だけですか。

奥山　ええ私一人きりですね。毎日朝礼を修禅寺の境内でやりました。下駄ばきで、体操が終ると各班別に三組に分かれて自由行動でしたから、一緒に顔合せるのはそれくらいで、午前中は勉強、午後は山歩きばっかりしていました。山歩きは私と川村先生のところで、川村先生が大将で、仲田屋を全部引き連れていたわけです。野田屋は私が全部引き連れて、先生だれも来ないんですよね。一人でもって、当時ゲートルや革靴を持ってましたから『籔歩きするんだから革靴はいて、ゲートル巻け』。それで防空頭巾を被り軍手をしまして、あの辺の山はたいした事ないもんで、籔こきばっかりしてたんです。川村先生は先頭に立ってフワッと踊りながら行っちゃったんじゃないかと思うんですがね。生徒が一人いなくなっちゃったとか言うような事がよくあったんですよね。又、川村先生の知り合いの人が、慶應の子は食べ物がないのでかわいそうだからみかんをあげる、喰いに来いと言われた。リック持って、歩いてみかんをとりに行きましたよ。食べながら帰ったら、リックの中のみかんがもう半分なくなって、残りを山のように部屋へ出して食べていたことがあります。ところがあの辺じゃみかんがなくて、修善寺から山を越して静浦や西浦を通って、三津浜の海岸へ出て、それでみかんをとって歩いて帰って来た。

小林　なんといっても修善寺の事は、思い出から除くことの出来ない重要な部分で、これは私とか薪水会のメンバーと、川先のつながりというだけでなくって、我々の人生の中で非常に大きな影響を持った時期だと思います。特に川先の関係で思い出すのは疎開です。とに角、我々どちらかというと部屋にこもって、ソリッドモデルを作っていたり、なんかしたかった時期もあったようですけども、最初の頃は殆んど無理やり川先にひっぱり出されて、山歩きをさせられた。しかし、今になって見ればあの山歩きはいい思い出というだけでなくって、小学校五年生ぐらいで、あれだけの経験をしたり、重い物を持ったり、酷《きび》しい経験をした事自体が、又大きなプラスになっていると思います。又我々仲田屋から野田屋に移ったのですが、川先が熱心な日蓮様の信者で、川先の部屋には仏壇があって、熱心に朝晩お経を上げておられた事を記憶していますし、修善寺でもう一つ、山歩きに加えて思い出す事は、班編成で特に班長の選び方や班の組み方に、川先らしい特徴が出ていたんじゃないかという気がします。当時、どこの班でも川先と言うと、とに角きれい好きで、虫眼鏡を持ってここに埃

六年應組遠足、右手前川村先生、右奥赤松先生、左奥松原先生、左の女性水落さん、中央の女性内村さん

がある、あすこに埃があるって見廻わられるんで、もう戦々兢々《きょうきょう》で、川先の前では絶対にやっつけられないように、一生懸命であっちこっちを箒ではき雑巾拭きをしました。私は今になって見ると、人の見方とか、そういう点で川先らしい面白さがあったんじゃないかと思います。みかん狩の話が奥山先生から出ておりましたが、かなり長い距離を歩いたような記憶がありますし、現地でそんなに食べられなかったんで、帰りに歩きながら、沢山のみかんを食べた。ですから帰って来たらかなりの量が減っていたんでしょうね。

奥山　それが修善寺時代で、それから青森の木造へ行ってから、私達の西教寺では食べ物がなくて困ったもんですから、町の人から聞き、鯰とりを始めました。川村先生なんか、ねじりはち巻きに、たすきがけで鯰料理。それと用水の掻い掘りね、用水を塞止めちゃって、みんな水をかい出しちゃうんですね。そうやって鮒なんかをとる事を川村先生やらせたようでしたが、そういう都会の子供なんか聞いた事も見た事もない事をやらせられるんで非常に面白かったようです。中学校の寄宿舎の生徒は五・六年で大きかったんですよ。

＊〔奥山貞男〕修善寺・木造疎開学園に参加した幼稚舎教員。
〔松原秀一〕昭和十七年〇組卒。慶應義塾大学文学部教授。
〔小林陽太郎〕修善寺疎開学園に参加。昭和二十一年〇組卒。

（川村博通、定年にあたって『仔馬』第三十巻六号（通巻百八十号）昭和五十四年三月十五日発行）

疎開のことなど

八木忠一郎

先日息子が館山の海浜学校から少し陽に焼けて元気に帰って来ました。四泊五日親元から離れての生活という初めての経験は楽しくもあった反面、ちょっぴりホームシックにも罹ったようでした。

忘れていたホームシックという言葉に出会って、私達の集団疎開のことを思い出し、そういえば丁度息子と同じ年令だったんだなあと、ときの流れの早さに改めて驚かされました。

私達は幼稚舎の三年の夏に修善寺へ集団疎開し、そこで四年生となり、戦局の拡大に伴って六月末青森の木造町へ再疎開したのでした。修善寺では三軒の旅館にわかれましたが、私達は仲田屋でした。そこで先づ困ったのがホームシックです。私達三年生の班の班長、副班長は六年生で、さすがに六年生はそんなところは見えませんでしたが、私達ははじめのうちこそ遠足気分でどうということもなかったのですが、だんだんと多かれ少かれホームシックに罹ったと思います。それでも昼間は忘れていることも多く、また友達の手前もあり平気な顔をしているのですが、夜ふとんの中に入ると母に会いたくて涙がにじみ出て来て困りました。それでも環境になれるのは早く、朝起床の合図で起き出して乾布摩擦をすることから一日が始まる規則正しい生活に順応していきました。乾布摩擦といえば私達の受持ちの渡辺徳三郎先生は亀の子束子の両端にひもをつけて、これが身体に良いのだと、皮膚が桃色になるまでこすっていらっしゃいました。

当時は疎開先に限らず日本国中のことでしょうが食糧不足で、三度の食事の量では足りず常に何かたべるものはないかと考えていましたが、ある時誰かの所持品の中に固型のハミガキがあったのを思い出し、ちょっと舐めてみるとハッカのような味がして結構いけるのです。とうとうそのハミガキは歯を磨かずに皆のお腹の中に入ってしまいました。そんな具合でしたから、たまにある「トクハイ」（夕食後のオヤツの特別配給）は大変な楽しみで「班長は風呂敷を持って集合！」という指令があると歓声をあげて喜んだものです。

そうした修善寺での生活もB29の襲来が多くなるにつれ危険となり青森へ行くことになりました。その時夜の何時頃だったか私達の列車が品川駅に一時停止するほんの十分程が親との面会時間にあてられました。うす暗い中、あわただしく親子双方が混雑したホームと列車から互に名前を呼びあってさがし求め、私もやっと親の顔を見つけることが出来ました。「元気でね」という母の声を聞きながら列車はすぐ発車してしまいました。私の方は父母の顔を見られたことで割合元気でおりましたが、親の方は後で聞いたところによると、もしかするともう生きて会えないのではないかと思ったそうです。そうして着いた青森では、次第に食糧の確保がむずかしくなったのでしょう。朝はお粥のことが多くなりました。

そのお粥のどんぶりに味噌汁をかけてたべるのですが、ごはん粒がまばらに見える糊状のお粥には味噌汁が仲々うまくまざらないのです。そのような食事を如何にゆっくりたべて満腹感を味わうかという技術が大変重要なものでありました。とに角常に空腹をかかえておりましたから、いなごをつかまえては串ざしにして焼いてたべ、夜は夜で棒きれに糸をつけ、それに針金を曲げて作った針というまことに原始的な装置にミミズをつけて近くの小川の岸の草のおい茂ったあたりにさしておいて、朝早く起き出してかかっているなまずをとりに行ったりしました。またある時食卓に肉が出ました。肉などは大変めずらしくこれはすごいご馳走だとばかりにたべはじめたのですが、いくら嚙んでも嚙み切れず、如何に食事の時間を長びかせた方が良いといってもこの時ばかりはとうとう嚙み切れないかたまりのまま飲み込んでしまいました。その後しばらく経ってたべものの話をしていた時、誰だったか「まだ馬の肉ってたべたことないなあ」といいましたら、渡辺先生が「この間たべたの馬の肉だよ」とおっしゃいました。当時は馬肉といえば食用という感じはなく、事実食卓にのったのは荷車でもひいていた馬だったのでしょう。いくらびっくりしてもあとの祭。今となっては懐しい想い出です。そんな食糧事情でありながら——「そんな」と不用意に書きましたが私達の食物は先生方の御苦心で、よそから比べれば大変恵まれていたのだと思います——皆とても元気で風邪もひかず腹痛もおこさず、一番顕著だったのは虫歯が誰にもなかったことです。虫歯になろうにも甘いものは無かったし、食品全体が今でいう自然食だったと思うのです。食を正すことが如何に重要かとこの頃になって思います。また食糧事情が悪かった為に養われたたべられることの有難さという感覚は今もって消えません。その辺の感覚が言葉でいくら説明しても実感として息子にはわからないようです。戦争は無論困りますけれど疎開のような体験は必要だなあと思います。

　疎開生活はつらいことや苦しいこともありましたが、その間文字通り朝起きてから夜寝るまで渡辺先生をはじめ諸先生方の教えを受けられたわけで、こんな恵まれた環境は願っても叶えられるものではありません。渡辺先生は御自身の行動を通して「誠実であれ」と教えられました。それは百万の言葉より有効な教育であったと思います。

　今、息子達は平和な日本で最も恵まれた環境の中に育っています。これは疎開が貴い経験だったというのとは対極の意味で非常にしあわせなことだと思います。私達が幼稚舎生だった頃には無かった新しい図書室などは、初めて見た時目《め》眩《まい》を覚える程すばらしいものでした。まさに子供達にとって宝庫とでもいえるものでしょう。こうした中で彼等はその恩恵に浴して存分に養分を吸収してほしいと思います。ただ、自分達の置かれた恵まれた環境に対する感謝の気持を常に忘れずに持ち続けてほしいと思います。

＊修善寺・木造疎開学園に参加。昭和二十三年O組卒。

（『仔馬』第三十三巻第二号（通巻百九十四号）
昭和五十六年七月十五日発行）

「吉田小五郎先生を偲ぶ」より
集団疎開と吉田先生

内田英二　奥山貞男
桑原三郎
司会　近藤晋二
（幼稚舎教員）

近藤　奥山先生、これから疎開時代に入りたいと思いますけれども、先生は幼稚舎史のなかで、〝私どもの口から申すのはどうかと思いますが、我々の学園は確かに模範的なものであったと自負して憚《はばか》りません。〟というふうに書かれているわけですけれども、苦難の時代という簡単な言葉ではいい尽くせない、幼稚舎にとっては大変な時代だったというふうに思います。吉田先生が、事実上の責任者ということでいられたんだと思いますけれども、奥山先生は先生とご一緒に……。

奥山　野田屋でご一緒でした。その前に、幼稚舎へ来た頃の話をさせていただきますが、幼稚舎に来たのは十七年で、戦争中でした。で、私は体育をやれということで、ほんとは三月に話はあったんですが、あんまり体育をやるというのに気が進まなかったんで、そのままになっていましたところ、人が足りなかったんですかね、応召とかで。それで、早く来ないと困るんだということで私、熊本におりましたんですが、県庁に呼ばれて「お前は東京に帰れ」といわれたもんで「帰れというなら帰ります」ていうんでやめて帰ってきたんですよ。で、今、内田先生から教員室の話が出ましたが、体育の専科の者には教員室に席がないんですよ。席がないというより、昼に教員室へ行ってご飯を食べるということもなかった。ですから、赤松先生と私と二人っきりで体育館の裏の部屋で……。ちょうど私が来ましたのが二学期、九月で、疎開に行くまでそこにいたわけです。先生方は授業が終ると皆さん帰られる。その後、赤松さんと私とで夕方まで子どものお守りですよ。

で、いよいよ疎開にまいりましたんですが、向うでは吉田先生と一緒に寝起きをしておりました。

内田　とにかく文部省から学童集団疎開の最終通達が急に来て、確か二十日ぐらいで準備したと思いますよ。記録には残っていないと思いますが、全く不眠不休でした。吉田先生は現地の責任者、天現寺には副主任の高橋立身先生が残って責任者ということになったんです。勿論、主任の清岡先生が全体を統《す》べていられたわけですが、ご病気がちでしたから、ほとんど吉田先生が、修善寺と、その後の木造《きづくり》での全責任を負われたことになります。

近藤　吉田先生のお話ですと先生方は、東京に家庭を持たれているので、月に一回ぐらい帰っていただくということにしていたけれども、奥山先生だけは一切帰らないので、大変困ったというようなことでしたが。

桑原　奥山先生は、集団疎開の間中、奥さんに殆ど手紙を出されなかったそうですね（笑）。吉田先生が何度も勧めたけれど、奥山先生はついに書かなかったという話を伺いましたよ。

奥山　家内になんか手紙、書きませんよ。

近藤　そういうこと、ご記憶ございますか。

奥山　はい、何遍もいわれました。帰れっていわれて「はい」なんて帰れませんよ（笑）。向うで毎日吉田先生とご一緒してましたけれどね、今になって考えますと、……この間、お通夜のときに、誰かが「吉田先生は大親分だよ」とおっしゃったけど、ほかの道へ行ったら大親分だって言ったけど、ほんとに、すべての責任が先生の肩にかかってたと思うんですよね。先がどうなるかもわからないし、経済的にもすべてわからないし、大変な苦労があったと思うんですね。そういうことに対して先生は一言もこぼしたこともなければ、何かおっしゃったことは一回もない。

夜、子供を寝かしてから十二時までが吉田先生の時間なんです。その時間、ご自分の勉強をされた。そして、十二時になりましてから、夜尿症の子がおりましたから「さあ、十二時になったからお風呂に入ろう」といって起こして、先生と何人かの子供、みんなでもって十二時になってお風呂に入ったもんです。で、先生は四時か五時に起きちゃう。ですから、朝の起床の鐘を鳴らすのは吉田先生の係。それまで私なんかは寝てるんです。先生の鐘を聞いてとび起きて、それから乾布まさつをしたりなんかしたんですが、ほんとに吉田先生に鐘たたきをさせて、申しわけなかったと思うんですけれども、私はほんとに生徒とばっかり動いていたもんですから。先生のご自分の時間のときにはあまりお邪魔をしないようにと、どちらかというと、一緒にいながら、あまり接する時間が少なかったような気がするんですね。

それでも、先生はどんなことでも生徒と一緒になさいましてね。朝礼をお寺でやって、その後、各寮別にかけ足をやった。その頃、幼稚舎生は、行ってから下駄を毎日はいていたものですから、今まで下駄なんかはいたことのない生徒が、鼻緒ずれが豆になって崩れて大変だったんです。まあそのうちみんなは慣れまして、下駄ばきで、修善寺のゴロゴロした砂利道を八幡さままでですから、二キロぐらいですかね、先生も一緒に下駄ばきで走られましてね、何ども一緒になさいましてね。

それから、私が驚いたのは、十一月の二十何日でしたか、これは私は知らなくて、あとで聞いたんですが、貴族院議員が視察に来たのを、先生が玄関から一歩も上げないで帰してしまったと。そういうことも先生は一言もおっしゃらなかったんですが、人から聞いたんですが、吉田先生はすごい、貴族院議員に門前払いを食わせたって。

それに野田屋で先生が大変怒られた。その姿は私は見てないんですが、子供の味噌汁にサトイモの皮ですね。あの当時、一般客も、泊めてたもんですから、身はお客さんに出して、皮が味噌汁に入っていたというので先生が怒って、主人を呼びつけたという話がありましたけれども、そういう話とか、いろいろないきさつがあったろうと思うのに、先生は一言も私たちにはおっしゃらず、最後まで野田屋を使ってうまくやられた。吉田先生は、我々にぐちを言ったりということは一切なさいませんでしたね。出発のときから、いろいろ苦労があったと思うんですが……。

桑原　青森県の木造に再疎開した時、わらじ視学ですか、あの辺で威張っていた役人がいて、東京から、これまで贅沢をしていた慶應なんて学校が来た。こっちに来たからには、とっちめてやるというような不穏な発言をした者がいたそうですね。それに対し、吉田先生が、全然臆することなく、毅然とした応対をなさったそうですけれども…。

奥山　私、それも見てないんですが、それは、わらじ視学がやってきて、俺が学生で東京へ出たときには田舎っぺっていわれた、というようなことを生徒に対して言ったと、それに先生が答えたんでしょう。

近藤　貴族議員、土岐子爵、松平子爵が見えた。おざなりの視察であるというのが幼稚舎史にありますね。……貴族院研究会調査部児童疎開視察団というんですね。

桑原　木造では奥山先生は……。

奥山　はい、吉田先生とご一緒したのは野田屋だけなんです。

内田　本部は、木造ではどこに置かれましたか

奥山　木造は、中学校の寄宿舎です。

内田　とにかくみんな、ほんとによくなさったと思うんですね。で、それが戦後の幼稚舎家族という、吉田先生の言葉に象徴される気風が醸成されたといえますね。

（吉田小五郎を偲んで
『仔馬』第三十五巻第三号（通巻二百七号）
昭和五十八年十一月二十一日発行）

思い出でつづる幼稚舎の110年

疎開学園時代の日記から

安東　伸介

私は幼稚舎生のころ殆ど日記を書いたことがない。少しは書いたこともあるのだろうが、多分、いつも三日坊主に終ったに違いなく、何の記憶も残っていない。ところが、例外的に六年生のとき、昭和十九年の八月二十五日から伊豆の修善寺で過すことになった疎開学園時代には、一日も欠かさずというわけではないが、割に丹念な日記をつけている。

もう三十年も昔の話になるが、「仔馬」で疎開時代の特集号を出したことがあった。私が大学の四年生の時のことである。その特集号（「仔馬」第六巻五号、昭和三十年二月）の編集者の一人は桑原三郎先生であった。私は吉田小五郎先生に命ぜられて、単に参考資料のつもりで、その日記を桑原先生に提供したところ、そのかなりの部分を「仔馬」に掲載されてしまった。四百字詰原稿用紙で七、八十枚ぐらいの分量が載っただろう。児童文学者の桑原先生は、戦時下における子供の文章の典型的な一例として私の日記に興味を持たれたらしい。私は、これ以上日記を幼稚舎に置いておいたらどんな危険が身にふりかかるか知れたものではないと恐れて、早速、日記を保管しておられた吉田先生に返却をお願いしたところ、「いや、あれは幼稚舎に寄附して下さい。ああいうものはせいぜい君のお孫さんの代でなくなってしまうものです。幼稚舎に寄附しておけば、永久に史料として保存されます。」などと歴史家的な口調で仰って、とうとう返して下さらなかった。

それから十年たって、昭和四十年、吉田先生の『稿本　慶應義塾幼稚舎史』が刊行された。その「日録」に私の日記は、史料として記載され、解題に「『安東日記』安東伸介の日記である。安東は疎開当時六年生で第一寮にあり、二十年三月卒業して帰京した、云々」とある。史料『安東日記』などといわれると、まるで明治の元勲の日記といった響きがあって面映ゆく、私は身の置きどころもなかった。以来、私は児童文学者と歴史家には秘かに気をつけるようにしている。

こんなことを言いながら、またここで自分の日記を種に拙文を綴るのもおかしなものだが、幼稚舎時代の思い出については、創立九十周年記念号の「仔馬」に一度書いたことがあり、今それを読み直してみて、はたと困った。今さらどう書いても、大同小異の文章しか書けそうもないのである。それならいっそのこと、恥を忍んで、昔の日記を引きながら、疎開時代の思い出を一つ二つ書いて見ようと思った、という次第である。疎開時代の幼稚舎について書かれた文章は、先頃刊行された吉田先生の、舎生のための「幼稚舎の歴史」所載のものが絶品である。拙文はこの吉田先生の記録の補足に過ぎない。

九月九日（土）曇後晴

今日松原敬介先生の壮行式が日枝神社で行なわれた。松原先生は長い間幼稚舎の校医として、僕達の身体を非常によく見て下さった。（中略）先に宇都宮先生が御出征なさり、今又松原先生の御出征はいかに戦局が重大であるかを、感じる。僕達は、先生方の後をついで、きっと立派な兵隊にならなければならない。（後略）

九月三十日（土）曇

今日は昼過ぎに、山へ登った。奥山先生が四、五、六年のおやつをリックにつめて、かついでいらっしゃる。山の頂上までは、道のりの少いわりに、坂が急で、ほねがおれた。やっと頂上についておやつをたべた。

パン二つと、ゼリー六つであった。曇っていたので富士の見えないのが残念だった。

その後で水雷艦長をやった。始め白が勝っていたが、赤が「最後の突撃」をやるつもりで、わーっと進んだ。その為赤が、じゃん勝になった。家にかえるとすぐに夕食だった。その後で、六時の報道をきいて驚いた。大宮、テニヤン両島の皇軍が、全員戦死したとの事であった。僕達はこれら英霊に、心から黙禱を捧げた。僕は、あの山の最後の突撃とこの知らせが、何か関係のあるもののように、思えてならなかった。

十一月二十四日（金）晴

（前略）午前中の坐学は平常通りに行われた。「つばめ」と「かもめ」のダイヤグラム問題で、二時間分ついやした。昼食が終って、当番の号令が掛かったと同時にあのいやな感じのするサイレンが突じょとして、けたたましく鳴り響いた。しかし僕等は落着いて、防空服装にとりかえた。十班は牛乳をのんでから、部屋に帰り、ゲートルを、非常持出袋からとり出そうとした時、あの異様なサイレンが空襲警報を告げた。すぐ様荷物を背負って、頭巾をかぶり、玄関前に集合、先生の号令一下修禅寺境内に待避を行なった。沈着の中にも、すばやい待避ぶりであった。しばらく班がかたまって待っていると、爆音が聞こえて来た。よく見ると、雄大な飛行機雲をひいていう〳〵と飛んでいた。すーっとのびた飛行機雲の果てには、肉眼でやっと見えるほどの飛行機がきら〳〵と光っていた。正に敵機だった。我々の上を、飛んでいる様はいかにもにくらしく、ここに飛行機があったら、飛び立って奴めに体当りを喰わしてやりたかった。その後も二、三回飛行機雲をひいた敵編隊が、我々の上空を飛び去って行った。（中略）夜は長ずぼんのままで寝た。

十二月二十二日（金）晴

（前略）今日は大へん天気がよいので、久しぶりに梅林に行くことになった。玄関前に整列して、すぐ出かけた。だが今日は、英霊が無言の凱旋をなさるので、途中で野田屋に引きかえし、制服に着がえて僕等も英霊をお迎えすることになった。修禅寺に行って……(中略)……葬儀が始まった。御国の為いさぎよく散華された、勇士の霊に、僕等はしばし哀禱の意を表した。(後略)

こういう戦時下の子供の文章を読んで、今の識者は何を言うだろう。大よその察しはつく。だが「英霊」とか「皇軍」とか「御国のため」といった言葉にひっかからずにこの文章を読めば、いつの時代でも、普通、小学校上級の子供はこんな紋切型の文章を書くものだ。

それはともかく、昭和十九年の秋からは、殆ど連日警戒警報、空襲警報が発令されて、我々の友人の中にも家を焼かれる者が次第にふえて行った。私たちが不安でなかった筈がない。しかし、私たちの遙か上空を飛んで行くB29はトンボのような大きさで、空襲の恐ろしさを実感することはむろん無理なことであった。毎月の誕生会は楽しいものであったし、下狩野小学校での運動会や学芸会も楽しかった。生まれてはじめて稲刈りの手伝いに、何日間か下狩野の農家にかよったことも忘れがたい思い出である。だが何よりも耐えがたいのは、慢性的な空腹感であった。みんなやせこけていた。吉田先生は、第一回の疎開学園の報告会を東京でなさったとき、「みんなやせて、やせて……」と言われたきり絶句してしまわれたそうである。父兄たちは先生の声涙ともに下るお話をきいて泣いたという。ひと月かふた月に一度の面会も、両親に会える楽しみもさることながら、腹一杯おみやげの食べ物を食えるのが嬉しかったのだ。稲刈りが忘れがたい思い出というのも、おやつの時に、腹一杯にぎりめしをごちそうになったからかも知れない。

日記には殆ど毎日、食べ物の記事が出ている。一例をあげると、

十一月三十日(木)

(前略)おやつはコーヒーであった。とてもあまくて、おいしかった。それから夕食まで自由時間であった。夕食はものすごい大ごちそうであった。僕等の大すきな大すきな「とんかつ」がついたのである。疎開して二回目のとんかつである。まるで、疎開したような気がしなかった。本当に感謝して戴かなければならないと思う。(後略)

この文章が嘘のない子供の真情の吐露であるとすれば、前に引いた三日分の日記も同じであると言っておきたい。ところで私は今でもトンカツが好きで、よく夕食にトンカツを作ってもらう。ことによると、疎開時代のトンカツの感動が無意識の深層に留まって、今でも発作的にトンカツを食いたくなるのかも知れない。あり得ることである。

もう一つ食べものの記録を引く。

二月五日（月）〈昭和二十年〉

（前略）一時半から三寮集って仲田屋で式をした。かしこくも皇后陛下は我々疎開児童に深く大御心を垂れさせたまい、この度、かたじけなくも、御菓子を御下賜し給うたのである。その伝達式であった。かえってから、牛乳とあげもち、みかんのおやつを戴いた。久しぶりであった。夕食後、恩賜の菓子を各一個戴き、つつしんで味わった。（後略）。

音読すると舌をかみそうな紋切型の文章だが、お菓子と一緒に、この時、「次の世を背負ふべき身ぞたくましく　正しく伸びよ　さとにうつりて」という皇后陛下のお歌も賜わったのに、その記述は全然なく、もっぱらお菓子の方を、かたじけなく、つつしんで頂戴したことのみを記録しているのは、やはり子供である。お菓子とは、直径四センチ程の、丸いビスケット十枚であった。日記ではそれを一枚だけ食べたことになっているが、これには後日談がある。最初は、一枚だけ食べて、あとは皇后様からいただいたお菓子だから、次の面会の時までとっておき、両親と一緒に食べようと、みんなで堅く誓い合ったのは事実である。けな気なものではないか。だが、到底一枚で我慢できるものではない。二枚目をつい食べた。七福神というのはエンギがいいから七枚残そうといって、三枚目を食べた。次々に理屈をつけて、結局みんな九枚食べ、一枚だけ残して、大事に面会の日までしまっておいたというのが真相である。

昭和二十年の三月十日、私たち六年生は、普通部進学のため、帰京することになった。ちょうど大空襲のあった日のことである。恵比寿駅に着いて解散した時は、もうとっくに日は落ちて、私は暗闇の中で出迎えの父に会った。丘の上の駅前広場から、江東地区の方向の地平線が、真赤に燃えているのがよく見えた。夢にまで見た恋しい東京の無残な光景に、みんな声もなかった。はじめて空襲というものの恐ろしさを知った私は、たちまち激しい腹痛に襲われたのをよく覚えている。

思い出でつづる幼稚舎の110年

集団疎開の思い出

白取　隆

「ああ、やっと帰ってこられた。来てよかったなあ」と思う一方、「こんな筈ではなかった。こんなに変っていてはいけない。こなければよかった」と考えたりもした。

昭和四十八年の或る日、幼稚舎生活の最後に近い数ケ月を過した青森県木造町の旧制木造中学校寄宿舎跡に、お元気だった川村・吉武両先生や数人の友人と二十八年ぶりに立った時の心の葛藤である。

私達が生活していた建物は既になく、そこはプールとなって子供達が騒いでおり、わずかに大銀杏の樹がその面影を残しているだけであった。又、見渡す限り田んぼであった周囲も、田んぼは残っているもののその中には赤や青の瓦の色も鮮やかな文化住宅が建ち並んでいた。

私にとって幼稚舎時代の最も強い思い出は、昭和十九年八月（五年生）から、伊豆修善寺町・木造町へと続いた約一年半に及ぶ疎開学園である。

その生活の中でも、つらい事であった冬の冷い水での窓や廊下拭き、それらをキチンとやらずにやり直しを命ぜられた時の絶望感。雪中、裸足で薪を積んだ荷車を引いた時の遣瀬《やるせ》無さ。昼間の働きに疲れて寝てしまって完成しなかった宿題を、翌朝未明に起きて廊下の欄間の隙間から洩れてくる薄明りを頼りに班全員で仕上げた時の安堵感、等々は忘れようとしても忘れられぬものとして残っている。しかしその思い出は年月の経過と共に風化され、つらい事悲しい事はどんどん薄れてゆき、楽しかった事のみが鮮やかに憶い出されてくるのはまことに不思議である。

当時の生活の基準は、私達生徒にとっては鐘であったと思う。起床・食事・勉強・遊び・勤労・入浴・就寝等、先生方が手に持って振り、鳴らされる鐘の音が毎日の全ての始まりと終りを告げていた。

その中でも特に楽しい鐘は、オヤツを知らせる鐘ではなかったろうか。ガランガランと鐘が鳴り「班長、風呂敷を持って教員室へ集合‼」と先生方の声が響き渡った時の嬉しさ、班長が帰ってきて部屋の真ん中に班全員が集まり、拡げられる風呂敷をジッと見つめる期待のこもった一瞬、実に四十年を経た今でもその感覚、記憶は鮮明である。

そのうちにオヤツを示す「班長、風呂敷を持って云々」の呼称は生徒の間で「班風呂」と縮められ、遂には先生方迄が鐘を振りながら「ハンブロ、ハンブロォ」と呼ばれるようになり、ここに「ハンブロ」はオヤツの代名詞となって疎開学園に定着したのであった。

その「ハンブロ」の中味は、当時の日記を見ると、修善寺時代にはミカンが断然多く、木造時代はリンゴ、トウモロコシが数多かったのは土地柄から当然だと思うが、木造時代の圧巻は、当時、父上がビスケット製造をされていた長井二郎君のお宅から送られてくる乾パン、圧縮ブドウ糖であった。食べて水を飲めば腹がふくれると云われた乾パン、甘いものにはほとんど縁の無かった生活を強いられていた当時に、現在のマッチ箱程度の大きさに圧縮された固形のブドウ糖は大変においしく、本当に嬉しかったものである。

そして一方、休日や自由時間にはイナゴ捕り、鮒とり、鯰とり等に精を出していて、それらを生まれて初めて食べたのも木造時代であった。イナゴは羽をとって飯盒の中蓋へ入れてそのまま火にかけて蒸し焼とし、鮒は焼いてから乾して粉末状に砕き、塩を混ぜてフリカケとなし、鯰は朝のミソ汁の中にその姿を変えて現れる、と云う次第であった。

どうも食い意地の張った思い出になってしまって恐縮だが、いま想えばハミガキ粉まで食べた友人もいた当時の悪い食糧事情の中で、その確保にご努力をいただいた先生方には今更ながらそのご苦労に対して心から厚くお礼を申上げる次第である。

そして幼稚舎生諸君!!　君達にはこんな思い出はつくらせたくない。もっと楽しく、愉快な幼稚舎時代の思い出をつくってもらいたい。

だが、ご両親のもとを離れて、先生方や友達と一緒に、一年位生活するのは素晴しいものだとは考えないかい？

＊修善寺・木造疎開学園に参加。昭和二十一年O組卒。
（『仔馬』第三十六巻第四号（通巻二百十四号）
昭和五十九年十二月十三日発行）

石川　桐さん
―疎開の思いで―

阿部　才子

アメリカの飛行機が、毎日毎晩のように東京の空を飛んで、「焼夷弾」という爆弾を落していくようになりました。その時「空襲」という、おそろしい言葉を知りました。

一九四四年八月、幼稚舎でも三年生以上の希望者が、伊豆の修善寺へ「学童集団疎開」することになりました。「疎開」なんて、へんな言葉もはじめて聞きました。

私共は田舎に故郷《ふるさと》をもたず、「縁故疎開」の当てもなく、三年生だった長男の慎蔵を修善寺行きのお仲間に入れていただきました。

三つの旅館が疎開寮になりました。野田屋、仲田屋、涵翠《かんすい》閣です。慎蔵は涵翠組でした。それぞれの寮に看護婦さんが付いていらして、涵翠は山崎さんとおっしゃる年輩の方でした。石川さんは仲田屋でした。

慎蔵は修善寺へ行ってほどなく、虫刺されがもとで急性腎臓炎になりました。顔が風船玉みたいにむくんで、担任の内田英二先生、みな様にたいへん御心配をおかけいたしました。

東京空襲はいっそう激しく、その年の暮れから私も四歳の次女を連れて、寮母として涵翠へ入れていただきました。吉田小五郎先生にお願いしてお許しを得ました。

長女は聖心女子学院の中等科生で、長野県の岡谷へ「学徒動員」の工場ごと疎開していました。真空管を作っていたのだそうです。

石川さんは、慎蔵が一年生の時から、お顔をお見知りしていましたが、疎開で親子三人すっかりお世話になり、お友だちとしても親しくお付きあいするようになりました。明るくて元気のよい、パキパキとした娘さんでした。二十歳《はたち》でいらしたそうです。看護婦さんも白衣でなく、もんぺ穿きだったように思います。

看護婦さん四人いらしたなかで、外科治療がおできになるのは石川さんだけでした。子供はしょっちゅう怪我をします。石川さんは三つの寮をあっちへ、こっちへ走りまわって、みんなからたいそう頼りにされておいでした。林佐一先生が、お風呂場でガラスを踏んでお怪我をなさった時も、石川さんが駈けつけて、ザクザク突き刺ったガラスの破片を抜いてさしあげたそうです。どうしてお風呂場にそんなあぶないものがあったのでしたか。


仲田屋はどうも待遇がよくないので引き払い、寮は二つになりました。石川さんが涵翠へ移っていらして、もっとお近しくなりました。

毎朝、みんなで「疎開児童の歌」を歌いながら、頼家を祭ったお寺へ行って、境内でラジオ体操をしました。「戦いいまやたけなわにして……かならず倒さん我等の敵を……」、そういう歌です。

いつも幾人かの病人があって、石川さん方は忙しいのですが、たしか月に一度の面会日の後は大忙しになるのでした。面会の父兄は無理算段して手に入れた御馳走持参です。ひごろひもじい思いをしている子供たちが、きまって食べすぎてお腹をこわしたからです。

私は右腕に大きなおできができました。栄養不足だったせいかも知れません。

「あら、これはひどいわね。川村（博通）先生がよく効くお薬をお持ちだから、あれを分けていただけたらいいんだけど……。でも川村先生は、そのお薬をとても大事にしていらっしゃるから、実際におできをお目にかけて、お薬を頂戴なさるといいわ」

と石川さんが入れ知恵をしてくださいました。川村先生のお薬のお蔭で、おできは治りましたが傷跡が残りました。その跡を見ると、あの頃のことを思いだします。ずいぶんと昔のような気もするし、ついこの間のような気もします。

とうとう修善寺まであぶなくなってきました。警報がでる

五年應組遠足　右川村先生、中央赤松先生、左奥石川桐先生

と、防空頭布をかぶって裏山へ逃げました。

一九四五年七月、青森の木造町へ再疎開しました。石川さんは中学校、私は西教寺というお寺、別の寮になりました。永野房夫先生が指図をなさって、川のナマズを釣ってお味噌汁にしました。道端のアカザや田圃のタニシ、イナゴを採って食べました。

修善寺と違って、お寺や学校には大勢で入れるお風呂がありません。お風呂屋さんへ行くと、トラホームで目をショボつかせた人が多く、子供たちにうつったら大変と、石川さんは気が気でなかったそうです。幸い無事でした。

もしもここで冬をむかえたら、寒さと食料不足でどんな悲惨なことだったでしょう。でも夏の木造は空気が綺麗に澄んで、カッコーが鳴いていました。

ここでも一回、空襲にあいました。お寺の本堂で頭から布団をかぶっていました。敗戦を知らせるラジオはガーガーと雑音がひどく、なにがなんだかちっとも判りませんでした。石川さんも、どうしてみんな泣いてるのかしらと思っていらしたそうです。

とりとめがつきません。やっぱりずいぶん昔のことなのですね。今年になって、小堺徹先生、渡辺徳三郎先生、奥山貞男先生と、疎開にいらした先生方があいついでお亡くなりになりました。心細いことです。石川さんが御停年で、私は八十一歳です。

石川さんには四人の孫もみんなお世話になりました。石川さんの予防注射のお蔭で、みんな丈夫に育ちました。どうも有難うございました。

お暇になったら、ゆっくり楽しくおしゃべりをいたしましょう。修善寺で子供たちが演じた「修禅寺物語」のこと、「姿三四郎」の映画を見たこと、冬のみかん狩り、夏の夜のホタル狩りのこと、思いでばなしをいたしましょう。

（一九八八年十一月）

＊修善寺・木造疎開学園に寮母として参加。修善寺・木造疎開学園に参加した阿部愼藏君（昭和二十三年K組卒）の保護者。（養護教諭、石川桐、定年にあたって。『仔馬』第四十巻第五号（通巻二百三十九号）平成元年二月十五日発行）

幼稚舎集団疎開の思い出

垣内　鎮夫

終戦から六十年以上たった今でも、幼稚舎時代の集団疎開（学童疎開）の事は断片的な記憶しか残っておりませんが、未だに忘れられない出来事でした。そこで残っている記憶の中から、いくつかをご紹介したいと思います。

幼稚舎で昭和十九年八月に実施された集団疎開は、原則的には当時の四年生から六年生までの高学年が対象になったものと記憶していますが、当時二年生だった私達の中からも希望者が学校にお願いして疎開に参加したのではないかと記憶しています。疎開先は最初は伊豆修善寺の旅館で、二年生の私たちは「涵翠閣」で疎開生活を送りました。空襲が険しくなってきた翌年には現在の青森県津軽市木造の慶應寺に移動しましたが、その時点で修善寺に疎開していた生徒達の中からは不参加になった人たちも居ました。修善寺には同じ二年生では鍋島常敬（旧姓千葉）、岡清里、廣瀬光雄、松本精一、等が一緒だったと思いますが、青森に移動したのは鍋島君だけではなかったかと記憶しています。

〈面会病〉

後に両親から聞いた話ですが、空襲が日増しにひどくなってきた状況下で「せめて子供たちだけでも空襲の被害にあわせないようにしよう」という決断だったようです。それでも、毎月親たちが交代で疎開先の子供に好きな食べ物の差し入れをする為に面会に来てくれた事は忘れられません。疎開先での食事には先生方も非常にご苦労をされたようですが、面会時に差し入れられる「おはぎ」「お菓子」「赤飯」等は毎日の食事では食べられないものだけに、つい食べ過ぎて腹痛や下痢をする事例が多く、これは「面会病」と呼ばれていました。私も例外なくこの面会病に罹って、当時看護師として随行された石川先生には大変お世話をかけたようです。親たちは、少しでも自分の子供に差し入れをしたい一心で、他の同級生の親たちに差し入れ品を託して交互に親たちの思いを届ける努力をしてくれていた事は、未だに感謝しております。

〈上級生から教わった「ジンジロゲの歌」〉

集団疎開は基本的に学校生活を疎開先に移転したものですので、当然多数の先生方が同行されており、私たちの担任は林佐一先生でした。毎日学校と同じように授業を受け勉強や屋外活動をしておりましたが、時々上級生と全員一緒の学芸会のような催しもありました。そのときのことだと思いますが、当時五年生だった岩切さんが「ジンジロゲの歌」を歌われ、歌の意味も分からずに私達も皆でその歌を覚えて歌うようになりました。

不思議なもので、そのとき覚えたこの歌は未だに良く覚えており、今でも疎開のことを思い出しながら口ずさんだりします。この歌を歌われた岩切先輩にはとても可愛がって頂き、高校時代になっても体育会などの活動を通じてお世話になりました。私は、父が謡曲をたしなんでいたこともあって、旅館にあった小さな能楽堂で謡曲の真似事をしたことを覚えています。

〈木造への移動と玉音放送〉

以上の二つは戦争中であっても楽しい思い出として残っているものですが、青森県木造に移動してからは食事も厳しくなり、青森の名産であるリンゴも一人半分が精一杯で、岩木山の見える田んぼでイナゴを取って食事のおかずにしたり、寺の境内に仕掛けたかすみ網で取った雀を順番で食べたり、カンパンとブドウ糖の塊で栄養補給をするような生活になって行きました。こうして木造で終戦を迎えることになったのです。八月十五日の終戦の日に、疎開先であったお寺の本堂に全員集められ玉音放送を聴きました。戦争に日本が負けたという事は先生方から説明されましたが、あのラジオ放送で流された天皇陛下のお声と、先生方をはじめとして全員が涙していた光景は今でも鮮明に記憶しています。疎開から帰ってきて恵比寿駅に降りた際に、三田一面の焼け野原と併せて忘れることの出来ない事でした。

私たちは、集団疎開が出来て皆無事に帰ってくることが出来たわけですが、疎開時代に毎日お世話になった先生方、可愛がってくださった上級生の先輩諸氏、又各地で支援をしていただいた三田会の方々、現地で疎開を受け入れてくださった方々などに改めて御礼の言葉を申し上げたいと思います。又、戦火の激しい中を疎開先に出向いてくれた親達にも改めて感謝の気持ちを伝えたいと思います。

二度と戦争は起こしてはなりませんが、あの疎開時代を通じて体験した経験は、一生忘れることの出来ない大切な私の思い出です。

＊修善寺・木造疎開学園に参加。昭和二十五年O組卒。

（『仔馬』第六十巻第一号（通巻三百二十二号）
平成二十年六月二十日発行）

第五章　『幼稚舎新聞』『慶應義塾幼稚舎同窓会報』等より

――『幼稚舎新聞』は昭和二十三年に創刊された幼稚舎の刊行物。現在は週刊で教職員・児童に配布されている。『慶應義塾幼稚舎同窓会報』は、昭和二十五年六月に創刊された同窓会の刊行物。現旧教職員・同窓生に配布されている。それぞれの刊行物の中から疎開に関わる文章を抜粋した。

疎開

方言

英　義道

僕が疎開した輕井澤は、餘り東京とちがわないのだが、ちがつたところを思い出して書いて見たいと思う。

かあやん―お母さん
とうやん―お父さん
めた―澤山、とても
いかず―行かないか
いつける―のせる
やだがる―いやがる
あか―あかん坊
はたく―ぶつ、なぐる
しような―ひよこ
おじやんぼん―葬式

というようなもので、

例えば、「澤山柿を棚の上へのつけておく」というのは、「めた柿を棚の上せいつけとく」というのである。

青森へ疎開した人達も言葉がわからず、まるで外國にでも來たようであると、いつていたが、全くどこへ行つても、言葉が通じないのは全く困るものだ。

＊個人疎開。昭和二十四年K組卒。

疎開學園

清水　彰

疎開に行つた人達は三Kは、十六名だつた。慶應寺での遊びというと、みんな大がい、フツトベース、ボウシ取り、すもう、ふとんむし、僕や宮島君等は自轉車に乘つて遊ぶことが多かつた。一番いばつていたのは宮島君で、人の食事の食べ方が、のろいとか、早いとかいつて、どなり散らしていたつけ。また宮島君は一年生の島田、本澤君などをおどして教員室から、カンパンやブドウトウをしつけいして、來させたりしたつけ。規則といえば、そうそう、朝七時に太鼓がなつて起きる。それから洗面、朝禮、朝食、勉強、午後は自由、ただし金曜は向陽小學校へ勉強しに行つた。おやつはリンゴ、カンパン、ブドウ、ブドウトウ等であつた。僕は學校で色々な經驗をしたが、疎開學園が、一番強い印象に殘つている。

＊修善寺・木造疎開学園に参加。昭和二十四年K組卒。

修善寺

平野　明

涵翠閣の前に梅林がある。前といつても桂川を、渡つて少し行つた所だ。しばらく登ると梅の林がある。ここが僕達の遊び場だ。六年生から三年までいつしよに帽子取りをした。芝生の岡がありその上の木を、じんにして、たたかつた。僕達の方が少し弱かつたので皆取られてしまつた。僕はその時、六年の小野澤君とつつじの中にかくれていたので取られなかつた。小野澤君が助けに行つたので僕もあとから走り出した。敵は皆小野澤君に氣を取られていたので横から助けようとしたら六年生に見つかつてしまつた。僕は、もうむ中で敵の中に走りこんでやつと皆を助けた。皆はよろこんで走つてじん地へ歸つた。今度は、さつきと反對に、やつつけてかつてしまつた。帽子取りが修善寺での第一の思い出だ。

＊修善寺・木造疎開学園に参加。昭和二十四年O組卒。

なまずつり

岩田　弘和

僕は奥山先生にゆりおこされて、目がさめた。時刻はちようど五時半である。

僕はまだ早いのになぜだろうと思つたがすぐ昨日なまず釣をかけて來た事を思い出した。僕はたんぼのあぜ道をかけ足で歩いて行つた。あたりはきりでまつ白だが近くの金色の稲が風になつてゐた。

やがて昨日なまずをかけておいた小川に出た。――ここは僕達の疎開してゐた西敎寺のうらにあたる岩木山のよく見える所である。――その内にきのうかけた所のめじるしの紙がぴらぴらと草の間に舞つてゐた。そのそばにさしてあつた僕の糸をたぐるとぐつと手ごたえがあつた。「つれた」僕は思わずよろこびの聲をあげた。

なおも糸をたぐるとなまずのねずみ色のすがたが見え出し水面に出たなまずは大きなからだをばちや〳〵とおどらせた。朝のなつかしい思ひ出。

＊修善寺・木造疎開学園に参加。昭和二十四年O組卒。

岩木川

廣瀬　治彦

木造町から約一里行くと岩木川といふ川がある。その川は淺くて一番深くて一米半ぐらゐである。その川に僕達は泳ぎに行くのである。

ある日その川に行くために門を出た。そしてあつい道を一里も歩いてやつと岩木川の川岸にきたときはほんとうにやれ

岩木川での水浴び　小堺徹先生のスケッチ

〳〵と思つた。それでもみんな川のふちまでかけ足で行つていち早く眞裸になつて川の中にとびこんだ時はいいきもちだつた。そして少しあそんでからこの川で體をあらう事になつているのでからだを先生に洗つていただいた。それがすむと又遊びだした。こつちではもぐつたりしているとあつちでは水のかけつこをしたりしている。遠い所ではあつたが樂しい遊び場の一つだつた。

＊修善寺・木造疎開学園に参加。昭和二十四年〇組卒。

慶應寺

近藤　晋二

僕達のいた所は慶應寺というお寺である。僕達は、ぐう然にも學校と同名のお寺におちついたわけである。慶應寺の中は、本堂が約二十疊。その左には、ろうか、右は板の間でそのろうかを通つて、教員室、衛生室、町田先生のお部屋、便所と續き、教員室の隣りはクリというところで、二十疊位の座敷になつていた。この部屋は歸京する頃に食堂として使われた。慶應寺からは、岩木山が富士山のように見え、こゝでは津軽富士と呼び、景色は、とてもよかつた。このお寺の境内は、かなり廣いので、一年や二年生を相手に、僕達は、よくフットベースや、ボウシ取りをやつたものだつた。またカスミ網をかけて、すずめをずい分取つた。すずめやきの味は、今も忘れられない。しかしお寺のおばさんの言葉には全くへいこうした。

（終戦時の三年生の卒業にあたって。
『幼稚舎新聞』第十四号
昭和二十四年三月二十日発行）

思い出

疎開時代の幼稚舎

安東　伸介

数限りない幼稚舎時代の思出の中でも、一際深い印象を僕らに刻みつけてゐるものはやはりあの修善寺での疎開生活であらう。昭和十九年の夏から翌廿年三月の卒業まで、僅か半年余りの短い期間であつたが、この間に僕らが遭遇した様々な、しかも切実な体験は恐らくそれ以前のあらゆる幼稚舎生活の思出を遙かに凌ぐ生々しさを以て僕らの記憶に忘れ難く刻み込まれてゐるのである。年に春秋二回の同窓会で僕らの語り合ふ話題が殆んどこの疎開時代の思出に限られてしまふのも当然であらう。

先だつても同窓会の折、僕らの寮になつてゐた野田屋旅館の果樹園に、渋柿の熟しを食べに行つた時のことに話が及ぶと、突然奥山先生は「あれは君本当は野田屋には内証だつたんだよ。」と言はれた。卒業の年の二月頃であつたが、僕達六年生二十数名は空腹を抱へて野田屋の柿園を襲撃し、銘々手頃な枝に跨つたまゝ、真赤に熟れた大きな渋柿をあつといふ間に一人廿個以上も平らげ後世に伝ふべき武勇伝をうち立てたのであるが、その時率先垂範自から陣頭の指揮に立たれた当の奥山先生から、いはゞあれは一種の匪賊行為であつたといふ重大な真相を僕らは始めて明らかにされたのである。今後この種の新事実がどんな処で明るみに出されるか全く知れたものではない。

疎開時代の思出を語らうとして先づ食物の話になつたのは偶然であるがおよそ疎開時代の幼稚舎生にとつて食物ほど重大な関心事であつたものはない。或る女囚が牢獄で綴つた日記に、最も多く書かれてゐたことは着物の話だつたさうであるが、日記が個人の率直な自己告白である以上、そこに最も多く記されてゐる事柄をその人最大の関心事と見ても差支へあるまい。因《ちなみ》に今、当時の僕等の日記を見ると、毎日倦《う》まず撓《たゆ》まず最大のペースを費して書かれてゐる記事は実に食物のことなのである。一般に幼稚舎生は良家の子弟ださうであるが、と言つて人間である以上胃の機能まで変つてゐる筈はないのである。例えば大豆粕の混つた丼一杯の御飯と、大根人参の煮つけだけのお粗末な夕食では、どうにも満腹感は得られなかつたし、又それ以上に耐え難い一種の精神的な幻滅感に圧倒されて、やり切れなかつたものである。だから或る日豚カツがでたときには、大変な騒ぎになつた。早速日記には、その日の豚カツについて、その大きさ、厚さ、味加減、果てはパン粉の形状に到るまで、実に詳細な感想が、これ又熱烈な感動を込めて記録されたものである。中にはその挿絵までのせる念の入つた者もあつたが、こんな僕達を目のあたりに見られながら先生方は恐らく心の中で泣いて居られたであらう。

家にゐたらもつとお腹一杯食べられるのにといふ考へは、

次第に僕達に家庭の団欒を思出される様になつた。今頃お母さんは何をしてゐるだらう、などと考へ出すともうとても眠れなくなつた。そんな時よく寮母さんに頼んでお話をしてもらつたものであるが、不思議なことに皆面白おかしい話より却つて悲しい感傷的な話の方を好んだ様である。山椒大夫の物語などで、安寿と厨子王が盲のお母さんに再会する所になるとあちこちで啜り泣の声が聞こえた。そして秘かに涙を流してしまふと奇妙に胸が晴れ〳〵とするのだつた。大学に入つて、例のアリストテレスの有名なカタルシスの理論を読んだとき、僕は成程と感心した。悲劇というものの本質的効用を僕達幼稚舎生は本能的に知つてゐたのである。

寮での授業を坐学と言つたが、偶《たま》には隣村の下狩野小学校まで通つて勉強することもあつた。然し秋に入つて殆んど毎日のやうに本土空襲に見舞はれるやうになつてからは、坐学も始終中断されがちで、僕らは山に待避することが多かつた。待避と言つてもこれはハイキングと呼ぶ方が相応《ふさわ》しかつた。富士山の見える梅林で、B29の編隊を頭上に仰ぎながら僕らは呑気に帽子取などしてゐたのである。

時々、野田屋、仲田屋、涵翠閣の三学寮全員が集つて開いた演芸会も楽しい思出の一つである。これには実に多種多様な出し物がとび出したものだつた。然し当時の圧巻として今なほ語草となつているものは、下狩野小学校との合同学芸会で僕らの寮が演じた岡本綺堂作「修禅寺物語」であらう。テレ臭い話であるが僕は主役の夜叉王になり、左団次の名調子を真似て熱演し野田屋の番頭に感動のあまり涙をしぼらせたものである。今でも酔つぱらふと夜叉王の台詞を覚えてゐてやたらにどなるさうであるが本人の僕には全く身に覚えがない。

学芸会の他に、運動会、稲刈りなどすべて下狩野の小学生達と一緒にやつたのでお互いに友達になつた。殊に高等科の女生徒さん達は幼稚舎生がよほど可愛いかつたとみえて、色々親切にしてくれたものである。東京に帰つてから間もなく僕はその一人から極めて印象的な手紙を受取つた。「修善寺の駅でお別れする時は、又いつお会ひできるかと思ふと悲しくて、私は泣きました。皆も泣きました。貴方のためにとおにぎりを三つ持つて行つたのに差上げられなかつたのが残念でなりません。いつまでも私のことを忘れないできつとお便り下さいね。」といつた文面なのである。

これからはこの種の感動的な手紙も頻繁に舞込んで来るものと秘かに用心してゐるのであるが、とにかく今日迄のところ、正直に言ふが僕はこれ程心のこもつた手紙を女の人からもらつたことはないのである。あの時僕が返事を出したかどうか不幸にして記憶にない。其後、彼女は伊豆の山の中で一体どうしてゐることであらう。もはや立派な一人の母親になつてゐるのではないか。以来僕は再び修善寺を訪づれたことがないのである。

（幼稚舎創立八十周年記念号
『同窓会報』第二十四号
昭和二十九年四月十五日発行）

おもいでばなし
疎開の頃の幼稚舎

奥山　貞男

昭和十九年の八月に、三年生以上、二十年四月には一、二年と、希望者が疎開学園に参加しましたので、天現寺の校舎には幼稚舎生が一人も居なくなりました。

疎開学園というのは、戦争のとき、空襲や火災による被害をさけるために、学校を地方に移したものです。

幼稚舎の疎開学園は静岡県の修善寺町でした。

三百四十五人が参加して、八月二十五日に東京を出発、お家の方々と別れ、お友達との生活が始まったのです。何時終わるのか、何時帰れるのかもわかりませんでした。

二十年六月には青森県の木造町へと聞いたこともない町へ再疎開をいたしました。

東京は度々の空襲で焼野原となり、戦争は終わりましたが、疎開学園は十月までちょうど一年と二ヶ月続いたのです。

この間に、東京の空襲で、おとう様をなくしたり、いちどに両親を失った人などの悲しい思い出や、食べ物が不足して、道端の草を毎日採って食べたりしたつらい事など今になっても、ありありと思い出すことができます。また大勢のお友達と暮したので楽しかった事もたくさんあります。

初めは、おたがいに我儘でけんかをしたりの事件がありましたが、だんだん日が経つにつれて、仲良く助け合い、とても辛抱強くなりました。

現在、皆さんの朝礼時のかけあしを見ていると疎開学園の朝礼を思い出します。朝礼は近くのお寺で行いましたが、最後に片道一キロばかりのでこぼこした坂道を往復走るのです。当時は、新しい靴を買うことができないので、全員下駄ばきでした。石がごろごろ顔を出している坂道で、よく捻挫もしないで毎日毎日走ったものだと今更感心しています。吉田小五郎先生も、永野先生も、吉武先生、大島先生も、幼稚舎生に負けずに下駄ばきで走りました。

外出はいつも下駄、大勢のことですから毎日のように誰かが鼻緒を切るので、先生方は下駄屋さんのまねが上手になりました。下駄屋さんばかりではありません。一月に一度はみんな頭を刈りますし、バリカンや鋏を使ったり、かみそりをといだり床屋さんも一人前でした。その他何んでもやらなければ、ならなかったので、先生方は器用であったと思い出しておかしくなりました。

吉田小五郎先生が自転車で出かけられたら「吉田先生が自転車に乗った」と、皆が驚いたり、生徒が川に投げた石が、町一番の雷おやじの家に飛び込んでガラスを割り、吉田先生が平あやまりにあやまった事、生徒が盲腸炎になり、氷が買えないので、防火用水の氷を石川先生と集めて冷した事など、笑ったり、驚いたり、心配した毎日の連続でした。

疎開が始まったばかりのところです。また機会があったら、お話しいたします。

（『幼稚舎新聞』第四百三十七号
昭和四十三年二月二十日発行）

疎開学園

奥山　貞男

修善寺のがんこじいさんとして有名な土産物屋の主人が、川の崖上にある部屋の廊下で新聞を読んでいる所へ、廊下のガラス戸を破って石がとびこんできた。犯人は幼稚舎生であったというので、寮長の吉田小五郎先生が平謝りに謝って来た。

担任であった私はその日の夕方まで知らなかった。東京から修善寺に着いた翌日で、荷物の事などで忙しくしていた時の出来事であった。

修善寺町は、伊豆の山あいを流れる桂川に沿った温泉町で、町の中は川岸までびっしりと旅館、土産物店の建てこんだ細長い町。町の両側には海抜二百米ばかりの山波が続いていた。第一学寮であった野田屋はこの川岸にあり、部屋の窓下に流れの音を聞いて暮したのであった。

玄関を出た所は、桂川が岩磐を削って流れ、浴室の窓下は淀みになっていた。

雨に降られて着いた翌日晴れ上がったのでちょっとのひまに外に出た仲間達が、何気なく流れに向って投げていた石が、狭い桂川を越して窓ガラスを破ってしまったのであった。

こんな事から始まった修善寺の疎開学園の生活中、一日何回この川を渡ったことか、この桂川にも忘れられない思い出の数々をもっている。桂川の合流する狩野川で魚釣りをやったとき「落ちた」の声で馳けつけたら、水底から赤い運動帽子が浮き上がって来たのでひき上げた加藤君、今益々元気で活躍しているが、不幸に石がとびこんでしまった佐々木君は、元気で大学を卒業したが、それ以後は友達への連絡もついていない。当時の人々の元気な顔を見たいものである。

（幼稚舎創立百周年記念号
『幼稚舎新聞』第六百八十三号
昭和四十九年五月八日発行）

疎開学童と共に過した十ヶ月

石井　法子

この思い出の記は、昭和十九年頃に聖心女学院を卒業したばかりの旧姓塚本法子さんが、幼稚舎の修善寺疎開学園の寮母をつとめられたときのものである。昭和十九年八月幼稚舎は政府の方針に基き、伊豆修善寺町に疎開学園を設け、希望者三百四十五名がこれに参加した。宿舎は野田屋、仲田屋、涵翠閣の三旅館であり、塚本氏は野田屋で勤務された。当時野田屋には、吉田小五郎、奥山貞男、小池喜代蔵、永野房夫の四先生と、六名の寮母、一名の看護婦がおり、この一文は若い寮母の一人であった塚本さんが、今年、奥山先生のすすめに応じて綴ったものである。
(尚、塚本さんに申しわけありませんが紙面の都合で、一部割愛させていただいた部分があります。)

「寮母さんが病気で帰ってしまったので、寮母役なら欠員が一人ありますが」と昭和十九年八月、慶應幼稚舎主任の清岡先生から直接、電話を頂いた。折から両親は、龍爪神社へ戦勝祈願に出かけていて留守だった。「いずれ御両親と相談の上お返事下さい」と言われるのにかぶせるように、「お願い致します、私伺います」とはっきり返事をしていた。事務員にでも使って下さいと、お願いしてあったのだ。

帰宅した両親は、その話をきくと驚いた様子だったが、何しろ十九年の八月、もう戦争は油断出来ない情勢であり、若い女の人も殆ど工場で働いていたので、家で事務を手伝っておりますでは通らない世の中だった。

九月上旬母に伴われて就職第一歩、野田屋に出向いた。あいにく先生方も生徒と外出中で一人も居らず、夕刻迄待つこと数時間、母は家を心配して帰ってしまい一人ぽつんと残された。漸く帰って見えた先生と面接、すぐ採用になったものの間もなく夕食になった。旅館側で調理した食事を二階の大広間まで運びあげるのだ。一抱えもあるお櫃、味噌汁の鍋、今まで見たこともない大きさだった。ほんの十粒、二十粒位の御飯でも余分に盛るとたちまち足りなくなり、又一つ一つの丼からけずり取ってゆく作業が続く。戦時中でおなかいっぱい食べられない生徒達は、「傍に来てはいけませんよ」と何度注意されても三人、五人と廊下に並んで丼を並べている私達の手許を見つめている。

「あそこは盛りがいいぞ」「あそこへ行って坐ろう」等、話し合っているのが哀れだった。塚本（私の旧姓）のおばさんは盛りがいいからと、私が並べたところへ生徒がわっと先を争って坐る事が度重なった。

○

修善寺　小堺徹先生スケッチ

多分八帖間だったと思う。これが二間続いたところが私の責任の七班の部屋で、班長、副班長が六年生、他は全部五年生で、十六名を受持った。主な仕事は洗濯と食事の世話で休む間もなく走り廻って過ごした。洗濯が私達のしょうばいと言っても、ろくろく石鹸もなかった。幸い温泉旅館に宿泊していたので温泉の源泉（もと湯）を汲んで、洗濯物をひたし、みかんの皮を入れて漂白剤とした、やっと手が入る位の熱い湯で洗いだすので、初めての時夢中で洗濯板にこすりつけていたら、ふやけて手のひらの皮膚をすっかりすりむいて血がとまらず、絞ることも出来ず、先輩の寮母に代って絞って貰った苦い経験がある。

　生徒達は四年生、五年生、六年生が交替で、一つ山を越した下狩野小学校へ週二回程通い、後は大広間で勉強をしていた。

　時々行われる近くにある達摩山への遠足は、必ず寮母一人が簡単な薬箱を持って参加するようにとのことだった。それも「あんたが一番若いから行きなさい」と言われた。女学校時代チビの私は遠足となるといつも一番後の方で、はあはあ息をはずませながら駈けるように歩いたものだ。それでも、「あけるんじゃない」と注意されてばかりいた。幼稚舎の先生は歩くのが不得手の私に大変気を遣って下さり、「先頭にいらっしゃい」と声をかけられ、一番前を歩かせて貰った。自分のペースでゆっくり歩いていても、少しも疲れず先生といろいろ話をしながら、のんびりと山登り、こんなのびやかな遠足を私は知らなかった。これならと自信がつき、それからは、自分から進んで参加した。三回も登ったろうか、貴重な経験だった。

　下狩野小学校で運動会が開催された。沢山のおむすびを旅館で作って貰い、それをもろ箱（木製の箱）に入れ、五つ位重ねて『しょいわく』にくくりつけた。背負うと、自分の背丈が縮むように重かった。案外に意気地なく私は数歩も歩けず、へたばってしまった。そして絵描きの寮母さんが、それを背負ってすたすた歩いたのには驚かされた。

先生方と寮母の対抗試合があった。三十メートル位前方の高い所に一本のロープが張られ、そこまでボールを蹴って行き、そのロープを越すようにボールを投げ、帰りはドリブルで戻ってくると云うものだった。元気一杯の若い男の先生方は、先ずボールを思いきり蹴とばした。ずっと向うまでボールを今度は、ロープめがけて放りなげる。するとボールは又反対の方へすっとんでいってしまう。何のことはない、ただボールをめちゃくちゃに蹴ったり投げたりしているだけだった。私の番でスタートに立った。もう一チーム先頭の寮母さんは、用意ドンの一発で、何とすってんころりんと最初に転んでしまった。すぐに横に並んだ私は、夢中でボールを蹴って、ロープの真下に来て一発で、ボールをロープ越しさせ、すたすたとドリブルでスタートの位置に戻った。後に続く七人も、次々と順調にこなして一位になった。競走で一等を取るなど、後にも先にもない。この時の体験で、しかも運動靴がなく、はだしで駈けていた。素足で走るなど、当時だからできたことと思う。

「おばさん競走速いんだね」と生徒達が感心して褒めそやした。

○

親元をはなれている生徒達を少しでも喜ばせようと、先生方はみかん狩を催された。内浦の三津浜を見おろすみかん畑に登って、皆好きなだけ食べリュックサックに一杯詰めこんで、慶應の「陸の王者」を大声を張り上げながら、元気よく帰途についたものだ。しかし、恐しい経験もした。二十年二月頃だったと思う。みかん山の頂上に居た時突然に空襲警報が鳴りひびき、先生の「木の下に伏せろ」の号令で夢中で、木の下に駈けこんだ。生徒達は赤白のそれぞれの運動帽をかぶっていた。「目立つから帽子を取れ」と先生の必死の叫び、こわごわと空を仰ぐと真青の空に、B29が数機ケシ粒位に見え、当時威嚇（おどす）するためと言われたジュラルミン板がキラキラと大空から舞い降りていた。恐しい反面きれいだなあと思った。この子供達だけは、何としても守らなければと、敵機の去るのを待つ時の長さ、サイレンの音だけが悲鳴のようにきこえた。

この頃になると敵機の襲来も度々で、警報がのべつにだされ、昼間はいいが、ようやく眠りについた頃、不気味なサイレンの音、いつでもとび出せるように、待機の体勢になりズック靴をはいたまま子供達を寝かせたので、夜具布団も部屋も泥のため、ザラついて気持が悪かった。

（全部がそうだったとはいえないという思い出をもつ人もいる――編集部注）

○

正月が来る。戦争中でもお正月が来ると言うことは、心楽しいものだった。餅つきをした。私は田舎生れだから、臼と杵は見たこともあるし、餅つきの場面も目にしていたが、実際に手を触れたことはなかった。生徒一人一人に杵を持たせてペッタンポッタンと餅つき、それもたった一度ふりおろすだけ、誰の顔もニコニコだった。子供達は始めての経験で誰もすぐ都会にいる両親達にこのことを知らせたくて、うずうずしていた。しかしハガキなどに、餅つきのことなど書き、若し検閲にひっかかったら大変と、一切書いてはならないとの言葉に子供達は可哀想なほどしょげていた。統制下の食糧困難な時、そんな余分な餅米がどこにあるかときかれたら一言もない厳しい時代だったのだ。「今度面会の時、お母さんに話そう」と友達同士うなずき合っていた。

○

　汽車の切符も思うように手に入らない時代の面会。でも子供達にとっては、一番嬉しく待遠しい面会。一度にするわけにゆかず学年別にされていた。父母の方も無理をして、切符を求め、子供の好きな食物を探して、遙々と面会にやってきた。しかし寮母達にとっては厭な頭痛の種だった。すぐ夜具の納めてある所へきて、シーツやらパジャマを点検して「もう少し、きれいにしてやって下さい」など注文が来る。いつの時代にも何とかママはいるものだ。一泊してそれぞれ想いを残して帰って行く親御さんも辛かろうけれど、残された子供も暫くは悲しみに打ちひしがれ放心したようになっていた。しかし、それよりも何よりも、心配なのは大がいの子供は久々に沢山食べるので、お腹をこわし、チンドン屋になり（何のことかわかりますか、当時このように形容していました）寮母泣かせで私達はふだんの倍もの、洗濯やら、トイレ掃除に振り廻されました。

○

　月の美しい晩だった。珍しく仕事が一段落したので、同僚の西郷さんと窓辺に寄り、月の光で青く澄んでいる庭を見ながら、「静かね、今戦争しているなんて、とても思えない。こんなのんきな気持でいて、いいのかしら、申し訳ないみたいネ」と語り合い、何故かその時、南方に征っているであろう兄のことが、しきりに想われた。（この時兄は既に戦死していた）

　その頃物資は日一日と不足してきて、ニュースなどは殆ど生徒にも聞かせず、無論、私達は毎日働くばかりだった。今考えると、新聞があったのかしら、目にした記憶はない。ある時六年生の子供が数人、旅館の帳場近くに居て偶然ニュースを耳にした。

　「サイパン島が陥ちたんだって、大変だ」と大騒ぎ、わいわいと騒ぎは拡がって先生方は静めるのに必死だった。一番人気のある奥山先生に詰め寄って、「先生！　松根油を採るために一緒に松の根っ子を掘ろうよ」とおんおん泣き叫んでいる。胸が一杯になった、当時、松の根を掘り起こし、それから油を絞り取るなどと言ってやたらに、松根油、松根油とて山へ鍬をかついで行った時代だった。本当に油が採れたのだろうか、私は知らない。

○

話は戻るが三月は卒業の季節、六年生は一応東京へ帰ることになった、お別れに劇を、それも修善寺にちなんだ岡本綺堂の「修禅寺物語」を上演した。川村先生が凝りに凝って、小学生らしからぬ、本当の芝居めいて演出なさったので、下狩野小学校では大評判になった。私も本当にびっくりした。桂の役（姉娘）は私の部屋の渡辺正毅君（現在本州製紙勤務）妹のかえで姫は田中明君（現慶大経済学部教授）夜叉王は安東君（現在慶大文学部教授）頼家は朝田君（この人は婿養子に行かれた）等々、なかなかのスタッフを揃え楽しいものだった。

○

私の父は伊豆大仁で歯科医を開業していた。時々東京から校医の先生が見えられたが、急に歯痛を訴える生徒があると、数人まとめて私が引率して大仁へ治療に出かけた。後で父兄から徴集するからとて、往復共ハイヤーを使った。公然と自分の家に行けるので、内心は嬉しくてたまらなかった。冗談好きな先生も、わざと「塚本さん御苦労さん、済まないね」など、大きな声を出して見送って下さった。母は子供達を連れて行くと、夢中になって、なけなしのお米でおいしい食事の支度をしてくれた。おさしみなども、お腹一杯食べた。どの子もすっかり満腹、旅館の夕食は「いらない」と申し出る。それっとばかり数人分の食事は特配といって順番に皆に配った。ある生徒が、そっと私の傍に寄って「僕も歯が痛くなりたいね」と、その子は健康そうな真白な歯がずらりと揃って並んでいた。

小池先生が「かるたを作りました。それも寮母さん達のです」と食事の時発表された。

「寮母の歌姫嶺香さん」（沖寮母さんで修道院に入られた。美声の持主だった。）

「犬を連れない西郷さん」（数年前故人となられた）私に負けず劣らぬ巨体の持主。「おっぱい臭い法子さん」「これは一寸難しくて生徒には判らないだろうな」付け加えた。案の定、数人の子供が私の傍へ来て、

「ちっとも臭くないよ」

三月十日いよいよ明日六年生は東京に帰って行くことになった。私の組にも、小高君、木下君の六年生が居た。最後の晩だから、おばさんの横に寝かせてと、二人は私の両側に眠った。その夜東京の下町は大空襲、小高君の御両親はその夜亡き人となった。翌日は賑かに修善寺駅迄見送った。人気のある生徒には下狩野小学校の女生徒から何か贈物があったみたいだ。

東京の幼稚舎で待ちかまえていた親御さん方に、それぞれ生徒を手渡したのに、小高君のところには誰一人として引受人が来ず、たった独りポツンと取り残された彼はしくしくと泣きだした。漸く軍人のお兄さんが現れてほっとしましたと、その現場の先生のお話。私は前の夜甘えて、私の手を握って

木造での吉田小五郎先生　小堺徹先生のスケッチ

眠りについた小高君がその夜一体どんな夢を見たろうとせつない気持ちになった。

○

戦局が進み敗戦色が一段と濃くなり、東京空襲の度に、この伊豆の上空を敵機が通るので、ここも危ない。大事な次代の子供達を守らねばと、再疎開の話が出た。縁故のある人は出来るだけそちらを頼るようと言うわけで、勉強どころでなく一人二人と集団を去る生徒のために荷造りをしなければならなかった。長い月日寝食を共にした子供達は、皆去るのを厭がって、あれ程待ちこがれた親御さんが迎えに来ても、厭だ、厭だと逃げ回り、皆の涙を誘った。

再疎開地は青森県津軽半島の木造と言うところだった。二つのお寺と中学校寄宿舎に分宿することになった。少しでも生徒の気持を明るくしようと、「向うへ行くと毎日リンゴがどっさり食べられるんだよ」など、いい話ばかり聞かせていた。先生方も寮母も殆んど行動を共にすること、と決められていても私にとって、両親の説得には手を焼いた。二人の兄は出征しているし、すぐの弟はカリエスの病床にあり、末弟は殆ど工場へ狩り出されて、勉強どころではない。木造に行かせてと親にせがんだ。一年きりという約束で漸く木造行きが決った。

六月三十日が出発の日となった。注意事項が毎日の様に話される。「君達のお父さん、お母さんが一人だけ、品川駅に出ておられるだろうから、充分に別れを惜みなさい。しかし、発車のベルが鳴ったら窓辺から一歩さがって、挙手の礼をしなさい、涙はいくら出てもいい、他の学校の生徒も一杯いるだろうから、慶應幼稚舎生の誇りを忘れるでない」ときくだに涙の溢れる話を私達も度々きかされた。

後日この時のことが詳しく耳に入った。「いよいよ発車のベルが鳴り徐々に列車が動きだすと、他校の子供達は親の手を握ってはなさず、親も子も泣きながら駅のホームを駈けたとのこと危いことだったらしい。そこへゆくと慶應の生徒は本当に立派で大勢の人の褒めるところとなった」と。

ところで一緒に青森の木造町に再疎開するはずだった私は突然、原因不明の熱病（四十度を越す）にかかり一週間近く夢うつつに過ごしてしまった。遠方で病気になったら皆に迷惑をかけることになる。「行かれません、ごめんなさい」と深々と頭を下げる私に先生方は笑顔で「大事なお嬢さんだものいいよ、いいよ、きっと、やらずの熱病だったネ、お元気で」と心よく赦して下さった。

○

いよいよ六月三十日の朝が来た。私は三島まで見送りにいった。前夜から雨がしとしと降っていた。修善寺駅まで歌一つ出ず、皆黙々と歩いた。先生方も笑顔一つ見せない。三島駅には特別列車が着くと言うので、ホームには沢山の荷物が山と積まれた。三人位坐れる勉強机も分解してあり、乗りこむのは幼稚舎の一行だけだった。停車時間が短いから窓から何でもいい投げ込んでくれと言われ、残る私は不安な気持で時間が経つのを待った。今思うに、この時の発車時刻の記憶はない。秘密だったかも知れない。夜になった。あたりは暗くホームに小さな灯りがポツンポツンと、つくだけで顔も判らない位だ。滑る様に列車が入って来た。子供は子供で、どんどん勝手に乗り込んでいるが荷物一つ取り残しては大変だ。荒い息をはあはあはきながら小さな物は窓からほうり込む、長いものは昇降口から、「急いで」「急げ」と車中から声だけがする。もう無我夢中だった。

ホームに何一つ残らないと確認した時、列車は音もなく走り出していた。子供達の顔は一人も見えない。もうずっと前の方に行ってしまったのか、「私も一緒に連れて行って」と心の中で叫びながらホームを走った。「慟哭《どうこく》！」と言う言葉を口にする時、私はこの三島駅頭での別れの時が一番ふさわしいように思われる。もう何もいらない、可愛らしい子供達と一緒に居たかった。闇の中に列車は吸いこまれる様に走っていってしまった。赤いテールランプがすうーっと糸を引くように流れて。

＊修善寺・疎開学園に寮母として参加。

（『同窓会報』第百二十四号　昭和五十五年十二月二十日発行）

「思い出と感想」より

戦時学童集団疎開のこと

渡辺徳三郎

戦時中の最大の思い出は集団疎開のことです。戦況が悪化していくのに伴い、東京などの大都市の学童疎開が始まりました。十九年四月以降、政府の方針で学童は縁故疎開か集団疎開かの道を選ばされていきました。幼稚舎も一時退学して行く生徒がふえ、その八月には三年以上の残った約三百五十名ほどの生徒が、伊豆の修善寺町に集団疎開をすることになりました。（その後二十年四月に新しい一・二・三年が参加した。）幼稚舎を二十年から二十六年までに卒業した諸君の中に、この集団疎開に参加した人々がいるはずです。

私は当時、三年應組の担任でありましたが、修善寺へ参加したものは、はじめは三十三名で、それが戦争の推移と共にだんだん個人疎開へとうつりはじめました。そして、伊豆も危険だというので、青森県西津軽郡の木造町という北国の淋しい町へ再疎開を区から命ぜられて、二十年七月はじめに移ったときは、幼稚舎全体で一四四名、私のクラスは十二名でした。

思い出はとかく美化されます。今三十六年前のことをふりかえると寝食を共にし、野草をとったり、なまずをつったりというなつかしい思い出ばかり浮かび上がりますが、修善寺にせよ、木造にせよ、生徒諸君にとって、家庭からはなされた淋しさ、たえず十分食べられないことの不満とイライラはどんなであったろうと同情に耐えません。

思えば、戦争という異常な事態の中でのみ、なり立った生活でありました。しかしそれでも、一人も欠けることなく敗戦後、無事に二十年十月に青森から天現寺にかえり、平常の生活が再開されました。その後、次第に復校する諸君で、クラスの人数がふえて来たのはうれしいことでした。

（渡辺徳三郎、定年にあたって。

『同窓会報』第百二十五号

昭和五十六年四月十日発行）

修善寺学園五十五年

横山　隆一

一九四四年八月二十二日。

暮れなずむ天現寺校庭。

歌声は響く。別れを告げて。

「十歳あまりの年月を
育て賜いし父母に
今日ぞ別るるこの明日
栄あれ幸あれ吾が幼稚舎」

この歌を最後に、再び天現寺に還らなかった者、四十余名（丁度一クラス）。更に、慶應義塾に戻らなかった者、十数名を数える。

一九九九年十二月八日（当時の大詔奉戴日、即ち、大東亜戦争開戦の日）、感無量、筆を執る次第です。

一九四四年八月二十五日。恵比寿駅早朝集合。品川駅へ。京都行、六時三十九分発の汽車に乗る。父母とは恵比寿駅で別れたのか、品川駅で別れたのかは、記憶に定かではない。横浜で他所の国民学校の女生徒が乗り込んできたのも覚えていない。三島の駅で、丸帽のお兄さんが、「おい、幼稚舎生、頑張れよー。」と励まして呉れたのが印象的であった。あの先輩は、戦争に征かれたのだろうか。幼稚舎の先輩だったのだろうか。今でも心に残る一シーンである。

一九四一年（昭和十六年）、国民学校令によって、全国の小学校が国民学校に改称された。然し、吾が幼稚舎だけは、その名を変えることなく、百二十五周年を迎えた。

只一度だけ、その歴史にたった一年だけ、生徒の半数、四年生以上が集団疎開した時期が有る。これはその時の記録である。

修善寺には、十二時に着いた。雨が降っていた。修善寺町まで徒歩。入り口に菊屋旅館が有った。「ここは、学習院が入る」と誰かの声。子供心に「ペンは剣より強し」と教わったが「菊はペンより強し」だなと思ったりしたが、各々そのまま野田屋（四、五、六年の慶組）、仲田屋（四、五、六年の應組）、涵翠閣（六年美組）に分宿した。（当時は慶、應、美の三組。四、五年は縁故疎開で生徒激減。六年は翌年、普通部入学の為踏み留まったのだと推測する。）

その後一週間、色々なことがあったのだろうが、疎開学園では、最下級生。何も覚えていない。

早くも九月四日、月曜日。坐学による授業開始。さすがに幼稚舎生であると思った。以後、旅館の坐学と、下狩野小学校（当時国民学校）の教室授業が、交互に行なわれていた様だが、吾々最下級生は、坐学の方が多かった様な気がする。

九月九日、土曜日。校医の松原先生出征壮行式（於日枝神社）。

九月十八日、月曜日。小泉塾長、清岡主任（当時は舎長をそう呼んでいた）がお出でになり、修禅寺で朝礼。ここらへんまでは聴き語り、良くは覚えていないが、一ヶ月経って、初の面会日。それから記憶が鮮明になってくる。九月の末だったろうか。

十月の始めだったか（実は後述するが、翌年五月二十五日、空襲により家焼失、記録なし）、待ちに待ちたる面会日。駅と中間の神社に集合、御対面。両親と八才下の妹の痛い視線を感じながら、直立不動。先生の号令が有るまで、顔を合わせなかったのは、八月二十五日以来の痩せ我慢。十年一緒に暮らして初別離。私だけではなかったろうと思う。それから寮（私は野田屋）に行き、食べた、食べた。面会の第一の記憶は、食欲であった。もう五十余年、時効だと思うが、当時覚えたての手旗で近所の子供から食物をもらった経験も有る。食事の時間が一番楽しい。その食後に、先生たちが、士気鼓舞の為に指導してくださったのがこの歌である。

「桂の流れ、その名も清き、
吾等が住い慶應学寮
独立自尊は、吾が師の教え
互いに睦まん、手に手を取りて
頑張れ、頑張れ、勝利の日まで
貫き通せや、日本男児」
「山路を踏んで、峠を越せば
懐し村の第二の母校
文化の興隆、学徒の使命
互いに励まん、狩野の友と

頑張れ、頑張れ、勝利の日まで
貫き通せや、日本男児」

やがて、運動会がやってきた。都会の子は勉強は出来るが、体育はどうかと思っていたところに、リレーで一周のうち半周リード。驚かせたのは痛快であった。然し矢張り、幼稚舎の面目躍如たるものは、修禅寺物語であった。六年生安東伸介さんの夜叉王、五年生渡辺さんの桂、四年生田中明君の楓の配役による学芸会の演じ物だった。ヴァイオリンあり、ピアノ（オルガン?）あり、合唱総て圧倒していた。両親、家族と離れ離れの寂しさも課外活動で発散し、寮内にあっては、四年生生田君（イクチン）のヴァイオリン、三保君（ミホケイ）のオルガン演奏、五年生富田さんの落語等、東京自宅では考えられない様な、文化的生活を送れたのもこの時期であった。そして時折、夕食時の合唱（野田屋だけ?）。これで憂さを忘れる事も出来た。

一九四五年三月。母が身重の為、父が一人で面会に来た。もうその頃は戦局厳しく、集団面会はなく、ばらばらであった。虫が知らせたか、庭で幼児の如く父と戯れて、後で同寮生から冷やかされた。

三月十日、六年生帰京。駅まで全寮で見送りに行った。その日の東京大空襲は大分後に知った。

四月、五年生になり、寮が野田屋、涵翠閣の二寮となり、編交替等であたふた一ヶ月過ぎた頃、叔父が迎えに来て、父の死（四月四日）を知り、東京へ帰る事になった。野田屋玄関前、密かに出るつもりが、いつのまにか大勢の同級生。別れの挨拶をして振り向かない積りが、「ヨコチー、元気でぇー、又逢おうね！」の声に、振り向いた途端、ドッと涙が溢れ出たのは、今でも忘れない。

私は、ここで慶應義塾とも永遠の別れになるところであったが（その後家焼失、宮城県に疎開、地元高校、他大）、同窓会発足時の舎長、吉田小五郎先生の大英断により、入学生、在籍生も全員会員ということで、幼稚舎時代の皆さんと旧交を暖める事が出来ている。私にとっては、修善寺学園が慶應義塾卒業であるが、同級諸君はその後、青森県木造町まで行って、帰って来た時は、一学級になっていた様である。それが、三クラス、毎年逢えるというのは、同窓会のお陰である。

五十才を過ぎた頃、三保敬太郎君の死に遭遇。天命を知った吾々は、五十回生に因み、互齢（ごれい）会と命名。当時は「爺臭い」と悪評紛々だったが、あれより十五年。全員高齢者の域に達し、丁度良くなった様である。福澤文士郎君等サラリーマン経営者、生田君等オーナー経営者、現役大学教授等、多士済済である。矢張り、修善寺の話が一番多い。

互齢会は、お互いに年に負けず
「頑張るぞ！」。

同窓会大先輩並諸兄姉の御健勝祈るや切。

＊修善寺疎開学園に参加。昭和二十二年卒学年。

（『同窓会報』第百七十四号
平成十二年二月二十五日発行）

梱包の理科備品

永野　房夫

幼稚舎の疎開学園は昭和十九年八月二十五日から、伊豆修善寺町修善寺、野田屋、仲田屋、涵翠閣の三旅館に分宿して始まった。是より先、私の理科教室では標本以外の物品は、すべて疎開させることになり、厳重に梱包を施し、持参した。しかし、これらの物品は、疎開学園の理科学習が、修善寺町の大自然環境の中から、重点的に教材を選び、自然観察を通して心身の錬成に努力したので、殆ど使用することなく梱包のままであった。

二十年五月、戦局は益々不利となり、政府は俄に青森県木造町に再疎開を命じて来た。そこで学園は疎開児童百四十四名と大荷物と共に、六月三十日修善寺駅を出発、七月二日午後三時半木造駅に安着、木造中学寄宿舎と西教寺と慶應寺に分宿、木造での疎開生活が始まったが、八月十五日終戦となり、十月二十日に全員無事、荷物と共に懐かしい幼稚舎に帰って来た。梱包の理科備品は、元の所に収め、終戦後の授業再会に備えた。

師弟協力の食糧確保

青木　栄佑

そろそろ修善寺にも集団生活にも慣れてきた二十年の夏、伊豆からより安全な東北へ再疎開が決まり、学童専用の夜行列車で津軽半島の木造町へ向かった。途中燈火管制で薄暗い品川駅のプラットホームには親達が待ち受けており、僅か十数分の短い時間の面会があった。もしかしたら二度と会えなくなるかもしれない情勢下、多数の親子がいたはずなのに喧騒の感がなく、逆らえない流れの中、異様な雰囲気であったことを覚えている。

木造では勉強というよりも小川での鮒、鯰とり、川原での水泳・角力《すもう》、原っぱでの野球等、野外での遊びに恵まれていた。ここでの大きな仕事は、食糧確保だった。先生が奔走して手に入れた野菜などを運搬手段のないなか、幼い力はひたすら徒歩で担いで運ぶ役目を受け持った。

何よりも思い慕うことは、早く親の所へ帰りたい、旨いものを腹一杯食べたいということだった。疎開時代の想い出として皆が持つ最大のものであろう。

＊修善寺・木造疎開学園に参加。昭和二十三年O組卒

修善寺への集団疎開

増田　隆正

幼稚舎時代の記憶の中で集団疎開の思い出だけは鮮明に残っているものが多い。

その第一は一日も早く両親の元へ帰りたかったことで、友達と真剣に脱走を考えたこともあった。当時六年生の子供心にも日本がもはや勝利するなどあり得ない、従って東京の両親とは再び逢えないのではとの思いがあったのだと思う。

次は何と言っても空腹に耐えかねた毎日で、食事の時唯一好きなだけ飲めるお茶を腹一杯飲んだり、夜中に旅館の厨房に忍び込んで漬物を持ち出し、翌日糠《ぬか》味噌の糠が廊下に点々と落ちていて、たちまち事露見となったこともあった。

或る日東京方面の空が真赤になっていた。その夜、故奥山先生とご一緒に風呂に入った我々が、「先生もう日本は負けますね」と申し上げると、先生は背を向けたまま「大変だろうね」とポツンとおっしゃったのが妙に今でも心に残っている。先生は我々の前途をお考えになり、心の中で苦しんでいらしたことと思う。

＊修善寺疎開学園に参加。昭和二十年K組卒。

疎開先の食卓

渡辺眞三郎

集団疎開で、昭和十九年の八月から翌年の六月までを過ごした修善寺は、名高い温泉町であり、宿泊の場としては申し分なかったが、食糧事情はひどかった。

主食は当然雑穀入りで、量を補うために入れた山菜も、知識の無い我々が採ったものであるから、半ば羊歯《しだ》になりかけの固いものだった。又、ずいきという里芋の茎が毎日出たことがある。手をかけてあく抜きをすれば高級料理だが、ただ煮た丈だったのだろう、口中がいがらっぽくなる代物だった。それでも空腹には勝てず、皆黙々と呑み込んでいったものである。幼稚舎史にも、「児童が日々痩せ細ってゆく姿を見て暗然たるものがあり……」と、当時の状況が記されている。

こんな経験があるので、飽食の時代の今になっても、パーティ等で料理が無駄に捨てられるのを見ると胸が痛む。単なる貧乏性と言われるかもしれないが、自分では疎開時代の経験が身にしみついたもので、貴重なことだと思っている。

＊修善寺・木造疎開学園に参加。昭和二十一年K組卒。

あかざの羹

阿部　慎蔵

僕が「学童集団疎開」をしたのは幼稚舎三年生のときで、疎開の思いではきまって食料不足へゆきつくのです。僕らの戦争反対は実感として餓えの恐怖をその中核に据えているようです。

今回僕に割りふられた木造への「再疎開」の記憶にも鯰《なまず》と田螺《たにし》と藜《あかざ》の味がつきまとう。鯰、あれは夜、ミミズを餌にした仕掛けを川に沈めておいて釣るのです。翌朝、糸をたぐるときの胸のときめきは今でこそ愉快な思いでばなしにならなくもありません。でも僕の仕掛けはたいてい餌だけなくなっていた。

「広辞苑」で「あかざ」をひいたら「若葉は食用になるが蓚酸《しゅうさん》含量が多い」とでています。「蓚酸」てなんだろう。

ついでに「藜《あかざ》の羹《あつもの》」という言葉を見つけました。「アカザの吸物の意。粗末な食物のたとえ」だそうです。「徒然草」からの引用が「紙の衾《ふすま》、麻の衣、一鉢のまうけ、藜の羹、いくばくか人の費《ついえ》をなさん」というのです。

＊修善寺・木造疎開学園に参加。昭和二十二年K組卒。

修善寺から木造へ

近藤　晋二

太平洋戦争が苛烈さを加えた昭和十九年六月、政府は「帝都学童集団疎開実施要領」なるものを発表した。これに伴い幼稚舎では、極力縁故疎開を勧誘すると同時に、集団疎開の希望者を募ることとなった。しかるに当局の方針は遅々として進まず、受け入れ先が静岡県修善寺町に決まったのは七月末のことであった。

総勢四百名近い慶應疎開学園が慌しく小雨降る恵比寿駅を出発したのが八月二十五日、親の中には、担任に遺書を託したものもいたという。

昭和二十年四月、五十名ほどの一、二、三年生が新たに参加したが、間もなく修善寺も安全といえなくなり、六月末遠く青森県木造町への再疎開を余儀なくされた。炎暑の中まる二日がかりの大移動であった。木造では中学校寄宿舎、二つのお寺に分宿したが、最大の懸念は野菜の入手と冬に備えての燃料の確保であった。一人の犠牲者もなく荒廃した東京の土を踏むのは十月二十日のことである。

（『三田評論』九一七号「社中交歓」より
平成二年八月一日発行）

「慶應義塾史跡めぐり」

修善寺――幼稚舎疎開学園

加藤　三明

昭和十九年六月、太平洋戦争の戦局悪化により政府から「帝都学童集団疎開実施要領」が発表された。その内容は、三年生以上の生徒を対象に、まず学童の縁故疎開を奨励し、そうではない者は集団疎開に参加させるというものだった。幼稚舎でも政府の方針に従って、集団疎開が計画され、同年七月末、渋谷区より静岡県田方郡修善寺町（現伊豆市修善寺）を疎開地に指定してきた。

幼稚舎では、早速、修善寺を訪れ、参加希望者の約三四〇名を一つの旅館で収容できるという理由で、菊屋を宿舎とすることで契約したが、学習院初等科が菊屋を希望し、幼稚舎は野田屋（四～六年慶組）、仲田屋（三～六年應組）、涵翠閣（あさば旅館）（六年美組、三年慶組）の三館に分宿することになった。

疎開児童は、疎開先の国民学校に帰属することになっていたが、修善寺国民学校は、大森区、蒲田区の国民学校の児童が帰属していたため収容不可能になり、北方約二キロの下狩野国民学校に帰属した。私立小学校が冷遇されていた時代である。

同年八月二十二日、幼稚舎で小泉信三塾長を迎えて出発式を行い、同二十五日、恵比寿駅から列車に乗り込み、正午過ぎに修善寺に到着、疎開学園が始まった。

翌二十年四月には、一、二年生も集団疎開に参加することとなり、縁故疎開者を除き、幼稚舎は全て修善寺に移ることになった。宿舎は野田屋（四～六年應組、五年慶組）、涵翠閣（一～三年、四・六慶組）の二館となった。

三島駅から伊豆箱根鉄道駿豆線で約三十五分、終点修善寺駅に着き、駅から四キロの地に修善寺の町がある。狩野川の支流、桂川の両岸に開けた修善寺は、大同二（八〇七）年空海が開いたと伝えられる名刹修禅寺と弱アルカリ単純泉の良質な温泉が有名で、東京から交通至便なこともあり、今も多くの人が訪れている。

幼稚舎の宿舎になっていた三つの旅館は、現在どのようになっているであろうか。

まず第一学寮であった野田屋は、修禅寺から渡月橋で桂川を渡った左側、菊屋と離接する地にあった。経営者が代わり「渡月荘金龍」として疎開当時の建物で営業していたが、平成十五年火災で焼失し、現在「月の庭」という駐車場になっている。今回、修善寺のことについて御教授頂いた私と同期の野田和敬氏（ＢＲＢ勤務）は、疎開当時の野田屋の主人野田靖さんのお孫さんに当たられる。

第二学寮の仲田屋は、修禅寺前の独鈷の湯の桂川対岸にあり、経営者も代わり、「湯の宿　花小道」という旅館になってある。

いるが、建物は当時のままで、屋根瓦に「仲田屋」の「仲」の字を見ることができる。

「湯の宿 花小道」の前の道を上っていくと左手に第三学寮の涵翠閣があり、「あさば」という名の高級旅館として、今も旅館を営んでいる。涵翠閣は、かつて修禅寺前にあった「あさば」という本館に対しての別館としての名であった。

「あさば」は、延徳元（一四九八）年創業で、現在の御主人は、疎開当時の主人八太夫のお孫さんに当たられる浅羽一秀氏で、中等部から慶應に学ばれている。唐破風《からはふ》の屋根の玄関をくぐると、池に能舞台が浮かぶ庭が目の前に広がり、どの客室からもこの庭を眺めることができる。実に心落ち着く風景である。建物はリニューアルされて古さを感じさせないが、昭和六年建設のものである。疎開当時、池に面した所は大広間であったが、今は客室になっている。温泉は源泉かけ流しで、庭に面した露天風呂は、絶妙な湯加減と心安らぐ風景で、至福の一時を過ごせる。御膳も美味で、もてなしの心配りも素晴らしく、それなりの料金であるが一度は泊まりたい宿である。

当時、幼稚舎主任（舎長）であった福澤先生のお孫さん清岡暎一先生は、体調を崩され新井旅館に静養中であった。新井旅館は、修禅寺の前を過ぎた左側にあり、多くの文人、墨客が訪れている由緒ある宿である。明治、大正、昭和初期の建物が連なり、平成十年国の登録有形文化財に登録され、宿泊客でなくとも館内ツアーに参加することができる。

あさば（涵翠閣）

湯の宿 花小道

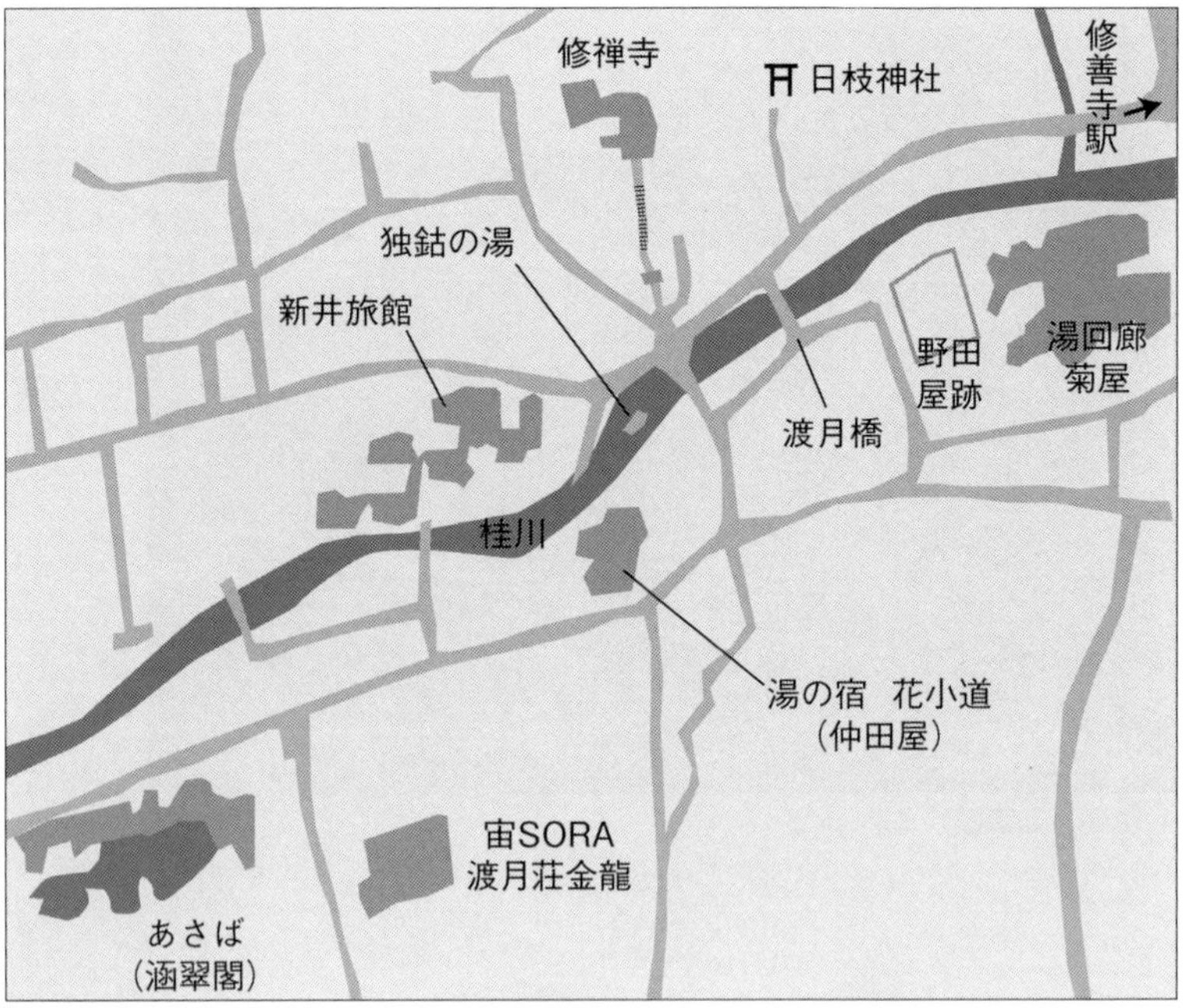

修善寺関係地図

疎開学園での日課は、六時に起床し、まずは下駄を引っかけて日枝神社に駆け足。日枝神社は、修禅寺に隣接し、元は修禅寺の山王社であった。

　木立に囲まれた社に、夫婦でくぐると子宝に恵まれるという夫婦杉の大木や、源範頼が幽閉された信功院跡がある。朝食後、三寮、修禅寺に集まって、朝礼、ラジオ体操を行った。修禅寺は、源頼家が幽閉され、岡本綺堂の戯曲「修禅寺物語」の舞台となり、紅葉の名所としても知られている。修善寺の中心地というべき場所である。

　午前中は、各寮の大広間にて座学、午後は下狩野国民学校の空いた教室を利用して、授業を行った。下狩野国民学校（小学校）は、狩野川の河岸段丘、本立野の集落にあり、明治八（一八七五）年創立の古い学校で、昭和五十年から修善寺東小学校と名称を変更し、現在に至っている。

　東小学校は、現在修善寺から越路トンネルをくぐって行くが、疎開当時はトンネルがなく、幼稚舎生は越路峠を越えて、片道二キロの道のりを毎日歩いていった。私は「幼稚舎疎開学園の歌」などを歌いながら歩いて行ったという記述から、なだらかな丘陵の峠越えをイメージしていたが、山は急峻で、峠越えというよりはむしろ山越えという感じである。当時、地元の人でも、お祭りの時以外、峠越えをする人はいなかったという。

　今回、東小学校を訪ね、疎開当時、当校の五年生で、後に東小学校の校長をも務めた鈴木四八郎先生に話を伺った。

「幼稚舎生は午後来たので、姿を見たことはなかった。幼稚舎が本をたくさん持ってきて、購買だったところが図書室になり、我々にも貸し出してくれた。リンカーンの伝記など、いろいろな本を読めたことが印象に残っている。体育の先生が手旗信号を教えてくれた。幼稚舎生が素晴らしい劇やピアノ連弾を披露してくれた」という話であった。

食糧確保に追われていた修善寺での疎開学園は、米軍の駿河湾上陸の危険性などから青森県西津軽郡木造町に再疎開を強いられ、昭和二十年六月三十日に修善寺を発った。

慶應義塾では育林事業に取り組んでおり、全国に慶應義塾の森があるが、疎開をしたゆかりの地ということもあり、沼津で呉服店を営む井草實さんから土地を提供して頂いて、ラフォーレ修善寺の奥（伊豆市修善寺字船久保）に「幼稚舎の杜」（約一・二ha）がある。修善寺で生まれ育った井草さんが、慶應高校に入学した時、級友に幼稚舎の修善寺疎開学園に参加した者が二名おり、また井草さんは、浅羽さんと三代にわたる姻戚関係があるということから修善寺疎開学園と浅からぬ縁を感じる。

平成十一年三月から幼稚舎の高学年生三〜四十名が毎年、現地に赴き、地元の田方森林組合の協力を得て、植林を行い、現在クヌギ一八五〇本、コナラ四〇〇本が植えられている。植林の際、シイタケの菌打ちも行っており、現在は、当初に植林をしたクヌギを伐採し、これを原木にして菌を打ち、二年前に菌を打った原木からシイタケを収穫している。

＊現幼稚舎教諭

（『三田評論』第一一八七号「慶應義塾史跡めぐり」より
平成二十五年十一月一日発行）

修禅寺

修善寺東小学校

第六章　『近代日本研究』より

――『近代日本研究』は、昭和五十九年より年一回発行されている慶應義塾大学福澤研究センターの研究紀要。同研究センター員の柄越祥子による二本の幼稚舎疎開学園に関する論文を収録した。

慶應義塾幼稚舎における学童集団疎開に関する一考察
――幼稚舎緊急対策後援会との関係から――

柄越　祥子

一　はじめに

学童疎開史研究が本格的に行われるようになってきたのは、昭和が終わる頃からと言える。そこに至るまでも多くの回想録や自治体史での記述もなされてきているが、研究という意味に於いて本格化するのは、その嚆矢といわれている逸見勝亮の「日本学童疎開史研究序説」(『北海道大学教育学部紀要』第五一号、昭和六十三年)以降である。逸見は集団疎開政策の決定過程を丁寧に洗いなおし、これまで学童疎開の出発点を昭和十九年六月三十日の閣議決定としてきた「常識」を覆すことに成功した。そして、この「常識」が、「研究者の仕事と体験記録とはお互い補いあう関係」であったために形成されたものであることを指摘している(1)。

この論文とほぼ時を同じくして、豊島区と品川区などの自治体による企画展示や、そこでの収集史料をもとにした、資料集の刊行がなされた(2)。また、全国疎開学童連絡協議会による『学童疎開の記録』(全五巻、大空社、平成六年)は研究史、行政資料、回想録など、あらゆる疎開関連資料の集大成となっている。このように、学童集団疎開の研究はここ十数年で大きく深まりを見せている。

しかし、これらの研究のほとんどが公立の国民学校を素材としたもので、異色なのは、管見の限り、官立の東京第二師範附属国民学校初等科の事例を取り扱った長谷幸江「集団疎開　ある典型――東京第二師範附属国民学校初等科の場合」(『生活と文化』四号、豊島区郷土資料館編、平成二年)のみである。疎開経験が「人によってそれぞれ異なる」「固有性」のあるものであるならば(3)、少数派であっても、国民学校以外の学校の経験を明らかにし、その固有性を析出することには意味があるのではないか。

昭和十六(一九四一)年「国民学校令」において「認定学校」とされた、いわゆる私立小学校も、一般の国民学校とほぼ同じ時期に似たような条件で集団疎開を実施させられている。国民学校でさえ、疎開は「地域・学校によって落差が大きい(4)」という指摘がなされるが、それ以上に一括りにできない私立学校の疎開状況は、未だ各学校史の域を出ていない(5)。今後、各学校に残された史料を、行政史料や受け入れ地の史料と組み合わせながら、疎開の実態をより客観性を以て明らかにすると共に、私立学校同士や一般の国民学校などとの比較によって、各私立学校固有の疎開経験を、戦時期の教育史の中に位置づけていく必要があるのではないだろうか。

本稿では、そうした、私立学校の学童疎開史の一つとして、一私立学校である慶應義塾幼稚舎を取り上げる。今回利用した史料は、慶應義塾福澤研究センターに所蔵されている清岡暎一旧蔵史料である。清岡暎一は、戦時期に、国民学校の学校長にあたる、幼稚舎の主任を務めた人物であるが、彼の残した日記や多くのメモには、当時の疎開学園経営の細部が、断片的にではあるが描かれている。これらを他の史料に照らし合わせ組み立てることで、これまで触れられることの少なかった、私立学校の疎開学園の一断面を明らかにしたいと考える。

なお、本稿では、敬称は省略し、原則として史料中の旧字、異体字、合字は現代通行の字体に改めた。

二　慶應義塾幼稚舎疎開学園の概要

『稿本　慶應義塾幼稚舎史』（以下『幼稚舎史』と記す）によれば、幼稚舎疎開学園は昭和十九（一九四四）年八月二十五日に東京を出発してから、昭和二十年六月三十日に青森県西津軽郡木造町へ再疎開するまでの間、静岡県田方郡修善寺町に置かれていた。当初は三年生以上の三四五名（十九年八月二十四日の統計）の児童が教職員、寮母、傭員などと共に、三つの旅館に分かれて集団生活を行った。概要を以下に示す。(6)

野田屋（第一学寮）

六年慶組、五年慶組、四年慶組

教員吉田小五郎、奥山貞男、小池喜代蔵、永野房夫、寮母六名、作業員五名

仲田屋（第二学寮）

六年應組、五年應組、四年應組

教員松原辰雄、大島継治、渡辺徳三郎、赤松宇平、川村博通、寮母八名、作業員五名

涵翠閣（第三学寮）

六年美組、三年慶組

教員林佐一、内田英二、吉武友樹、小堺徹、寮母四名、作業員三名

この疎開学園の責任者を務めたのが、当時の幼稚舎主任・清岡暎一である。彼は慶應義塾創始者である福澤諭吉の孫に当り、自身も幼稚舎の卒業生であった。若くしてアメリカに留学し、『福翁自伝』の英訳を手がけるなど、国際交流、英語教育に力を尽くした。(7)清岡自身は後の回想で幼稚舎主任を務めたことに関して、「この就任はあやまりであった」(8)と評価を下しているが、実際は昭和十三年九月の就任以降、さまざまな試みを積極的に行っている。教員による諸教科の研究会や、児童による自治委員会などを実現し、(9)「幼稚舎新聞」の前身である「幼稚舎ニューズ」の創刊もこの時期の出来事である。(10)

こうした取り組みにもかかわらず、清岡が自身の主任就任を「あやまりであった」とした理由の一つには、彼が「国際的な考え」(11)の持ち主であったことが挙げられる。そのため戦時下の教育を行うことに人一倍苦痛を伴ったのであろう。ま

た、一つには「事務的能力にかけ」「「仙人」まがいの人間」であるために「主任には不適任」であると自身が述べている。[12]「生来病弱で且つ徹底的な平和愛好者」[13]と言われる清岡暎一にとって、この時代の主任を務めること、さらに疎開学園という校外での特殊な学校運営を行うことが非常に困難であったことは想像に難くない。こうした彼を支えたものの一つとして、特に疎開期にあっては保護者たちからなる幼稚舎緊急対策後援会（以下後援会と記す）の存在がある。

この後援会の成り立ち、目的などを説明したものとして、清岡暎一の筆跡と思われる原稿が残っている。

> 幼稚舎は今まで普通国民学校にていふ後援会或は教育奉仕会といふもも《（ママ）》のはありませんでした。今回学童集団疎開について初めて後援会といふものを作り、学校に協力していろいろ児童の生活の充実を計るやうお願いして居りますが、後援会委員のみならず父兄一般の熱心なる御努力に深く感謝して居る次第であります。時には複雑な交渉について学校が直接になすよりも後援会委員にお願ひした方が好都合のこともありますので随分立ち入ったことについても御協力をお願いして居る次第であります。それで只今では学校と父兄とが以前に見られなかった親密な関係をもつやうになりました。勿論この新しい事態に対し行き過ぎ等のないやう慎重に注意してかゝらねばなりませんが、只今学校当局としては甚だ慣れぬ仕事に当って居りますので、委員の方々の御注意御協力に深く感謝して居る次第であります。（後略）
>
> 【「清岡暎一旧蔵史料」資05120　慶應義塾福澤研究センター所蔵。以下「清岡暎一旧蔵史料」は、資料番号もしくは仮番号のみ表記する。】

ここから分かる通り、後援会は「複雑な交渉」という、疎開学園の運営に関して重要と思われる事柄に手腕を発揮することが期待されていた。本稿では、この後援会の発足過程や実際の活動を通して、私立においては非常に重要であると思われる保護者の動向を、その組織的活動を通して明らかにしていこうとするものである。

三　疎開学園の実施の経緯

（1）後援会発足過程

昭和十九年一月一日以降の清岡暎一の日記[14]で、疎開についての記述がなされるのは二月に入ってからである。

> 二月廿一日　月
> （前略）山本孝信氏来訪、疎開の希望、その後帰校し得るや否やの質問　戦争はここ一年なるべければ一年の休学の問題なり。
> 二月二十六日　土
> 戦時対策委員会（通称相談役）を定め初の会合をす。（中

略）
議題：疎開のこと。幼稚舎校舎の供出の必要ある場合の
対策等。（後略）
二月二十八日　月
土曜日の相談役の決議により、今日は一時間目を休み、
生徒は自習、先生は会議。生徒の疎開希望者に学校が出
来るだけの便宜を与えることとし。（後略）

これらの例からも分かるように、この時期幼稚舎では疎開＝縁故疎開を意味していた。これは「当初から政府や自治体は一貫して「縁故疎開」を強力に奨励[15]」していたこととも関連する。十九年六月三十日の「学童疎開促進要綱」以降も、少なくとも清岡自身はジレンマを抱えながらも縁故疎開を中心に推し進めて行こうとしている様子が分かる。

七月十一日　火
三田に西村理事（西村富三郎——筆者注）を訪ね疎開の
了解を得。サイパン島の戦局に鑑み児童の疎開を極力勧
奨し、為に生徒を失ひ自然休校となることを覚悟して当
らんとす。
午後清明学園にて私立学校協会の集りあり授業料値上げ、
及び疎開、殊に衆《ママ》団疎開につき懇談す。結論なし。他の
学校は八月の授業料を取る内諾を得たる様なれども幼稚
舎にては、それもできず。

七月十二日　水
放課後教員会議。
教員達は疎開のため幼稚舎が自然消滅するも辞せずとい
ふことを大いにおしみ。集団疎開を強行せんと云ふ。東
京都にて集団疎開の計画ある如くなれど未だ発表せられ
ず。結論を得ず。（後略）
七月十五日　土
父兄会を午後一時より三田大講堂に開く。個人疎開を極
力勧奨す。（後略）

これらの記述には、縁故疎開によって児童がばらばらになり、学校が成り立たなくなるのではないか、という私立ならではの不安が見え隠れしている。それでも、縁故疎開の「為に生徒を失ひ自然休校となることを覚悟」する、というのが清岡のこの時期の指針である。

しかし、この十五日を境に縁故疎開の勧奨を前面に打ち出していた状況が一変する。

七月十六日　日
午后一時　養正館にて都校長会議あり。集団疎開につき
て指示あり。その後認定学校のみ国民教育課長をかこみ
て質問。

東京都の学童集団疎開は、十九年六月三十日閣議決定の

「学童疎開促進要綱」以降急速に具体化していった。東京都教育局の動きを追ってみると、「学童疎開ニ関スル件」を議題として、七月七日に区長会、七月十三日に区教育課長会を開催している。[16] さらに七月十五日には各区長宛てに「学童疎開促進ニ関スル件依命通牒」を出し、「国民学校児童ノ疎開ヲ強度ニ促進スルコト、相成候ニ付」、宿舎の選定、契約、教職員の派遣、輸送に関することまで、ある程度具体的指示を出した。[17] そしてさらに、「縁故疎開及ビ集団疎開ノ勧奨」として、学校長に「今月二十日迄ニ」保護者から「集団疎開申告書」か「縁故疎開申告書」か「集団疎開又ハ縁故開ヲ希望セザル者ノ理由調書」を回収するように命じている。

この期限付きの通牒に基づき、翌十六日に先の都校長会議が、日曜日にもかかわらず開かれることになる。そこでは「学童疎開ハ縁故疎開ニ依ルヲ原則」としながらも、「縁故疎開ヲ為シ難キ初等科三年生以上六年生迄ノ学童ニ付テハ極力集団疎開ヲ勧奨スルコト」という指示がなされた。[18] これ以降、校長たちは集団疎開の実現に向けて具体的に動かざるを得なくなり、翌日から「東京都各区で、集団疎開の「勧奨」は「時を移さず急速敏活に進行[19]」した。幼稚舎においても教員たちが集団疎開のことで奔走し始めるのだが、その過程で、後援会設立の計画が持ち上がって来た。

七月十七日　月
九時に渋谷区の校長会議あり。高橋先生出席せらる。自分は十時頃三田に理事会に出席。疎開の話をする。放課後教員会議。
七月十八日　火
色々の計画をもつ。夕方評議員会に行き理事達に幼稚舎緊急対策後援会設立のことを相談す。その後山村氏、富田氏とそのことにつき懇談。

この草案の作成は林功、高橋勇、吉田小五郎という幼稚舎教員によるものである。吉田は日記のなかで「塾当局之を許すや否や」と不安を述べているが、[20] この不安は現実のものとなった。

七月廿日　木
三田に午前中理事会に出席。幼稚舎にて父兄間に後援会を組織し、この緊急時に際し、殊々疎開の難関突破の資金を得ることを呈議し、否決せらる。甚だ不手際のことなり。自ら恥づ。（後略）
七月廿一日　金
（前略）教員会議。後援会の案不成立に失望の色濃し。この問題につきては主任に一任せらるることを求む。（後略）

理事会でどのような経緯があったのか、現在手元にある史料では確かなことは分からないが、一度理事会で否決された後援会の案は、最終的には、七月二十四日に、清岡が塾長の小泉信三と直接対談し、設立の承認を得ることとなった。別のメモによると、「(後援会は――筆者補) 塾長の意見にて今回は集団疎開児童の父兄に呼びかけることとす。故に発起人はすべてその父兄なり。但し個人疎開、残留の父兄も参加を妨げず（仮0187)」とあることから、逆に、幼稚舎教員による草案は、組織の主体が保護者でも、醵金を呼びかける対象が保護者以外のものであった可能性があり、そのことが理事たちの賛同を得なかったとも考えられる(21)。とにかく、塾長に後援会の設立が承認されたことで、この日の清岡の日記には「やっと安心。幼稚舎教員達の喜ぶこと。」と記載されている。

これ以降、翌日には後援会を組織するために保護者代表者と会見をし、七月二十八日には「発起人会(22)」を開くなど、清岡たちは、後援会発足に向けて精力的に動いている。この発起人会では十六人の保護者による討議の結果、正式に後援会が発足した（七月二十八日）。そして三十日には疎開児童の保護者を中心とした父兄会を開き「後援会の秋山氏（四年生の保護者。後援会会長――筆者注）起《ママ》って後援会発起人を代表してお話あり。異議なく可決(23)」の運びとなった。この父兄会で清岡は「趣意書を配布、お話もする予定（仮0187)」としているが、その原稿と思われるメモ、また趣意書と共に配布された会則(24)を以下に示す。

ｊｕｌｙ《ママ》　３０

1、後援会結成の経緯

2、目的―疎開学園における食料　燃料等が潤沢に行くやう。父兄負担の十円と補助の他に財源を得る為。

3、地区決定交渉につきては学校に一任して安心なること。

4、会費は四円位を標準とすること。

5、個人疎開の人にも趣意書をお送りしたこと。

菅原君（六年生の保護者。後援会委員――筆者注）の suggestion

後援会業務一端。

1、県当局へ連絡援護　／2、中央当局（文部省、都、区）へ連絡援護　／3、疎開先三田会へ連絡　／4、疎開先と在京父兄との連絡　／5、疎開先に於ける物資収集援助　／6、東京よりの輸送援助　／7、疎開による特別経費負担補充　／8、医事衛生に関する援助　／9、娯楽等に関する援助

父兄への依頼事項一端。

1、汎ゆる意味の有力者へ紹介を頂きたし。（主任を紹介……連絡統制をとるため）

2、東京及び現地にて輸送上の便宜を与へられたし。御連絡を乞ふ

3、会費以外の所謂寄附金品を御遠慮なくお願ひする。（直接学校へにて結構。

【資05087】

慶應義塾幼稚舎緊急対策後援会々則（案）
第一条　本会ハ慶應幼稚舎緊急対策後援会ト称ス
第二条　本会ハ幼稚舎ノ教育活動ノ完遂ヲ期シ、特ニ目下非常時対策実施ニ協力スルモノトス（中略）
第四条　本会ハ幼稚舎在校生父兄ヲ以て組織ス
第五条　本会ニハ左ノ役員ヲ置ク
一、会長　一名　／二、副会長　一名　／三、委員若干名
役員ノ任期ハ二年トシ重任ヲサマタゲズ
第六条　本会々員ハ左ノ会費を醵出スルモノトス
一口月額金拾円トシ二口以上ヲ妨ゲズ
毎月或ハ六ヶ月分一時納入トス
第七条　会費ノ使途一切ハ幼稚舎主任ニ一任ス

【資 05120】

これらの史料を読む限り、後援会の主たる目的は経済的援助であるが、それ以外の役割も期待されていることが分かる。それも各方面への連絡、物資の収集輸送など、教務を除く幅広い分野を担うことになっている。委員以外の保護者への依頼事項を見ても「有力者へ紹介」や「会費以外の所謂寄附金品」を期待するなど、後援会や保護者が持っていた経済的社会的力の高さを推察させる。

初期の幼稚舎の疎開事業は、基本的に政府の路線に沿って、縁故疎開中心で推移しているため、七月十五日の集団疎開の勧奨の話が出てから慌しく準備に追われることとなった。その過程で設立された後援会の存在は、集団疎開という未経験の事態に、手探り状態であたる幼稚舎側の保護者への期待の大きさの表れであった。

（2）後援会による支援の開始

昭和十九年八月になっても、都から疎開先は発表されず、清岡をはじめ教員、保護者など、関係者を苛立たせていた。一方、後援会の寄附の受取は八月六日から始まり、その時点で二万円が集まっている。清岡は当時の日記の中で「父兄達は疎開を云て愉快な林間学校を想ってゐる。戦争意識の薄きこと心許なし（八月六日）」と、保護者の態度を戒めながらも、「今日疎開の問題につき寄附を申出でらるる人多し。殊に個人疎開者に申出の多きことは感謝にたへず（仮 0187）」と、協力者の多いことに感謝の意を示している。この後も寄附は集まり、八月二十二日までに二万五千二百円、十二日までには三万七百円となり、さらに疎開に出発してからも追加されている（仮 0187）。この頃の後援会の様子は以下の通りである。

後援会現状
八月二十日現在
一、後援会加入者数　二八二人
一、口数合計　一三五二口

一、払込会費合計　七九二一〇円
一、集団疎開参加児童　三四四名
後援会加入者中の個人疎開児童父兄　十五名
集団疎開児童の父兄について後援会に未加入の者　約七〇名
現在の申込口数　平均五〇口弱
大部分は六ヶ月分前納
　支出。赴任費として一名二〇〇円、
　十六名　三二〇〇円
【資0515】

縁故疎開でありながら、後援会に加入し醵金を払っている保護者が十五名いることや「大部分は六ヶ月前納」していること、また、先ほどの寄附金についても、個人疎開でありながら、千円という高額の寄附を行なっている保護者が初期の記録だけで二名もいること（仮0187）は、父兄の協力体制やそれを可能にする経済力を示していよう。一方、集団疎開を希望しながら、何らかの事情で後援会に加入していない保護者が七十名程いることも、一様でない児童の家庭背景を示すものとして興味深い。

八月十五日の父兄会で渋谷区長自ら疎開先を修善寺と発表、早くも二十五日には出発の運びとなる（八月十五日）。修善寺に到着すると、清岡は早速翌日から旅館との料金の交渉、役場や警察、婦人会、旅館組合などへの挨拶、または訪問などに忙殺され、「昨日ついたばかりなるにもう五六日もゐたやうな感じ（八月二十六日）」「まだ三日目なれど一週間もすぎた感じ（八月二十七日）」であった。一方児童達も、慣れない環境と粗食のためにストレスを増幅させていた。

八月廿九日　火
朝五時過ぎに5Kの木下君泣いて小池先生の寝床に来る。この日急に生徒達が皆さびしがりはじむ。6Kの安東君〝子守歌をうたってゐましたら、急に東京がこひしくなって涙が出てしまひましたよ〟といふ。夕方にはどの室でも泣く子あり。いづれも空腹を急に感じはじめた。毎日飯一杯に一汁或は一葉のみ。魚は一回もなし。栄養など問題にならず、腹を満たすことのみが当面の問題なり。午前中旅館組合の大地氏と懇談。午後は会計、始めての給料を出す。
藤井婦《ママ》人。太田正雄氏（五年生保護者。後援会委員――筆者注）来訪。（中略）今日は生徒中に笑ふものなし。
八月三十日　水
高橋立身、赤松両君帰京。太田氏野田屋主人と懇談食量を増して、食事量をよくすることを定めらる。教員として数日を暈してさだまらざることを一挙に定む、さすがは後援会委員 Business man なり。（中略）今日はオヤツを出し、晩飯もよくなる。全員大喜び。（後略）

この出来事に象徴されるように、後援会は「疎開が実施されてみると、現地の事情、物資の欠乏は予想以上で、委員を通じて実質的の援助を要請するにいたり、ここに後援会の活動が始まった(25)」とされている。また、後の教員の回想にも「疎開地の食料が悪いというので、東京の後援会がだんだん強化された(26)」と、あることからも、修善寺の実態を目の当たりにして、本来想定していた以上の役割を、後援会が担うようになっていったことが分かる。

九月四日には後援会委員会があり、父兄会での最初の報告も東京でなされた。委員会では早速、後援会の援助体制を確立するため「小委員会委員と会計委員を定め、今後の活動、食料獲得の方策を定（九月四日）」めた。ここでの決定は以下の印刷物に見られる。

九月四日幼稚舎緊急対策委員会決議により、左の五氏(27)が小委員会委員に選任せられ、後援会の仕事、殊に食料並びにその運搬に対して、常時その衝に当られることになりましたから、御気付の点は、左記の五氏に御連絡くださいまして、一層の御援助を願ひます。

菅原卓氏　（住所・電話番号）／戸谷富佐雄氏　（住所・電話番号）
太田正雄氏　（住所・電話番号）／安井治兵衛氏　（住所・電話番号）
近藤政章氏　（住所・電話番号）

昭和十九年九月　慶應幼稚舎　主任　清岡暎一

【資05118】

この小委員会委員をはじめ、その他後援会委員の「犠牲的貢献助力(28)」は相当なものであったことが方々の史料に見られるが、それは、単に食料収集や金銭的な問題だけではなく、運送など、この時代状況のなかでのさまざまな問題を乗り越えてのことであった。

九月六日　水
午前十時半頃５０渡瀬氏の好意により天城へ行く空トラックをまわしていただき昨日より集まった食料品を積込み、途中横浜にて濱田氏の好意による鮮魚一樽を積む予定にて十時頃出発せしむ。五時過ぎに横浜着。魚は遂につまず。修善寺には十一時近くに到着。大変な運転手にあったものなり。
九月九日　土
６Ｋの小高氏と共に修善寺へ。（中略）
修善寺には太田、戸谷両氏あり。疎開学園後援に大活躍し居らる。
宮下先生小此木君同道、横浜にて濱田氏の鮮魚イワシを二十貫程取り、持参。晩飯の膳をにぎわす。全生徒に四五匹づつわたる。

　太田が「疎開学園後援に大活躍」したということの一つは、六日の日に「鮮魚一樽」を積むことを失敗した後、太田が連絡指示を出して、九日の成功に導いていることであろう[29]。この日の食事はとても充実していたらしく、児童の日誌の中にも「宮下先生もおみやげを持つて、来られた。夜はとても御ちそうだった[30]」という記述があり、その喜び具合が分かる。

　また、多くの疎開体験で語られることであるが、幼稚舎もまた、面会のたびに保護者が大量のお菓子を持ってくるために、急に食べ過ぎて児童がお腹をこわすということがあった。「修善寺の初めての面会の時、大部分の人は夜吐いてしまった。そして消化剤が飛ぶように売れたものだ[31]」という回想や「とに角面会の度に胃拡張になっちゃうんだ[32]」などの回想が複数見られる。清岡の日記にもその様子は次のように語られる。

> 九月月《ママ》二十八日　木
> 第一回父兄面会の第一日。早くついた父兄も午後の坐学の終わるまで待たしておいたことがよろしかったらしい。おみやげの食料の多きこと各館に自動車二輌づつ。自由時間に食べさせすぎてもどしたる者第二学寮に数名あり。
> (後略)
> 十一月十五日　水
> (中略)第二回父兄面会今日より始る。野田屋。小高氏の発意ならん。泊る人多く全員に対するスシのミヤゲ等教員を困らせること多し。

　しかし、こうして保護者が食材を運んでも、元の旅館との契約が、低い料金設定では児童によい食物を与えることには限界があったのであろう、当時、契約の旅館に一般の宿泊客が泊り、「そっちのほうには十分においしいものが行く。スキヤキかなにかしていい香がしてくる[33]」というようなこともあった。

　疎開学園の経営は、こうした食費の見直しのみならず、当初の予算全体の建て直し[34]の必要があり、後援会委員は後援会費の追加を決定する。「以前振込を加へて九口になるやう（仮0187）」緊急の振込みを父兄に要請、父兄会で説明をした。

> 九月十三日　水
> 10時31分三島発の汽車にて帰京。午後3時父兄会今日は後援会長秋山氏のお話（会費を9口とすること）太田氏の現地報告を重なこととする。後援会を主とした父兄会は前例なきことなり。後委員達の相談八時すぎまで。

すでに保護者は通常の疎開費十円に加え、一口十円、二口以上の後援会費を負担し、有志といえども多くの人がこれ以外に寄附をしている。決して少ない負担とはいえないが、しかし清岡の手元に残るメモには「九口ノ会費ヲ納メ得ザル事情ノ者ハ五指ヲ屈スル程度ナリ」とし、会費の一ヶ月の使途を示すことで「コレニヨリ未納入ニヨリ学園運行ニ如何ニ影響アルカヲ御考慮ヲ願フ」としている[35]。

（3）行政との関係

一般の国民学校の場合、集団疎開の経費は、生活費の一部として一ヶ月十円を保護者に負担させ、残りは都が負担するというのが建前であった[36]。認定学校に対しては、昭和十九年七月二十一日、東京都は「認定学校学童疎開促進ニ関スル件[37]」という通牒を出している。このなかで疎開の経費に関して基本は「設立者及保護者ニ於テ負担スルモノトス」として、ただし「予算ノ範囲内ニ於テ」という条件つきで、「輸送ニ要スル経費」「宿舎ノ借上及設備に要スル経費」「食費」「寮費」「開設費」は都が負担するとしている。実際に、清岡は都の教育局長に予算の不足を訴えて補助を申請し、また先の例のように、保護者からの資金集めにも力を入れた。しかし、都からは渋谷区長を通じて、九月四日に次のような通牒が慶應幼稚舎長宛てに届けられた。

学童集団疎開実施ニ伴ヒ保護者ノ醵出金募集ニ関スル件

学童ノ集団疎開実施ニ伴ヒ諸経費ト充当スル為ト称シテ参加児童ノ保護者ヨリ一時又ハ継続的ニ相当多額ノ醵出金ヲ募集シ居ルモノ有之哉ニ及聞為右ハ一般保護者ノ負担ヲ極力軽減シテ集団疎開参加ヲ容易ナラシメムトシタル方針ニ副ハサル感アルノミナラス斯ル事ヨリ集団疎開ヘノ参加ヲ断念スル者ヲ生ズル虞レナシトセサルベク学童疎開ノ円滑ナル促進上遺憾ノ事タルヲ以テ爾今本件ニ付テハ左記ニ依リ処理シ貴官ニ於テ学校長ヲ督励して厳重御取締相成度此段及通牒候也

記

一、集団疎開実施ニ伴フ経費中保護者ノ負担スル額ハ都所定（児童生話《ママ》費ノ一部トシテ月額十円ヲ徴収ス）ノモノノミト

（中略）

四、集団疎開ノ実施ニ伴ヒ所定負担ノ外ニ保護者ニ対シ経費ノ醵出ヲ求メムトスル者ハ予メ其ノ事由、金額、徴収方法等ヲ具シ区長ノ許可ヲ受ケシムルコト

五、区長ハ醵出金額、徴収方法、費途等ニシテ適当ナラスト認ムルトキハ之ヲ修正ノ上許可スルコト既ニ醵出セシメタル者ニ対シテハ其ノ全部又ハ一部ヲ醵出者ニ返還スヘキコトヲ命スルコト（後略）

【資05043】

この通牒に対して、清岡たちがどのような対応をとったのか、具体的な史料は手元にない[38]。しかし、幼稚舎後援会における九月中旬の追加徴収は、塾長、理事の承認を得ていること（九月十四日）、また、これほど高額の集金ができずに困ったというような記述もないことから、この計画は実行されたものと考えられる。通牒があった直後の九月八日に、清岡は、

渋谷区長の召集により渋谷校長会と奉仕会長会に出席し、後援会の会長秋山と菅原も同席した。ここでは「結論として一般国民学校も食費を十円（内5円は奉仕会費）増すこと」が決定し（九月八日）、また、次に示すように、渋谷区に各校連合の援護会を結成することも決められた。

9月8日　渋谷区校長会（中略）
9、援護　区に集団疎開援護会を各校奉仕会の連合により作る
父兄より毎月一口一円、最高（10円標準）五円拠出。
そのうち三円はオヤツ。持《（ママ）》志家の寄附を受ける。現在四二円かかってゐる。（人件費を含まず）（中略）
9月8日　1pm　奉仕会長会
渋谷区学童集団疎開援護会
各校教育奉仕会、校長、区長、その他により組織す。（月に児童1人5円標準）
オヤツ1日10銭　月に3円
食費　20（中略）
野菜は一日45円を目標とす。修善寺は始めには20円弱（後略）　【仮0187】

この援護会の設立に関しては、元々綿密とは言い難い疎開計画の実施にあたり、想定外の事態に対し工夫して児童の生活を守ろうとする保護者や学校の試みと、そうした事態を、根本的に解決することも、金銭的に満たすこともできないにもかかわらず、統制下に封じ込めようとする行政の動きが現れているように思える。この後、清岡と後援会長秋山はこの援護会の理事に委嘱される。その通達には、各疎開学園の「生活及教育ニ関スル統制」をしようとする区の意図がより明確に示されている。

今般貴下ヲ本会理事ニ委嘱候条御協力相煩度候也（中略）
昭和十九年九月十日　／　渋谷区集団疎開学童援護会長／渋谷区長　磯村英一
慶應幼稚舎主任　清岡暎一　殿
記
一、本会ハ関係方面トノ相互連絡ノ下ニ集団疎開学童ノ生活及教育ニ関スル統制アル援護助成ヲ為スヲ以テ目的トス
二、学校奉仕会ノ学童集団疎開ニ関スル事業ハ本会ノ指導統制ノ下ニ且本会ノ承認ヲ経テ実施スルコト
三、各学校奉仕会ニ於テ疎開学童ヲ対象トスル費用ハ一人月五円ヲ基準トシ一円乃至十円ノ範囲ニ於テ出費ヲ求ムルコト
但シ右金額ハ経費以外ノ出費トス
四、本会ニ於テ特ニ統一的ニ実施ヲ要スル事業費ハ各校奉仕会ヨリノ醵出トスルコト（後略）　【資05038】

清岡は常任理事になってはいるものの、援護会に関するその後の記述は手元の史料には認められず、どのような形でこれに係わったのかは不明である。「援護会会則並運営等ニ関スル件」(39)には「去ル十月二日本区役所ニ於テ第一回本会常任理事会開会」とあり、清岡の十月二日の日記にも「午後渋谷区役所に奉仕会長会議あり。安井と高橋立身（疎開学園副園長――筆者注）出席」とあるので第一回の会議から代理を送っていることが分かる。この日は東京の幼稚舎で集団疎開に参加していない一・二年生の始業式が朝から執り行われているため、清岡は前日から東京に来ていた（十月一日、十月二日）。具体的な当日の時程は分からないが、少なくとも、無理をしてまで出る会議でないという位置づけがされていたといえる。この日を最後に奉仕委員会や援護会に関する記事は日記に登場しない。このことからも幼稚舎だけでなく後援会もこうした区の組織とはある程度距離をとっていたと推測される。

幼稚舎疎開学園の基本的な予算は都の統制下に入っていた。しかし、修善寺に行ってからの実際の予算内訳は、本契約という形で、幼稚舎が正規に納める金額以外に、それを補って、後援会から支払うという形をとっている。

九月分（８月２５日―９月２４日）旅館ヘノ支払

	疎開学園負担（本契約―筆者注）	後援会負担
	円	円　銭
野田屋	５０９４	４２４３．０９
仲田屋	７１３８	５１５７．９５
涵翠閣	２６３１	３２０９．８５
計	１４８６３．００	１２６００．８９

児童３４０人　１人当り　４３．７１　【仮0187】
（以下、予算の詳細はこの史料からの引用とする）

この本契約は、「町役場に警察の人、その他の人、大勢立会い」のもと「渋谷区長代理来り」て旅館と結んだものである（九月十七日）。現段階で確認できる本契約は人数の変化による以外には基本的に料金の変化はない。この本契約に含まれるものは宿舎料（畳一帖あたりで計算）、食費、電灯水道湯料、作業員という項目で、旅館ごとに計算されているが、単価は同じである。

一方で、後援会の支払は本契約を補うものだけに、複雑で、十月二十五日の後援会委員会の報告では、九月分は結局二万七八九五円二五銭と本契約の倍近くになっている。うち、食費が一万七二七二円一九銭を占める（この中には六千円の蜂蜜代を含んでいる）。他に在京費、交通運搬費、臨時費など諸経費がここから出ている事が分かる。このように、行政が結んだ本契約は、経費の一部にすぎず、さまざまな出費はその都度後援会費で補っているのである。都からの補助金を求める活動は、清岡によって八月からなされているが、おそらくよい結果ではないのであろう、他の認定学校との連携のもと「公立と同等の補助」を求め（十一月十日）塾長名義で再度都に補助金の申請を行っている。しかしその補助金の内容は一人あたり三七円で、九月の本契約が一人あたり四三円七一銭なのでそれも満たすことができない。公立の「父兄よりは十円とおさへ」残りは都が負担するという計画からすると、むしろまったく逆の結果となっている。この申請文書を以下に示す。

（前略）学童集団疎開ハ国家ノ要請ニ基キ国策ニ順応セル施設ニシテ之ニ要スル費用ハ官公私立学校ノ区別ナク平等ノ補助ヲ受クベキモノト思料仕リ候。之ガタメ特ニ多額ノ入費ヲ保護者ニ負担セシメザルヤウ念願仕リ、食費（一名一ヶ月二十円）宿舎借受費（一名一ヶ月十四円）寮費（一名一ヶ月三円）等ニ対シ御補助相成度ク左ニ一ヶ月間ノ経常費収支ノ実際ヲ相添ヘ此段及申請候也。

経常費収支一覧（九月分）

収入

一、学園費（一名一ヶ月十円）　金　三、四〇〇円也
一、東京都ヨリノ補助（一名一ヶ月十円ノ予定）
　　金　〇
一、当校奉仕会ヨリノ補助　金　一八、九〇八円也
　　合計　金　二二、三〇八円也

支出

一、食費（一名一ヶ月二十円）　金　七、五二〇円也
一、宿舎借受費（畳一帖一ヶ月十円）　金　八、三四四円也
一、寮費（電灯、水道、湯料ソノ他
　　一名一ヶ月三円　金　一、一二八円也
一、人件費ソノ他（選任校医看護婦を含ム）
　　金　五、三一六円也
合計　金　二二、三〇八円也

（説明）
収入ニツキテハ九月二八日都ヨリノ補助ナキタメ学園費奉仕会費ヲ合セテ児童一名ニツキ保護者ノ負担金六五円六一銭トナル
支出ニツキテハ宿舎借受費ハ本契約ニ実際使用ノ大広間ノ料金ヲ含ム。
【資 05062】

ここに明示されている支出項目だけでは、学園運営は成り立たないことはすでに見た通りである。都へ補助金を要求する文書のため、本契約をもとに、分かり易い収支報告になっているのであろうが、実際は保護者の負担はもっと重いと考えられよう。

（4）旅館との交渉

後援会の主な仕事は父兄との連絡や、食事を含む恒常的な疎開学園の環境整備などがあげられるが、医師の派遣、牛乳供給を目的とした乳牛の購入や、木炭の収集は、特に、後援会主導でなされた大きな事業といえよう。そうした後援会が深く係わった事業のひとつに、旅館の運営の問題がある。

当初、幼稚舎の疎開学園は三つの旅館に分宿という形をとっていたが、「不便であり、また不経済であって、これを一館にまとめたいとの希望[40]」が疎開直後から出ていた。また、空襲が日増しに酷くなる中で、東京の一・二年生の授業をどうするべきか、ということが、幼稚舎全体を統括する清岡にとって懸案のひとつとなった（十一月十一日）。その頃、後援会の近藤との間に「大仁ホテルを買入れて一二年生を交へて幼稚舎全員の疎開（十一月十六日）」をする計画をしたりもしている。こうした背景のもと、仲田屋直営への動きが、その後活発になされていく。

そもそも宿舎の食事状況は初日から酷く、「夕飯のときにお膳について、あまりに食料が悪いので驚いたわけです。お皿の上に何か黒いものがのつている、それがあとでいものツルだということがわかりました[41]」という状況であったので、後援会としても食事の問題を第一に気にかけていたようである。十月の後援会の報告では、自営以外に方法はなく、まず、全館提供の意思を示した涵翠閣から交渉にあたることとしている（資05123）。

仲田屋に関しては、清岡が十月二十五日に「渋谷区長を訪ね、疎開学園のこと、仲田屋が一般客をとらぬやうにしたこと、幼稚舎の料理人を入れること。後日は生徒を移すこと等の了解を得」ている。このように後援会の運営が本格化、多様化するにつれ、「現地事務責任者」を置く必要性が認識され始めた。清岡は、遅くとも十月半ばには理事に働きかけをし、「既ニ人事予定アルモノ、如ク」と楽観的な判断を下している（資05123）。しかし、実際は容易に事が運ばず、結局後援会委員の力を借りることになった。

> 十一月六日　月
> 九時　理事会に出席、修善寺に事務員を送ることを中心に要求。西村理事は旅館に請負わせたものなら事務員の用はない筈とて議論むづかしく手にあわず。（後略）
> 十一月九日　木
> （前略）午後二時より三田に後援会委員集り西村理事と懇談。秋山、菅原、小高。太田、石川、近藤出席。平山君（平山栄一――筆者注）も来る。四時過ぎまで。平山君を後援会事務長として修善寺に行くことを定む。西村理事もやうやく理解行きしはさすがに委員達殊に秋山の貫禄なり。

そして、この日の話し合いの内容は以下のメモに残っている。

秋山、菅原、戸谷、太田、西村、清岡
秋山氏よりの説明、現地に於て教員は教学にのみ専念し supply と旅館との交渉等を専任する人が必要。
請負と直営との combine がよろしいと思ふ（中略）
予算も今までは大ざっぱであった。事務長を中心に事を進めたい。 【資 0187】

　このように、人事の問題もまた、後援会委員の力で事が解決している。そしてこの話し合いでは、後援会を含む疎開学園の現地の方針として「請負と直営との combine がよろしい」と考えていることが分かる。十一月六日の理事の発言からしても、涵翠閣は最初に全館提供になったが、涵翠閣は請負のままでいくつもりなのであろう。一方、仲田屋は、十一月下旬になると、直営を行うという話が続けて出てくるようになり、その交渉は、清岡の日記に出てくるだけで、十一月二十二日、二十三日、十二月一日、二日、四日、七日と続く。交渉の中心は、「さすがに社長。人情を知り、事の所理に有能の人なり（十一月二十二日）」と清岡に評された菅原を中心とした後援会委員と、先の話し合いで事務長就任を期待された平山である。
　そして、十二月八日には、後援会委員会が執り行われ、以下のような事が決定する。

十二月八日　委員会決定事項　出席者　高橋立身先生、秋山会長、安井、近藤、戸谷、小高、菅原

一、仲田屋ヲ借家スルコト
一、右ニヨリ自家経営スルコト。（コレニヨリ自信ヲ得タル時機ニ、野田屋ヲ一般国民学校ト同額給食トシ、追加食事ヲ支給スルコトヲ原則方針トス。）
一、久保田氏（久保田耕一――筆者注）ヲ後援会常置事務担当者トシ委員会決議事項ヲ実行ニ移ス。
一、仲田屋自営自炊ハ菅原卓ヲ実行委員長トシ推進スルコト（中略）
一、仲田屋追加金ニツキテハ原則トシテ教員家族ヲ収完セ**ザルコト**。
一、使用人ボーナスハ一ヶ月分支給、幼稚舎ヨリ引継人ハ前例ノ%ニヨルコト 【資 0593】

「教員家族ヲ収完セ**ザルコト**」の太字の部分は、一度書いたものを消して太字で書かれている。五日の教員会議では「教員家族の仲田屋に疎開すること」という一文があることから、この会議で方向転換が行われたものと思われる。会議のこの点に関する詳細は、会議に参加した高橋立身が、清岡宛に書いた書簡に詳しい。

（前略）仲田屋を全館提供にするについてのこと、これは前回決議通り実現を期すること。六千円の要求もいれる。だがここで一つの注文、空いた室に教員の家族を泊めることはお断りしたい。これは相当父兄のうるさい者もあり後援会委員としても責任を持たねばならないことであるし、ここは公私混同をさけて一応生徒本位にしておきたい。とい《（ママ）》御趣旨でした。

そこで疎開御家族の方々については野田屋あたりに交渉されてそこに居られる方が誤解をうけないで奇麗だらうとの事です。一畳十円の割で出せばよい様なもの丶全館提供の意味は、教員家族の収容といふ意味のものではないからこの際はこ丶を明白にして事の成功をはかりたいとの全員の御意見です。

その二

教員布団借用の件これはいやなことですが、月々そのために千円の支出をしてゐるから、これは御銘々のものを御使用になっていただきたいといふ決議

（中略）

その他数項目がございますが、私の依頼されたのは一と二のことです。これは余り大きな声ではいへませんが、とかく父兄はうるさく先生方について兎角の批評があって困るといふのです。教員側としてこんなことに一々弁明するのも馬鹿馬鹿しく、要は李下に冠を如くケジメは明白にして置いた方が得策と思ひます。こんな云々のことを先生方にお話するのは本当にお気を害することですから、先生の方で余程うまくこの始末をされる様お願ひします。

十二月八日夜　高橋立身

清岡先生

【資 05141】

「その二」の教員の布団の件は後援会支出の内訳のなかでも、一見して高い割合を占めているので[42]、保護者からの苦情が出ても致し方のないようなものであるが、五日の会議ですでに「教員のフトンを持って来ること」との項目があるため、この委員会以前にこういった話があったのであろう。一つ目の、教員の家族を泊めるために仲田屋を全館提供にするのではない、という理屈も、月々少なからぬ会費を払っている保護者にしてみれば、当然とも言える意見である。しかし、後援会がこうして「生徒本位」の原則を主張し、教員の行動を規制していたことは特筆に価する。このように保護者と教員の関係を、中間で調整をはかるということも、後援会の重要な機能であった。

こうした保護者の批判に影響を受けたのか、八日の清岡の日記には、入院中の教員を見舞った際に、教員の家族の疎開について話したことと、「折角部屋がありながら実行には色々な困難あり」という感想が書かれている。

仲田屋との契約は、十二月十日に結ばれ、十五日から直営が始まった。

十二月十日　日
午前中菅原、平山、久保田と懇談。午後松原先生、小高氏も交へて仲田屋主人内儀と全館提供、直営の契約を作る。簡単なる覚書程度の契約書なり。
十二月十五日　金
午前中平山、久保田、大島と懇談。今日より仲田屋、直営となる。大いに実績をあげざるべからず。

その「簡単なる覚書程度の契約書」は、印紙は貼ってあるものの、慶應義塾の用箋に手書きで書かれた二枚一つづりのものであった。契約者の箇所に旅館の主人、幼稚舎主任と並んで、後援会の代表として菅原の名前が連ねてある点が、宿舎運営、延いては疎開学園全体の運営に係わる後援会の地位を象徴している。

契約覚書
一、月額金六千円也
右ヲ以テ全館借受料トス。但シ諸条件ハ借家ニ準ズルモノトス。
一、従業員ニ関スル事項ハ従来ノ条件ヲ以テ引継グモノトス。
一、期限ハ渋谷区トノ本契約ニ準ズルモノトス。
一、契約細目ハ別紙ニ於テ定ム
仲田屋旅館
三月三十日
植田平吉　印
幼稚舎代表者
清岡暎一　印
同後援会代表者
菅原卓　印
契約は昭和十九年十二月十五日ヨリ有効トス
昭和十九年十二月十日

契約細目
一、月額賃貸料金六千円ニハ家賃、器具使用料、作業員寝具損料、食料品置場、燃料置場等一切ヲ含ムモノトス
一、学園関係者寝具使用料ハ一日二円トシソノ他ノ者ハ三円トス
一、渋谷区ト仲田屋トノ間ニ締結セラレタル本契約ハコレヲ存続スルモノトス。
一、仲田屋家族使用ノ室、並ニ二十三、四号室ハ除外ス　以上
【資 05091】

最終的に仲田屋は、翌年春、新年度の契約内容の交渉の折り合いがつかず、引き上げが決定、昭和二十年四月十三日以降、疎開学園は涵翠閣、野田屋の二館となる。(43) 仲田屋との争点の一つとして家賃の問題が見て取れる。(44)

午前十時頃より、吉田先生、吉武先生、小池先生来寮、大島、渡辺両先生を加へ、仲田屋主人、植田平吉氏と談合、その結果、午後より再び談合、夕刻に及ぶ。（宿舎費貸契約の内容改善について六条件を出して相談す）条件

一、衛生設備（便所、洗面所、湯殿）不備の点を直す／二、教員家族問題　／三、非常口（階上より直接）増設　／四、在庫物資の提供　／五、植田家族の食事を学園と別個となす　／六、家賃五千円に引き下げ

午後一時回答を待つこと丶し、野田屋に帰り主人の了解を求む、午後一時再び仲田君主人と面会、五千五百円まで引下げたるも五千円に折合つかず（後略）

おそらく空襲の影響であろうと思われるが、『日録』には三月五日に「小高、小坂両氏の好意に」よって、六年生が帰京のため移動証明書を取得した、という記事以降、後援会委員の名前は出てこなくなる[45]。三月の末に始まり、四月に契約解除が決定するまでに行われたどの交渉でも、名前が挙がっているのは教員ばかりで、一人の委員の名前もないことからして、この再交渉は、教員のみによって進められているといえる。このことは、後援会委員の不在が交渉に少なからぬ影響を与えたことを示唆する。

四　むすびにかえて

慶應義塾福澤研究センターに所蔵されている清岡暎一の日記は、昭和十九年十二月十七日の記述を以って途切れている。『日録』によればその辺りから清岡は体調を崩し、年明けには一時面会謝絶になるほど容態は切迫していた（二月十五日）。そのため、清岡の目を通して見た後援会の活動は、幼稚舎疎開学園の準備から初期にかけてと期間が限られてしまった。今回使用した史料は、あくまで教員、それも現場が主でない主任という特殊な立場の目線が中心になっており、相当に史料に偏りがあることは否めない。しかしその立場であるがゆえに後援会委員との直接の接触の機会も多く、幼稚舎の後援会がどのような活動を行っていたのかが、いくらか具体性を帯びて見えてきたのではないかと考える。

これらの史料から総じて言えるのは、幼稚舎の場合は、後援会の存在が非常に大きいということである。教員からも、後援会の人たちは「熱心に応援してくださつて[46]」「よくお世話して下さつた[47]」などという回想の言葉が出ており、『幼稚舎史』でも「特に委員の中でも近藤政章、菅原卓、小高信、戸谷富佐雄、安井治兵衛等の犠牲的貢献努力を忘れてはならない[48]」と記載されていることからも、彼らが果たした役割の重要性や、教員たちからの信頼度が分かる。このことは児童を直接世話し、教育活動にあたっていた教員との分業が確立しており、後援会が果たした機能が疎開学園の一翼を担って

いたことを示すものであろう。

　こうした学内の状況とともに、私立学校の疎開学園の実態や行政との関係は、公的な帳簿などの史料の収集に努め、今後さらに深めていく必要があると考える。また、幼稚舎は昭和二十年六月三十日、修善寺を出発し、青森県西津軽郡木造町へ再疎開することとなる。一般には疎開の後半の方が、物資不足がますます深刻になると言われる中、空襲の激化や東京からさらに遠方の疎開先と環境も大きく変化し、幼稚舎の後援会活動がどう変化していったのか、ということも継続して明らかにしていく必要があろう。

　東京第二師範附属国民学校で疎開生活の「総監督」を務めた人物が、「ただ、子どもたちのために骨をおるだけではだめなのね。政治折衝が必要なの[49]」と述べているように、戦時中の集団疎開という特殊な状況において、学校は、通常の教育活動以外に、より高い政治的交渉能力が必要とされたが、幼稚舎の場合、殊に修善寺疎開期間に関しては、その点における後援会委員たちの果たした役割は、看過できないものである。

注

（1）逸見勝亮「日本学童疎開史研究序説」『北海道大学教育学部紀要』第五一号、昭和六十三年、一九頁。これまでの疎開に関する記述（研究）は、疎開経験者による回想記録などが主であるため、彼らの疎開体験の慌しさが、疎開自体を六月三十日に「あたかも降って湧いたかの如く」語らせているとしている。

（2）豊島区立郷土博物館が「さやうなら帝都勝つ日まで」（昭和六十二年）「子どもたちの出征」（昭和六十三年）という特別展を実施、品川歴史館が昭和六十年に開催した企画展「品川の学童疎開」の史料を元に『品川の学童集団疎開史料集』（昭和六十三年）を発行している。さらに、豊島区でも『豊島の集団学童疎開資料集』の刊行が平成二年から始まり、現在第八集（平成十六年）まで刊行されている。

（3）前掲、逸見、一三三頁。

（4）豊島区郷土資料館編『子どもたちの出征―豊島の学童疎開・2』豊島区教育委員会、昭和六十三年、五九頁。

（5）慶應義塾幼稚舎編『稿本慶應義塾幼稚舎史』一九六五年、六五三～六七七頁。青山学院編『青山学院九十年史』一九六五年、四七〇頁。成城学園編『成城学園八十年史』平成十年、八七～八九頁など。

（6）前掲『幼稚舎史』六五四～六六〇頁。

（7）清岡暎一著「Autobiographical Sketch 1902-1964」一九六四年、慶應義塾幼稚舎所蔵（以下『手記』と記す）。この『手記』には、『幼稚舎史』の編纂に当たっていた、清岡と同時代の幼稚舎教員、吉田小五郎宛の文章が付いており、同書の中にも一部この『手記』より引用されたと思われる部分が存在する（『幼稚舎史』五七九～五八〇頁）。

（8）前掲『手記』。

（9）研究会は体育や算数、生活科といった教科ごとの研究、改革を行ったもの。自治委員会は「清岡が最も熱心に、身をもって主催した」といわれる、生徒による討議の場である。前掲『稿本慶應義塾幼稚舎史』五九〇～五九五頁。

（10）同前『幼稚舎史』六二七～六三五頁。

（11）前掲『手記』。

（12）前掲『手記』。

(13) 前掲『幼稚舎史』五七九頁。

(14) 福澤研究センターが二〇〇二年に清岡家より寄贈された日記は昭和十九年一月一日～四月十日（仮0008）と四月十一日～十四日（仮0005）、四月十五～八月五日（仮0200）、八月六日～十二月二十一日（仮0007）の四冊である。以下特に表記のないものはこの日記からの引用とする。なお、引用する史料の傍線は総て筆者による。

(15) 佐藤秀夫「総論　学童疎開」『学童疎開の記録1』、大空社、平成六年、九頁。

(16) 逸見勝亮著『学童集団疎開史』大月書店、一九九八年、九三頁。

(17) 前掲『学童疎開の記録3』四八一～四八四頁。

(18) 「東京都教育局学童疎開関係文書」東京都公文書館蔵。

(19) 前掲、逸見、九九頁。

(20) 慶應義塾幼稚舎編『慶應義塾幼稚舎日録』（以下『日録』と記す）三三〇頁。

(21) 一例として、渋谷区笹塚尋常小学校の教育後援会は、昭和二年に会則ができてその後も続いているものである。後援会の主体を在籍児童の保護者による正会員と、父兄以外で資金を醸出している賛助会員、名誉会員の三種に分けている（渋谷区教育委員会『渋谷区教育史　史料編』平成四年、五四七頁）。このように、既存の後援会も必ずしも在校生保護者のみで組織するというわけではなかったようである。

(22) 仮0187には、この日の模様が次のように記されている。

　七月二十八日発起人会（午後2時より幼稚舎会議室）開催。清岡主任菅原卓君を紹介。菅原君より説明あり。原案通り成立。

　秋山孝之輔氏を会長に菅原卓氏を副会長に推す。

　発起人の諸氏深き理解と熱意を示さる。

(23) 七月三十日。この日は後援会の発足式以外に「疎開先の発表の予定なりしところ、未だ指示を得ず。父兄達失望」ということもあった。

(24) 『幼稚舎史』六七四～六七五頁にある会則と異なる点は以下の通り。

「（案）」

『稿本慶應義塾幼稚舎史』

第四条　本会ハ幼稚舎在校生ノ父兄ヲ以テ組織ス

↓　本会は幼稚舎父兄を以て組織す

五条　役員ノ任期ハ二年↓　役員の任期は一年

(25) 前掲『幼稚舎史』六七五頁。

(26) 慶應義塾幼稚舎発行「仔馬」昭和三十年二月号、九四頁、吉田小五郎による発言。

(27) 小委員会委員と主な後援会委員の肩書きは以下の通り。秋山孝之輔（大日本製糖会社専務取締役）・菅原卓（菅原電気会社取締役）・太田正雄（三井銀行）・小高信（歯科医師）・近藤政章（化学工業）・戸谷富佐雄（品川運輸株式会社他取締役社長）・安井治兵衛氏（福富興業会社社長）

(28) 前掲『幼稚舎史』六七五頁。

(29) 修善寺にいる後援会委員の太田氏から東京の清岡に宛てて以下の書簡が送られている。

取急ぎ一筆申し上げます。／横浜田氏斡旋の魚（イワシ）一樽本日午後三時入荷の由にて当方より受取りに来る様に架電有之。当方よりハ小此木君に行ってもらひましたが、二人でなければ全生徒分もてぬとの事です故天現寺本部から一人小此木君と同道にて修善寺派遣方御願申します。／時間は午前八時半迄に必ず横浜田氏の許へ行く事の確約です。明日御来駕御待ちしてゐます。／今日は野田屋ではおはぎをお八つに出しました。／九月八日夕

太田生

清岡先生

【資0514】

(30) 前掲「仔馬」七二頁、「修善寺日記」。

(31)　同前「仔馬」昭和二十九年十二月号、八〇頁。
(32)　同前「仔馬」昭和三十年二月号、五九頁、増田隆正による発言。
(33)　前掲「仔馬」昭和三十年二月号、九四頁、吉田小五郎による発言。
(34)　八月二日とその後にもう一度、清岡によって東京都教育局長宛てに補助金の申請が出された可能性がある。そのうちの二通目の下書き（日付なし）には以前に提出した予算と比べ「今回渋谷区長より指定されたる修善寺の宿舎」の借受量が倍であることを述べた上で、「その他一般予算も立直しの必要あり」としている（資 05078）。
(35)　資 05055。筆跡から清岡暎一以外の、教員か後援会委員の人物によるものである可能性が高い。
(36)　「国民学校長会議ニ於ケル指示事項」前掲『渋谷区教育史　史料編』五六六頁。
(37)　「東京都教育局学童疎開関係文書」東京都公文書館蔵。
(38)　九口の追加振込みや九月十三日の父兄会に関するメモ書がなされている箇所に「区長の話」「区長への報告」とあり、通達に従って区長へ報告した可能性もある。（仮 0187）。
(39)　同前『渋谷区教育史　史料編』六〇三頁。
(40)　前掲『幼稚舎史』六七一頁。
(41)　前掲「仔馬」九四頁、吉田小五郎による発言。
(42)　仲田屋への後援会の支払の内訳は「供食」「広間」に継ぐ三番目に「寝具料」が来ている（仮 0187）。
(43)　前掲『日録』三五六頁。
(44)　同前『日録』三五五頁（第二寮日記）。
(45)　三月十四日に「小高夫妻は十二日の夕刻まで行方不明の由、六年生が帰京した十日の朝空襲のため両人とも焼死されしもの、如く遂に消息不明、六年小高信夫の父兄なり」（寮日記）三四五頁、とあるのみである。
(46)　前掲「仔馬」九四頁、吉田小五郎による発言。
(47)　同前「仔馬」九四頁、吉武友樹による発言。
(48)　前掲『幼稚舎史』六七五頁。
(49)　前掲、長谷、二四頁。

【付記】　幼稚舎所蔵史料の閲覧に際しまして慶應義塾幼稚舎教諭、岩崎弘先生に大変お世話になりました。深く感謝の意を表します。

＊執筆時、慶應義塾福澤研究センター・慶應義塾一五〇年史資料集調査員（非常勤）

（『近代日本研究』第二十三巻
平成十九年三月三十日発行）

慶應義塾幼稚舎における学童疎開の展開
慶應義塾幼稚舎東京本部を視点として

柄越　祥子

一　はじめに

アジア・太平洋戦争末期に実施された日本の学童疎開については、疎開の抑圧的状況、生存危機の現実などが語られる一方で、疎開政策への批判を持ちながらも、困難な時代の中での教員の努力や子どもの忍耐を評価して語られることもあった。こうした言説の違いは、関係者の当時おかれていた立場の違いによるものとされているが[1]、どちらの立場であっても、「当事者」によって語られる、という特徴がある。これに新たな展開を加えたとされるのが、行政文書から、疎開児童の置かれた立場を浮き彫りにした逸見勝亮の研究であり、その後も複数の研究者によって行政や受入地域の事情から疎開の実態を明らかにする試みがなされてきた[2]。これらの研究により、学童疎開はその第一の目的が戦争継続であったこと、また、児童の命が救われたことは結果論であり、疎開そのものは無計画に行われていたことなどが明らかにされてきた。

本稿では、こうした研究蓄積を踏まえ、学童疎開における学校の機能に着目して疎開の実態解明に努める。学童疎開が、就学児童を対象に行われた政策である以上、その実行にあたっての学校や学校で働く教員の果たした役割は大きい。学校が保護者や行政、また地域との関係をどのようにとっていたのかを明らかにすることは、疎開研究だけにとどまらず、近代日本学校史研究においても意味のある作業である。

これまでの学童疎開史研究によれば、日本の学童疎開は、集団疎開・縁故疎開・疎開残留の三つに分類することができるとされている。国の方針によって学校単位でおこなわれた学童集団疎開については逸見勝亮をはじめ、多くの研究によって実態の解明が行われてきたが、縁故疎開、疎開残留についての研究はそれほど多くはない。縁故疎開は個別的で非常に多様なため、その重要性が指摘されているものの、「実態を総体として明らかにすることはほとんど不可能に近い」[3]とされる。ただし集団疎開の前史としての縁故疎開を扱ったものはいくつかあり、青木哲夫「集団学童疎開実施過程の一段面―豊島区高田第三国民学校の事例」（『豊島区郷土資料館研究紀要』、七号、一九九三年）では、初期の疎開政策の中で集団疎開の前段階として縁故疎開の参加人数の動向が分析されている。基本的な政府の方針が、まず縁故疎開の勧奨、やがて不可能なものが集団疎開に参加という流れをとったため、縁故疎開の、特に初期の縁故疎開についての言及はこれまでもなされてきた[4]。しかしながら、これらの研究はそもそも集団疎開の実態を明らかにすることが目的であるため、縁故疎開についての本格的な研究はまだなされていないと言ってよい。まして、疎開残留に関してはほとんど言及されてきていない。縁故疎開をする当てもなく、健康面、経済面その他の理由で集団疎開にも参加しなかった少数の児童については、ほとんど注目されることがなかった。そのなかで、縁故疎開、疎開残留を中心に論じたものとして小林奎介「縁故疎開・疎開残留調査ノート」（『学童疎開の記録1』一九九四年）が挙げられる。縁故疎開児童数の推移や実体験、その問題点を分析、また残留児童に関してもその理由や残留した頃の気持ちなど真正面から取上げ、「教育棄民」[5]となった残留児童の置かれた立場を明らかにしている。

　こうした疎開研究の偏りは、一つには、縁故疎開に関してその多様性のために研究分析の対象として扱いにくい、また、疎開残留に関しては実際に疎開をしていないということがあり、関心が十分に払われなかったという事情がある。しかしながら、偏りの大きな原因は、これまで行われてきた疎開研究が明らかにしようとしてきた疎開の「実態」が、疎開行政のずさんさの「実態」であり、疎開生活、とりわけ学校が行った集団疎開生活の悲惨さの「実態」であるからであると、筆者は考える。もちろんそうした研究がそれ以前の回顧主義的な疎開体験談を乗り越えるものとして登場し、疎開の「実態」や戦時下教育を見直す上で非常に大きな意義があったことは言うまでもない。だからこそ、これらの研究成果を踏まえた上で、更なる多様な視点をもって疎開の「実態」にせまる必要がある。

　本稿は、その第一歩として、集団、縁故、残留全ての疎開を管理・運営にかかわった東京の本部に着目し、疎開事業が戦時下の学校にもたらしたひとつの側面を明らかにしたいと考える。東京本部とは、平時であれば、東京に存在する学校そのものであるが、集団疎開が実施されたことにより、疎開先に対して東京に「残留」した組織を指す。十九年度の段階では、集団疎開対象外の一、二年生を含む疎開残留者を対象に一応の授業は行われており、また、疎開地との連絡が容易《たやす》くない状況下において、行政、保護者、縁故疎開者など関係者を繋ぐ役割を果たしたと考えられる。こうした組織の具体的な機能を明らかにすることによって、疎開先と学校の関係や戦時下の学校の一面が明らかになると考える。つまり東京本部という視点によって、戦時下における学校機能や学校経営を多角的に見ることができる。

　また、私立小学校＝認定学校[6]の場合、「自校ノ養護学園、林間学校、臨海学園等ニ集団疎開セントスル場合ニ限リ」[7]学校所在区が指定する疎開先でなくともかまわない、という規定があり、多様な疎開事業を展開している。その中で慶應義塾幼稚舎は私立小学校でありながら、規模が大きいためか、疎開事業のプロセスは比較的一般の公立学校と同じような段階を踏んでいる。本稿では、一次疎開、二次疎開、再疎開と行政の指示を受けながら集団疎開を実施していく過程を、東京本部を視点としてみていくことによって、疎開学園と東京に残された学校本体の関係を明らかにしていく。慶應義塾幼稚舎を対象とすることによって、戦時下における特異な学校経営形態や私立学校特有の問題も浮き彫りになってくると考える。

二　慶應義塾幼稚舎東京本部の概要

慶應義塾幼稚舎の学童集団疎開が実施されたのは、昭和十九（一九四四）年八月二十五日のことである。三年生から六年生までの児童のうち、縁故疎開が不可能であるとする者、三四五名が、引率教員や寮母などと共に、所在地である渋谷区の指示に従い、静岡県田方郡修善寺町に疎開することとなった。この年の六月の児童数は七四一名となっており、集団疎開に参加できない一、二年生の一五六名[8]を除くと、六割以上の児童が、当初の集団疎開に参加したことになる。ただし、幼稚舎の場合は、残りの四割は、『学籍簿』を見る限り、集団疎開に参加しない者は縁故疎開などの理由で退学、もしくは事故欠席、病気欠席という形をとったものが多くみてとれ、疎開実施後に東京の幼稚舎に通学していたのは、一、二年生のみであった[9]。

この一、二年生と共に、東京天現寺の幼稚舎に残留した教員については、当初以下のような役割が期待されていた[10]。

1、二年O　宇都宮文男君　応召中　高橋立身君代理

2、二年K　高橋勇君　主任副主任不在の時は幼稚舎（ママ）天現寺幼稚舎の代表者となる。

3、一年K組、O組　宮下（正美―引用者補足、以下同様）、林功の両君は、八月二十三日より数日間修善寺に出張、疎開学園開設の手伝ひをする。

4、専科教員、江沢（清太郎）、星野（静枝）、椿（貞雄）の三君は疎開学園にて授業開始後、時時訪園して、音楽図画の指導をなす。常には東京にて一、二年生の教授にあたる。

東京在籍の児童数が少ないせいか、「居残り教員」とはいえ、疎開先である修善寺に出向くことが期待されていることがわかる。実際には、東京においては児童の教育にあたるよりも、保護者や塾本部、役所などとの連絡など事務的、庶務的な仕事が非常に多く、また、連日のように空襲に晒される中、この人数の教員と四人の事務職員であたることは、簡単なことではなかったであろう。更に、この時期の幼稚舎は、八月一日からの契約として、海軍技術研究所に校舎の大部分（一～三階まで。一二〇五平方米）を貸与しており[11]、彼らとの遣り取りも、残留教員に任された仕事であった。

幼稚舎では、三～六年生の集団疎開の指示が出たものの行き先すら決まっていなかった七月には、学校、保護者双方の間に、一、二年生も集団疎開をさせようとする動きもあった。しかしながら、八月七日に、当時の幼稚舎主任[12]であった清岡暎一が慶應義塾の理事と懇談し、「一二年は時局に鑑み夏休

みを延長して九月一杯を休業とすることにつき承任（ママ）を求」めた。その上で、「指示があるまで当分のうち休業、個人疎開をなるべくするやう」との事を、十一日の父兄会で知らせている(13)。集団疎開は三年生以上とする政府の方針の影響からか(14)、一、二年生は公立の国民学校同様、東京に残留することとなった。始業式は公立(15)より一ヶ月遅らせて十月二日、翌三日から授業という運びとなった(16)。

『東京都戦災史』によれば、B29が初めて東京上空に現れたのは、昭和十九年の十一月一日となっている(17)。この日は空襲警報と警戒警報が出された。それに影響を受けた為か、幼稚舎では防空発令中の勤務方法について規則を定めた(18)。

> 防空発令中ノ勤務要項　左ノ通リニ定ム
>
> 一、警報発令中、教職員ハ必ズ午前九時ヨリ午後四時マデ勤務ノコト
>
> 一、警報発令中、宿直ハ従前通リ一名（海軍技研側宿直ハ三名）
>
> 一、日直ハ二名トシ、ソノ中一名ハ必ズ男子教職員タルベキコト
>
> 一、宿直ニ当リタル教職員ハ午後一時帰宅、午後五時半登校、日直ヨリ引継ギ海軍側ト連絡ヲトリ勤務スルコト
>
> 一、空襲警報発令中、監視所ニ於ケル見張リハ海軍側ニ委託ス
>
> （傍線—引用者）

海軍の手を借りつつも、警報発令中在舎義務や男子教員の日直など、教員にも空襲に対応する任務が課されていることが分かる。また、「天現寺日記」には空襲の記録と共に毎回「幼稚舎異常ナシ」と記載されており、これらのことから、残留教員が置かれた、疎開地の人々に対する「銃後の守り」のような立場や意識が垣間見られる(19)。

十一月に入り、ほぼ毎日のように警戒警報・空襲警報が出されることとなり、公立国民学校では「空襲の時には臨時休業」「警戒警報が出ると授業は休止となり、直ちに下校」することとなっていた(20)。幼稚舎では、たびたび期間を限って、事前に臨時休校の処置をとっている(21)。

日曜・祭日を除いた、空襲にかかわる（警報の発令も含む）臨時休校は、十月は無し、十一月が六日、十二月が八日（二十日以降は冬季休業）、一月は無し（新学期は十一日から）、二月は四日、そして三月は大空襲のあった十日以前は無かった。一月は、比較的東京都内への空襲が少ないようで、一日授業をやめて早退させている日があるが（一月十六日）、他は日曜の夜中に警報が出されたことがあっても、登校にはほとんど支障はなかった。三月の上旬も日曜や早朝、もしくは授業中に警報が出されているが、休校には至っていない。三月九日には「午後一時区役所ヨリ三学期ノ授業ハ明十日（土）を以ッテ打切リノ由電話シ来ル」とあり(22)、偶然とはいえ、十日の大空襲を境にして十九年度の東京での授業、つまり戦前の東京での授業は打切られることとなった。この間（十九

年度の二学期・三学期）の一、二年生の出欠席数を表1に示す。この表で、欠席者が出席者を上回ったのは十一月三十日、十二月十一～十五日、二月七日、二月二十三日、三月十日の九日間で、大雪で交通の麻痺した二月二十三日を除いては、未明から明け方にかけて、空襲があったり、また、警報が出されたりしている(23)。最も欠席者が多かった二月七日は午前八時十五分に警戒警報が発令され、「登校ノ生徒約二十名アリ。暫ク情報ヲ認メタ後帰宅セシム」とあることから、被害の大きさそのものよりも、警報が出される時間帯が登校時間と重なったことが大きく影響したものと思われる。始業時間（九時）の一時間以内に警報が出ている時は休校という規則があったと思われ(24)、教員会議の決定の記載なく数日休校となっているケースも見られるが、二月七日のように、この規則の適応が微妙な場合には登校する児童も出ていた。該当時間に警報が出ていれば自然と休校になるため、欠席者が出席者を上回るのは、未明から明け方にかけての居住地の空襲、ないしは警報があった場合と、大雪などで通学手段に支障が出た場合に限られることになった。まさに「疎開児童の親が「ああ疎開させて置いてよかった」と思うほど警報が出ます(25)」という状況の中、一、二年生の児童はできるだけ学校に通おうとしていたことが分かる(26)。

　児童たちはどのような学校生活を送っていたのか。三学期の時程は次のように定められていた(27)。

九時
九時―九時十分　朝礼
九時十分―九時四十分　一時限
九時五十分―十時二十分　二時限
十時三十分　下校

もともと、一、二年生にも疎開をさせようという動きは先述のように存在していたのだが、当時の主任、清岡のメモ書きに「自分の考へとしては、我々は政府の方針に従ふより他に道なく、政府の方針は東京の国民学校の低学年の授業を続ける方針なる如きであるから、我々もそれに従ふより外なし(28)」とあるように、幼稚舎だけではどうすることもできないために、消極的ながら東京での授業を続けていた形になっている。この時清岡は「通学距離の遠いものは、縁故疎開をするなり、近くの学校に転校することを勧奨する。或は付添をつけること。授業を午前中短時間とすること等も考へられる(29)」とも加えており、上記の通り十時三十分で下校していることなどからも、概ねこの趣旨に沿って残留児童の学校生活は行われていた形跡が見える。

　ただし、清岡自身は、東京での授業を継続することについては、相当危惧を抱いていたようで、「清岡暎一日記」の中で「空襲懸念にて色々注意したるにもかかわらず相当遠くより付添ひにて通学するものあり」（十月三日）、「幼稚舎にて教員会議、時局下一二年生の授業を如何にすべきかを議す。

表1　残留児童出欠席数（昭和19年10月2日～20年3月10日）

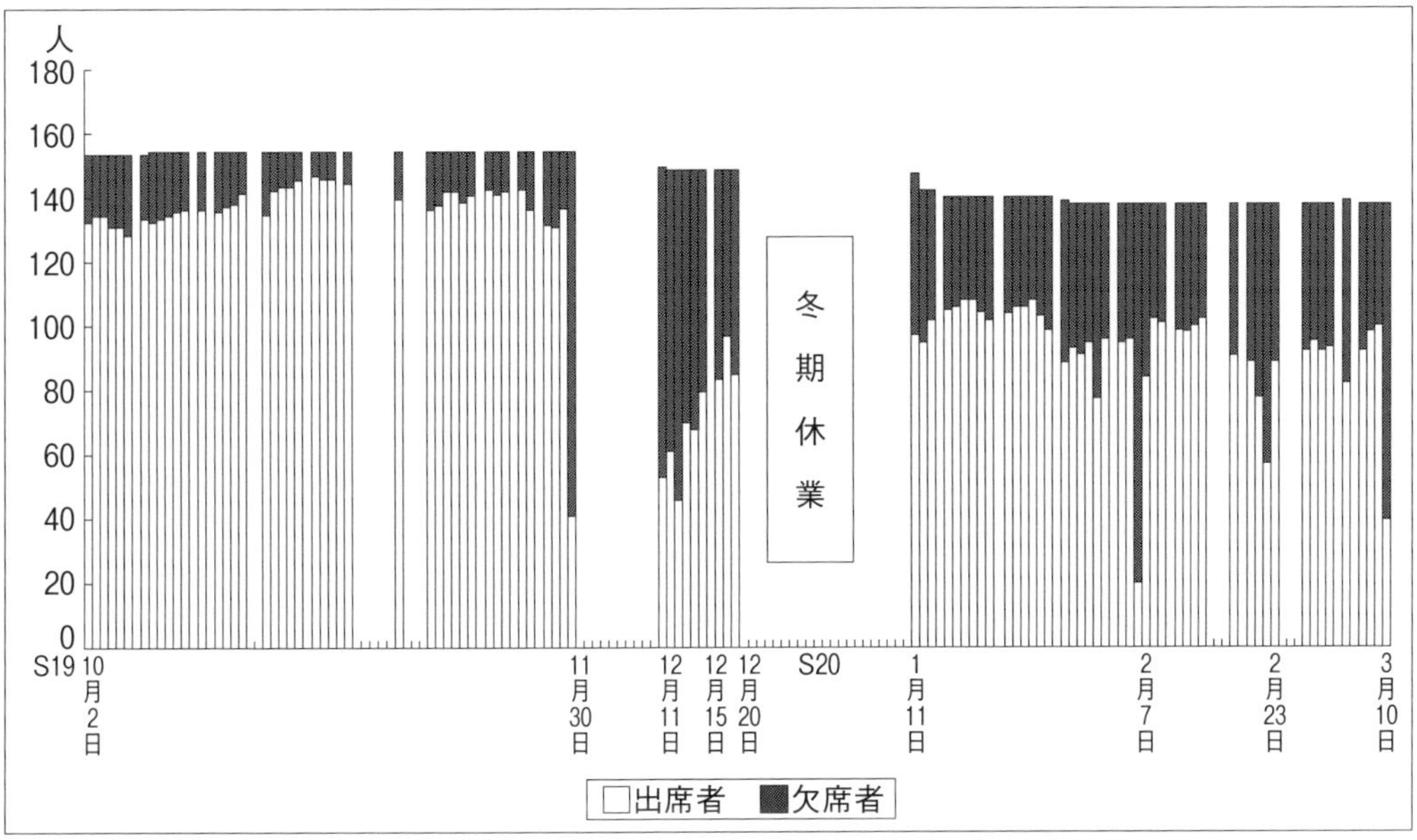

注1　昭和19年10月2日～昭和20年3月10日まで、日曜日を含む、毎日の出欠席数。
　2　出席者数が示されていない日は、日曜あるいは臨時休校、もしくは冬季休業。
　3　本表は「天現寺日記」より執筆者が作成した。

なるべく縁故疎開をすすめ、授業は従前通りとし、なるべく危険防止の工夫をする。それ以上は何ともできない。授業をやめることも出来ないということに落付く。公立国民学校は平常通りに授業あり、他の私立にても特別の扱ひをしてゐるところは今のところなし。生徒の減少を恐れてのことならん。真に心配して、特別の工夫をしてゐるのは幼稚舎だけのやうなり」（十一月十一日）として、独自の臨時休校を積極的に行っていた。「かくて授業を続け、一方政府の意向をたしかめ、又集団疎開を許されるよう努力する」[30]の言葉通り、十一月の半ばには「大仁ホテルを買入れて一二年生を交へて幼稚舎全員の疎開[31]」を後援会委員の保護者と相談したりもしたが、実現には至らず、一、二年生は空襲下の東京で年度を終えることとなった。その一方で、上級生がいなくなった朝礼では、「二年生が号令をかけて立派にやってゐる。なかなかよき号令なり[32]」という姿が見られるように、早くも実質的最上級生となった二年生の奮闘ぶりも見られた。

このように、幼稚舎東京本部では、数名の教員が一、二年生を守りつつ、集団疎開という「戦闘配置」に対して、「後方支援」「銃後の守り」といった役割をつとめていた。集団疎開が行われた期間におきた出来事を追いながら、東京本部の果たした役割について更に検討する。

三　疎開強化による一、二年生の疎開

学童集団疎開は、当初十九年四月から起算して約一年の二

十年三月に終了の予定であった。しかしながら、二十年になって空襲は益々激しくなり、疎開は強化をはかられることとなった。二十年一月十二日「昭和二十年度学童集団疎開継続ニ関スル措置要領」が閣議決定され、学童疎開実施期間の一年延長と新三年生の集団疎開、更には残留児童や縁故疎開をした児童のうち希望者の集団疎開への参加などが決められた[33]。これにもとづき東京都でも二月十日に「昭和二十年度学童集団疎開継続ニ関スル要項」が定められた[34]。更に三月二日には「学童集団疎開強化促進ニ関スル件」を通牒し、縁故、集団のどちらの疎開にも参加しない児童には理由を調査し、各々集団疎開参加に向けての措置を講じることや、疎開児童の増加の場合の宿舎の開設や輸送など更に強力に集団疎開を推し進めようとした[35]。こうした中、一、二年生の疎開の話が出てくるのが、三月九日の閣議決定「学童疎開強化要項」である。学童疎開を実施する地域を甲と乙に分け、甲地域の疎開を徹底することとした。甲地区では、三〜六年生だけでなく、一、二年生にも縁故疎開を勧奨、また保護者の申し出があれば集団疎開も認めることとした。この決定では疎開地以外の学校で授業は行わず、校舎は「一部ヲ除キ部隊ノ駐在其ノ他緊急ナル用途ニ転用スル」ことなどが決められた[36]。これによって、甲地区に含まれた東京三十五区では、学校は児童が学び生活をする場所から軍事施設と変りえたのであった。そして、新三年生とこれまで残留していた上級生、そして場合によっては一、二年生まで含めた二次疎開が行われることとなった。

しかしながら、静岡県知事より「現下ノ緊迫セル情勢ニ鑑ミ管下ニ於ル集団疎開学童中其ノ一部ヲ防衛上左記ニ依リ措置スルト共ニ来ル新学期ノ第三学年ノ受入ハ之ヲ御断リ致度、尚出来得ベクンバ現在疎開中ノ者モ適宜之ヲ他県ニ再疎開スル様御配慮相煩度（傍線引用者）[37]」との申入があった。このためか、区内の多くの国民学校を静岡に送り込んでいた渋谷区の二次疎開はすべて富山県となった[38]。

幼稚舎の修善寺の教員会議においては、二十年二月八日、六年生の引き上げの問題が出始めると共に、「集団疎開新参加新三年生ノ人員予定。二組合せて三十名より四十名迄の予定[39]」と報告されている。また、三月三日には「菅原さん（卓、六年生の保護者、後援会委員―引用者注）の話に新三年生は今月二十日ころ来る由なり[40]」との情報が入る。この段階では、二次疎開は修善寺に「来る」という認識がなされている。何時どのように、幼稚舎に富山行きの指令が伝わったか、はっきりとした記述は残されていないが、三月二十三日の夜「柴田さんが見え、三年生が修善寺に来るやうに運動なさいと、現に三日前清明学園の三年生が三島に来たとその運動の方法をつぶさに伝授[41]」ということがあり、この段階では新三年生は修善寺に来ないという認識に変わっていたと思われる。この情報を聞いた疎開先で指揮をとっていた吉田小五郎は「涵翠と仲田屋に行、吉武（友樹―引用者注）さんと奥山（貞男―引用者注）さんに東京へかへり　三年生の修善寺に来るやう、高橋（立身副主任―引用者注）さんに運動して貰うべくかへってもらふ」[42]ことにした。更には翌日に警部補が吉田のもとを訪れ、「長官」に働きかける方法を伝えた。そして仲介者として、「長官」に信頼があるという、王子製紙の工場長で慶應出身者の人物の名を挙げ、その人に頼むと良いという情報まで与えている。この「長官」が誰を指すのかは明らかでないが、いずれにせよ疎開事業にかかわる行政機関の長への働きかけ方法が伝えられた。この時もまた「この旨高橋先生に報告」の運びとなった[43]。

　こうした情報がどの程度伝わり、どのように実行されたのかは明らかではないが、月末[44]には、東京本部の責任者である高橋立身より次のような書簡が清岡のもとに届いた。

（前略）三年以下の学童疎開については渋谷区と東京都の間を往復してある種目認《ママ》をして貰った形に私は解釈しましたから輸送方法さへつけば近く実行にうつります。責任は私が負ひます。東京都の方はまだはっきりしませんが、区長さんの方であとでなんとかしてもらひます確信はつきました。輸送方法がつかなければ富山です東砺波郡南般若村油田駅より二キロの連恩寺です。これも正式にはまだ発表されてゐません（中略）

三月二十八日　　高橋立身

清岡先生

（前略）三年生もそのうちボツボツ送ります。区長課長の目認がありましたから大丈夫です。但し表面は入れないことにどこまでも世間に発表することの技巧は必要です。

三年生を送りとゞけた後に修善寺へもまゐります。

三月三十日　　高橋立身

清岡先生

　この書簡を見る限りでは、修善寺での情報が活用されたのかは定かではない。しかし、こうした助言を疎開の現場でしてくれる人々がいたということは、疎開先地域との関係を考える上では重要な出来事である。また、それらのことは逐一東京本部に報告されており、そうした情報を基に、東京本部の判断で関係各所と折衝をしている様子が見られた。場合によっては、東京本部主導で提言をしているようなこともある。副主任である高橋立身を中心に、東京本部は、修善寺と細かく連絡をとりながらもある程度の主導権をもって、疎開事業に参画していたことが伺える。

　この後、表向きには「区役所ヨリ富山県ノ疎開地ヲ中止シタル件ニツキ至急顚末書提出[45]」するように言われ提出している[46]。その下書きと思われるものが以下のものである[47]。

昭和二十年四月二日

慶應義塾幼稚舎主任清岡暎一

渋谷区長　磯村英一殿

集団疎開計画変更に関スル件

昭和二十年度新規参加ノ集団疎開ニツイテハ御指示ニ遵ヒ富山県下ニ於テ実施シベク計画中ノ処参加希望者次第ニ減少シ少人数ヲ以テノ集団計画ノ経営上ニツキ困難ナル事情ニ立至リ候ニ付今回ノ新規計画ハ之ヲ中止シ残余全員ヲ縁故疎開ニ転換スル様極力勧奨致居候間在事情ヲ具陳シ此段末書一通御提出申上候也　（傍線引用者）

富山県は東京からは静岡県に比べて遠隔地であるため、それによって人数が減少するということは、一次疎開の公立の国民学校の場合でもみられた説得力のある理由である[48]。しかし、この場合、実際には少人数であっても集団疎開に参加している一～三年生がおり、集団疎開の計画そのものは中止されていないことから、この顚末書は、形式的なものであったといえよう。渋谷区長の磯村英一については、疎開前から「非常に親切な取扱ひを得る」[49]、「区長はやはり好意をもたれたるを知る。区長には、すっかりおまかせ申す」[50]と清岡の評のあることからもわかるように、渋谷区の対応は比較的幼稚舎にとって好意的で、幼稚舎側も信頼を置いていた。今回の二次疎開についても、幼稚舎の希望が通る結果となった。

新年度が始まってからの幼稚舎東京本部は、空襲に対する防空活動や被害への対応に追われながらも、この二次疎開が非常に大きな事業となる。二次疎開参加者の保護者会や荷物の準備などが慌しく行われている。そして、四月十日を皮切りに、分散して修善寺に向かった。その様子を以下に示す[51]。

四月九日（月）　疎開学園行キ荷物梱包ト整理ヲナス。個数百四十個

四月十日（火）　疎開学童第一団東京駅出発。全員十六名（教員一、生徒十五）奥山先生引率。

四月十一日（水）　疎開学童第二団　一年生四名、保護者四名、赴修。引率者永野先生石河サン。荷物発送ニツキ話ツク。

四月十二日（木）　疎開学園第三団　一年生四名、保護者四名、赴修。引率者林佐一先生。朝九時敵大編隊来襲。夕刻疎開荷物ヲ東京駅マデ運搬ス。

四月十三日（金）　疎開学園第四団　二年生六名、三年生二名。保護者六名計十四名出発　赴修。宮下先生引率。警戒警報発令アリ。残余ノ荷物ヲ東京駅ニ運搬ス。

四月十四日（土）　疎開学園第五団　東京駅出発赴修。引率者赤松先生、小堺先生。昨夜十一時ヨリ朝ニカケ敵B29ノ大編隊ノ来襲アリ。約百七十機無差別爆撃ニヨリ宮城内ノ一部建物及ビ明治神宮焼失アリ。

四月十五日（日）疎開学園参加学童全員無事学園到着セリトノ報アリ。Ｂ29ノ大編隊二百機来襲セル結果、日吉ノ工大ノ建物モ遂ニ罹災セリトキク。幼稚舎異常ナシ。

四月十六日（月）警戒警報発令アリ。乗車券発送荷物ノ件ニツキ近藤氏（後援会委員、近藤政章—引用者注）ト協議ス。

個人疎開を装うためか、乗車券の問題か、理由ははっきりしないが、非常に小編隊で移動しているのが一次疎開との違いとして目立つ。四月八日の段階では三年生は一クラスずつまとまって行く予定であったが[52]、十三日に三年生の二人が移動、もともとの三年生の移動日である十日と十四日の内容が曖昧であることから、実際に行く段になって人数に多少の変動があったようにも見受けられる。八日の段階で十日に付き添って行く予定であった事務員の女性が当日「都合ニヨリ参加見合ハセタリ[53]」ということになっている位なので、児童の変動は尚更であろう。その為、この段階での正式な一〜三年生の人数は分からないが、四月の疎開人数からみると、一年生十二名、二年生六名、三年生三十三名となっており[54]、ほぼこの段階の輸送で二次疎開が完了したといえる。以前に高橋立身が渋谷区から念を押されたとおり、輸送を独自に行えるかが、二次疎開の鍵となったようであるが、この点に関しては後援会の委員の尽力があったことが窺える。

このころ病床に伏していたため、表立っての活動はしていないものの、主任の清岡はもともと、一、二年生も含めた集団疎開を想定していた。後援会委員を始め、低学年の保護者の間でも集団疎開事業当初よりそうした話が出ていたため、幼稚舎において二次疎開は、比較的容易受入れられ、実行されたように見える。集団疎開が始って半年以上が過ぎ、良しにつけ悪しきにつけ生徒や保護者から何らかの評価を得たこと、縁故疎開による退園手続きや復学に関する規則を定めたことから[55]、集団疎開や縁故疎開の選択がし易かったこともあろう。何より、この時期は連日空襲があり、まさに二次疎開の最中にも敵機が押し寄せて来る中で、東京から出て行く必要を実感していたことも大きく影響した。

幼稚舎にとっては、一般の渋谷区の国民学校が富山に二次疎開したにも拘らず、情報網を駆使して修善寺一箇所に疎開学園を維持したことの意味は小さくない。東京との距離の問題だけでなく、学寮を分散することによる財政的な負担の問題、教職員の人員の問題なども含め、富山と修善寺との差は大きい。渋谷区の二次疎開では、「一次疎開が富山県であったところは合流し、（中略）地元との強力関係は比較的良かった。それに比べて静岡県に一次疎開していた学校は地元との馴染もなく受入れ体制も整えられないままに現地に入り、協力を得るのに苦労したところもあった[56]」が、このことからも両者の差は歴然としている。このような処遇を得るために奔走したのが、東京にあって渋谷区と交渉した東京本部の教員たちである。一方で、他の渋谷区内の私立小学校でも富山に二次疎開したという事例は見受けられず、[57]当時の渋谷区も私立小学校に対しては、公立の学校よりも特例的な取扱をしていたこともわかる。

四　私立学校の経営危機

六年生の帰京から二次疎開という大きな動きのあった昭和二十年の春、幼稚舎の東京本部が抱えていたもう一つの大きな問題として、人事のことがあった。戦局の悪化に伴って、縁故疎開で児童数が減る中、幼稚舎も縮小が迫られ、既に十九年の春の段階でクラス数の縮小、それに伴う教員の人員整理を行っている。[58]その後も国の政策として集団疎開が発表される以前には、縁故疎開を勧奨していく方針が組まれていたために、更に大幅な児童の減少が見込まれ、教員会議で「幼稚舎の自然消滅」という言葉も出る程切迫した状況であった。[59]

これは官公立では、あまり問題とならない、私立学校特有の問題といえよう。慶應義塾全体を見ても、十八年の末以降は、兵役や勤労動員によって学籍を離れる塾生が多くなった時期である。塾長小泉信三によると、こうしたことは「開塾以来前例なき難局」であり、それへの対応として「人事に関し先ず六十以上の老教授の退職を認め」た上で、講師として講義を担当するという形で、人員削減が行われていた。[60]

こうした事態は慶應だけの問題ではない。日本私立小学校連合会の集りにおいても、授業料の値上げや夏休み中の授業料徴収の問題、また、縁故疎開による学校の崩壊を防ぐ為に私立独自の集団疎開についても話題となるが、「結論なし」[61]の状態で、他の私立小学校も深刻な状況であったことが伺われる。実際に、戦時下には三四校の私立小学校が廃校に追い込まれ、昭和十五年に三万一五四五人であった私立小学校の児童数は、二十一年には一万七四〇三人に減少した。[62]

幼稚舎のような一貫教育を行う私立学校に通う児童保護者にとっては、縁故疎開をするかどうかは、復校の問題、更には普通部進学の問題が大きく影響していた。十九年二月の段階では「疎開による転校児童は原則として向ふ一年を限度にして復校を許可する」[63]など、基本的に復校を念頭においた縁故疎開の勧奨を行ってきた。進学の問題については、国策による集団疎開で、六年生はもとの居住地の学校に進学できることになっており、十九年の年末頃から中等学校の入試日程と共に帰京の日程が意識され始めたという。[64]幼稚舎の疎開学園では、二十年一月二十二日に「都教育局よりの中学校入学選抜に関する件につき検討」[65]し、六年担任の教員が上京して普通部に問い合わせた。二十四日夕方に義塾より職員が来て、「普通部では幼稚舎から進学するもの百十名と都に報告せりと」[66]伝えている。しかし、幼稚舎側としては進学希望者を一三〇人と把握していたため、困惑し、翌日東京本部に連絡を取った。[67]こうした経緯を経て、二十年一月末、高橋立身は、普通部の主任と会って次年度以降の普通部への被推薦条件について話し合い、修善寺の清岡に報告している。[68]このとき進学条件として、一、最終学年で幼稚舎の教育を受けた者、二、通計四ヵ年と一学期間の幼稚舎教育を受けた者の二つが出された。高橋は、これが確定した場合に備え、縁故疎開をしている者への通知など、幼稚舎としての様々な準備の必要を訴えている。中でも、右のような条件であれば、二十一年四月には縁故疎開からの復校者が多くなることが予想されるため、その場合の疎開学園の児童増加について、区の学事係に相談、早くも定員増加の了承を得た。また、在籍児童数が増えれば集団生活が不可能な児童が出る可能性もあるため、東京での「残留混成学級」(70)の編成も視野にいれるべきであろうと提案した。しかしながら、先述のように、二十年三月ごろから疎開は更に強化され、結局、国の方針で残留そのものが否定された。実際には、普通部の被推薦条件もその後具体化されることはなく、疎開実施中に復校希望者が増えることも、東京に残留学級が設置されることもなかった。

幼稚舎では、学童集団疎開の実施によって「自然消滅」は免れたものの、十九年から二十年にかけて、更なる時局の悪化、疎開事業の推進などで更に生徒数は減少しており、二十年の春に再び人員整理の必要が迫られた。この段階で修善寺疎開学園には、幼稚舎の主任で疎開学園長とされた清岡暎一、総務部長の吉田小五郎を含む九名の教員がいた。六年生を引率して帰京している教員が四人、最初から東京本部に残留した教員が、副主任の高橋立身を含めて八名おり(うち一名は出征中)、幼稚舎全体として、合計二十一名の教員が在籍していた。塾当局からの人員整理要請に応えるべく清岡と高橋立身は案を練っていたようだが、三月末の段階で「西村さん(常任理事、西村富三郎―引用者注)は十二名一本槍で進みたい模様」(71)と、理事と会見した高橋は清岡に連絡している。この書簡の中で高橋は「生徒の減少する一方のこの時局で余分の先生を遊ばしてもおけぬでしょうし　佳分に疎開地へ送りこんで貧弱な子供の会費を浪費させるわけにもいかぬでせう」、更には「修善寺の学園などもこのまゝでいくと財政的に二三ヶ月のうちに破産するでせう」(72)という不安を述べ、教員の削減という、理事の要求もやむを得ないという立場を示している。

この時期は純粋に児童数の減少ということだけではなく、疎開や空襲などの混乱から、回収すべき授業料も回収できてなかった。少し先の七月末のことであるが、「昨年(十九年―引用者注)の八月以来特に今年のはじめから、生徒の入退が繁く、その間、授業料未納のまゝの者の多くその調査に手を焼いて」(73)おり、疎開先にも誰が何月に退園したかの調査を依頼している。慶應義塾の事務員の応召などで事務の細かなことが分からなくなっていることも影響した。

結果的に、二十年三月三十一日を以って幼稚舎から五人の教員が退職することとなった。その中には、これまで副主任として東京本部を守ってきた高橋立身も、人員削減の立案者として、自ら責任をとるという形で含まれていた。実際には理事の要求した人数にまでは減っていないが、幼稚舎の現状、個々教員の希望もある程度まで加味して、理事に交渉してこの形に持っていったのは高橋自身であった[74]。高橋は「疎開地中心」のポリシーのもと、「あとは年功と年齢順により次に疎開事業に対する縁の遠近によって」立案した。三月の段階の修善寺にいる人数に二次疎開の引率者を加えると、そこで既に理事の要求する十二名となってしまい、東京本部の人員が残せなくなってしまう。高橋は、疎開地の人員を一人も削ることなく、東京にも三名残すことに成功した（うち一名は四月中に退職）。

後任の副主任には、高橋の希望もあり、疎開先で実質的な責任者となっていた吉田小五郎に決定したが、この副主任人事に関しては、わざわざ塾長小泉が、病床で修善寺に留まっている清岡に手紙で知らせている[75]。小泉は、高橋の功労を称した上で、「幼稚舎もやはり此機会に時代を新しくして将来に備へ」たいとして、「他に多少意見もありましたが」吉田の副主任就任を主張、決定したという。高橋の案では「吉田君が私の代りになりますから」東京から一名疎開地に送り「吉田君の組の担任とな」ることを提案して、言外に吉田の在京を匂わせていたが[76]、実際には主任の清岡が修善寺で病床に伏したままの状態で吉田を疎開現場から外すことはできなかったのであろう。吉田は疎開地と東京を頻繁に行き来して、副主任の業務をこなすこととなった。こうして、東京本部の柱として、疎開事業を支えてきた高橋を失ったことは、幼稚舎にとってはその後の疎開運営に少なからぬ変化を生むことになった。

四月以降、退職した教員達は、空襲の合間を縫うようにして何度も幼稚舎に足を運んでいる[77]。児童も居らず、在籍教員二名と事務員助手などが他に三名で、それぞれ疎開地に出張したり、空襲の影響で欠勤したりという東京本部の状況の中、時々訪れる退職教員は、心強い存在であったかもしれない。

五　品川駅での面会

昭和二十年には、本土空襲が本格化する一方で、小笠原諸島、硫黄島、沖縄と米軍が進撃するに伴い、政府は本土決戦に備えなければならなくなった。こうして、米軍上陸が予想される千葉・茨城・静岡の三県の集団疎開児童は、更に別の場所へ移転させられることとなった。この再疎開について、最も早い記録とされているのが、昭和二十年二月二十四日の東京都教育局国民教育課が作製した「静岡県学童集団疎開再疎開見込調書」であり、静岡県内の集団疎開児童を県内の別の場所か富山県に再疎開させる計画をしたものである[78]。その後、五月十一日に、東京都は、関係区と再疎開先に向けて「千葉、茨城、静岡各県内学童集団疎開地変更ノ件」を出し、渋谷区の疎開児童は青森県に再疎開することとなった[79]。東京都全体では、四月〜六月にかけて再疎開は実施され、引率教員などを含めた再疎開総数は四万五〇七六人という[80]。

幼稚舎に再疎開の第一報がどのように伝わったのか、詳細はわからないが、五月十八日に、修善寺より吉田小五郎が来舎し、後援会委員の保護者と共に区役所に出かけている[81]。翌十九日、二十日も続けて、吉田と後援会委員は幼稚舎で会い、更に二十一日には他に二人の教員も修善寺より上京し、東京本部の教員を含む四人で区役所に赴いている。この日の夜七時から行われた修善寺の教員会議では、再疎開の行き先が青森県西津軽郡木造町であること、再疎開で生徒が減少しても教員の身分保障をすること、保護者には行き先を明らかにしないこと、再疎開の参加者は目的地によらず参加を表明した者のみとすることなどが告げられた[82]。修善寺から上京した三教員は翌二十二日から東京から青森に調査に行き、二十九日に東京本部に戻って来た。この間東京では、二十四日から渋谷区を含む大空襲に見舞われ、幼稚舎でもしばらくその後処理におわれている。

しかし、六月七日に保護者宛ての木造再疎開の印刷物を配布してからは、翌日に早速保護者四名が来舎して話し合いを行ったり、修善寺の教員が上京したりと、再疎開に向けて慌しくなってくる。六月二十一日には、修善寺の出発時間と木造の到着時間以外の行程が明らかとなった。これらの情報は東京本部の教員が区役所に立寄って入手、その日のうちに修善寺の吉田宛に電報が、保護者宛てに葉書が送られた。

この時、品川駅での面会が予定されているが、この面会は、当初は「予定されていなかったが、品川駅で急遽二十分のみ停車が実現することになった[83]」とされており、再疎開の決定から実施までの慌しさが見て取れる。六月二十八日に区役所に立ち寄ると、「集団疎開学童品川駅面会注意事項[84]」が配布された。

一、面会人ハ学童一人ニ付家族一人限リトシ同一家庭ニ於テ二人以上ノ学童アル場合モ一人トス

二、午後九時（午後〇時半）迄ニ芝区二本榎一ノ一八高輪台国民学校（省線品川駅都電高輪北町又ハ二本榎下車）ニ集合シ学校毎ニ教職員引率責任者トナリ人員調査ノ上都係官ヨリ入場票（日付記入）ノ交付ヲ受ケ其ノ指揮ニ従ヒ入場スルコト

三、右校庭ニ乗車校ノ車両位置ヲ掲示スルニ付其ノ順序ニ整列集合スルコト

四、午後九時五十分（午後一時四十分）ニ品川駅降車口ヨリ入場票提示ノ上学校毎ニ整然ト入場スルコト

五、学童列車ハ八番線ホーム到着スルヲ以テ予メ学校毎ノ乗車々両前ニ整列シ待機スルコト

六、学童臨時列車ノ停車時刻ハ左ノ通トス

午後十時二十分到着（午後二時六分着）
午後十時三十分発（午後二時三十分発）

（以下略）

（傍線引用者）

この渋谷区の注意書からは、急遽決まった面会について、予想される混乱を避けるために、学校単位での面会者の統制

が期待されていることがわかる。特に勝手にホームに入った場合には「守ラサル者ハ面会ヲ拒絶ス」と厳しい姿勢を示している。

このころ、ある保護者から乾パンとパイナップルの寄附が、[85]また別の保護者から粉石鹸の寄附が申し出られ、これらは木造に運ぶ荷物となった。[86]疎開初期には、トラックでの食料品の輸送なども行われていたが、[87]交通事情の悪化からか、この時期は面会に行く保護者に教科書やノートを託したりと、個々の保護者の協力を得て物資の運搬を行っていた。乾パン等の寄附を得てもまずは輸送の問題が起り、ちょうど再疎開の時期であったため「運搬ハ出発期日確定ノ上ニテ行ハン」として、様子を見た上で品川で積み込むことになった。こうした、幼稚舎から木造に運ぶ荷物については、ある児童の母親の呼びかけで、保護者数人の手を借りて荷車で品川駅まで運ぶこととなった。この役割を担った児童の父親や兄、四名は夕方六時に幼稚舎に集り、七時に出発、五〇貫（二〇〇近く）ほどの大荷物を品川駅まで運んだ。

面会人集合場所の高輪台国民学校では、午後九時頃、東京都の役人の手により入場券が配布された。この時も複数の保護者の手を借りて入場券を入手、他の幼稚舎の保護者に配布している。しかしながら「初メ人員ヲ調ベシ時ハ百二十名位ナリシモ（若林氏（保護者―引用者注）ト共ニ）入場券ヲ二百三十枚貰フ。然ルニ続々ト増加シ五十枚ヲ追加ス。尚ホ足ラズシテ区ノ吏員大橋氏（教育係）ニ依頼シ亦三十枚貰フ」というように、保護者の数は増加し、必要な入場券の枚数は増加、最終的には区の教育係に頼み、合計三一〇枚の入場券を入手している。六月の疎開学園在籍児童数は二一六名、七月は一四三名となっており、[88]青森への再疎開を機に人数が大きく減っているが、いずれにせよ、修善寺から青森への移動中の児童が三〇〇人を超えるはずはなく、「面会人ハ学童一人ニ付家族一人限リ」のルールは全く守られていないことがわかる。「当然他ノ学校ノ父兄ヨリモ面会ノ人ガ目立ッテ多」い、ということになるのだが、当日の「天現寺日記」には「一家庭一人ヲ厳守セズ　コレモ親心ナルベシ」とある。

こうした混乱の中、東京本部の教員は八番線ホームに学年ごとに保護者を並ばせて十時二十分に到着の列車を待った。保護者達は、「かねて準備工面して拵えた菓子、赤飯等を、車中の飯べ物を両手に、臨時列車の到着を待ちわびて」[89]いた。この面会の様子は、ある保護者によって以下のように回述されている。[90]

> 列車の各窓口には、学年別が一目で判かる様に紙旗の標識を掲げ、我が母、父兄達を呼んでいます。見送人でホームは一杯でした。灯火管制下、夫々吾が子を探し当て、長い車中の心尽くしにと、真心こめた数々の食べ物を与えて居る光景は、之が此の世の至情の極致かと思われました。二十分の停車の時間も呆気なく、最早、発車のベルも鳴り終り、「引率の先生方、寮母の皆様、何うぞ、

御頼み致します」と万歳の声に送られ、品川駅を離れて行きました。

この品川駅の停車は、保護者にとっては、これまでより更に遠くの疎開地に旅立つ子どもとの、しかも連日連夜空襲が続き、明日の命もわからないという状況のなかでの貴重な面会であった。各国民学校でも「焼け出されて無一文になった親が、なけなしの食べ物か、衣類か、それぞれ小さな包みを持ってきている。わが子に手渡す余裕がないまま、車内にポンポン投げ込まれる」[91]といった面会の様子が数多く伝わっている。一方、教員たちにとっては、そうした面会の時間であるとともに、疎開事業を継続していくための貴重な中継点であった。幼稚舎から運んできた荷物をホームに搬入、到着の列車に数人の保護者の手を借りて荷物を積み込んだ。長谷戸国民学校でも、バター、パン、修身、理科の教科書を積み込んだという記録がある[92]。

この時、幼稚舎の本部残留教員二人のうち、一人は木造に行っており、荷物の運搬から入場券の配布、ホームでの整理など、全て一人の教員が指揮をとった。保護者の積極的な協力がなければ行い得ないことであった。実際に荷物のホーム搬入は後援会委員の保護者の指揮により、教員が気づいたときには既に運び込まれていた。また、翌日には渋谷区役所に出向き、一連の再疎開事業に関して、また特に「昨日ノ厚意」につき教育係の人に感謝を述べているが、当日に限っても荷物の運搬や入場券の融通など行政の人々からも多くの尽力を得ていた。

結果的には、再疎開の東京通過は無事に終えられた。しかしながら、再疎開実施にあたっては、何度も修善寺から吉田が上京して渋谷区の指示をうけていたこと、また当日には、東京本部が保護者に対してリーダーシップをとるというわけでもなく、むしろそうした保護者の協力を借りなくては面会のチケットを入手、配布することも難しく、また、荷物の運搬に関しても渋谷区の役人、保護者などの協力を得て漸く成し終えた。人員不足がその原因とはいえ、東京本部自体は、様々な人の協力なしにはほとんど活動し得ない状況となっていた。

六　おわりに

二十年度に入ると、「学童疎開強化要項」[93]にある、校舎を「部隊ノ駐在其ノ他緊急ナル用途ニ転用スル」という規定に則り、実際に生徒のいないことも手伝って、海軍の校舎の利用場所が増え、教員室までも提供することになった。生徒の机、椅子も海軍によって「可燃危険物として買ひあげ」[94]られ、東京の幼稚舎の「学校らしさ」は徐々に失われていった。しかし、そこには日々、生徒の親が尋ねて、疎開地にいる子どもとの接点を求め、あるいは縁故疎開のための書類を取りに来りと、来訪者が途切れることはなかった。

また、輸送も不便になってくるせいか、寄附品だけでなく配給品などを疎開地に運ぶのも、面会に行く保護者に頼むようになる。これまで、そういったものの輸送は、主に後援会委員の保護者たちが担っていたが、修善寺に疎開した当初に活躍した後援会委員のうちの一人が召集されたこと[95]や、戦況の悪化したことなどが、輸送方法にも影響を与え、年度が変わってからは、輸送のことに関しては後援会委員のうち、近藤政章（五年生、三年生の児童の保護者）に頼りがちとなった[96]。その一方で、大々的な輸送ではなくとも、その近藤の準備した乗車券で面会に行く個々の保護者が配給品などを運搬した。このように二十年度には、後援会委員ではない保護者からも直接的な手助けが多くみられ、疎開開始当初とは保護者のかかわり方や援助組織の変質がみられた。これは、東京の幼稚舎において、二十年度には一度も「後援会委員会」のような会議が見られず、事があれば個別に委員が幼稚舎を訪れたり、場合によっては教員の方から個別に委員に相談、報告に行く場合が見られることからも明らかである。また、後援会に限らず、再疎開にあたっての保護者会も開かれた形跡はなく、個別に保護者が学校に訪れている[97]。東京での保護者の援助、学校とのかかわり方は、組織的なものから個別的なものに変わった。

　こうした保護者の動向の変化に象徴されるように、東京本部は、当初、幼稚舎という教育機関の一部所として疎開事業にも積極的にかかわっていたが、二十年度になって、事務手続きの窓口や情報伝達のための中継所へと変化していった。

　この変化は、どの国民学校でも多かれ少なかれ見られる傾向であり、空襲によって東京の機能が総合的に低下したこと、二次疎開以降東京の学校に児童が基本的にいなくなったこと、再疎開で東京から遠い疎開地となったこと、などの背景がある。しかし、幼稚舎の場合は、一つの大きな原因として、副主任の交代という特有の問題が挙げられる。疎開開始時期から副主任として東京にあって疎開事業を支えてきた高橋から、疎開現場で事実上の責任者である吉田に副主任の任が移ったことによって、区との交渉なり重要事項の伝達なり、必ず疎開地より吉田を呼び寄せなければならず、東京本部が独自の動きをすることができなくなってしまったのである。このことは、二十年度の始まりから高橋がいなくなったことによって、東京本部が本部機能を果たしえなくなったことを意味する。

「学童疎開に対する私立学校への行政の配慮はほとんど[98]」なかった、ということも言われるが、少なくとも幼稚舎の存在する渋谷区においては、区長磯村英一をはじめとして各職員も私立小（認定）学校に対して、比較的丁寧な対応をしたといえる。それは、磯村個人がクリスチャンの母親のもとで育ち、人権問題などに関心の深い都市社会学者であること[99]とも少なからず関係があるかもしれない。いずれにせよ、結果としては、私立小学校であるということで、一般の国民学校よりも、規制が緩かったように見えることさえあった。無論、各方面からの助言があり、そのための働きかけを行ったことは看過できない事である。このような行政との関係、周囲との連絡を取り持っていくのも東京本部の重要な役割であった。

学童集団疎開事業にとって、東京本部は、「出征」にもなぞらえられた疎開地の児童や教員に対して、情報、物資など多くの面で後方支援的な役割を担っていた。また、疎開に参加できない児童を教育、管理、保護する、学校としての機能も持っていた。しかし、幼稚舎においては昭和二十年の春以降、こういった組織としての役割、機能は様々な理由により低下せざるを得なかった。そのことは、再疎開後、木造での疎開事業[100]や幼稚舎という学校のあり方にも少なからぬ影響を与えていく。幼稚舎疎開学園は、様々なことを疎開先で充足し解決していかなくてはならなくなり、東京本部や経営母体である慶應義塾よりも、疎開先地域との関係を深めていくようになった。幼稚舎におけるこのような学校運営方法の変化は、戦後の学校の在り方にも影響を与えていると思われるが、それについては稿を改めて論じたい。

注

（1）佐藤秀夫「学童疎開史の意味と課題―教育史の視点から―」『品川歴史館紀要』第四号、平成元年、一五～一七頁。

（2）逸見勝亮『学童集団疎開史―子どもたちの戦闘配置』、平成十年。他に青木哲夫、一条三子などの研究が挙げられる。

（3）前掲、佐藤、一三頁。

（4）佐藤秀夫は「一九四三年秋から始められ四十四年三月～四月の学年更新時に大きなピークをなす学童縁故疎開を無視して、学童疎開は四十四年八月の学童集団疎開の開始をもって始まるとする、従来の通説は根本から修正されなければならない」（佐藤、同前）としており、逸見勝亮「国民学校初等科児童の縁故・集団疎開」（『学童疎開の記録1』、平成六年）をはじめとして、初期縁故疎開を視野に入れた集団疎開研究は複数存在する。

（5）小林奎介「縁故疎開・疎開残留調査ノート」『学童疎開の記録1』、平成六年、一九五頁。

（6）国民学校令下においては、私立小学校は一般の国民学校と区別し、認定学校と呼ばれていた。

（7）〔文書番号125〕、「認定学校学童疎開促進に関する件」東京都公文書館編『資料　東京都の学童疎開』、平成八年、二七三頁。

（8）慶應義塾幼稚舎編『稿本　慶應義塾幼稚舎史』、昭和四十年、五八八頁。

（9）『学籍簿』（慶應義塾幼稚舎所蔵）。また、前掲、『稿本　慶應義塾幼稚舎史』においても「三年生以上六年生の児童が疎開したが、一、二年生は天現寺の校舎に残留して授業を継続した」（五八九頁）「一、二年生が踏みとどまって授業を続けた」（六七五頁）とされ、その他のものでも身体的理由などで残留した上級生に関する記述は確認できておらず、おそらく存在しなかったと言える。十九年度の五年生で、体が弱かったため、集団疎開開始当初、公立の国民学校に転校し、途中から集団疎開に参加したという回想記録もある（銀薪クラス会『幼稚舎卒業50年記念』、平成八年、一三～一四頁）。

（10）当時の主任、清岡暎一の筆跡と思われるメモ。「幼稚舎居残り教員」、「清岡暎一旧蔵資料」（資料05050）、慶應義塾福澤研究センター所蔵。

（11）前掲、『稿本　慶應義塾幼稚舎史』、六七六～六七七頁。

（12）当時の幼稚舎における主任は、国民学校の学校長にあたる。

（13）「清岡暎一戦時中日誌」、七月二十五～二十八日、八月七日、

八月十一日、「清岡暎一旧蔵資料」、慶應義塾福澤研究センター所蔵。以下この日記からの引用は「清岡暎一日記」とのみ記す。

(14)「学童集団疎開政策の骨格をほぼ形成していた」（前掲、逸見『学童集団疎開史』、六四頁）とされる内務省と東京都との協議に関する報告の中で、「（イ）集団疎開セシメムトス学童数（中略）（２）一年、二年生ハ差当リ除外ス」とある。〔文書番号21〕「極秘学童疎開ニ関スル協議ノ件」、前掲、『資料　東京都の学童疎開』。その後の各要項もこれを踏襲している。

(15) 東京都渋谷区教育委員会『渋谷区教育史　上巻』、平成四年、六四八頁。

(16)「（昭和19年10月2日～昭和20年8月15日）」とのみ背表紙に記されている学校日誌（慶應義塾幼稚舎所蔵）。主に天現寺での出来事がつづられている。執筆は筆跡その他から主に宮下正美と考えられる。以下、この史料よりの引用は「天現寺日記」と記す。

(17)『東京都戦災史』、昭和二十八年、二六三頁。

(18) 前掲、「天現寺日記」、十一月一日。

(19) こうしたことは、もちろん幼稚舎に限ったことではない。多少日にちはずれるが、十一月二十七日の千駄ヶ谷小学校の『学校沿革誌』によれば「尚本月ヨリ空襲本格的トナリ敵機ノ来襲頻々、為ニ宿直員増員防空要員トシテ学校防護ニ当ル、然レ共男子職員不足ノタメ女子職員ノ宿直ヲ認ムルニ至ル」（前掲、『渋谷区教育史　上巻』、六三二頁）とあり、また常盤松国民学校でも「いよいよ警戒態勢に入り、明（十二月―引用者注）七日から半数が宿直いたします。女子も同様です。毎日十人の者がゴロ寝で学校防衛に当ります。残留組の意気天を衝くの感があります」（塩野入万作『学童疎開の記録』、昭和四十六年、二八六頁）といった状況であった。

(20) 前掲、『渋谷区教育史　上巻』、六四八頁。

(21) 以下の記述は前掲「天現寺日記」による。

(22) この指示に関する詳細な命令系統は把握できなかったが、幼稚舎と同じ渋谷区の常盤松国民学校が「十日で授業休止となりました」（前掲、『学童疎開の記録』、二九四頁）、同じく渋谷区の加計塚国民学校は「二十年三月十五日　繰上休業」（前掲、『渋谷区教育史　上巻』、六三六頁）とあることから、この時期に渋谷区の国民学校は繰上げで三学期を終えたと考えられる。

(23) 前掲、『東京戦災誌』、二六三～三三三頁。

(24) 前掲、「天現寺日記」、一月十一日。

(25) 前掲、『学童疎開の記録』、二七九頁。残留教員（女性）の疎開学寮に向けた手紙。

(26) 十九年度の一年生からは、幼稚舎からの帰宅途中に警報が鳴り、駆け込んだ道端の防空濠の中で見知らぬ人に乾パンをもらった記憶や、空襲の翌朝には死体処理の手伝いをしたという記憶の証言もある（平成二十一年十月十八日、聞取り）。

(27) 前掲、「天現寺日記」、一月十一日。

(28)「清岡暎一旧蔵資料」（資 05105）、慶應義塾福澤研究センター所蔵。

(29) 同前。

(30) 同前。

(31) 前掲、「清岡暎一日記」、十一月十六日。

(32) 同前、十月二十五日。

(33)『公文類従 第六九編五七、学事門。

(34) 前掲、逸見、一九七頁、二七六～二七七頁。

(35)〔文書番号188〕、前掲、『資料　東京都の学童疎開』、三二七～三二九頁。

(36)『公文類従』第六九編五七、学事門。

(37)「学童集団疎開に関し静岡県知事より申し入れ」〔文書番号186〕昭和二十年二月二十日。（前掲、『資料　東京都の学童疎開』、三七一頁）。

(38)　前掲、『渋谷区教育史　上巻』、六三三頁。
(39)　「疎開学園教員会議記録」、慶應義塾幼稚舎所蔵。
(40)　「学寮日記」、三月三日、慶應義塾幼稚舎所蔵。第一学寮・野田屋の学寮日誌と思われる。執筆は筆跡その他から、学寮長で後に副主任となる吉田小五郎。以下、これよりの引用は「第一学寮日記」と記す。
(41)　同前、三月二十四日。
(42)　同前。
(43)　同前、三月二十五日。
(44)　「清岡暎一旧蔵資料」（仮 0321）、慶應義塾福澤研究センター所蔵。
(45)　前掲、「天現寺日記」、四月一日。
(46)　「旬報」、慶應義塾幼稚舎所蔵。天現寺より疎開地へ送られていたもの。内容は「天現寺日記」とほぼ同様のもの。
(47)　「疎開報告文書綴」、慶應義塾幼稚舎所蔵資料。
(48)　前掲、『学童疎開の記録』、三〇頁。
(49)　前掲、「清岡暎一日記」、七月二十九日。
(50)　同前、八月八日。
(51)　前掲、「旬報」。
(52)　前掲、「天現寺日記」、四月八日。
(53)　同前、四月十日。
(54)　前掲、『稿本慶應義塾幼稚舎史』、六六一頁。
(55)　「東京本部宛清岡暎一書簡」、昭和十九年十一月二日、慶應義塾幼稚舎所蔵。
(56)　前掲、『渋谷区教育史　上巻』、六三三頁。
(57)　青山学院緑ヶ丘初等学校は二次疎開の記録はなく、疎開地は静岡県湯ヶ島と青森県弘前のみ。（青山学院初等部『信仰のたてにまもられて—青山学院初等部五十年のあゆみ』、昭和六十二年）
(58)　前掲、「清岡暎一日記」、昭和十九年三月二十四日、三月二十九日、三月三十一日。高橋立身の前任の副主任もこの時に退職している。この前任者は人員整理の立案の際、退職者名簿に自らの名前も入れたという「噂」もある。（吉田小五郎『幼稚舎の歴史』、昭和五十九年、一四九頁）。
(59)　前掲、「清岡暎一日記」、七月十二日。
(60)　慶應義塾『慶應義塾百年史　中巻（後）』、昭和三十九年、四二八頁。
(61)　前掲、「清岡暎一日記」、七月十一日。
(62)　『日本私立学校連合会—結成五十年のあゆみ』、平成四年、一一六頁。
(63)　慶應義塾幼稚舎『慶應義塾幼稚舎日録』、昭和四十年、三三五頁。
(64)　前掲、逸見、一九〇頁。
(65)　前掲、「第一学寮日記」、二十年一月二十二日。
(66)　同前、一月二十四日。
(67)　同前、一月二十五日。ここでは、「高橋、掛貝両氏不在にて、要領を得ず」とのみ記されているが、翌二十六日の記事によると、高橋が修善寺を訪れ、新入生、七十名の入学を許可したことと共に、普通部と連絡をとることを話している。
(68)　「清岡暎一旧蔵資料」（資料 05153）、慶應義塾福澤研究センター所蔵。
(69)　四ヵ年と一学期というのは、集団疎開の開始と伴に、十九年の二学期から縁故疎開をしたものが多く、彼らの復校時期を四月にそろえる為の処置と、高橋の書簡の中で説明されている。
(70)　「残留混成学級」とは、おそらく複数の学年に在籍する児童によって編成する学級と考えられる。
(71)　前掲、「清岡暎一旧蔵資料」（仮 0321）。
(72)　同前。
(73)　「吉田小五郎宛宮下正美書簡」、昭和二十年七月二十九日、慶應義塾幼稚舎所蔵。

(74) 前掲、「清岡暎一旧蔵資料」資料321。

(75) 「清岡暎一宛小泉信三書簡」、昭和二十年四月八日、慶應義塾福澤研究センター所蔵。

(76) 前掲、「清岡暎一旧蔵資料」、資料321。

(77) 「天現寺日記」によれば、四月上旬には一日に複数の退職教員が来ることもあった。高橋立身は四月二十三日に岩手県の新住所を告げに来るまで二回、他に、音楽の教員の江沢清太郎が比較的頻繁に来ており、また五月二十五日の空襲の直後や木造疎開前などにも英語の星野静枝が様子を見に来ている。

(78) 前掲、逸見、二〇七頁。〔文書番号191〕、前掲、『資料　東京都の学童集団疎開』三九三〜三九五頁。

(79) 同前、逸見、二一四頁。〔文書番号197〕、前掲、『資料　東京都の学童集団疎開』四一四〜四二三頁。

(80) 東京都立教育研究所『東京都教育史　通史編　四』、平成九年、一三七頁。

(81) 前掲、「天現寺日記」、五月十八日。以下、特に指定しない場合は同資料による。

(82) 前掲、「疎開学園教員会議記録」、五月二十一日。

(83) 前掲、『東京都教育史　通史編　四』、一三七頁。

(84) 「集団疎開学童品川駅面会注意事項」、慶應義塾幼稚舎所蔵。

(85) この粉石鹸の寄附については人形町まで取りに行くことになったのだが、その受け取りに関して、どういった経緯かは不明だが、「都ヨリノ斡旋ニヨリ工員四名ニテ大リックヲ持ッテ午前九時半マデニ渋谷区役所ニ教育係ニ出願シ区吏員ト共ニ一同日本橋迄ニ取リニ行ク。午後一時頃帰舎セリ。全部ニテ約二十四五貫アリキ」（「天現寺日記」）ということになった。

(86) 「川島さん方によって幼稚舎よりの運搬品」、慶應義塾幼稚舎所蔵。

(87) 「寄贈品覚帖　幼稚舎第三学寮」、慶應義塾幼稚舎所蔵。

(88) 「集団疎開人員報告書」、昭和二十年九月四日、同九月五日、慶應義塾幼稚舎所蔵。

(89) 青木作蔵「木造」、慶應義塾幼稚舎発行『仔馬』、昭和三十年二月号、一一四頁。

(90) 同前。

(91) 前掲、『渋谷区教育史　上巻』、六四一頁。

(92) 同前、六四一頁。

(93) 前掲、『公文類従』第六九編五七、学事門。

(94) 「吉田小五郎宛宮下正美書簡」、年月日不詳、慶應義塾幼稚舎所蔵。

(95) 前掲、「天現寺日記」、六月十四日。

(96) 平成十九年十月八日、近藤晋二氏より聞取り。

(97) 前掲、「天現寺日記」。なお、青森への再疎開が一段落した二十年八月十五日には、東京の神田公会堂にて疎開地から吉田が上京し、保護者会が行われている。

(98) 前掲、『日本私立学校連合会—結成五十年のあゆみ』、一一六頁。

(99) 磯村英一『私の昭和史』、昭和六十年。

(100) たとえば「木造通信」という保護者宛てに疎開生活を知らせる通信が発行されるなどの、その後の疎開事業は、東京本部ではなく、副主任のいる疎開先主導で運営された。

〔付記〕　慶應義塾幼稚舎所蔵史料の閲覧に際しまして、幼稚舎長加藤三明先生、教諭岩崎弘先生に大変お世話になりました。深く感謝の意を表します。

*執筆時、慶應義塾大学大学院社会学研究科教育学専攻後期博士課程

（『近代日本研究』第二十六巻
平成二十二年二月二十八日発行）

幼稚舎疎開略年表

『稿本　慶應義塾幼稚舎史』『慶應義塾幼稚舎史日録』より

昭和十九（一九四四）年

二月二十七日（日）　教員会議において幼稚舎で初めて疎開について問題となる（個人的に縁故疎開を申し出るものがあり、その復校のことが論議された）。①疎開による転校児童は原則として向う一年を限度にして復校を許可する。②疎開の申し出三月十五日まで。③疎開による欠員は定員まで編入を許す。④将来、復帰者のため定員以上になった場合は適宜の処置を執る。

三月十日（金）　三田の大ホールにて疎開についての父兄会を開く。縁故疎開者の復校した場合、その処置取扱いについて注意した。

三月三十一日（金）　緊急教員会議。縁故疎開の希望者続出のため緊急措置。

非常時対策として二学級として新発足。六年のみは現状のまま慶・應・美の三組とし、五年以下は慶・應の二組とし、都合幼稚舎は十三学級となった。

四月五日（水）　一日の入学式、四日の三田大講堂での始業式を経て、五日は初めての授業。五年慶組吉田学級の人員はなんと六十三人。「教室いっぱい足のふみ場もない始末」（吉田日記）

五月二十四日（水）　教員会議。空き教室を海軍技術研究所に貸す件。

六月～　※この頃、頻繁に警戒警報発令される（休校になる）。

防空頭巾、救急袋は毎日持参。制服である半ズボンは防空服装としては不可につき、長ズボンなど脛の出ない服も自由とし各家庭の判断に任せる。

六月五日（月）　海軍に貸与する七教室の中、二階東寄四教室に技術院四十名が引越しし、事務を始める。

六月二十八日（水）　教員会議。「戦時に対する非常処置、休暇を短くして勤労せしむ、休暇は年五十日とし内二十日は勤労動員、又はこれによって遅れた学科の補充に与える、教科の重点的取扱」

政府の「帝都学童集団疎開実施要領」が発表されて、急に疎開問題が表面化した。政府の方針では、三学年以上の児童を対象として、極力縁故疎開を勧誘し、万止むを得ざるもののみを集団疎開せしむるというにあって、それも一応昭和二十（一九四五）年三月までと期限を切ってあった。幼稚舎でもその線にそって全校児童に縁故疎開を奨励し、同時に集団疎開の希望者を募ったところ（七月十九日附、渋谷区長宛てに申し込む形式になっていた）、参加希望者は、約半数の三四〇—五〇名にのぼった。

七月八日（土）　教員会議。「議題、一、疎開に関する件」と会議録にあり。

七月十二日（水）　教員会議。「議題、主として疎開について個人の疎開を奨励すること。来年三月復校の際は無試験にて復校を許可す」（会議録）

七月十九日（水）　教員会議。「議題、主として疎開の問題について」

七月二十一日（金）　終業式後、疎開問題につき教員会議。

七月二十七日（木）　午後より医科（四谷）で集団疎開する子どものために身体検査。

七月三十日（日）　「集団疎開に行く人ばかりの父兄会、後援会発会式。疎開はまだ場所が決まらないので何とも具体的なことは言えない」（吉田日記）

※実際は修善寺方面と決まっていたようだが、宿の下見などをしていない為、父兄には詳細を伝えていなかったのだろうと推察される。

七月末　幼稚舎ではその実施方法について連日会議を重ねたが、当局の方針が遅々として進まず、七月も末になり急に疎開地を静岡県田方郡修善寺町と指定してきた。最初同地の菊屋旅館一館ということであったが、同館に学習院が入ることになり、結局幼稚舎は、野田屋、仲田屋、涵翠閣（あさば旅館）三館に分宿と決定。

疎開児童は原則的に疎開先地元の国民学校に帰属する建前となり、幼稚舎は当然、修善寺国民学校生徒となる筈であったが、修善寺には渋谷区のほか大森区、蒲田区の国民学校児童が多数疎開しており、その全部を地元の国民学校に収容す

八月三日（木）〜五日（土）

ることは不可能で、結局幼稚舎は修善寺の北方約二kmの田方郡下狩野国民学校の帰属となった。

「三日、吉田・高橋・赤松、静岡の読売支局に行き丸山氏に会い、先日来の経過をきき宿につく。

四日、東京で渋谷区のみの校長が寄り合ってくじ引きが行われ、幼稚舎は富士郡にあたったとの情報が入る。沼津に行き、銀行頭取岡野氏を訪ねるが生憎不在。修善寺に至る鉄道の中で偶然沼津銀行の多田氏に会い、共に修善寺に至る。旅館菊屋に泊まり先日来の経過を聞き語り、いさぎよく学習院に譲り、他を物色すべきを依頼する。多田氏の労により野田屋と新井が引き受けると聞く。野田屋の主人が来て、更に仲田屋を加えるべきを語る。

五日、野田屋に行き、野田屋・仲田屋・新井の主人と会合。宿の平面図をひらいて、借りるべき部屋を定める。お昼前に相談まとまる。三軒の部屋を大急ぎで検分、一時のバスに乗り、六時頃東京に着く」（吉田日記）

八月六日（日）

「父兄会、まだ正式に場所の決定なければ又十日に父兄会を開くべきを話す」（吉田日記）

八月七日（月）

「修善寺の新井で引き受けられぬと通知あり」（吉田日記）

八月十日（木）

「父兄会まだ疎開先決まらず、又十五日に父兄会ある由」（吉田日記）

八月十一日（金）

「十一日も十二日も学校へ行く。幼稚舎史史料の疎開を考える。先ず近藤さんにお願いすることとする」（吉田日記）

八月十三日（日）

幼稚舎舎史史料の疎開の準備。

八月十五日（火）

集団疎開のための父兄会、午前九時より。

八月十六日（水）

現地調査団、修善寺へ。（十七日まで）

八月二十日（日）

午後一時、疎開に関し児童心得協議決定。

八月二十二日（火）

「疎開荷物恵比寿駅積込み。午後三時父兄会と壮行会を兼ねて行われた（小泉信三塾長出席）。写真がおそくなり全部終ったのは七時であった」（吉田日記）

八月二十五日（金）

静岡県伊豆修善寺へ疎開。

渋谷区役所を通じて来る指令が総て性急で、いわゆる足許から鳥が飛び立つような有様であったが、よくそれを切りぬけて準備万端をととのえ、真に破天荒ともいうべき集団疎開に出発した。

全児童天現寺の幼稚舎に集合して出発式をおこない、恵比寿駅まで徒歩、恵比寿駅を発し正午すぎ修善寺についた。父兄の中には生死のほども期しがたしとして、担任教師に遺書を託したものもあった。

「疎開学園一同出発。六時恵比寿駅につく。恵比寿より品川へ。品川で京都行六時三十九分発の汽車に乗り込む。二人がけの余裕で楽々していたが、横浜で矢口国民学校の女生徒が乗り混んで動きがとれなくなった。十二時頃修善寺に着く。雨なり。土地の国民学校の生徒五年生の出迎えを受く。荷物を自動車に託し、やや晴れたれば徒歩にて宿に向う。途中強雨しきり傘を持たぬ子供が半数、片袖ぬれるものあり、全身ビショヌレのものありて漸く宿につく。なお雨しきり」（吉田日記）

八月二十八日（月）　朝食後、午前八時半より、修禅寺境内において学園朝礼。朝礼終了後、修善寺国民学校における土地学童との顔合わせ会に出席。

【宿舎】三学年以上定員を三七〇名とする。

第一学寮（本部）野田屋……六慶、五慶、四慶

第二学寮　仲田屋旅館……六應、五應、四應、三應

第三学寮　涵翠閣（あさば別館）……六美、三慶

宿舎では室の広狭に応じて、同学年同志、或は上下学年の児童を適当に組み合わせ、数名から十数名を以て班を編成し、班長、副班長をおいて班内の融和統率をはかると同時に教師との連絡を密にし、また班毎に寮母一名がつき、母親代りとなってよく児童の面倒を見た。現地に着いて一週間のころ、一時児童の中に郷愁を覚えるものがあったが、間もなくその時期は去り、みな元気になった。

【日課】

六時　起床　　六時四十分　点呼

七時　朝食

八時三十分　朝礼（修禅寺境内に三学寮の全児童集合）

九時　整理　　十時　坐学

十一時三十分　昼食　　十三時　下狩野校へ出張授業

十六時三十分　入浴　　十七時三十分　夕食

十八時三十分　自由時間　　二十時　点呼就寝

午前の坐学は、各宿舎の広間に飯台を据えて授業し、午後は約二kmの行程を徒歩で行き、下狩野校の教室で授業した。途中に峠があって雨天の際にはぬかるむため、宿舎での坐学を以てこれに代えた。下狩野校との往復には下駄か藁草履で、軍国歌謡曲（「燃ゆる大空」「僕は空へ君は海へ」「空の神兵」「加藤部隊歌」「月月火水木金金」「あ、紅の血は燃ゆる」「轟沈」「水兵さん」「ラバウル航空隊」「決戦の大空」「若鷲の歌」「大日本青少年団歌」等）や「幼稚舎疎開学園の歌」をよく歌った。

教師は、謄写版刷の唱歌集を作って生徒に頒けた。式等の時には「疎開児童に賜りたる皇后陛下の御歌」を歌った。

疎開学園で当事者が最も苦労したのは、児童の管理を別にして、食料と燃料のことであった。戦争の末期にあって食料は極端に逼迫し、質と量の低下に児童のうったえる不満の声をきき、日々に痩せ細っていく姿を見て暗然たるものがあり、この頃から急に後援会活動の強化を要請した。受け入れ校の下狩野校から定期的に野菜を入れ、乳牛を求めて農家にあづけ、僅かながら牛乳を与え、時々東京からトラックにより大量の野菜の補給があった。燃料の不足にもなやまされ、あらゆる策を講じて僅かに薪炭を得たが、その運搬はすべて児童が当った。児童の関心事は常の食料のことに集中し、当時児童の日記は毎日ほとんど食事のことにつきる感があった。

　児童の家庭との連絡は週一回と定められた通信で、検閲の都合でハガキに限られていた。担任教師は児童に寄せられ又児童から発する信書の一々を必ず検閲した。いささかの事が、父兄児童の双方に不安憂慮の種子になるからであった。例えば児童が何気なく病気と書けば、幾山河をへだてた両親に無益の心配をかける。その場合、教師はそれに短い註を加えて父兄の不安をのぞくことに努めた。又、父兄から空襲で東京の自宅の焼失したことを知らせてくる。担任はその手紙を暫く抱いて、何時児童に知らすべきかに迷い、好機をつかんでいいきかせるといったたぐいであった。

九月一日（金）　「下狩野国民学校に於て第二学期始業式あり」（寮日記）

九月十一日（月）　「晩めしが終って、慶應の先輩の方々が四名（大学生、児童研究会の人々、学生時代の田中清之助、川崎悟郎の諸氏）いらっしゃって、お話、紙芝居、人形芝居等をやった。『舌切雀』『おのを落したきこり』等皆僕等の知っているものばかりだった。とても面白かった」（安東日記）

九月十七日（日）　「今日のおやつは実にうまかった。おすし、くり、いもであった。夜小泉先生、清岡先生がお見えになって各班をまわられた。夕食後移動映画聯盟の人たちが来られて映画をやった。日本ニュース、まんが、水平さん等とても面白かった。ただはっきりしないのが残念であった」（安東日記）

小泉塾長、秘書川久保、幼稚舎疎開教育状況視察のため修善寺に出張（十八日まで）。

九月十八日（月）　「小泉塾長来臨、朝礼、午前八時半於修禅寺にて」（寮日記）

午後警戒警報のサイレンが鳴り、宿舎で図画となった。

九月十九日（火）　小泉塾長、朝礼にて挨拶し帰京。午後一時、警戒警報発令され、下狩野校に電話で連絡し、臨時に登校中止となる。

九月二十日（水）　午後七時より教員会議を本寮にて開く。議題の一つに面会規定相談について。

九月二十三日（土）～　第一回集団面会。

父兄と児童との面会は最初から予定してあったが、それは学園当局が自由に出来ることではなかった。当時乗車切符の発売には厳しい制限があり、区役所を通じて許可制になっていた。
各宿舎とも四、五日にわたり、班単位で集団的におこなわれた。両親そろっての特例もあったが、多くは母親で、それがモンペ姿でとっておきの菓子、果物、その他のご馳走を背負って来園し、しばし親子対面の歓びにひたった。
「今日は始めての面会の日である。学校から帰ると、もう一、二、三、六、七の五班は菓子を食っていた。僕たち十六班は四日（十月）である。夕食後菓子をもらって食べた。実にうまかった」（九月二十八日　安東日記）
「今日はお母様がいらっしゃる。坐学もなしで会わせてくれた。ぼくはもううれしくてうれしくてたまんなかった。午後四時ころ父兄方はお帰りになった。ちょっと悲しかったが、がまんした」（九月二十九日　井原日記）
「いよいよ明日は面会だ。『お母さまに会えてうれしい』という人は少く『菓子を食べてうれしい』という人の方が多い。夜もろくろく寝られず、面会の事を話しあった」（十月三日　安東日記）
「待ちに待った面会の日がいよいよ来た。朝から雨が土砂降りでバスが出るそうだ。坐学もやっと終って、お母様に会う事になった。皆『僕のお母様は来ていらっしゃらないのではないだろうか』などと心配して盛に窓から首を出して、見つめている。いよいよ寮母さんにつれられてお母さま達が入って来られた。その時の気持はうれしくて本当に筆にも言葉にも尽すことが出来ない。それからはお菓子を食べながら色々な話をした。山へ行った事、川へ行った事、坐学の事、つらい事、うれしかった事、すべてが楽しく思いだされる。入浴の時は何年ぶりかにお母様に背中を洗っていただいた。皆にこにこしてうれしそうである。点呼も見にいらしった。夜は今日の楽しかった事を皆と話し合った」（十月四日　安東日記）
修善寺は空襲とは何の関係もない桃源郷ではあり得なかった。疎開後間もなくほとんど連日、警戒警報、もしくは空襲警報が発令され、児童はその度に防空服装に身をかためて近隣の安全地帯（山野）へ退避した。然し帝都を襲った米機は必ず富士山を目指して北上し、その都度修善寺の上空を通るだけで、かつて爆弾の投下はなく、次第になれて、児童は警報の出るたびに裏山の梅林にいき、暢気に喜戯するようになった。児童は常に食料の餓鬼になっていたから、大自然の中に山野を縦横無尽にかけめぐり、およそ口にし得るもの木の実草の根を、野獣のごとく飛びついて食料にかえた。

十月～

体重検査（十日・二十日）。運動会の練習。家庭への通信日（十八日）。夜十時に非常呼集の訓練（二十一日）。秋季体連大会、起床五時半、朝礼なし、朝食六時半、七時半出発、八時四十五分下狩野校集合整列、大会終了、午後四時直ちに帰寮（二十九日）。運動会の疲れを考えて、翌日は起床七時半とする。九時半より野田屋広間で教育勅語奉読式（三十日）。

十一月一日（水）

「午後一時半頃空襲警報発令、直ちに防空服装に改め、警防団の指令により一同仲田屋遊園地へ待避す。午後三時頃警戒警報となる。午後五時頃全警報解除」（寮日記）夜又警戒警報発令し、翌二日の午前十時頃解除。

十一月五日（日）

「午前十時ごろ警戒警報がはつれいされた。そして少ししてからたいひのめいれいがあったので、弓場へたいひした。十一時ごろかいじょになったので、やどやへ帰って昼食をたべた。たいひ中敵機が白えんかなにかはいて行ったのが見えた」（井原日記）

十一月六日（月）

本日より勤労奉仕作業（稲刈奉仕）にて早く登校するため朝礼なし。五、六年中の奉仕作業者は赤松、松原、川村先生に引率され、八時十五分に出発。午前九時四十五分頃警戒警報発令。空襲もなく午後一時頃解除。

十一月七日（火）

「午後一時頃警戒警報発令、次に一時十五分頃に空襲警報発令、仲田屋遊園地へ退避、午後四時頃警戒警報解除」（第二寮日記）

十一月八日（水）

「今日も六年生は稲刈に行った。今日は午前中だけで稲刈はやめて帰って来ました。夜八時ごろくんれん空襲警報がはつれいされた。僕たちはたいひした。夜大雨がふった」（井原日記）

十一月十日（金）

「今日は稲刈で五、六年生はまた行きまし

十一月十一日（土）
た。僕たちは見学に行きました。一生けんめいお兄さんがたがやっていました。久しぶりでおべんとうを持って行きました」（井原日記）
「午前九時より桂座に於て映画を見る（全学年）。『コザックの北満に於ける生活』『日本ニュース』『開戦前夜』
授業は午後よりなす。午前中映画観覧をなしたるは他校との関係による」（寮日記）

十一月二十四日（金）
翌十二日も映画、午後六時より野田屋にて「肉弾（ガダルカナル？）挺身隊」「シンガポール総攻撃」。
「十二時ころ警戒警報、つづいて空襲警報のサイレン鳴る。直ちに防空服装にかえ、修禅寺境内に避難す。ラジオによれば関東地区に侵入せる敵機は約七十機にして、中撃墜せるもの三機なりと、はらがたつ」（寮日記）　この日から四日続けて警報発令。

十一月二十九日（水）
「夜十二時ころ警戒警報、つづいて空襲警報出づ、子供達暗闇に服装をととのえ大広間に待避、間もなく各自の部屋にかえりそのまま床につかしむ」（第二寮日記）

十一月三十日（木）
「午前零時すこしすぎたる頃、突如サイレン、警戒からひきつづき空襲のサイレン鳴る。直ちに生徒を起し、防空服装、四ヶ所に集合、床の中にて休ましめる。午前三時頃一たん解除となりたるも、再び空襲警報、起床は八時頃とする」（寮日記）

十二月三日（日）
午後二時少し前警戒警報、つづいて空襲警報発令。

十二月六日（水）
午後一時すぎ警戒警報。

十二月七日（木）
二時頃警戒警報、つづいて空襲警報発令。夕飯が殆ど終ったところへ空襲警報発令。

十二月八日（金）
午後二時頃サイレン、直ちに空襲警報。床の中にて待機間もなく解除。

十二月九日（土）
午前二時頃、十時頃、午後〇時頃、三回警戒警報出て、但し空襲警報は出なかった。

十二月十日（日）
午後七時半頃サイレン、空襲警報、九時半頃解除。

十二月十一日（月）
午前三時半頃サイレン、空襲警報解除。

十二月十二日（火）
午前三時頃よりサイレン（警戒）、空襲に至らず。同日の教員会議（第二学寮仲田屋）にて、夜間に警報あった時は朝礼を午前九時になすとの議題。

十二月十三日（水）　午後警戒警報。

十二月十八日（月）　久しぶりに午後警戒警報発令されたが、空襲にならなかった。夜警戒警報。

十二月十九日（火）　警戒警報。

十二月二十日（水）　午前中警戒警報、夜警戒警報。

十二月二十一日（木）　午後十一時警戒警報発令。

十二月二十二日（金）　「仲田屋のジフテリアはどうやら真性のものらしく、日赤へ入院。患者は赤痢の疑濃厚、これ又日赤へ入院。野田屋として大いに警戒を要するは勿論、学園の問題として特に対策を必要とす」（寮日記）
午後一時警戒警報発令。数分後、空襲警報となる、二時半解除。

十二月二十三日（土）　夜皇太子殿下の御誕辰記念日を寿ぎ奉り、演芸会を催す。夜警戒警報。

十二月二十七日（水）　午後〇時三十分頃サイレン、間もなく空襲サイレン、三時頃解除。

十二月二十八日（木）　「朝より空襲警報三回に及ぶ。空襲警報下薪運びしたような訳」（寮日記）

十二月二十九日（金）　「しゅう寝じゅんびをしてから警戒警報がかいじょされた。夜警戒警報が出た」（井原日記）

十二月三十日（土）　「本年最終の朝礼、宿で餅を搗く。但し一俵だけ。全寮の子供達に、六年十搗、五年五搗、四年三搗と決めて搗かしむ。子供達大いに満足す。仲田屋よりビスケット少量配給あり」（寮日記）

昭和二十（一九四五）年

一月一日（月）　「六時半頃出発八幡神社まで軽いかけ足、参拝、七時半朝食、汁少きぞうに、餅三片、かずの子、砂糖気のない煮豆、下狩野校で四方拝の式、四年以下は九時、五年以上は九時半から、飯島校長の下で厳粛に挙行。吉田近所の学校に年始廻りし、清岡先生を見舞ふ、警戒警報発令せられたるも、いたって静かな元旦なり」（寮日記）

一月六日（土）　今日から面会始まる。夜警戒警報が二度出る。

一月九日（火）　午後警戒警報、じき空襲。一時間で解除。夜警戒警報二度出る。

一月十一日（木）　夜警戒警報二度出る。

一月十九日（金）　午後警戒警報出る。じき解除。

一月二十日（土）　午後下狩野校の父兄会に際し、校長の話の後、幼稚舎の学芸会を開く。
慶應疎開学園学芸会次第
一、ピアノ独奏　六年赤須
二、手品　六年河合

三、合唱　六年
四、劇「釣針の行方」三年
五、ピアノとヴァイオリン　六年安東
　四年生田
六、狂言「末広かり」六年
七、合唱　全学年

一月二十七日（土）　午後警戒警報、しばらくして空襲警報。

二月一日（木）　夜警戒警報。

二月八日（木）　午後警戒警報発令、間もなく解除。

二月十日（土）　「午前九時頃警戒警報発令、午後五、六年組は下狩野校と電話にて連絡したる結果、警戒警報中にても登校することとなし、実施す」（寮日記）

二月十二日（月）　「晴、今日からかんぷまさつも朝礼もやるやうになった、今日は六年生がもうぢき帰るのでお別れにいろいろげいをしてくださった、午前中警報が出た」（井原日記）

二月十五日（木）　六年生下狩野に行く日だが警報がなり外出中止。平沼亮三氏、塾の代表として視察に見える。涵翠閣（あさば別館）に泊まる。夜警戒警報が出た。

二月十六日（金）　「朝礼せんとするところに警報なる、平沼亮三氏に話を乞ふ、機動部隊近づき艦載機の波状攻撃しきりの由」（寮日記）

二月十七日（土）　「晴、きのふからひきつづいてゐて警戒警報がまだとけん、朝食がすんでから空襲警報が発令されたので梅林へ行った、梅林へつかない中にかいじょになったが登ってから少し日なたぼっこをしてから帰った、午後は坐学があった、先生がきのふの空襲は東京の住かには爆弾を落とさないさうですからとおっしゃったので安心した」（井原日記）

二月十八日（日）　「夜六時二十分ころより、渋谷区主催慰問の映画あり、野田屋に三館集りて之を見る、漫画三巻、中京の竜宮、特攻隊のニュース、天兵童子、以上」（寮日記）

二月十九日（月）　警報出る。

二月二十日（火）　夜警戒警報発令。

二月二十一日（水）　午後警戒警報、間もなく解除。

二月二十二日（木）　「大雪、終日やまず、約一五センチ積り、夜に入って止む、停電して終夜電燈つかず」（寮日記）

二月二十四日（土）　夜警戒警報発令。

二月二十五日（日）　「朝警戒警報が出た、東京は艦載機が来襲したさうだ、夜また警戒警報が出た」（井原日記）
「雪、それも亦大雪（八寸位）、面会の父兄雪のためかへれず、本日も泊る」（寮

日記）

二月二十七日（火）　朝食後警戒警報発令。仲田屋に薪がなくなった。あと二、三日分しかない。

二月二十八日（水）　「午後六時から涵翠閣で教員会議。①六年生引上げについての件、退園式、謝恩会、送別会、②六年生卒業記念写真撮影、③空襲時対策について（特に艦載機の場合は退避方法について一年生より考慮しおくこと）④学芸会に生徒成績品を出品すること」（会議録）

三月三日（土）　「曇後晴、下狩野の学芸会、決戦必勝の学芸会といふ、講堂には村の衆で立錐の余地なし、九時頃より始まり午後三時までつづく、幼稚舎の出演種目次の如し、

八、笑話、小話　三年
一八、狂言「悪太郎」　六年
二三、科学する子供　三・六年
三〇、劇「修禅寺物語」　四・五・六年
四三、バイオリン　四・六年
四七、合唱　四・五・六年
五四、合唱　合同

都会の子供と田舎の生徒の差大なり、悪太郎、修禅寺物語は好評、夜宿で修禅寺物語をくりかへす、近所の人大勢見に来たり」（寮日記）

三月四日（日）　朝から空襲警報。

三月五日（月）　「映画会あり、会場野田屋、一、ニュース、二、小国民進軍歌、三、あの旗を撃て」（寮日記）

三月九日（金）　「六年生全部下狩野校へお別れへ行く、お別れの式をし、かへり見へなくなるまで別れを惜しんだといふ、三館とも代表をつれて清岡先生の許へ別れの挨拶に行く、全寮そろって梅林へ行く、今梅の満開なり、夕食後六年生だけ寮母さんを交へ、蜜柑をたべコーヒを飲んで別れを惜しむ、子供達皆なきぬれたり、六年生に対し宿より紅白の餅五つ、ワサビ五本ばかり土産としておくる、六年生の父兄の出費の蜜柑の中一人三十個ずつ分けた」（寮日記）

三月十日（土）　六年生国民学校初等科の課程をおえて帰京。

「快晴、六年生が帰京の日なり、六時半起床九時宿を出発、出発のさい宿へ別れの挨拶をなす（安東君）、全寮駅へ、緑ヶ丘、蒲田の国民学校生徒が一緒、幼稚舎生約百人、緑ヶ丘五十人、蒲田区百五十人、十時七分の電車に乗る、幼稚舎の残る者元気に見送る、下狩野の女子

三月十一日（日）　高等科の生徒も五十人ばかり見送りたり、かへり下狩野校の方を通ってかへることとせしに、日赤の附近で警戒警報出づ、大に心配す、四人ずつ分散して歩行、宿につく」（寮日記）

三月十二日（月）　「はれ大いに寒し、六時ころ〇点下一度、午後三時ころ体重測定、同時に身体検査、皮膚病の子供四十人ばかりあり、今夜より当分室をとりかへ、治療を怠らず、衣類の消毒を厳にす」（寮日記）

三月十四日（水）　「久しぶりに今日から朝礼を行ふ、六年生去りて小ぢんまりとまとまった感じ、警察より電話あり十五日に学習院が全部引上げるが、後に入ってはどうかとあり」（寮日記）

三月十五日（木）　「小高氏夫妻は十二日の夕刻まで行方不明の由、六年生が帰京した十日の朝空襲のため両人とも焼死されしものの如く遂に消息不明、六年小高信夫の父兄なり」（寮日記）

三月二十一日（水）　「午前八時頃警戒警報発令、午後に至るも解除せず」（寮日記）
教員会議「町設横穴式防空壕の計画あるにつき、それに参加するや否や」（会議録）
一時、警戒警報発令。

三月二十八日（水）　「午前、修禅寺に於て戦歿者の慰霊祭あり仲田屋の五年生代表として行く」（寮日記）

三月二十九日（木）　「本日終業式、下狩野校にて九時開始、青年学徒に賜はりたる勅語奉読にはじまり、証書授与、校長先生の訓辞、何とかといふ歌に終った、午後二時より桂座で映画を見る、一、日鮮融和をとりあつかった「はらから」といふ見えすいた不愉快なもの、二、一月頃の古いニュース、三、音楽大行進」（寮日記）

三月三十日（金）　「午前吉田下狩野校の卒業式に参列す」、「午前十時頃より、吉田先生、吉武先生、小池先生来寮、大島、渡辺両先生を加へ、仲田屋主人、植田平吉氏と談合、その結果、午後より再び談合、夕刻に及ぶ（宿舎賃貸契約の内容改善について六条件を出して相談す）
条件
一、衛生設備（便所、洗面所、湯殿）不備の点を直す
二、教員家族問題
三、非常口（階上より直接）増設
四、在庫物資の提供
五、植田家族の食事を学園と別個とな

四月～

す

六、家賃五千円に引下げ

午後一時回答を待つこととし、野田屋に帰り主人の了解を求む、午後一時再び仲田屋主人と面会、五千五百円まで引下げたるも五千円に折合つかず、明日を期することとす、夜教員会議」（第二寮日記）

教員会議議題①新三年生集団疎開地の件報告、②生徒数減少に伴ふ宿舎変更の件、③学園事務分担変更一部発表、④仲田屋主人に対する申し入れ条件（会議録）

宿舎が三館にわかれていることは不便であり、また不経済であって、これを一館にまとめたいとの希望は、修善寺に疎開して間もなくおこった問題であった。後援会の一部には修善寺を捨ててその他適当な宿舎を求めて引移るを可とする意見もあり、又第二学寮の仲田屋へ児童の全部を収容する具体案もあって、交渉に回を重ねたがついに纏まらず、結局六年生の帰京を機会に、四月から仲田屋を廃して、宿舎を野田屋と涵翠閣の二館に縮小した。

疎開学園当初は三年生以上六年生までということであったが、新学期から、一、二年生が新たに参加を許されることになり、入学して担任教師の顔も知らない一年生の幼い児童が修善寺へやってきた。

【宿舎】

第一学寮（本部）　野田屋……六應、五慶・應、四應

第二学寮　涵翠閣（あさば別館）……六慶、四慶、三慶・應、一・二年生全員

四月七日（土）　「朝、授業をはじめんとせしに空襲警報にて梅林へ行く」（寮日記）

四月八日（日）　涵翠閣、野田屋で大掃除を始む。「教員会議議題、①宿舎変更後の組分の件、②引越の件（時期、成るべく四月十五日迄に完了のこと）、③寮母、看護婦の振分、④引越具体策協議、⑤教員家族引越の件、⑥引越に伴ふ諸雑件、⑦後援会所有、乳牛処分の件」（会議録）

四月九日（月）　「本日より授業開始の予定なりしも、引越の準備のために当分授業は中止とすることにせり」（寮日記）

四月十三日（金）　「本日より野田屋への引越し作業開始、午前九時頃より作業始め、午後五時頃迄に生徒の所持品ふとん類の運搬を終了、生徒は配給の関係上十五日迄食事のみ仲

四月十四日（土）
田屋にてなし、泊りは野田屋にてなすこととせり」（第二寮日記）

四月十五日（日）
「洗面後仲田屋に行きて朝食、午前九時頃より引越作業始める、本日を以て大部分の荷の運搬を終了す」（第二寮日記）
「本日は最後の大掃除をなす、障子の破れのはなはだしき箇所は紙をはがし、桟を水にてふく、各班箒にてはき雑巾がけ、夕食後生徒は完全に第一寮野田屋に移る」（第二寮日記）

四月二十日（金）
教員会議、於涵翠閣、午後七時、面会に関する件（時局柄面会が次第に困難になりたるにより、たまに来られた場合は特別に便宜をはかってやってはとの）提案あり、賛成を得る、四年以上は自由外出を許しては如何との提案、二寮間の児童を適当に遊びに行き来させては如何との提案、など。

五月〜
戦局は前途暗澹として頼むものなく、関東にあっては相模湾、或いは九十九里浜などへ敵前上陸の噂もあって、伊豆半島は孤立の恐れありとされ、五月頃、遂に再疎開の議がおこる。

五月二十一日（月）
「教員会議、午後七時涵翠閣にて、議題再疎開に関する件報告、一、青森県西津軽郡木造町、六月一杯に完了の予定、二、附近に適当なる所ありたる場合疎開地変更、受入県側先方の意向による、現地調査、吉田先生、吉武先生、赤松先生、明日出発、三、再疎開に伴ひ生徒数減少あるも教員の身分保証には一切変更なきことを塾長、及西村理事確言せられたること、四、父兄に対しては再疎開につきては実施に至る予定なるも、目的地は目下調査中なりとの話にしておくこと、五、寮母、看護婦には目的地を青森県なることを発表、六、調査完了後父兄会を開くこと、その際考慮の余地を与へること、七、現在疎開学園に入園希望中の者は、目的地が如何なる地なりとも参加すとの言を得た場合にのみ参加せしめること」（会議録）

五月三十一日（木）
「教員会議、午後六時四十五分、於涵翠閣、議題、再疎開地調査に関する報告、吉田、吉武、赤松各先生現地に出張され、本日帰修されたるにより報告あり、①疎開地は青森県庁指定、木造町以外は任意に選定し得ないこと、②木造中学校寄宿舎、外に六ヶ所の寺院を指定さる、寄宿舎（九十人）、西教寺（二十六人）、慶應寺

六月十三日（水）

（二十八）」（会議録）

「教員会議、午前九時半、於涵翠閣、議題①再疎開に関する諸件報告、②区役所よりの内意、出発日は六月二十日または二十五日とのこと、五日前に通知すること、③先発隊、吉武、永野、林、川村諸先生、④出発日迄に父兄より諾否につき返答なきものは承諾したるものとして遂行すること」（会議録）

「教員会議、午後五時十五分、於涵翠閣、①再疎開についての諸件、相談、先発隊の為すべきことにつき思ひつくままに各人意見を出す、挨拶廻り特に婦人会の協力を仰ぐ、②寄宿舎修理につき、町の強権発動をねがふこと、居室掃除のために、ナフタリン持参すること、掃除のために中学校生徒を借りては如何との案あり、③作業員傭入、④炊事設備、便所、風呂等の整備、各寺院にては特に督促す、⑤寝具、修善寺より送る寝具がつかぬ場合のことを考慮し町にて出来るだけ調達すること、⑥食料品の手配、⑦生徒到着時、荷物運搬の手配をなすこと、⑧教員家族の宿舎を調達、⑨食器の手配」（会議録）

六月二十四日（日）

「教員会議、午後七時、於涵翠閣、

議題一、①荷物輸送についての報告、二十六、二十七、二十八の三日間に発送の予定、②明日下狩野校より先生方手伝ひに来ること、各寮に八人宛位、午前九時半頃より、③下狩野校生徒を使用する際は前日の朝に申込むこと、④貨車は大体五輛とれる筈、⑤荷物は大体生徒到着の二日前に着く予定、⑥人員は大体二人掛になる予定、二輛はとれる予定、⑦列車は臨時列車、木造町迄直通、⑧飯台の板を列車に持ち込む、脚は梱包して輸送

二、当日の携帯品

生徒　弁当（弁当箱使用）、水筒、救急袋、玩具類、チリ紙、手拭、洗面用具、手帳、鉛筆、箸、コップ、傘、セーター、シャツ、毛布、腹巻、防空頭巾、風呂敷、オーバー、レインコート

服装　冬制服、制帽、長ズボン、ゲートル、下靴（一番丈夫なもの）

教員　学籍簿、ラジオ、蓄音器、薬品、マッチ

三、先発隊よりの報告（吉武先生よりの手紙）

四、出発前諸行事、挨拶廻り①三島地方

事務所、②大仁警察署、③修善寺警察署、④修善寺役場、⑤修善寺国民学校、⑥日枝神社、⑦修禅寺、⑧旅館組合長、⑨警防団、⑩婦人会、⑪町会、⑫隣組、⑬大和堂病院、⑭日赤病院、⑮修善寺駅長、⑯日本通運、⑰下狩野国民学校、⑱下狩野村役場、⑲仲田屋、野田屋、涵翠閣」（会議録）

六月二十五日（月）

「教員会議、午後四時、於涵翠閣、
①六月三十日出発、当日の日程説明
1. 朝礼　午前七時
2. 壮行会、お別れの会、於下狩野校　午前九時
3. 午後三時三十分バスに低学年及上学年の毛布をつんで出す
4. 午後四時四十二分発、第一隊修善寺駅発、午後五時二十三分発、第二隊
5. 三島発午後七時二十二分
②乗車割当　品川駅に於ては兄弟二人居る場合は兄は弟の方へ行き面会すること、
③差し入れの飲食物の取扱ひ、教員が管理すること、
④品川駅にての行動、教員はホームに下り寮母は車中に泊まること」（会議録）

政府の命あってあわただしくも六月末には実施の破目に立ちいたった。この際縁故疎開を申し出る者が多く、学園の児童数は激減した。静岡県に疎開していたものは主として青森県が割り当てられ、幼稚舎は同県西津軽郡木造町と指定された。

六月三十日（土）

児童、教員、医師、寮母、看護婦などをはじめ大荷物を擁して、三十日修善寺を出発。

七月二日（月）

疎開学園、青森県西津軽郡木造町に再疎開。二日午後三時半木造到着。炎暑の中をまる二日かかって大移動を終えた。その間、児童に傷ましい東京の焼け跡を見せまいとする親心から、夜の十時過ぎ品川駅に停車、僅か十分間をかぎって父兄の面会が許された。暗夜に提灯をかざし、骨肉相呼び束の間の別れを惜しむ光景は疎開秘話の一齣であった。

【宿舎】

第一寮　木造中学校寄宿舎七十三名……六慶・六應、五慶
（五應と合わせて一組にした）
第二寮　西教寺三十九名……四慶・四應、三應
第三寮　慶應寺三十三名……三慶、一・二年全員

七月三日（火）
「荷物とき正式班別、起床七時半」（寮日記）

七月四日（水）
「荷物整理」（寮日記）
「教員会議、午後八時四十五分、再疎開後初の教員会議を第一寮にて開く、①食料事情（吉武先生より報告）野菜―公的配給組織なきために町の有力者、地方事務所に尽力してもらふこと、最後的方法として農家へ買出しに行く
主食物―配給量は修善寺に於けるよりも減少、その対策として混食することも考へられる、新ジャガイモは向陽校の好意により供給を受ける見込みあり、味噌、醤油は配給による、塩は現在一俵（警防団長の好意による）あるも、今後何時入るか見込みなし、魚、この土地の市場、地方事務所の二筋道あり、牛乳、毎日一斗位出来さうな見込、②疎開学園よりの家庭通信を全体的に行ふこと、各寮より一名ずつ編集委員を出すこと、以上の提案を吉田先生よりなし、賛成を得る、編集委員林先生、③食料調達の方面は赤松先生が主となることに決定、④修善寺より運ぶ物資を分配すべきこと、一、各寮の人数割にすべきもの、二、人数に関係なく三等分すべきもの、二種あり、又早速急に分配すべきもの、分配せずに格納しおくべきもの等の点考慮し、分配すべきものは早く分配すべしとの提案（赤松先生）」（会議録）

七月五日（木）
「吉田、吉武先生青森出張、木炭、薪はこび、舎内にて入浴、寮母さんの紹介」（寮日記）

七月六日（金）
「舎内にて入浴」（寮日記）

七月七日（土）
「おできの者がつかれが見へるので全員健康診断行ふ」（寮日記）
「教員会議、午後八時、於第一寮、議題、①地元国民学校への編入問題につき（吉田先生）一、青森県の方針は全面的に地元学校の既設学級へ編入することにあるが、当方としては出来るだけそれを避けるべく努力しつゝあり、しかし、恐らく不可能との見込みなり、二、編入の場合は全学年向陽国民学校にて学級を編成し、教員は助教として同校に在籍することになる、説明後教員各々意見を出し合って相談、青森県の既定方針をくつがへすことは不可能なれども出来るだけ特殊事情を考慮して貰ふように努力するといふことになる」（会議録）

七月九日（月）

「吉田、吉武両先生、青森出張、警戒警報発令」（寮日記）

「教員会議、午後八時、於第一寮、①向陽国民学校への編入条件につき県庁との交渉結果につき報告（吉田先生）一、当方のみの学級をつくり、二部教授をなすことに決定、午前中坐学、午後登校、二、諸種の事情よりして一、二年一組、三年以上六年迄一組づつになることも考へられる、②各寮にて近所隣へ挨拶に廻る方が可ならんとの提案あり、（吉田先生決定）③吉武先生より食料問題につき次の如き説明あり、野菜はこの一週間位当分入手の見込みなしとの土地の有力者の言あるも、不自由でも個人的買ひ出しは差し控へられたし、すでに県庁に於ても幼稚舎が闇相場を吊り上げてゐる云々との噂につき注意されてゐる事実もあるにより注意されたし、野菜ルートは将来国民学校との連絡により開く方法も考えられる、④向陽国民学校への編入に関する諸条件につき協議、⑤町の有力者との懇親交歓会を近日中に催すことに決定、尚今後一ヶ月に一度くらいかゝる会を催すことが可ならんかとの提案あり（吉田先生）決定、⑥父兄宛学園通信につきて協議、⑦面会者宿泊の件、面会者は原則として旅館に泊ること、寺に泊る場合には謝礼として一泊五円として学園があづかり、一括して寺へ渡すことは如何との提案あり（吉田先生）決定、但一ヶ月の支払全額を本部へ報告すること、⑧食料その他物資を本部より分配するときは伝票を使用することは如何との提案あり（林先生）決定、⑨野菜の買ひ出しを町の有力者に公認又は黙認してもらふことは如何との提案あり（赤松先生）、次に警防団長に買出先を指定して貰ふ方法は如何との提案（川村先生）、結局以上のことを団長のところへ持ちこもうと云ふことに決定す、⑩各寮にて薪の一日使用料を調査すること（吉田先生）」（会議録）

七月十日（火）

謄写版旬刊「木造通信」第一号出来、全父兄へ郵送す、（封筒は生徒の手製）

七月十二日（木）

「体重測定、向陽校にて、第一寮娯楽会」（寮日記）

七月十三日（金）

「中庭畠つくり、午後一時より松ノ湯に行く」（寮日記）

七月十四日（土）

「午前五時より警戒警報発令、空襲警報、午後十二時三十分釜石艦砲射撃、小型機

来る」（寮日記）

七月十五日（日）　「午前五時より警戒警報ひきつゞき空襲警報、小型機頭上に来り機銃掃射あり、広間炊事場へ待避、空襲下の注意さはがない、沈黙」（寮日記）

七月十六日（月）　「教員会議、午前十時半、於第一寮、①懇親会無期延期（吉田先生）、②向陽校報国農場見学につき打ち合せ、③雑報擱、一、青森銀行木造支店、慶應疎開学園清岡暎一口座設定のこと、二、封筒は生徒制作となる旨、三、家庭よりの通信には各寮の実名を入れること、④時間割作製について（永野先生）」（会議録）

七月十七日（火）　「午前中廊下ふき、中庭及裏畠つくり、午後たにし取り競争」（寮日記）

七月十八日（水）　「今日より坐学、学校の授業はじまる」（寮日記）

七月二十日（金）　「吉田先生五所川原出張、午前川除村に、ふき取り、午後登校、ふとんをほす、午前八時警戒警報につゞいて空襲警報」（寮日記）

木造通信第二号発行

七月二十一日（土）　「教員会議、午後八時、於第一寮、議題、①朝礼につきて協議、時刻午前八時半、場所中学校裏広場（七月二十三日より実施）、②宿舎変更の件（吉田先生）三年の両組を同一宿舎にすることの希望あるにつき諸種の条件を考慮せる結果、一、二年を実相寺に移し三年應組を慶應寺に移す案出たるも、燃料の点よりして、果して冬期生活可能か否かの疑問あり、故に燃料設備の点に自信つきたる上にて実行するも可ならん、充分研究されたし、③教員、寮母の子女を学園に入れるか否かの問題につき（吉田先生）吉田先生としては編入してあげては如何との意見、相談の結果編入することに決定」（会議録）

七月二十三日（月）　「ふとんほし、風呂場掃除」（寮日記）

七月二十四日（火）　「午前中畠、午後松ノ湯に入浴」（寮日記）

七月二十五日（水）　「地方事務所長、木造役場収入役、川除村国民学校長来訪、午前中役所より薪五束はこび出す、午後一時三新田神社例祭につき参拝、正午川除村国民学校長、生徒三名、牛車に野菜を満載して訪問さる、三時より薪運び六時終る」（寮日記）

七月二十七日（金）　夜半警戒警報（寮日記）

七月二十八日（土）　「向陽農場見学、帰途競争で帰って来る、夜半空襲警報、青森市空襲」（寮日記）

七月二十九日（日）　「床屋をはじめる、寮内整備、舎内にて

七月三十日（月）　入浴班かへ、警戒警報」（寮日記）

七月三十一日（火）　「床屋を行ふ、体重測定」（寮日記）
「床屋を行ふ」（寮日記）
木造通信第三号発行

八月一日（水）　「吉田、吉武両先生、川除、五所川原に出張、床屋を行ふ、図書の整理終了、図書使用、（一人一冊、読上がるまで）毎日返還の事、もとあった場所におくこと、図書の週番は毎日清掃の時番号順に整理、結果を報告」（寮日記）

八月二日（木）　「馬糞ひろい」は第一班より（寮日記）

八月四日（土）　「健康診断を行ふ、各班整理、夜半警戒警報」（寮日記）

八月六日（月）　「水元村へ茸狩」（寮日記）

八月七日（火）　「健康診断を続行」（寮日記）

八月八日（水）　午前中向陽学校にて農耕、午後チブスワクチン注射、正午警戒警報（寮日記）
木造通信、号外発行

八月九日（木）　「日ソ交戦発表、吉田先生たねまき、午前七時警戒警報、空襲警報」（寮日記）

八月十日（金）　「午前六時、警戒警報、空襲警報、日ソ交戦についての心情（吉田先生）先生のいふことをまもり体を丈夫にすること」（寮日記）
木造通信第四号発行

「教員会議、午後九時、於第一寮、議題、①吉田先生来る八月十三日上京されるにつき、所要事項につき協議1、東京より冬物輸送用の貨車の仕立可能か否かはっきりすること（吉武先生）、2、日ソ開戦に伴ひ、現住地に止るか否かにつき質問ありたるときは如何にするかの件につき協議、吉田氏、現住地に止ることを第一とし、止むを得ざるときは隣村に移る計画あり、最初から隣村に移る計画は当町民、町当局に対する情宜上からも、実行不可と考へる、赤松氏、当地附近に神奈川県児童も疎開し来る予定につき、又空襲その他の危険防止のためにも、今の中に移転を計画した方が可ならん、吉武氏、移転にも慎重なる研究を要す、移転先を先づ第一に問題とする、この町より僅か一里ぐらいはなれたところの村の寺院に入って、果して空襲に対して分散の効果ありや否や疑問とするところなり、又既設の施設の再移動は殆んど不可能と考へらる、3、燃料費として冬期に約四万はかゝる予定なること、及び食料費も亦大なることを父兄会にて報告されたし（吉武氏）、4、学園費の相当額の先払ひを求めること（林氏）寄附を募ること（奥山氏）、②川除村々長の世話による野菜購入につき報告（吉田）役場に販売希望者が持ち込み、それを一括して当方へ搬入、それに対し適当なお礼をする、③警戒警報が登校時間後迄継続した場合は、その日は登校中止とすることに決定、十二時三十分迄に解除の場合は登校すること、本日は疎開地移転につき活潑な論議ありたるも移転は決定に至らず、現状維持」（会議録）

八月十三日（月）「吉田先生東京出張」（寮日記）

八月十五日（水）「去る八月十五日、歴史的な御放送の直後午後二時から神田公会堂で父兄会を開催、現地より上京中の吉田先生から学園の近況と当面の問題について報告があります」（木造通信、第六号）

「正午聖上御放送、重大発表」（寮日記）

八月十六日（木）「亡国の民と堕すこと勿れ、生活の建設に邁進せん」（寮日記）

八月十八日（土）「出精村永田校よりジャガイモ、午前中川除村へリンゴ取り、午後三時半の汽車にて鯵沢へ、沢田、富沢同行、ニシン、ホッケ取」（寮日記）

八月二十日（月）「川除村リンゴ取」（寮日記）

八月二十一日（火）「午前畠の手入、午後魚すくひ、今日より一週間夏休」（寮日記）

八月二十二日（水）吉田先生帰寮、午前中畠の手入（寮日記）

八月二十三日（木）「教員会議、午後八時、於第一寮、議題、①吉田先生が帰京せられたるにつき在京中開催された父兄会につき報告あり、1、終戦の大詔の放送ありたる直後に開かれたること、2、父兄には終戦になりたるも早急に帰京することは到底不可能と考へらるし、又場合によっては越年のこともあるべしとの話をなす、近藤氏の世話にて塩三〇〇俵、発送されたること（附）、天現寺校舎を借用しありし海軍戦術研究所は早速全員引上げをなしたること、②来る八月二十五日は疎開一周年日にあたるも、時節柄、各寮にて茶話会を開く程度にて記念するやうに決定」（会議録）

八月二十四日（金）「晴、夕立、四班に於て演芸会、床屋をはじめる、一班を終る」（寮日記）

八月二十五日（土）「床屋を終る（吉田先生）」（寮日記）

木造通信第五号発行「疎開学園開設一周年を迎ふ」

八月二十八日（火）「午後水元村へリンゴ」（寮日記）

九月一日（土）「川村岩木登山」（寮日記）

九月六日（木）　木造通信第六号発行
九月七日（金）　「乾パン着」（寮日記）
九月十日（月）　「吉武先生鰺沢行、渡辺真三郎、小野沢、鰺沢へ同行、わかめ取り」（寮日記）
九月十一日（火）　「晴、健康診断」（寮日記）
九月十三日（木）　木造通信第七号発行
九月十五日（土）　「健康診断」（寮日記）
九月十六日（日）　「曇、茶話会、入浴」（寮日記）
九月十七日（月）　「晴、午前中清掃、ぎんなんあつめ、中庭に集める」（寮日記）
九月十九日（水）　曇、運動場にて運動会
九月二十日（木）　「曇、吉田先生帰京」（寮日記）
九月二十三日（日）　冬物無事到着
九月二十五日（火）　木造通信第八号発行
九月二十六日（水）　「曇雨、吉田先生上京、床屋をはじめる、秋季皇霊祭」（寮日記）
九月二十七日（木）　「晴、リンゴ取り松川村」（寮日記）
十月一日（月）　「天現寺幼稚舎で緊急相談のため父兄会を開く、百四十余名出席、吉田説明」（木造通信、第九号）
十月二日（火）　「晴、柏村リンゴ取り」（寮日記）
晴、吉田先生帰寮、木造通信第九号発行
「教員会議、午後八時、於第一寮、①吉田先生、上京父兄会出席結果報告、1、九月二十六日父兄会開催、一四〇名出席者、中、都内引取希望一三〇名、都外引取希望三、残留希望七、二十六日正午に区役所へ以上報告、帰京は大体十月下旬から十一月上旬の間ならん、近藤氏に今月二十日頃に二輌位の貨車を出すやうに依頼せり（不用のものを先に出すためなり）、2、校舎は目下普通部が十教室を使用中なり、幼稚舎帰京したる場合は同居の筈（当分）但し、医科の病院に使用するの計画ある由、3、旧理科助手川島忠男氏、事務員として幼稚舎に勤務に決定、②弘前市に於ける校長会議の結果報告（赤松先生）別紙文書に詳細記入、③向陽校とのお別れの学芸会を開きたき旨、向陽校長より申し入れありたること報告、④第一学期成績作製に関する件、十月二十日に教育簿渡すこと、十五日専科成績提出のこと、⑤帰京の際生徒に持参させる、鮭缶二カン、カツオブシ一ヶ、リンゴ一貫、スルメ五、六枚」（会議録）
十月八日（月）　「曇雨、乾パン着」（寮日記）
十月九日（火）　「教員会議、於第一寮、①当学園帰京日内定につき協議（吉田先生より）予定日十月二十日頃、1、役場、学校には直ちに通知、2、登校は多忙のために中止してよしとの旨校長の申出あり、3、荷物の一部先発のこと、②荷物第一次発送、1、二貨車（大型21、小型1）出すこと、2、児童のものは梱一個程度、その他不用の校具、3、荷札は丸通と交渉の結果木札一枚程度にて可とのこと、4、荷造り人夫は復員兵士中の真面目なるものを警察にて世話してくれることにきまる、5、荷物通番号第一寮白札黒、第二寮白札赤、第三寮白札青、③当日携帯品、1、弁当、水筒、箸、コップ、2、簡単な遊び道具、3、ちり紙、4、手拭、5、洗面用具、6、手帳鉛筆、7、洋傘（一括して縛って持って行くこと）、8、セーター、9、毛布、二人に一枚乃至四人に一枚、10、腹巻着用させておく、11、風呂敷、12、オーバー又はレインコート、13、当日服装、冬制服、制帽、靴、④面会者が出発日直前に来ても、かへりは全然別行動になさしめること、田村作業員は同行すること、⑤出発前諸行事、イ、挨拶廻り（生徒は三人―五人連れて行くこと）、1、地方事務所、2、警察署、3、役場、4、国民学校、中学校、5、三新田神社、6、各宿舎の隣組、縁故の深い所、7、警防団、8、駅長、9、丸通、10、郵便局長、11、農業会長、12、風呂屋、13、生必組合（当所で役場と合同してお別れの会開く予定）、ロ、教員、寮母、看護婦の送別会開催、⑥寮母、看護婦の解散後の住所をしらべておくこと、⑦お土産品、生徒鮭かん二ケ、かつをぶし一本、リンゴ一貫、スルメ五、六枚、⑧飯米の残りを全員に均等に分けること、⑨成績作製につき、本年度は二期制となし、第一学期成績として十月二十日迄に作製といふ前日教員会議決定事項はこの際解消すること」（会議録）

十月十日（水）

「曇、吉田先生上京」（寮日記）

木造通信第十号発行

十月十二日（金）

「曇、区長より引揚決定の電報あり」（寮日記）

十月十三日（土）

「曇、全寮柏村行（リンゴ拾ひ）」

十月十四日（日）

「教員会議、午後七時半、第一寮、議題、①吉田先生より上京中の諸件報告、一、引上出発十八日十七時二十分、到着二十日四時五十一分、上野駅、エビス駅着七時半頃、渋谷区引揚一三一二名（9212列車）荷物二十日―二十三日発送、七輌、一箇につき木造にて一円、東京にて一円五十銭、丸通にて払ひ、丸通の手で幼稚舎まで運ぶ、荷物発送の係として少くとも二人後にのこること、列車は五所川原にて特別列車に乗車、上野迄直通、乗車中は三時間毎に点呼のこと、教員宿舎は都として世話出来ぬとのこと、幼稚舎として記念館をそのため使用する予定、希望者は申込むこと、②食事、第一日夕食、第二日朝、昼、晩、計米飯四食、第三日、朝、カンパン副食物―塩ニシン、のしいか、③当地残留者渡辺、小堺」（会議録）

十月十五日（月）　「晴、床屋、川除挨拶」（寮日記）

木造通信、終刊号「疎開学園を閉じるに際して」

十月十六日（火）　「晴、床屋、午後三時向陽国民学校にて教職員送別会、入浴、寮の風呂」（寮日記）

十月十七日（水）　「晴、床屋、入浴、午前十時より向陽国民学校にて生徒送別学芸会、小野沢挨拶をなす、午後三時より寮内にて送別演芸会、川除村長夫妻、正ちゃんを招ぶ」（寮日記）

十月十八日（木）　「晴、午後二時手荷物を五所川原に馬力で送る、午後四時木造発の汽車で出発時の有志多数見送り、午後五時二十分五所川原発臨時列車」（寮日記）

十月十九日（金）　「雨、車中、常磐線廻り事故なし、車中」（寮日記）

十月二十日（土）　「曇雨、午前四時五十分、上野着、臨時省線電車えびす下車、六時幼稚舎六時半運動場にて朝食解散式、小雨の為体育館内に式場を移す、清岡先生、吉田先生、秋山氏挨拶、生徒奥田祥一号令」（寮日記）

あとがき

平成二十一年、青森県木造に「慶應義塾幼稚舎疎開学園の碑」を建立した。昨年、幼稚舎昭和二十年卒業の方々がお見えになり、

「木造に疎開の碑ができたが、私たちは修善寺しか行っていないし、木造より修善寺の疎開学園に参加した児童の方がはるかに多い。そこで、修善寺にも疎開の記念碑が建てられないか。」

という相談を受けた。

（修善寺の宿舎で現在も引き続き旅館業を営んでいるのは「あさば」だけである。ご主人が塾員とはいえ、営業中の旅館に疎開の記念碑を建てるのは難しいだろう。）

「それでは修禅寺の境内は？」

（そう簡単ではないだろう。交渉も骨が折れるであろう。）

その時、ある方が、疎開当時の親子の葉書を持参していた。そこで、その葉書を含めて、修善寺疎開学園の記録をまとめることはいかがかと提案したところ、大変喜んで頂けた。そこで、修善寺疎開学園の記録を出版することに決定した。

ところが、再び八名ぐらいの方が訪ねて来られ、

「修善寺だけでなく、疎開全体の記録にして頂けないか。」

と提案された。中でも個人疎開をなさった方は、

「私は学校の勧めに従って個人疎開を行ったが、今、クラス会を行えば、必ず修善寺の疎開学園の話になり、学校の言うことを一番聞いた者が疎外感を味わっている。個人疎開をした人があったことを忘れないでほしい。」

と発言された。
（しかし、今から疎開全部の記録といっても膨大な作業になるのではないか。木造のことは碑を造る時、かなり調べてしまっている。『幼稚舎史』以上のものができるのか。）
という思いで、お断りした。

そこで、まずこれまで修善寺の疎開学園について書かれたものを抜き出してみることにした。その作業中に、修善寺だけを抜き出してまとめることは無理だということが分かった。どうしても疎開全体、あるいは木造との関わりが出てくる。そこで意を決して、疎開全体の記録をまとめることとした。

幼稚舎教員で編集を手伝ってくれる者を募ったところ、七名の協力を得、さらにこれまで幼稚舎の疎開を研究してきた慶應義塾福澤研究センター研究員柄越祥子さんの協力を仰ぐことができた。そして「慶應義塾幼稚舎同窓会報」で疎開の記録をまとめることを告知し、寄稿、資料提供をお願いした。しかし、一から疎開のことを解説するのは『幼稚舎史』と重複するし、私の力ではできそうにもないので、まずはこれまで出版されたものから疎開について書かれたものを抜き出して、まとめることから始めた。『稿本　慶應義塾幼稚舎史』『幼稚舎の歴史』『仔馬』『幼稚舎新聞』『幼稚舎同窓会報』『三田評論』『近代日本研究』から拾い上げてみると、もうこれだけで一冊の分量になってしまった。そこで、これを上巻とし、下巻は一年後の発刊を期し、以前関係者に配布した『平成元年夏　木造』『木造疎開学園の碑』を再録し、葉書、日記、記録、寄稿して頂いた原稿の収録を計画している。

編集は、まず文を探し出すところから始まり、それを出典別、年代別に並べた。これは意外と短時間でできた。これまで書かれたものを並び替えるだけで出版できると高をくくっていたところ、これからが予想外に骨が折れた。オリジナルに誤りと思われる箇所がある。旧字、旧かなづかいはどうするか。現在は余り用いられない熟語、漢字、句読点の使用はどうするか。そこで、基本的にはオリジナルを尊重し、明らかな間違え、ルビを振るなど読みやすさを考慮して、編集委員の相談の上、校正を行った。

表紙と挿絵を、疎開学園に参加し現在画家である阿部愼蔵氏にお願いしたところ、快く引き受けてくださった。すると、愼蔵氏の長男で幼稚舎教諭である阿部太郎氏が、愼蔵氏から自分が疎開最中に描いた絵を預かってきた。これを使う手もあるのではないかということであった。この絵は、面会に来た両親にお土産として持たせたものらしい。絵葉書を模写した鶏や水牛は、何重にもクレパスが塗り込まれ、とても小学三、四年生が描いたものとは思えない出来である。そして、一枚、疎開の様子を描いたものがあった。修善寺での食事風景であろう。これを本書、すなわち上巻に用い、下巻は今、疎開を振り返って描いて頂くということになった。有難い限りである。

疎開のように強制的に親子を切り離し、飢餓状況に陥れることはあってはならないことである。しかし、本書を読めば理解できるように疎開にはドラマがある。疎開体験者が疎開を懐かしみ、数名の方が疎開学園が戦時下でなく平和裡で寄宿舎生活のように行われたら、良い教育機会であったろうと述べている。そして、今、何不自由なく暮らしている我々が本書を読むと、贅沢な我儘を戒め、今の生活に感謝の念を持ち、人に寛容であることができると思う。多くの人に是非読んで頂きたい一冊である。

文字入力は（株）千修にお願いし、以後出版にあたり、慶應義塾大学出版会及川健治、大石潤両氏に一方ならぬお世話になったことを感謝申し上げたい。

加藤三明

〈慶應義塾幼稚舎「疎開学園の記録」編集委員会〉
加藤三明（代表）、藤本秀樹、杉浦重成、神吉創二、
清水久嗣、廣瀬真治郎、藤澤武志、萩原隆次郎
（いずれも慶應義塾幼稚舎教諭）

慶應義塾幼稚舎疎開学園の記録　上

2015年11月20日発行

編　集――――慶應義塾幼稚舎「疎開学園の記録」編集委員会
発　行――――慶應義塾幼稚舎
〒150-0013　東京都渋谷区恵比寿2-35-1
TEL　03-3441-7221（代表）
FAX　03-3441-7224
制作・発売所―慶應義塾大学出版会株式会社
装　丁――――鈴木　衛
組　版――――ステラ
印刷・製本――中央精版印刷株式会社
カバー印刷――株式会社太平印刷社

Printed in Japan　ISBN 978-4-7664-2284-9